Eine Fee, die sich in der magischen Welt nicht auskennt. Ein Puma, der in ihr seine Gefährtin sieht. Und einige Geschäftsleute, die keine Skrupel kennen.

Seit Brianna von ihrer großen Liebe gedemütigt wurde, verkriecht sie sich auf ihrem Reiterhof in Irland. Sie hat sich geschworen, nie wieder einen Mann an sich heranzulassen. Durch einen Autounfall landet sie bei Dr. Fitzpatrick, der nicht nur sofort erkennt, dass sie Feenblut besitzt, sondern auch behauptet, ihr Gefährte zu sein.

Entsetzt nimmt sie sich vor, auf Abstand zu gehen, aber da hat sie die Rechnung ohne den smarten Arzt gemacht.

Tyler spürt seit einiger Zeit die seltsame Nervosität, die bei Gestaltwandlern die Gefährtin ankündigt. Als Brianna bei ihm in der Notaufnahme auftaucht, ist er sich sicher, dass sie seine wahre Liebe ist. Leider ist sie davon überzeugt, dass sie keinem Mann vertrauen darf und ihm schon gar nicht. Tyler setzt alles daran, um sie vom Gegenteil zu überzeugen, aber da ist noch seine dominant-sadistische Neigung. Außerdem drängt eine Firma, die auch vor illegalen Mitteln kaum zurückschreckt, seine Kleine zum Verkauf. Sofort eilt er ihr zu Hilfe, doch das löst seine Probleme mit dem süßen Sturkopf nicht wirklich. Wird er ihr beweisen können, dass er es verdammt ernst meint? Oder gewinnt am Ende ihr Misstrauen?

Eine Geschichte, die die Leser erneut nach Irland mitnimmt, um sie auf eine emotionale Reise zu schicken, bei der Freundschaft, Liebe und Vertrauen eine große Rolle spielen. Alle Fans der Reihe „Wild Things“ werden sich freuen, dass auch die Wächter wieder mit von der Partie sind.

Original-Ausgabe erschienen im Juni 2023 bei Merlins Bookshop.

Korrektorat & Lektorat: Merlins Bookshop, Birlenbach

Verlag: Merlins Bookshop, Waldstr. 22, 65626 Birlenbach

Druck: Step Printing House, Türkei

Lisa Skydla

Vom Puma geküsst

Roman

Inhalt

Kapitel 1 - Seltsamer Besuch

Brianna strich ihrer Stute zärtlich über die Stirn. „Danke für den morgendlichen Ritt."

„Gern geschehen, es ist mir immer wieder eine Freude." Maeve stupste sie mit dem Maul an. „Irgendwas hast du. Gibt es ein Problem?"

Langsam schüttelte Bri den Kopf, nur um gleich danach zu nicken. „Ja, ich bekomme seit einiger Zeit die Aufforderung, meine Farm zu verkaufen", gab sie zögernd zu. „Zuerst waren es nur Angebote, aber mittlerweile hört es sich fast wie eine Drohung an. Ein großes Unternehmen braucht dieses Land, um eine stinkende Fabrik zu bauen. Nur Ira und ich sind bisher nicht eingeknickt."

Maeve schnaubte. „Du tust das Richtige, daran glaube ich fest." Noch einmal stieß sie ihre weiche Nase gegen den Ärmel ihrer Besitzerin.

Nachdenklich holte Brianna eine Möhre aus ihrer Jackentasche, die sie ihr reichte, anschließend öffnete sie das Gatter, damit die Stute zu den anderen auf die Weide konnte. „Bis später."

Ein leises Wiehern erklang als Antwort und sie machte sich auf den Weg ins Haus.

Wie jeden Morgen war sie zuerst die Zäune abgeritten, um sicherzustellen, dass es keine Lücken gab. Einen Ausbruch ihrer Pferdeherde brauchte sie so überhaupt nicht.

Natürlich bedeutete es für sie einen riesigen Vorteil, dass in ihren Adern Feenblut floss, was ihr ermöglichte, mit Tieren zu sprechen. Dennoch verzichtete sie gerne darauf, die Herde einfangen zu müssen, weil sie sich erschreckt hatten und eine defekte Stelle nutzten oder sich am Ende aufgrund eines zerbrochenen Pfostens verletzten. Außerdem genoss sie es, den Tag auf die Weise zu beginnen. Durch ihre Fähigkeit benötigte sie weder Zaumzeug noch Sattel.

Sie streifte die leichte Jacke ab, die sie in den frühen Morgenstunden trug, obwohl es bereits Juni war, doch die Wärme ließ in diesem Jahr ein wenig auf sich warten. Ihr Blick fiel auf den kleinen Stapel Briefe, der neben der Haustür auf dem Boden lag. So wie es aussah, war der Briefträger schon da gewesen. Mit einem Seufzen hob sie die Post auf, um festzustellen, dass wieder ein Schreiben der Firma dabei war, die unbedingt ihr Land kaufen wollte.

Selbst wenn sie es in Betracht ziehen würde, fühlte sie sich an ihr Versprechen ihrer Großmutter gegenüber gebunden. Vor einem Jahr war ihre Granny krank geworden, damals hatte sie ihr geschworen, die Farm weiterzuführen. Auch heute noch traten ihr die Tränen in die Augen, als sie an den Moment dachte. Irgendwie hatte sie geglaubt, dass ihre Oma ewig lebte. Sie schwach und blass in dem Krankenhausbett zu sehen, hatte ihr einen herben Schock versetzt.

Zu der Zeit arbeitete sie in Deutschland als Pferdewirtin, um Erfahrungen zu sammeln, ehe sie in den Familienbetrieb einsteigen wollte. So schnell wie möglich hatte sie gekündigt, war nach Kilkenny gezogen, um sich um alles zu kümmern. Natürlich hoffte sie damals, dass sich das Schicksal wenden würde, leider mussten sie viel früher Abschied nehmen als erwartet. Dem leichten Herzinfarkt folgte ein schwerer, der zum Tod ihrer Großmutter führte.

Eilig strich sie sich über die Augen, um die Tränen zu verbergen, die ihr immer noch kamen. Wie sehr hatte sie gehofft, dass genug Zeit blieb, um ihre Mutter mit ihrer Oma zu versöhnen.

In ihre Gedanken versunken stellte sie den Wasserkocher an, während sie sich die restlichen Briefe ansah. Ein Teil beinhaltete Rechnungen, die sie zum Glück ohne Probleme bezahlen konnte. Das verdankte sie ihrer Großmutter, die ihr ein ansehnliches Erbe hinterlassen hatte.

Brianna bereitete sich ihren Tee zu, den sie in Ruhe austrank, bevor sie mit der Arbeit mit den Jungpferden begann. Aktuell hatte sie fünf Tiere in Ausbildung, die sie später im Reitbetrieb einsetzen wollte.

Ihr kleines Gestüt bestand derzeit aus zwölf Pferden, wobei sie neben der Zucht eben Reitunterricht gab. Ehrlich gestand sie sich ein, dass sie es kaum übers Herz brachte, einen ihrer Lieblinge zu verkaufen.

Mit einem Lächeln schob sie die belastenden Gedanken zur Seite, im Moment gab es keinen Grund, um Trübsal zu blasen, die Reitschüler kamen gerne zu ihr, liebten ihre Irish Cobs und letztes Jahr hatte sie eine Kooperation mit einem Hotel abgeschlossen, sodass sie auch so etwas Ähnliches wie Reiterferien anbieten konnte.

Ein Blick aus dem Fenster sagte ihr, dass sie ihre Jacke wohl nicht mehr benötigte, da die Sonne jetzt von einem strahlend blauen Himmel schien. Fröhlich vor sich hinpfeifend warf sie den Brief, der sie doch wieder zum Verkauf auffordern würde, in den Mülleimer, anschließend ging sie zum Paddock.

„Laika, kommst du?“ Sie rief das erste Tier, gleichzeitig hielt sie ihr eine Möhre hin.

Die wunderschöne Stute mit der langen schwarzen Mähne schüttelte leicht den Kopf. „Ich habe keine Lust. Immer willst du, dass ich tue, was du sagst.“ Bockig blieb sie stehen, dabei schaute sie Brianna missmutig an.

„Ja, das ist mein Job, Kleine. Wenn du weiterhin dein Futter bekommen möchtest, dann wirst du dafür arbeiten wie alle anderen auch.“ Langsam ging Bri auf sie zu. Ihr war klar, dass sie Geduld zeigen sollte, so als ob sie mit einem Teenager umgehen würde.

„Aber ständig verlangst du so dumme Sachen von mir. Ich muss dich auf dem Rücken herumtragen. Du kannst heute mal Lucky nehmen oder Berry.“ Vorsichtig wich sie zurück.

Ein Schnauben erklang von der rechten Seite des Paddocks. „Gestern hat sie mit mir angefangen und du musstest nicht mal eine Stunde ran. Hör auf zu jammern.“ Lucky hob den Kopf, gleichzeitig drehte er ihr den Hintern zu.

„Stopp mit den Streitereien!“, befahl Bri sofort. „Ich habe mich dafür entschieden, dass ich heute mit Laika anfange.“ Sie legte der jungen Stute eine Hand auf den Hals, anschließend zog sie ihr das Halfter über. „Komm einfach mit, ohne Diskussionen, bitte.“ Es war schon eine Erleichterung, dass sie mit ihr reden konnte, wobei sie manchmal die herkömmliche Arbeit vorgezogen hätte.

Ein Jungpferd nach dem anderen musste üben stillzustehen, während sie es sattelte oder aufstieg. Natürlich erklärte sie ihren Tieren, was sie tat und weshalb es nötig war, sodass diese folgten, obwohl sie keine Lust hatten.

„Wer ist denn der Kerl, der auf uns zukommt? Der gefällt mir nicht“, bemerkte Berry, als sie ihre Runden mit ihm auf dem Außenplatz zog. „Ne, der hat was, das böse ist.“ Der junge Wallach blieb stehen, gleichzeitig weigerte er sich, sich auch nur einen Schritt dem Begrenzungszaun zu nähern.

Bri betrachtete den Besucher, woraufhin sie ihrem Pferd recht geben musste, der Typ sah schon von Weitem nach Ärger aus. „Ich beschütze dich, versprochen, aber lass uns wenigstens an den Zaun gehen. Er wird sonst herkommen.“ Sie wusste, dass gerade Berry ziemlich ängstlich war. Vorsichtshalber stieg sie ab, ehe sie auf den Kerl zuging.

„Guten Morgen, ich suche Brianna Walsh.“

Der Typ warf ihr einen abschätzigen Blick zu, dabei erkannte sie, dass er sie sofort in eine Schublade gesteckt hatte. Fast hätte sie gegrinst, weil er von ihrer abgewetzten Reithose und dem fleckigen T-Shirt falsche Schlüsse zog. „Wer sind Sie denn?“

Der Typ in einem Business-Anzug schnaubte leise. „Das möchte ich ihr schon persönlich sagen. Was ist? Rufst du deine Chefin jetzt her oder muss ich etwa das gesamte Gelände selbst ablaufen?“ Arrogant musterte er sie erneut.

Brianna zuckte leicht mit den Schultern. „Ist nicht meine Aufgabe.“ Wenn der Kerl sie für eine unwichtige Angestellte halten wollte, sollte er das gerne tun. „Komm, mein Junge.“ Sie tätschelte Berry beruhigend den Hals, anschließend führte sie ihn an dem Geschäftsmann vorbei.

„Stopp! Was glaubst du, wer du bist?“ Er hielt sie am Arm fest. „Du holst jetzt sofort deine Chefin.“

Berry schnaubte ängstlich, während er von dem Mann wegtänzelte.

„Ruhig, er ist nur ein aufgeblasener Mistkerl“, flüsterte Bri ihm zu, ehe sie die Hand des Typen abstreifte. „Lassen Sie mich besser in Ruhe, sonst hole ich die Polizei.“ Sie hob den Kopf ein wenig höher. „Meine Vorgesetzte mag solche Besuche nicht. Sie können gerne anrufen, um einen Termin zu machen.“ Ohne weiter auf ihn zu achten, ging sie an ihm vorbei, dabei streifte der Pferdeleib ihn, sodass er ein paar Schritte zurückstolperte.

„Trampel, kein Wunder, dass hier kein Mensch reiten lernen will“, rief er ihr nach, bevor er den Weg zu den Parkplätzen vor dem Haus zurücklief.

Nachdenklich sah Bri ihm hinterher. Was war das wieder für ein Mist? Versuchten sie, ihr jetzt tatsächlich zu drohen? Für sie stand fest, dass es sich bei dem Mann um einen Mitarbeiter von Drewsoll Inc. handelte, die Firma, die eine riesige Fabrik auf dem Land errichten wollte, um irgendwelche Generatoren zu bauen. Genau wusste sie es nicht, weil es für sie überhaupt nicht infrage kam, die Farm zu verkaufen. Wer sonst würde in so einem Anzug ein Gestüt besuchen?

Berry zappelte nervös neben ihr herum. „Ist er weg? Der Kerl macht mir Angst.“

Automatisch streichelte sie ihn. „Ja, er ist weg, ganz ruhig.“ Sie beeilte sich, das Tier zurück zum Paddock zu bringen.

Ein Blick auf die Uhr sagte ihr, dass sie langsam etwas essen sollte. Frühstück ließ sie meistens ausfallen, morgens hatte sie keinen Hunger, deshalb knurrte ihr Magen jetzt ziemlich laut. „Ihr kommt später an die Reihe, sobald ich mein Mittagessen gegessen habe“, rief sie den übrigen zwei Jungtieren zu, anschließend ging sie in die Küche.

Heute war Montag, da gab sie keine Reitstunden, um sich in Ruhe um ihre Pferde kümmern zu können. Wahrscheinlich kamen trotzdem ein paar der Mädels aus dem Nachbarort rüber, um ihr ein wenig zu helfen, außerdem bezahlte sie einen befreundeten Bauern, damit er ihr die Wiesen abschleppte und düngte. Um den Teil brauchte sie sich wenigstens nicht zu sorgen, genauso wurde ihr das benötigte Heu von ihrer Freundin Ira geliefert. Sie betrieb einen Bauernhof, der direkt an ihr Gestüt grenzte.

Als ob ihre Gedanken übertragen worden waren, klingelte in dem Augenblick ihr Handy, das noch auf dem Küchentisch lag. Während der Arbeit mit den Jungpferden ließ sie es im Haus. Auf dem Display stand Iras Name.

„Hey, Liebes, ist was passiert?“ Brianna hielt den Atem an, denn normalerweise meldete sich die Freundin erst am späten Abend, wenn sie quatschen wollte.

„Nein, nicht wirklich, da war nur so ein Kerl von Drewsoll, der tatsächlich gedroht hat, uns die Farm wegnehmen zu lassen.“ Ira schnappte empört nach Luft. „Als Danny ihm gezeigt hat, wo der Maurer das Loch gelassen hat, meinte er, ich solle gut aufpassen, dass ich keinen Unfall baue, falls ich mal wieder mit dem Auto unterwegs bin.“

Bri hörte deutlich, wie sehr der Freundin der Besuch zu schaffen gemacht hatte. „Das ist eine Unverschämtheit, du solltest den Mistkerl anzeigen.“ Danny arbeitete als Knecht auf dem Hof und konnte gut bezeugen, was geschehen war.

„Ich hab schon bei der Polizei angerufen. Sie beteuerten, dass sie der Sache nachgehen, nachdem sie meine Aussage aufgenommen haben, nur ob das was bringt? Die Kerle von Drewsoll besitzen doch viel mehr Geld und Einfluss als ich.“

Sie seufzte verzweifelt. „Aber ich kann nicht verkaufen, wo soll ich denn hin? Außerdem trage ich die Verantwortung für vier Angestellte."

„Du musst keineswegs auf diese unverschämten Forderungen eingehen, Liebes. Bei mir war auch einer. Ich hatte Glück, da er mich für ein Stallmädchen gehalten hat." Sie lachte leise. „Wir dürfen uns das nicht länger gefallen lassen. Zur Not gehe ich an die Öffentlichkeit." Sie ballte die Hände zu Fäusten. Niemand durfte ihr das Zuhause nehmen!

„Du hast recht. Ich bin nur so aufgewühlt. Bisher hat mir noch nie jemand so direkt gedroht." Sie holte zittrig Luft. „Keine Ahnung, was der Typ getan hätte, wenn Danny nicht in der Nähe gewesen wäre."

Dem pflichtete Bri bei, die Mistkerle benahmen sich von Mal zu Mal dreister, wahrscheinlich, weil sie dachten, dass sie mit den Frauen leichtes Spiel haben würden. Nur da kannten sie Brianna Walsh schlecht. „Kann er in der nächsten Zeit vielleicht bei dir auf dem Hof übernachten?" Jetzt hört sie deutlich, wie die Freundin zögerte, was ihr ein Lächeln ins Gesicht trieb. Sie hatte schon länger bemerkt, dass Ira und Danny sich zueinander hingezogen fühlten.

„Das tut er bereits, sonst wäre er vermutlich nicht in der Nähe gewesen", gab sie leise zu. „Ich weiß, dass es echt ein Klischee ist, aber ..." Weiter kam sie nicht.

„Hör bitte damit auf. Ihr habt euch verliebt, das ist alles, was zählt." Bri schüttelte leicht den Kopf. „Es ist doch ganz egal, was er von Beruf ist oder ob er für dich arbeitet."

„Danke, ich glaube, das habe ich gebraucht." Ira atmete tief durch. „Was ist mit dir? Der Kerl wird ziemlich schnell merken, dass er sich geirrt hat. Du bist alleine auf dem Gestüt."

Einen Augenblick dachte sie nach. „Ich denke nicht, dass er wirklich handgreiflich wird, denn dann hab ich ja etwas Konkretes in der Hand. Ich werde selbstverständlich noch besser auf meine Pferde aufpassen.“ Sie hatte von Anfang an verschwiegen, dass sie mit den Tieren sprechen konnte, sodass sie sich jetzt bremsen musste.

Bri nahm sich vor, später mit der gesamten Herde zu reden, ihr offen zu sagen, was vor sich ging, damit sie sich nicht aufschrecken ließ. Kurz überlegte sie, ob sie ihre Lieblinge nachts in die Boxen bringen sollte. Leider bedeutete das einen ziemlichen Aufwand, außerdem kostete es eine ganze Menge, da sie mehr Stroh und Heu benötigte.

„Ich mache mir Sorgen um dich.“ Ira holte tief Luft. „Soll ich Danny ab und zu rüberschicken? Er zeigt Präsenz, vielleicht schüchtert das die Idioten ein?“

Brianna lachte leise. „Das ist unnötig. Ihr seid innerhalb weniger Minuten hier, sollte ich anrufen. Genieß die Zeit mit ihm lieber.“ Sie dachte erneut kurz nach. „Es kann sein, dass ich eine weitere Nachlieferung brauche. Eventuell bringe ich die Pferde nachts rein.“ Der Gedanke erschien ihr beruhigend, jedenfalls solange diese Typen versuchten, ihr Angst einzujagen.

„Kein Problem, ich mache dir auch einen fairen Preis.“ Ira hörte sich an, als ob sie noch einmal in die Freundin dringen wollte, überlegte es sich dann aber anders. „Ich rufe dich heute Abend in Ruhe an.“

Sie verabschiedeten sich, sodass Brianna sich endlich um ihr Mittagessen kümmern konnte.

Eilig holte sie Milch aus dem Kühlschrank, rührte Haferflocken rein, süßte das Ganze mit ordentlich Zucker, ehe sie die Schüssel in die Mikrowelle stellte. Kurz dachte sie darüber nach, dass sie besser auf zusätzliche Kalorien verzichten sollte, doch die Überlegung schob sie schnell von sich. Sie liebte es, gut zu essen, was man ihr auch ansah, obwohl sie sich jeden Tag mehr als ausreichend bewegte.

Ihre Gedanken kreisten immer noch um den unliebsamen Besuch, während sie ihr Porridge verschlang, daher schmeckte sie kaum was von ihrer Mahlzeit. Unzufrieden wusch sie das Geschirr ab, bevor sie sich auf den Weg zur Weide machte, um mit ihren Tieren zu reden.

„Ich muss euch etwas mitteilen, aber bleibt bitte ruhig und hört mir zu.“ Brianna hatte die Herde auf der Wiese um sich herum versammelt, sodass die Pferde sie gut hören konnten. „Man will mich zwingen, das Gestüt aufzugeben, doch darauf werde ich niemals eingehen.“

Augenblicklich riefen alle durcheinander, einige drängten sich aneinander, andere betrachteten sie aufgebracht, bis Maeve leise wieherte. „Seid jetzt endlich mal still, Bri hat noch mehr zu sagen.“ Sie war die Leitstute, die den meisten Respekt unter den Tieren besaß. Sofort kehrte Ruhe ein.

„Ira ist eben von einem Mann bedroht worden, auch sie weigert sich, einem Verkauf zuzustimmen. Ein weiterer dieser Mistkerle war heute bei uns. Berry hat es euch sicherlich erzählt.“ Sie holte tief Luft, während sie über das weiche Fell ihrer Stute strich. „Ich verspreche, dass ich nicht auf ein solches Angebot eingehe, egal, was passiert. Aber ihr müsst euch bitte in Acht nehmen. Es kann sein, dass jemand die Zäune öffnet, und versucht, euch zu erschrecken. In dem Fall lauft zum Stall. Macht Krach, damit ich euch höre.“ Sie sah von einem Pferd zum anderen. „Es ist wichtig, dass wir jetzt alle zusammenhalten, verstanden?“

„Soll ich den Schweinehund treten?“, bot Lucky an, dabei hob er einen Huf leicht an.

„Nein, du lässt ihn in Ruhe. Komm einfach zur Stalltür.“ Bri warf ihm einen warnenden Blick zu. „Ich weiß nicht, wie weit diese Leute gehen. Auf keinen Fall will ich, dass ihr verletzt werdet. Die Alternative ist, dass ihr die Nächte im Stall verbringt.“

Sofort erklang ablehnendes Gemurmel. Sie hatte sich schon gedacht, dass ihre Lieblinge lieber unter freiem Himmel nächtigten.

„Wir passen auf, versprochen. Betty, Darwin und ich leiten die Herde sicher zum Haus, sollte jemand Unbekanntes hier auftauchen, um Unruhe zu verbreiten“, versprach Maeve ruhig. „Mach dir um uns keine Sorgen. Durch unsere Gespräche wissen wir sehr gut, wo wir in Sicherheit sind.“

Dankbar lächelte Bri ihr zu. „Gut, dann ist das beschlossene Sache. Ich gehe jetzt wieder an meine Arbeit, lasst euch nicht ärgern.“ Sie streichelte jedem zärtlich übers Fell, ehe sie zurück zum Stall ging, dabei überlegte sie, ob sie vielleicht einen Fehler gemacht hatte.

„Hey, Brianna, können wir dir helfen?“

Eine helle Stimme riss sie aus ihren düsteren Gedanken. „Ja, gerne. Ihr könnt Abraxas und Shadow in das Paddock bringen. Anschließend müssten dort noch die Pferdeäpfel eingesammelt werden.“ Sie lächelte den drei Mädchen zu, die sie erwartungsvoll anblickten. Sie kamen ihr gerade recht, da sie durch den unliebsamen Besuch Zeit verloren hatte.

„Kein Problem, machen wir. Dürfen wir die beiden auch putzen?“ Christine sah Bri bittend an.

Lachend stimmte sie zu. „Klar, das ist sogar eine große Hilfe. Wenn wir früh genug fertig sind, spendiere ich einen Ausritt.“ Sie liebte es, die Augen der Teenager zum Strahlen zu bringen. Die drei waren fast immer bei ihr im Stall, sobald sie die Schularbeiten erledigt hatten, außerdem handelte es sich bei ihnen um recht gute Reiterinnen.

„Du willst eine von ihnen auf mich setzen, richtig?“, erkundigte Lucky sich gespielt mürrisch. Im Grunde mochte er es, da besonders Rachel sehr vorsichtig mit ihm umging, darüber hinaus forderte sie weit weniger als seine Besitzerin.

Bri lächelte ihn an. „Wenn du es erlaubst. Du weißt, dass ich immer um Erlaubnis frage.“

Jetzt schnaubte das Jungtier. „Klar, allerdings betonst du auch ständig, dass du unser Futter bezahlen musst.“ Er tänzelte etwas, bis sie mit der Zunge schnalzte. „Schon okay, ich bin bei dem Ausritt dabei.“

Zufrieden sattelte sie ihn. Sie wusste, dass sie sich auf ihre Lieblinge verlassen konnte, egal, was kam.

Kurz darauf brachte sie Lucky zum Paddock, wo die Mädchen die Pferdeäpfel aufsammelten.

„Rachel, übernimmst du ihn bitte?“ Bri hielt ihr die Zügel hin, die sie begeistert entgegennahm. „Ich denke, die Jungpferde können bei einem kleinen Ritt einiges lernen.“

Sofort hoben auch die anderen beiden die Köpfe.

Sanft kraulte Brianna Shadow an der Stirn. „Bist du dabei, mein Lieber, oder sollen wir auf den Platz gehen?“ Sie senkte die Stimme, sodass nur er sie hören konnte.

„Machst du Witze? Hier ist es staubig und Christina hat eine leichtere Hand als du.“ Er schnaubte.

Lachend zog sie ihm am Ohr. „Du bist ganz schön frech heute. Sicher, dass du deine Aussage nicht noch mal überdenken möchtest?“ Natürlich wusste sie, dass er sie nur necken wollte.

„Du weißt genau, dass du unschlagbar bist. Aber sie fordert mich weniger. Du verlangst immer, dass ich in der perfekten Position bin, den Nacken durchbiege, so Dinge eben“, maulte er leise.

„Richtig, ich will ja, dass du gesund bleibst.“ Sie hob den Kopf. „Christine? Magst du es mit dem jungen Wilden hier aufnehmen?“

Sofort kam das Mädchen zu ihr rüber. „Sehr gerne, danke. Ich liebe Shadow.“

Der Blick des Jungpferdes sagte einiges aus. „Siehst du, sie liebt mich“, bemerkte er.

Bri reagierte nicht auf die Stichelei, um zu vertuschen, dass sie ihn gut verstand, stattdessen bot sie Dana an, auf Abraxas zu reiten, während sie Balu von der Weide holte.

„Denkt daran, dass ihr besonders aufpassen müsst.“ Sie sah zwar ihre Reiterinnen an, sprach aber zu den Pferden, wobei sie hätte schwören können, dass Laika die Augen verdrehte. Lächelnd ritt sie an Christines Seite, denn von einer strengen Ordnung hielt sie nicht sonderlich viel.

Die Sonne schien von einem klaren Himmel, was sich hier in Irland sehr schnell ändern konnte, sodass sie den Augenblick genoss. Sie ließen die Tiere im Schritt über einen Schotterweg gehen, bis sie an eine grüne Wiese kamen.

„Lassen wir sie laufen, aber bleibt am Rand, Ira schätzt es nicht, wenn wir das Gras platt walzen“, rief Bri lachend, ehe sie in einen leichten Galopp verfiel. Sie wusste, dass die Jungpferde darauf warteten, sich auszupowern.

„Was für ein Glück, dass ich aus dem Alter raus bin", bemerkte Balu, während sie hinter den anderen herliefen.

Bri streichelte ihn zärtlich. „Ja, deshalb habe ich dich gefragt. So können wir aufpassen, dass alle heil ankommen. Allerdings übernehmen unsere Jungen so langsam Verantwortung. Schau dir mal Abraxas an." Sie selbst beobachtete den Wallach, der gerade abbremste, da Dana einen Steigbügel verloren hatte.

Das stellte zwar kein Problem für das Mädchen dar, weil sie auch auf dem blanken Pferderücken reiten konnte, trotzdem zeigte es, dass er auf seine Reiterin aufpasste.

„Wer weiß, wie lange das anhält." Balu war kaum davon überzeugt, dass die Jungpferde bereits über die Flegelphase hinaus waren.

Brianna beugte sich tief über den Pferdehals, um ihn zu verstehen, woraufhin er das Tempo steigerte. Sie schmunzelte, als er einen nach dem anderen überholte. Klar, dass er doch zeigen musste, wer der Schnellste war. Sie nahm es ihm keineswegs übel, zumal die Wiese sich ihrem Ende näherte, sodass sie in einen flotten Trab wechselten. Jetzt ritt sie neben Rachel.

„Das ist echt toll von dir." Rachel lächelte ihr dankbar zu.

Bri wusste, dass die Familie des Mädchens nicht über die finanziellen Mittel verfügte, um ihr regelmäßig Reitstunden zu finanzieren. Deshalb half sie bei den Stallarbeiten mit, verdiente mit kleinen Gelegenheitsjobs so viel Geld wie möglich, um reiten zu können. Allerdings forderte sie nie etwas, im Gegenteil. „Das ist doch selbstverständlich. Ihr nehmt mir jede Menge Arbeit ab, da zeige ich mich gerne erkenntlich." Sie zwinkerte ihr zu.

Nach einer ausgiebigen Runde kamen sie wieder am Stall an, versorgten die Pferde, die sie anschließend zu den anderen Schulpferden auf die Weide schickten. Einen eigenen Hengst besaß Brianna zurzeit nicht, sodass sie alle in einer Herde laufen lassen konnte.

Gemeinsam erledigten sie die restlichen Arbeiten, ehe die Mädchen sich verabschiedeten.

Kurz überlegte Bri, ob sie die drei einladen sollte, bei ihr zu übernachten, doch unter den gegebenen Umständen verzichtete sie lieber darauf, außerdem hatten die Sommerferien noch nicht angefangen. Mit einem Lächeln winkte sie ihnen hinterher, ehe sie ins Haus ging, um zu duschen.

Kapitel 2 - Bedrohung

Gerade als sie das Abendessen in Form einer Pizza in den Ofen schob, klingelte ihr Telefon. Schon auf dem Display erkannte sie, dass es sich um Ira handelte. „Hey, Süße, was gibt es Neues?"

„Ich hab doch gesagt, dass ich mich melde. Brianna, bitte, ich mache mir große Sorgen um dich. Was, wenn der Typ wiederkommt? Du wirst ihm kaum vormachen können, dass du eine Bedienstete bist, oder?" Besorgnis klang in Iras Stimme mit.

Kurz dachte Bri darüber nach. „Da hast du wohl recht, allerdings muss er ja erst einmal hereinkommen. Aktuell glaube ich nicht, dass er tatsächlich einbricht. Wahrscheinlich denken diese Schweinehunde, dass ich einknicke, sobald sie mehr Druck machen." Zumindest hoffte sie es. „Übrigens, ich hab mich entschieden, die Pferde draußen zu lassen. Sie stehen gerade an der Weide am Haus, da sollte ich mitbekommen, falls sie ausbrechen." Das war zwar ein ziemlich wackeliges Argument, aber irgendwie musste sie ihre Entscheidung ja erklären.

„Ganz wie du meinst, allerdings würde ich dir gerne Bert rüberschicken. Er ist gut in der Lage, auf dich aufzupassen." Ira betete, dass die Freundin auf ihr Angebot einging. Eventuell entwickelte sich ja etwas zwischen den beiden.

Misstrauisch horchte Bri auf. „Du versuchst doch nicht, mich zu verkuppeln, oder?“ Auf gar keinen Fall wollte sie sich noch einmal auf einen Mann einlassen. Ihre erste und letzte Beziehung hatte ihr nachhaltig das Herz gebrochen, so was überlebte sie keinesfalls ein weiteres Mal.

„Du kannst nicht für immer alleine bleiben, nur weil der Idiot dich damals fallen gelassen hat“, bemerkte Ira verlegen.

Mit einem spöttischen Schnauben stieß Brianna die Luft aus. „Er hat viel mehr getan. Glaubst du vielleicht, dass es normal ist, heimlich Nacktfotos zu machen und die an die gesamte Berufsschule zu verteilen? Abgesehen davon, dass ich keine Figur habe, die man sich gerne ansieht, war ich nur noch die Hure.“ Tränen traten ihr in die Augen, als sie an diese Demütigung dachte. Natürlich hatte es einen Verweis für den dreisten Mann gegeben, der mittlerweile als Bereiter in einem angesehenen Stall in Deutschland arbeitete.

„Liebes, das ist jetzt eine kleine Ewigkeit her. Du warst neunzehn ...“ Weiter kam sie nicht.

„Stimmt, ich war ziemlich jung und unerfahren, was ich heute nicht mehr bin. Auf keinen Fall lasse ich zu, dass mich erneut jemand in so eine Situation bringt. Ende der Diskussion! Möchtest du sonst noch etwas besprechen? Meine Pizza wird kalt.“ Ihre Stimme hatte sich um etliche Grade abgekühlt, in dem Punkt würde sie niemals nachgeben.

„Es tut mir leid, sollte ich eine Wunde aufgerissen haben. Ich meine es wirklich nur gut.“ Ira seufzte leise. „Verzeihst du mir?“

In dem Augenblick bemerkte Brianna deutlich, wie unfair sie sich benahm. „Es gibt nichts zu verzeihen. Immer, wenn das Thema aufkommt, verhalte ich mich wie ein Miststück.

Du kannst kaum etwas dafür, was er mir angetan hat. Aber ich möchte jetzt tatsächlich was essen."

Die Frauen verabschiedeten sich, wobei Bri erneut versicherte, dass sie klarkommen würde.

~~°~~

Müde streifte Tyler den Arztkittel ab, warf ihn in den Wäschekorb im Umkleideraum, als er seinen Dienst offiziell beendet hatte. Der Tag war extrem anstrengend gewesen. Ein Verkehrsunfall hatte dem Fahrer ein Bein gekostet, eine ältere Frau kam wegen eines Herzinfarktes ins Krankenhaus und ein Kleinkind wäre fast erstickt, weil es einen Legostein verschluckt hatte. Natürlich handelte es sich dabei nur um die heftigen Fälle, dazu kamen etliche andere Verletzungen, Schnittwunden, Stürze und Ähnliches.

Er strich sich durch die blonden Haare, die schon ziemlich verwuschelt aussahen, anschließend verabschiedete er sich bei der Nachtschicht, die bereits ihren Dienst angetreten hatte.

Aktuell zog er es tatsächlich vor, dass sie dermaßen gefordert wurden, weil es diese kräftezehrende Nervosität überdeckte, die jetzt wieder aufflammte. Er war es leid, ständig das Gefühl zu haben, dass eine Katastrophe auf ihn zuraste.

Tyler lief zielstrebig zu seinem Mercedes, gleichzeitig überlegte er, ob er eventuell noch joggen oder ins Fitness-Studio gehen sollte. Als Gestaltwandler besaß er andere Kraftreserven als die normalen Menschen. Trotzdem fühlte er sich erschöpft, daher beschloss er, lieber nach Hause zu fahren, vielleicht konnte er ja tatsächlich schlafen.

Gerade als er die Tür seines Cottages am Rande von Kilkenny zuzog, klingelte sein Smartphone.

Er warf die Autoschlüssel auf die Ablage in der Nähe der Eingangstür, ehe er den Anruf annahm. „Fitzpatrick." An seiner Stimme hörte man, dass er genervt war.

„Ich freue mich auch, dich zu hören, Tyler. Welche Laus ist dir denn über die Leber gelaufen?"

Sofort er kannte er Jorgan, einen der Wächter der magischen Welt und sein bester Freund. „Hey, was gibt es? Sag nicht, dass du medizinische Hilfe brauchst. Du hast die erfahrensten Leute direkt vor der Haustür."

Die Wächter sorgten für Ordnung innerhalb der Gemeinschaft der Paranormalen. Da es bei ihren Einsätzen oft gefährlich wurde, gab es neben dem Hauptquartier ein Krankenhaus, in dem Ärzte beschäftigt waren, die sich mit allen Geschöpfen auskannten. Selbstverständlich handelte es sich bei ihnen ebenfalls um Wesen mit außergewöhnlichen Eigenschaften, da die Menschen keine Ahnung hatten, dass ihre Fabelwesen tatsächlich existierten.

„Nein, ich wollte einfach mal hören, ob sich deine Liebste endlich gezeigt hat?" Jorgan schmunzelte. „Allerdings kann ich mir die Frage schenken, wenn ich deine Stimmung richtig einschätze."

„Genau, ich bin nervös, so als ob ich gerade vor dem Examen stehen würde. Bist du sicher, dass es sich wirklich um die Ankündigung der Gefährtin handelt? So langsam glaube ich, dass das ein Märchen ist." In der Tat schlug er sich bereits seit mehr als drei Monaten mit dem Gefühl herum, auf einem Pulverfass zu sitzen. Nur wurde es gefühlt von Tag zu Tag schlimmer.

„Ja, das bin ich. So wie du dich anhörst, dürfte sie dir in Kürze vor die Füße fallen. Um ehrlich zu sein, bin ich froh, dass ich das hinter mir habe." Er lachte leise, als er daran dachte, wie er seine Gefährtin gefunden hatte. Damals sah es alles andere als gut für ihn aus, er glaubte sogar, dass er sterben müsse. Zum Glück gab es eine göttliche Fügung.

„Danke für dein Mitgefühl“, knurrte Tyler in den Hörer. „Du kannst mir nicht zufällig sagen, was in der Situation hilft? Ich bin leider nicht in der Lage, mir einen Rausch anzutrinken, weil der verdammte Alkohol bei uns kaum wirkt.“ Er fühlte sich tatsächlich verzweifelt, seine Arbeit forderte ihn bereits genug, auch ohne das ständige Gefühl, direkt in eine Katastrophe zu schlittern.

Jorgan überlegte einen Augenblick. „Na ja, angeschossen in einem Wald zu liegen, hat die Unruhe zumindest zeitweise überdeckt“, bemerkte er mit einem leisen Lachen.

„Scherzkeks, das möchte ich dann doch nicht ausprobieren. Außerdem besitze ich keine Flügel, so wie du.“ Tyler lächelte, weil sein Kumpel diese Zeit mittlerweile mit Humor nahm.

„Hör auf zu heulen und nimm es wie ein Mann.“

„Jetzt hörst du dich an wie Logan. Was gibt es Neues bei euch? Erzähl mir die kleinen schmutzigen Geschichten“, forderte er ihn auf, während er sich im Wohnzimmer in einen Sessel fallen ließ.

„So zynisch wie unser Meisterkämpfer kann ich gar nicht klingen“, wehrte Jorgan sich. „Außerdem bist du wohl kaum daran interessiert, wer mit wem ins Bett steigt. Darüber hinaus bekomme ich viel weniger mit, seit ich mit Mia in die Siedlung gezogen bin. Die gesamte Erste Einheit wohnt mittlerweile dort.“

Bei den Worten stutzte Tyler. „Ich dachte, es gäbe nur ein paar Häuser, jedenfalls bei Weitem nicht genug für euch alle?“

„So war es auch, aber auf Betreiben der magischen Regierung hat man die fehlenden Cottages noch gebaut, sodass jetzt jeder seinen Platz gefunden hat."

„Das freut mich für dich. Wurde ja Zeit, dass ihr aus dem Hauptquartier herauskommt. Wie geht es Mia?" Tyler lächelte bei dem Gedanken an die Heilerin, die mit ihren Händen wahre Wunder vollbrachte. Sie war etwas ganz Besonderes und passte hervorragend zu seinem Freund.

Jorgan seufzte bei der Frage, was den Kumpel sofort aufhorchen ließ. „Hat sie ein Problem? Ist sie krank? Soll ich doch vorbeikommen?"

Lachend wehrte Jorgan ab. „Nein, sie ist bei bester Gesundheit, außerdem haben wir für solche Probleme Gerry. Sorry, wenn ich dir das sagen muss, aber um sein Level zu erreichen, musst du noch viel lernen."

Dem stimmte er gutmütig zu, der Chefarzt der Wächter wusste so ziemlich alles über Medizin, was es zu wissen gab. Wen Gerry nicht retten konnte, der brauchte die Macht der Engel. „Was ist denn mit ihr? Mach es nicht so spannend, verdammt."

„Sie ist schwanger", platzte Jorgan mit der Neuigkeit heraus, dabei verkniff er sich ein lautes Auflachen. „Du glaubst nicht, wie anstrengend die Stimmungswechsel sind. In einem Moment ist sie gut gelaunt, nur um im nächsten Augenblick wegen einer Kleinigkeit in Tränen auszubrechen."

„Heul leise, du kannst glücklich sein und sie auf Händen tragen, egal, welche Laune sie gerade hat", tadelte Tyler, der von dem Problem der aussterbenden Drachen wusste. Das Drachenvolk war lange Zeit verfolgt worden, wobei nur wenige übrigblieben. Da sie sich in den Karpaten versteckt hielten, war es fast unmöglich Nachwuchs zu bekommen.

„Das bin ich, glaub mir. Oft genug wache ich nachts auf, weil ich denke, ich hätte das alles nur geträumt.“ Jorgans Lächeln hörte man durch die Leitung. „Ich wollte dich bitten, der Patenonkel unserer Tochter oder unseres Sohnes zu werden.“

Jetzt musste Tyler schlucken. „Bist du sicher? Ich meine, es gibt einige andere, die es mehr verdient hätten.“

„Quatsch, du bist genau der Richtige, um unser Kind zu verwöhnen, ihm den Unsinn beizubringen, den ich ihm verbieten muss. Den Rest der Truppe wird es auch so um den Finger wickeln, befürchte ich.“ Er lachte wieder. „Oder lehnst du das lieber ab?“ Bei der Frage bekam seine Stimme einen ernsten Unterton.

„Machst du Witze? Klar übernehme ich die Patenschaft.“ Tyler fühlte sich fast, als ob er Nachwuchs bekommen sollte. „Sag mal, schlüpfen Drachen nicht aus Eiern?“ Jetzt musste er sich zurückhalten, um nicht in lautes Lachen auszubrechen.

„Spinner! Du weißt genau, dass wir als Menschen auf die Welt kommen, so wie alle Gestaltwandler“, schimpfte Jorgan, bis er bemerkte, dass sein Kumpel ihn auf den Arm nahm. „Kindskopf.“

„Ich konnte einfach nicht widerstehen. Sag Bescheid, wenn ihr etwas braucht.“

Tyler überspielte gekonnt, wie gerührt er war, trotzdem bekam Jorgan es mit. „Ich kann mir keinen besseren Paten vorstellen, ehrlich. Willkommen in meiner Familie.“

„Jetzt hör auf, sonst sitze ich hier und flenne wie ein Mädchen. Ich muss langsam was essen. Grüß Mia von mir.“ Damit verabschiedete er sich von dem Drachen, ehe er doch noch in Tränen ausbrach.

Kurz dachte er an den Augenblick, als er in das Hauptquartier gestürmt war, weil ein Notruf eingegangen war. Das kam extrem selten vor, zumal die Gestaltwandler eine enorme Selbstheilungskraft besaßen.

Verwirrt hatten ihn alle angesehen, während er mit der Arzttasche in der Hand im Wohnzimmer stand. Heute musste er darüber lachen, damals kam er sich ziemlich dämlich vor. Zwei junge Wächter kugelten sich vor Schadenfreude, doch der Rest bemühte sich ebenso wenig, seine Belustigung zu verbergen. Nur Jorgan war aufgestanden, hatte die Welpen zurechtgewiesen, ehe er sich für den Streich entschuldigte. Seit dem Tag trafen sie sich regelmäßig, sodass aus der zufälligen Bekanntschaft eine feste Freundschaft entstand.

Jorgan war es auch gewesen, der versuchte, Tyler zu überreden, im Krankenhaus in Ballygannon zu bleiben. Nur in dem Punkt setzte Ty seinen Kopf durch, er wollte den Normalen mit seinem Wissen helfen. Darüber hinaus war er nicht damit einverstanden, dass den Menschen die Gedanken entfernt wurden, falls sie von der magischen Welt erfuhren. Natürlich gab es Ausnahmen, Gefährten oder Verbündete, doch alle anderen kamen in das besagte Hospital. Selbstverständlich erkannte er die Gefahr, die bestand, sobald die restliche Bevölkerung von ihrer Existenz Kenntnis erhielt, aber diese Operationen waren nach wie vor ziemlich kritisch. Es lief in regelmäßigen Abständen schief und von dem Patienten blieb nur noch ein Zombie übrig.

Schnell schüttelte er die trüben Überlegungen von sich, stattdessen ging er in die Küche, um sich endlich etwas zu essen zuzubereiten. Während seiner Schicht konnte er nur selten eine Pause machen, sodass sein Magen jetzt laut knurrte.

Kurz schaute er in seinen Kühlschrank, ehe er sich für ein saftiges Steak mit Bratkartoffeln entschied. Zum Glück musste er nicht auf seine Ernährung achten, da seine tierischen Gene dafür sorgten, dass er schlank blieb. Als Puma verbrauchte er eine ganze Menge Kalorien, besonders, wenn er sich verwandelte und seinem inneren Tier Freiraum gab.

Sofort überlegte er, ob er sich mal wieder auf diese Art austoben sollte, aber leider ließ seine knappe Freizeit es aktuell kaum zu. In der Notaufnahme des Krankenhauses steppte der Bär, dazu kamen die unvorsichtigen Touristen, die sich auf ihren Wandertouren verletzten oder sich nicht anders zu helfen wussten, als auch mit Kleinigkeiten zu ihnen zu kommen.

Seufzend machte er sich ans Kochen, was ihn zum Glück für eine Weile ablenkte. Schwierig waren in der Tat die Nächte, da er nur selten durchschlief.

Gekonnt schälte er die Kartoffeln, überlegte kurz, beschloss dann, dass er sie dieses Mal nicht vorkochen würde, dazu hatte er zu großen Hunger. Er würfelte Zwiebeln und Speck, ließ Öl in der Pfanne heiß werden, worin er beides anbriet, ehe er die Kartoffelscheiben dazugab. Salz und Pfeffer folgten, dabei erfüllte die Küche bereits ein köstlicher Duft. In einer zweiten Bratpfanne erhitzte er ebenso etwas Rapsöl, bevor er das Steak briet. Natürlich erst, als die Bratkartoffeln fast fertig waren, sodass das Fleisch perfekt medium blieb. Steakfleisch garte nach, daher vermied er es, es warmzuhalten.

Nachdem er gegessen hatte, lief er unruhig durch seine Wohnung. Diese Nervosität trieb ihn in den Wahnsinn! Weshalb hatte er bloß nach Kilkenny ziehen müssen, in Ballygannon gab es genug Leute, die ihn ablenken konnten. In der Gegend hier kannte er, abgesehen von einigen wenigen, lediglich seine Kollegen etwas besser und zu denen unterhielt er nur ein berufliches Verhältnis. Er verzichtete gerne auf Kompetenzgerangel, weil man sich auch privat traf, immerhin war er der leitende Notarzt.

Ärgerlich ließ er sich in seinen Sessel fallen, während er darüber nachdachte, was er mit dem Abend anfangen sollte. Er wohnte jetzt seit einem halben Jahr im Kilkenny, trotzdem wusste er fast nichts über die Stadt. Das war der rettende Gedanke, er würde sich einfach ein wenig umsehen.

Eilig zog er sich Schuhe an, schnappte sich sein Portemonnaie und die Schlüssel, anschließend machte er sich auf den Weg. Da er am Ortsrand lebte, musste er ein gutes Stück laufen, was ihm gerade recht kam. Nur unwillig zügelte er sein inneres Tier, das zu gerne sofort losgerannt wäre.

Auch als Mensch konnte er auf seine speziellen Fähigkeiten zugreifen, nur sollte er höllisch aufpassen, damit er nicht auffiel. Die Wächter verstanden keinen Spaß, was die Geheimhaltung anging, das wusste er von seiner Arbeit in Ballygannon.

In gemäßigtem Tempo lief er durch die Straßen, bis er am berühmten Kytelers Inn ankam. Die Eltern von David, dem Anführer der Ersten Einheit, leiteten den Pub, sodass er hier sofort freundlich begrüßt wurde.

„Tyler, mein Junge, schön, dich zu sehen." Myra, die Besitzerin, kam zu ihm, umarmte ihn, ehe sie ihm ein Pint reichte.

Mittlerweile hatte er sich daran gewöhnt, dass sie ihn so nannte, wobei einige der Gäste verwundert von einem zum anderen blickten, da die Frau keinen Tag älter als dreißig aussah. „Ja, es wurde mal wieder Zeit, das Leben zu genießen", bemerkte er, bevor er Fynn, Davids Vater, an sich drückte, der wie immer hinter dem Tresen stand.

Langsam schlenderte er durch den Pub, der ziemlich viel Platz bot und im Obergeschoss auch ein Restaurant beherbergte. Aus Erfahrung wusste er, dass der Teil oben ein wenig an eine Kirche erinnerte, mit den großen bunten Glasfenstern.

Er bog um eine Ecke, in der es stets ruhig war, selbst wenn der Laden so richtig brummte, was eindeutig am Hausgeist lag. Die meisten Touristen schmunzelten über die Geschichte, bei der es sich tatsächlich um die Wahrheit handelte.

Er ging durch den langgezogenen Raum, bis zu einem Stuhl, der etwas von einem Thron hatte. Hier sah er sich einen Moment um, bevor er einen fast durchsichtigen Schemen ausmachte. „Guten Abend, Madame, ich grüße Sie und bedanke mich für Ihre Gastfreundschaft." Tyler verbeugte sich.

Die Frau, die er jetzt deutlicher erkennen konnte, lächelte ihm zu, anschließend nickte sie hoheitsvoll.

Bisher hatte sie nie gesprochen, was allgemein in der paranormalen Welt bekannt war. Trotzdem gehörte es für ihn dazu, sie zu begrüßen, immerhin feierten sie in ihrem ehemaligen Heim.

Erneut neigte er den Kopf, bevor er zu den anderen Gästen zurückging, wo er freudig begrüßt wurde. Selbstverständlich kannte man den Arzt, der fast jeden schon einmal behandelt hatte.

„Hey, Tyler, ohne deinen Kittel hätte ich dich beinahe nicht erkannt." Timothy, ein junger Bauer aus der Gegend, schlug ihm herzhaft auf die Schulter. „Lass uns etwas trinken. Dir verdanke ich, dass ich meinen Arm noch benutzen kann."

Bevor er auch nur daran denken konnte, zu widersprechen, hielt er ein zweites Ale in der Hand. „Das ist mittlerweile drei Monate her, außerdem war die Verletzung nicht so schlimm“, wehrte Ty ab.

Die restlichen Leute in der Runde lachten, sie alle kannten die Geschichte.

Einer nach dem anderen begrüßte den Arzt, ehe sie sich wieder den aktuellen Themen zuwandten.

„Ich mache mir Sorgen, weil diese seltsame Firma das gesamte Umland kaufen will. Wer weiß, was sie mit so viel Grund anstellen.“

Bei dem Satz horchte er auf, gleichzeitig musterte er Lena, eine Angestellte der Stadt. „Was ist damit? Gibt es Probleme?“, erkundigte er sich angespannt.

„Ach, sie malt nur den Teufel an die Wand. Drewsoll Inc. kauft Land, um sich hier niederzulassen. Das bedeutet neue Arbeitsplätze.“ Drew, ein Ladenbesitzer, winkte gelassen ab.

„Das denkst du! Hast du dir mal angesehen, was genau die da bauen wollen? Ich hab die Pläne studiert. Da wird ein riesiges Fabrikgelände errichtet. Touristen werden in Kilkenny demnächst Mangelware sein“, wetterte Lena los. „Ich verstehe nicht, weshalb man dafür die Genehmigung gegeben hat. Aber zum Glück wehren sich Brianna und Ira.“ Sie lächelte, als ob es sich bei den beiden Frauen um Heldinnen handeln würde.

Tyler nahm sich fest vor, mal ein paar Informationen über dieses Unternehmen einzuholen, zumal er noch nie etwas davon gehört hatte. Sein Instinkt sagte ihm, dass mehr an der Geschichte dran war.

„Du bist einfach nur kurzsichtig. Denkst du ernsthaft, dass die Stadt einer Firma eine Genehmigung für den Bau einer Fabrikanlage erteilt, wenn sie damit die Existenz aller gefährdet?“ Drew betrachtete Lena mit einem Blick, der deutlich zeigte, dass er sie für minderbemittelt hielt.

Aufgebracht stieß die junge Frau die Luft aus. „Du kannst dich ja mal schlaumachen, falls du mir nicht glaubst. Ich sage, dass das ein riesiger Fehler ist. Außerdem haben sie heute Ira bedroht. Gut, dass Danny dazwischengegangen ist.“ Sie warf die Information wie ein Ass in das Gespräch.

Augenblicklich redete die gesamte Clique durcheinander, bis Fynn erschien, um eine neue Runde Ale zu bringen. Sofort beruhigten sich die erhitzten Gemüter, da jedem bekannt war, dass es im Kytelers Inn keine Schlägereien gab. Niemand wollte sich mit Fynn anlegen, vor allem weil er die Statur eines Bären besaß.

Tyler trank einen Schluck von seinem Ale, dabei dachte er über die ganze Sache nach. Er glaubte Lena, die nie versuchte, im Mittelpunkt zu stehen. Von Drew wusste er, dass er nicht zu den besonders intelligenten Menschen gehörte. Trotzdem mochte er beide.

Bei dem Gedanken verkniff er sich ein Seufzen, ihm war sehr bewusst, dass er in einigen Jahren verschwinden musste. Immer wieder neu anzufangen war mühsam, dennoch blieb ihm keine Alternative. Schnell konzentrierte er sich auf das Gespräch, das sich mittlerweile um Fußball drehte. Hier konnte er kaum etwas beitragen, da ihm das Interesse, aber auch die Zeit fehlte, um irgendeinem Fußballclub zu folgen und die Spiele anzusehen.

Vorsichtig lehnte er sich an die Wand, betrachtete die Leute um sich herum, dabei genoss er deren Gesellschaft.

„Du scheinst unseren Nationalsport nicht gerade toll zu finden.“ Lena war neben ihn getreten und sah ihn jetzt aufmerksam an.

„Richtig, ich mag Fußball nicht so sonderlich, abgesehen davon, haben wir im Krankenhaus oft eine ganze Menge mehr zu tun, wenn ein Fußballspiel ist. Gaelic Football ist sehr verletzungsintensiv, dazu kommen die Prügeleien zwischen den Besuchern.“ Er lächelte ihr zu. „Meistens geht es glimpflich ab, trotzdem müssen wir ebenso leichtere Schnittwunden verarzten.“

Lena nickte verstehend, zumal bekannt war, dass Tyler oft genug länger blieb, um auch den letzten Patienten zu versorgen. „Ja, unsere Jungs sind impulsiv, aber sie würden niemals so weit gehen wie die Hooligans in anderen Ländern.“

Jetzt hob Ty zweifelnd eine Augenbraue an. „Glaubst du das wirklich? Wenn unsere Hitzköpfe richtig gereizt werden, garantiere ich für nichts.“

„Das ist korrekt, allerdings ist das der entscheidende Punkt: Man muss sie über Gebühr reizen.“ Sie lachte, prostete ihm zu, ehe sie ihn neugierig betrachtete. „Du kommst mir nervös vor, geht es dir gut?“

Eilig nickte er. „Ja, ich bin nur etwas überarbeitet. Es wird Zeit, dass wir Verstärkung bekommen.“

Das war wohl überall das Gleiche, fähige Pflegekräfte waren genauso Mangelware wie die entsprechenden Ärzte.

Lena stimmte ihm zu, bevor sie ihn noch einmal eindringlich musterte. „Pass bitte auf dich auf. Wir können es uns nicht leisten, einen weiteren Mediziner zu verlieren, weil er unter einem Burnout leidet.“ Sie zwinkerte ihm zu. „Außerdem würde ich persönlich es sehr schade finden, dich in der Psychiatrie besuchen zu müssen.“

Innerlich zuckte Tyler sofort zurück, als er bemerkte, dass sie tatsächlich mit ihm flirtete. Zuerst dachte er, dass sie lediglich freundlich wäre, damit er sich ein wenig willkommen fühlte. Mittlerweile wusste er es besser. „Danke, ich passe schon auf. Entschuldige mich, zu viel Bier." Er lächelte ihr zu, während er den Rückzug antrat.

Sie war die Falsche, das stand für ihn fest und als Notstopfen wollte er sie auf keinen Fall benutzen. Sollte die These stimmen, dass die seltsame Unruhe seine Seelengefährtin ankündigte, brach er ihr in absehbarer Zeit das Herz. So ein Schwein war er einfach nicht.

Vorsichtig stellte er die beiden halbvollen Gläser auf einen Tisch, bevor er sich auf den Weg zu den Toiletten machte, dabei war ihm ihr enttäuschter Gesichtsausdruck durchaus bewusst.

Den restlichen Abend hielt er sich von Lena fern, was er nur ungern tat, aber hier wollte er keine Hoffnungen wecken.

Kapitel 3 - Gefahr

Brianna drehte sich von einer Seite auf die andere, gleichzeitig horchte sie immer wieder, ob ihre Pferde zum Stall galoppierten. Irgendetwas war im Busch, das spürte sie deutlich, deshalb verfluchte sie sich ein weiteres Mal, weil sie die Herde auf der Weide gelassen hatte. So würde sie kaum schlafen können. Jedes Mal, wenn sie ein Geräusch hörte, schreckte sie hoch. Verdammt, dabei war es doch total unsicher, ob es sich bei diesen Typen tatsächlich um Verbrecher handelte, die solche Methoden anwandten.

Bei dem Gedanken lachte sie spöttisch auf, niemand musste ihr erklären, dass die Männer von Drewsoll über Leichen gingen. Allein das Auftreten des seltsamen Kerls zeigte, dass sie nicht nachgeben würden. Seufzend sah sie auf die Uhr, nur um festzustellen, dass es gerade mal zwei Uhr am Morgen war. Jetzt aufzustehen brachte ihr nichts, da sie weder in den Stall konnte, noch sonst eine sinnvolle Aufgabe zu erledigen hatte. Selbst den leidigen Bürokram hatte sie schon erledigt.

Müde knipste sie das Licht an, angelte nach ihrem Buch, das auf dem Nachttisch lag, wobei sie hoffte, dass sie doch bald einschlief.

Tatsächlich musste sie in einen unruhigen Schlummer gefallen sein, denn als ein hartes Klopfen an ihrer Haustür sie weckte, war es bereits hell.

Eilig streifte sie sich etwas über, bevor sie runter zur Tür ging. Irgendetwas war passiert, sonst würde derjenige nicht so heftig gegen das Holz schlagen.

Mit verwuschelten Haaren und einer angstvollen Miene öffnete sie, nur um in das kalte Gesicht ihres gestrigen Besuchers zu blicken. „Was wollen Sie?", erkundigte sie sich mürrisch. Auf den Kerl hatte sie so gar keine Lust.

„Sie?" Seine Augen verengten sich zu Schlitzen, als ihm dämmerte, dass sie die Eigentümerin war. „Sind Sie Brianna Walsh?"

Bri zuckte mit den Schultern. „Genau die oder mit Ihren Worten, der Trampel. Was haben Sie auf meinem Land zu suchen?" Sie zog die Tür wieder ein Stückchen zu, aber der Mann stellte schnell einen Fuß auf die Schwelle.

„Sie unterschreiben jetzt sofort den Kaufvertrag, sonst zwingen wir Sie." Sein Gesicht verzog sich zu einer hämischen Fratze, gleichzeitig wedelte er mit irgendwelchen Papieren vor ihrer Nase herum.

Energisch schob sie die Zettel weg, während sie den Kopf schüttelte. „Auf gar keinen Fall! Ich werde nicht verkaufen, egal, was Sie unternehmen. Außerdem melde ich diesen Vorfall der Polizei. Sie glauben wohl, Sie könnten alles tun, was Ihnen gerade passt?" Ihr Herz schlug ihr bis zum Hals, weil ihr bewusst war, dass sie sich in einer ziemlich gefährlichen Situation befand. Gegen den Mann hatte sie keine Chance, wenn er ihr etwas antun wollte.

„Überlegen Sie es sich besser. Auf eine kleine Bäuerin mehr oder weniger kommt es nicht an." Er kam einen Schritt auf sie zu, drückte gegen die Tür, sodass sie zurückgedrängt wurde.

Angst kroch ihr den Rücken rauf, während sie verzweifelt überlegte, was sie tun sollte.

Zu dumm, dass sie das Angebot von Ira abgelehnt hatte, einen ihrer Knechte könnte sie jetzt gut brauchen. Als ob ihre Gedanken ihn hergerufen hätten, fuhr in dem Augenblick Danny auf den Vorplatz. „Sie gehen sofort! Lassen Sie sich nie wieder blicken, klar? Mein Hof ist unverkäuflich." Sie gab dem Kerl einen Stoß, anschließend winkte sie Danny zu. „Hey, Nachbar, schön, dass du kommst. Kannst du mir bitte mal helfen?"

Innerhalb weniger Sekunden war er bei ihr, drängte sich an dem Mistkerl vorbei, bevor er ihn wütend ansah. „Wie wäre es, sich mal mit jemandem anzulegen, der dir auch gewachsen ist?" Er krempelte die Ärmel seines Hemdes hoch, was den dubiosen Geschäftsmann dazu brachte, sofort das Weite zu suchen.

„Sie werden es bereuen, Miss Walsh", schrie er noch, anschließend stieg er in seinen bulligen Geländewagen und brauste davon.

Erleichtert umarmte Bri ihren Retter. „Danke, du hast mir tatsächlich die Haut gerettet." Mühsam hielt sie die Tränen zurück.

„Keine Ursache, Ira meinte, ich solle besser mal nach dem Rechten sehen, nachdem der Kerl auch bei uns war." Besorgt sah er sie an. „Hat er dir etwas getan?"

Schnell schüttelte Brianna den Kopf. „Nein, du warst rechtzeitig zur Stelle. Aber jetzt muss ich mir dringend was einfallen lassen. Er kann ja jederzeit wiederkommen." Sie seufzte, als ihr bewusst wurde, wie angreifbar sie war.

„Zuerst gehen wir rein und du rufst Anthony an. Diese Schweinehunde dürfen nicht mit solchen Methoden durchkommen."

Sanft drückte er sie ins Haus, zog die Tür hinter sich zu, bevor er dafür sorgte, dass sie bei der Polizei anrief.

Während Bri dem Polizisten, dessen Tochter bei ihr Reitunterricht nahm, erzählte, was passiert war, bereitete Danny Tee zu. Auf keinen Fall ließ er sie alleine, das hatte Ira nicht mal betonen müssen. Auch ihn schockierte es zu sehen, wie seine Nachbarin und Freundin bedroht wurde. Ira konnte er schützen, hier lag die Sache anders.

„Er hat meine Aussage aufgenommen. Außerdem lässt er nach dem Kerl fahnden. Leider besitze ich keinerlei Beweise, dass er wirklich von der besagten Firma geschickt wurde." Seufzend setzte sie sich auf einen Stuhl, dabei nahm sie dankbar eine Tasse Tee entgegen.

„Wie wäre es, wenn du für eine Zeit zu uns kommst? Die Pferde bekommen wir auch unter und Reitunterricht kannst du auf einer der Weiden geben", schlug Danny vor.

Vehement lehnte sie ab. „Ich habe nicht vor, euch dermaßen zur Last zu fallen, außerdem sind dann alle Gegner an einem Ort. Wir sollten es ihnen nicht noch leichter machen." Allein der Gedanke, dass sie Ira und Danny zwölf zusätzliche Tiere zumuten würde, bereitete ihr Magenschmerzen. „Anthony hat mir versichert, dass er ab sofort öfter hier vorbeischaut."

Zweifelnd betrachtete er sie. „Du weißt, dass das kaum etwas bringt, oder? Du lebst ein ziemliches Stück von der Stadt entfernt, da können die Mistkerle bequem abwarten, bis die Garda wieder weg ist."

Das war ihr natürlich klar, aber es musste eine andere Lösung geben, außer bei Ira einzuziehen. „Ich habe Angst, dass sie mein Haus beschädigen, sobald ich weg bin, die Ställe anzünden oder so was", gab sie kleinlaut zu. „Wer weiß, wie weit sie gehen werden?" Ihr fielen die Worte des

Mannes ein, daher wusste sie genau, dass sie auch vor Mord kaum zurückschrecken würden. Bei der Erkenntnis verlor ihr Gesicht jede Farbe.

„Beruhige dich, wenn sie dich umbringen, müssen sie sich mit möglichen Erben rumschlagen, was die ganze Sache nur verzögert." Danny legte ihr freundschaftlich eine Hand auf den Arm. „Es bringt nichts, dass du dich jetzt in etwas hineinsteigerst. Ich hab eine andere Idee, aber dazu frage ich lieber Ira." Er zog sein Smartphone aus der Tasche, um seine Freundin anzurufen.

Während er Ira erzählte, was passiert war, überlegte Brianna angestrengt, was sie tun sollte. Gab es jemanden in ihrem Freundeskreis, der vorübergehend zu ihr ziehen konnte? Dabei fiel ihr ein, dass sie keine Ahnung hatte, wie sie diese Bedrohung wieder loswurde. Würden die Verbrecher irgendwann tatsächlich aufgeben? Oder brachten sie sie dazu, einzuknicken? Hoffnungslosigkeit überkam sie, was blieb ihr übrig, als zu verkaufen?

Als Danny ihr das Smartphone hinhielt, riss er sie damit aus ihren trüben Gedanken. Verwirrt blickte sie ihn an, bis sie begriff, dass Ira mit ihr reden wollte.

„Hey, Liebes, ich bin total verzweifelt, was soll ich bloß tun? Wahrscheinlich gehen sie wirklich bis zum Letzten." Man hörte deutlich die Verzweiflung in ihrer Stimme.

„Stopp, Brianna, du gibst jetzt nicht auf, hörst du? Wir finden einen Weg, gemeinsam. Ab sofort wird Dannys Cousin Callum bei dir einziehen, bis wir eine Lösung gefunden haben. Du weißt ja, dass er als freier Journalist arbeitet, sodass er die Chance auf eine brandheiße Story hat. Außerdem kann er überall schreiben." Ira ließ keinen Widerspruch zu, wobei Bri überhaupt nicht daran dachte, die Hilfe abzulehnen.

„Ist das für ihn wirklich in Ordnung? Du weißt, wie turbulent es hier oft zugeht.“ Erleichtert atmete sie auf.

Ira lachte. „Er liebt Pferde, daher ist das Arrangement perfekt. Wer weiß, vielleicht entwickelt sich ja was.“

Brianna konnte ihr Zwinkern förmlich sehen. „Lass es bitte. Ich habe im Augenblick andere Probleme, als auf Männerfang zu gehen.“ Sie holte tief Luft. „Danke, du bist meine Rettung. Ohne dich würde ich einknicken“, gab sie leise zu.

„Dafür sind Freundinnen da. Keine von uns wird sich diesem verbrecherischen Konzern beugen.“

Die Frauen verabschiedeten sich und auch Danny machte sich auf den Weg, nachdem er seinem Cousin Bescheid gesagt hatte.

Ein wenig sicherer zog Bri sich um, ehe sie losging, um nach ihrer Herde zu schauen, die zum Glück friedlich auf der Weide graste.

Maeve kam sofort zu ihr, betrachtete sie, ehe sie ihre Besitzerin zärtlich anstieß. „Was ist passiert? Du siehst aus, als ob du vom Pferd gefallen wärst.“

Für einen Augenblick vergrub Brianna ihr Gesicht in der Mähne ihres Lieblings. „Heute Morgen war ein Mann da, der mir offen gedroht hat. Hätte Ira Danny nicht vorbeigeschickt, würde ich jetzt wohl einen Kaufvertrag unterschrieben haben.“ Sie erzählte ihr genau, was geschehen war und was sie beschlossen hatten. „Bitte, passt gut auf euch auf. Sie werden versuchen, uns allen zu schaden.“

Die Stute schnaubte leise. „Mach dir keine Sorgen! Wir wissen ja Bescheid, außerdem ist der sicherste Ort für uns der Stall. Sie schaffen es nicht, uns in die falsche Richtung zu jagen. Darüber hinaus sind wir stärker als jeder Mensch.“

Erstaunt musterte Bri sie. „Ich dachte, das kommt einem Pferd irgendwie anders vor."

Maeve wieherte, was sich fast wie ein Lachen anhörte. „Den meisten unserer Art ist es auch unklar, aber ich weiß ein wenig mehr." Sie stupste Brianna erneut an.

„Es ist schön, dass ich mich so sehr auf dich verlassen kann."

Das Geräusch schneller Schritte sorgte dafür, dass Bri erschrocken ihre Aufmerksamkeit auf den Weg hinter sich lenkte. Erleichtert erkannte sie Callum, der mit einem Lächeln auf sie zukam.

„Es sah fast aus, als ob ihr euch unterhalten hättet", bemerkte er schmunzelnd, nachdem er sie begrüßt hatte.

„Du hast eine blühende Fantasie, mein Lieber. Danke, dass du hergekommen bist." Sie umarmte ihn, drückte ihn fest an sich. „Komm, ich zeige dir, wo du schlafen kannst."

Gemeinsam gingen sie ins Haus. Zuerst zeigte Bri ihm das Gästezimmer, anschließend frühstückten sie zusammen.

„Ich bin dir wirklich dankbar, dass du da bist. Ist es auch für dich in Ordnung? Denk bitte daran, dass hier oft genug die Kinder herumtoben, es ist teilweise chaotisch, anders als in deinem Büro, vermute ich." Unsicher blickte sie ihn an.

Callum winkte lachend ab. „Ein wenig Leben tut mir sehr gut, außerdem klingt die ganze Sache nach einer heißen Story. Ich werde euch beide unterstützen, indem ich dafür sorge, dass jeder über diese üblen Machenschaften Bescheid weiß. Das ist doch der Job eines Journalisten." Er nahm einen Bissen von seinem Black Pudding. „Darüber hinaus liebe ich Pferde, daher würde ich dich in dem Punkt gerne genauso unterstützen. Vielleicht lässt du mich ja mal mitreiten."

Jetzt lachte auch Bri. „Natürlich, du brauchst mir nur zu sagen, wie gut du reiten kannst. Meine kleine Herde steht dir zur Verfügung." Sie wusste, dass sie in dem Fall nicht um Erlaubnis fragen musste, ihre Tiere standen hinter ihr.

Nachdenklich rieb er sich über den Nacken. „Es ist eine Weile her, seit ich auf einem Pferderücken gesessen habe. Aber damals war ich ganz gut." Er grinste verlegen. „Zumindest hat es zum irischen Jugendmeister gereicht."

Jetzt verzog Brianna amüsiert das Gesicht. „Du bist besser als ich, also wenn du reiten willst, es steht dir alles zur Verfügung." Sie stieß ihn mit dem Ellenbogen an, dabei fiel ihr noch ein anderes Thema ein. „Einen Punkt möchte ich offen klären: Ich habe kein Interesse an einem Verhältnis mit dir. Versteh mich bitte nicht falsch, du siehst toll aus ..." Weiter kam sie nicht, da er in lautes Lachen ausbrach.

„Das trifft sich gut, da ich kaum etwas mit Frauen anfangen kann." Er schmunzelte, als er bemerkte, wie erleichtert sie war.

„Gott sei Dank. Ira ist wundervoll, aber sie redet sich ein, dass es unmöglich ist, als Single glücklich zu sein. Ich liebe mein Singledasein." Sie umarmte Callum schnell. Für sie stellte es kein Problem dar, ganz im Gegenteil.

Ein paar Minuten später ritt er mit ihr den Zaun ab, half ihr, eine weitere Weide, die dichter am Haus lag, einzuzäunen und unterstützte sie bei der Arbeit mit den Jungpferden. Kurz dachte Bri sogar, dass es ein Glücksfall war, ihn auf diese Weise auf dem Hof zu haben. Der Eindruck verstärkte sich, als sie den schwarzen Geländewagen bemerkte, der am Rande ihres Landes parkte.

Eilig ging sie zum Paddock, wo Callum gerade zusammen mit einigen Reitschülern die Pferde sattelte. Sie zog ihn ein Stückchen mit sich, damit die Kinder nichts mitbekamen.

„Schau mal, wir werden beobachtet." Als sie auf das Auto zeigte, zitterte ihre Hand ganz leicht.

Kurz überlegte er. „Kann gut sein, es ist aber auch möglich, dass es sich um einen Touristen handelt." In seiner Stimme hörte man, dass er die Alternative für ausgeschlossen hielt. Er wollte nur Brianna beruhigen. „Wenn du willst, fahre ich hin und frage, was los ist."

„Ist das klug? Vielleicht sollten wir sie in dem Glauben lassen, dass wir sie noch gar nicht bemerkt haben." Bri war sich unsicher, welche Vorgehensweise besser war. Auf der einen Seite würde sie den Mistkerlen gerne zeigen, dass sie sich niemals einschüchtern ließ, andererseits mussten sie vorsichtig sein.

Callum betrachtete das Auto nachdenklich. „Ich könnte auch hinreiten, dann sieht es aus, als ob ich sie zufällig entdecke." Wieder verzog er kurz das Gesicht, während er nachdachte. „Du hast wahrscheinlich recht, wir ignorieren sie einfach. Sie können uns nichts tun."

Mit einem unguten Gefühl ging Brianna zurück an ihre Arbeit, doch eine dunkle Vorahnung beschlich sie, zumal ihr klar war, dass das hier nur die Spitze des Eisbergs bedeutete.

~~°~~

„Was hältst du davon, wenn du heute Abend mal ausgehst?", schlug Callum nach dem Abendessen vor.

Mit einem Blick, als ob er den Verstand verloren hätte, schüttelte Bri den Kopf. „Wie kommst du auf die Idee, dass ich das will? Ich mag keine Menschenmassen, außerdem sehe ich kaum einen Sinn darin, sich in einem Pub volllaufen zu lassen." In ihrer Miene zeigt sich eine deutliche Abscheu.

Lachend hielt er dagegen. „Wann warst du das letzte Mal weg? Hast dich so richtig amüsiert, statt dich auf deinem Hof zu verstecken?“

„Ich verstecke mich doch nicht. Es geht mir gut hier, meine Tiere sind mein Leben“, protestierte sie energisch. Allein der Gedanke, dass sie sich auch nur einem Flirtversuch stellen sollte, drehte ihr den Magen herum.

„Du weichst mir aus, meine Liebe. Bist du überhaupt mal feiern gegangen?“ Provozierend musterte Callum sie.

Bei der Frage musste sie tatsächlich überlegen. „Natürlich hab ich schon mal einen Abend in einem Pub verbracht“, begann sie verlegen, als ihr klar wurde, dass das bereits eine Ewigkeit her war. „Aber wie gesagt, es ist nichts für mich. Du kannst selbstverständlich weggehen.“

Jetzt wehrte er ab. „Nein, das ist kontraproduktiv, ich bin hier, um dich zu beschützen und auf die Tiere aufzupassen. Glaub mir, ich verpasse nichts.“ Sein Lächeln sagte ihr, dass er das Leben in vollen Zügen genoss, anders als sie. „Ruf Ira an und frag sie, ob sie mit dir einen Film im Kino anschaut. Oder vielleicht macht ihr euch einen vergnüglichen Abend im Kytelers Inn.“

Abwehrend wedelte Brianna mit der Hand in der Luft herum. „Was sollte das denn bringen? Ira hat ihren Danny, darüber hinaus bin ich sehr gerne Single. Das habe ich dir bereits deutlich gesagt.“

Verdutzt musterte er sie. „Es geht doch nicht darum, einen Kerl aufzureißen. Man kann auch mit den Leuten dort Spaß haben. Die meisten sind wirklich in Ordnung. Einfach mal was anderes sehen, sich unterhalten, außerdem ist die Musik im Pub gut.“

Bei den Worten färbten sich ihre Wangen rot, natürlich hatte er recht, nur sie war sofort davon ausgegangen, dass jemand sie dumm anmachte. Vielleicht war es die Gelegenheit, dass sie sich wie eine normale junge Frau benahm und die Vergangenheit endlich hinter sich ließ. „Gut, ich rufe Ira an, aber wenn sie keine Zeit oder Lust hat, ist das Thema Geschichte."

„Deal." Callum streckte ihr eine Hand hin, in die sie einschlug.

Um noch einen kleinen Aufschub zu bekommen, räumte sie die Küche auf, wischte den Tisch ab, obwohl er ihr versicherte, dass er auch in der Lage wäre, für Ordnung zu sorgen. Doch sie brauchte die paar Augenblicke, um Mut zu sammeln.

„Hey, Ira, ich bin es, Bri. Sag mal, magst du mit mir in den Pub gehen? Einfach mal diesen Mist mit Drewsoll hinter uns lassen?" Sie hielt die Luft an, gleichzeitig betete sie, dass die Freundin ablehnen würde. Leider kam genau das Gegenteil.

„Dass ich das noch erleben darf. Den Göttern sei gedankt", rief Ira theatralisch aus. „Super gerne, sollen wir gleich losziehen oder lieber morgen?"

Nachdenklich blickte Brianna auf die Uhr, es war schon nach neun am Abend, sodass es vermutlich nur ein kurzer Ausflug wurde, sollte sie es tatsächlich wagen auszugehen. „Von mir aus können wir uns jetzt ins Getümmel stürzen. Aber eins musst du mir versprechen ..."

„Hey, hältst du mich wirklich für so taktlos, dass ich dich sofort verkuppele? Wo du doch gerade erst aus deinem Schneckenhaus herauskommst? Na danke auch", unterbrach Ira sie verletzt.

„Das meinte ich gar nicht“, verteidigte Bri sich. „Ich möchte, dass du ehrlich sagst, wenn du keine Lust oder keine Zeit hast. Bitte, tu das keinesfalls meinetwegen.“

Jetzt lachte die Freundin laut auf. „Das verspreche ich dir. Glaub mir, ich freue mich darauf. Es ist lustig, einen Kaffee bei dir oder bei mir zu trinken, aber einen Besuch im Pub, da sage ich sehr gerne zu.“ Sie überlegte kurz. „Ich hole dich in einer halben Stunde ab, schaffst du das?“

„Klar, ich besitze eh kein Make-up und geduscht hab ich schon.“ Mit einer Mischung aus Freude und Angst legte Brianna auf, nachdem sich die Frauen verabschiedet hatten. Ihr war ziemlich flau im Magen, da sie seit der Sache mit ihrem Ex kein Lokal mehr betreten hatte, außer um mal essen zu gehen.

„Sichst du, so einfach ist das. Du gehst dich mal richtig austoben, während ich hier auf das Gestüt aufpasse. Außerdem schläfst du morgen aus, ich übernehme.“ Mit den Worten schob Callum sie zur Treppe, damit sie sich umziehen ging.

Viel Zeit, sich das passende Outfit zu suchen, blieb ihr nicht, deshalb entschied sie sich für Jeans, ein helles T-Shirt und eine karierte Bluse, die sie offen ließ. Kurz bürstete sie sich über die Haare, betrachtete sich im Spiegel, ehe sie ihren Schlüssel sowie den Geldbeutel einpackte.

Die Unsicherheit hatte sie komplett im Griff, sodass sie schon absagen wollte, als es vor der Tür hupte.

„Das ist bestimmt Ira. Sie ist früher gekommen, damit du dich nicht drücken kannst“, vermutete Callum lächelnd. „Los, hau ab. Wehe du kommst vor Mitternacht zurück.“

Galant hielt er ihr die Haustür auf, schaute kurz raus, um sicher zu sein, dass auch wirklich die Freundin seines Cousins vor der Tür stand.

Brianna holte tief Luft, anschließend ging sie zu dem wartenden Pick-up, wo sie sich auf den Beifahrersitz fallen ließ. „Ich habe keine Ahnung, ob das tatsächlich die richtige Entscheidung war“, bemerkte sie mit einem Seufzen.

Ira lachte vergnügt. „Du wirst es nicht bereuen, vertrau mir. Wir werden eine Menge Spaß haben.“ Sie wendete den Wagen und fuhr Richtung Stadt.

Auf der Fahrt verfluchte Bri sich, dass sie auf den Vorschlag überhaupt eingegangen war. Es konnte so viel passieren, angefangen mit der grausigen Vorstellung, dass man sie erneut bloßstellte, bis hin zu der Möglichkeit, dass die Kerle von Drewsoll Callum überwältigten. Vielleicht war das ihr Ausweg, um diesen Pubbesuch noch zu umgehen. „Ich sollte besser zurückfahren“, bemerkte sie, als Ira bereits die ersten Häuser von Kilkenny hinter sich gelassen hatte.

„Warum? Callum passt auf, darauf kannst du dich verlassen. Du hast dir eine Auszeit verdient, Süße.“ Verständnislosigkeit klang in Iras Stimme mit. „Oder widert es dich so sehr an, mit mir gesehen zu werden.“ Damit lockte sie sie aus der Reserve.

„Spinn doch nicht rum. Weshalb sollte es mir was ausmachen? Du bist meine Freundin, darüber hinaus siehst du viel besser aus als ich. Meine roten Haare sind gewöhnungsbedürftig und über meine Figur reden wir lieber kein Wort.“ Sie seufzte, als ihr klar wurde, dass sie sich auch noch den missbilligenden Blicken der Leute stellen musste. Oft genug sah man sie von der Seite aus an, weil sie Übergewicht hatte. „Ich fürchte mich eben, dass eine Katastrophe passiert, während ich weg bin.“

Ira parkte in der Nähe des Pubs, stellte den Motor ab und drehte sich zu ihrer Freundin. Vorsichtig legte sie ihre Hände an Bris Wangen, damit diese sie ansah. „Du siehst verdammt gut aus. Weiblich, mit den Kurven an den richtigen Stellen, genau das, was viele Männer mögen. Aber wir sind hier, um uns zu amüsieren. Einfach etwas Spaß haben, tut dir gut, glaub mir.“ Sie ließ ihr Gesicht los und gab ihr stattdessen einen leichten Schubs.

„Du hast ja recht, trotzdem fühle ich mich total unsicher. Das hasse ich. Auf meinem Hof habe ich alles im Griff, die Reitschüler hören auf mich, die Pferde sind mein Leben. In einem Pub befinde ich mich auf fremden Terrain.“ Unglücklich erwiderte sie den Blick der Freundin.

„Genau das ändern wir jetzt.“ Ira stieg aus, wartete bis auch Bri aus dem Geländewagen geklettert war, um sich bei ihr einzuhaken. „Es wird lustig“, versprach sie, anschließend gingen sie die wenigen Meter zum Pub.

Brianna klammerte sich fast ängstlich an ihr Ale, das Ira, kurz nachdem sie das Lokal betreten hatten, ihr in die Hand gedrückt hatte. Irgendwie erwartete sie, dass jeder mit dem Finger auf sie zeigte, um sie auszulachen, so wie damals in der Berufsschule. Als auch nach ein paar Minuten nichts dergleichen geschah, entspannte sie sich ein wenig. In der Tat lächelten ihr die meisten Leute zu, darüber hinaus kannte sie etliche, weil sie genau wie alle anderen tanken, einkaufen und zur Bank musste, um nur einige Beispiele zu nennen.

„Brianna, schön, dass du dich mal hier blicken lässt. Komm doch zu uns“, rief ihr eine ältere Frau zu, deren Tochter bei ihr Reitunterricht nahm. Sie unterhielten sich oft nach der Stunde.

In dem Augenblick trat auch Ira zu ihr. „Siehst du, niemand will dich fressen oder vergewaltigen.“ Sie stieß sie leicht mit der Schulter an, ehe sie zu der kleinen Gruppe ging, die unweit der Theke stand.

Von allen Seiten wurden die beiden Freundinnen begrüßt, ehe man sich wieder über die allgemeinen Themen ausließ.

Brianna musste zugeben, dass es ihr gefiel, dazuzugehören, wobei sie sich kaum am Gespräch beteiligte, sondern ihre Gedanken schweifen ließ. Sie hätte schon viel früher weggehen sollen, vielleicht wäre sie dann nie in die Verlegenheit gekommen, Callum um Hilfe zu bitten. Dabei fand sie es jetzt sehr gut, ihn auf dem Hof zu wissen. Hier in der Runde wurde ihr so richtig bewusst, wie einsam sie eigentlich war.

„Sagt mal, ist es wahr, dass diese Typen von Drewsoll euch bedroht haben?“

Die Frage riss sie aus ihren Überlegungen heraus, zumal der Mann, dessen Name ihr partout nicht einfiel, sie leicht am Arm berührte.

Sofort nickte sie. „Ja, erst heute Morgen war jemand an meiner Tür, der mich zum Verkauf meines Landes zwingen wollte.“

Erzürntes Gemurmel brandete auf, da die Leute sie schon lange kannten. Sicher, sie hatte ihre Ausbildung in Deutschland gemacht und auch einige Jahre dort gewohnt, aber sie war in ihrem Urlaub immer bei ihrer Granny gewesen.

Darüber hinaus hatte sie ihre Kindheit hier verbracht, bis ihre Mum sich mit ihrer Großmutter zerstritten hatte. Wobei es dabei ging, wusste sie nicht mal so genau.

„So eine Schweinerei, ich werde öfter mal bei euch vorbeifahren. Sollte ich einem der Mistkerle begegnen, macht er Bekanntschaft mit meiner Mistgabel. Das passt, finde ich." Gregory, ein älterer Bauer, der eine Schafzucht auf der anderen Seite der Stadt besaß, nickte ihr ernst zu.

„Das ist lieb, aber du bist ein gutes Stück von mir entfernt. Das kostet unglaublich viel Zeit." Bri blickte ihn dankbar an, allein für das Angebot hätte sie ihn küssen können.

Schnaubend winkte er ab. „Seit mein Junior übernommen hat, bin ich fast überflüssig geworden. Außerdem lasse ich nicht zu, dass die Enkelin von Brenda bedroht wird. Sie hat hier allen geholfen, sobald jemand mit einem Problem zu ihr kam." Er lächelte ein wenig wehmütig. „Sie fehlt in unserer Gemeinschaft."

Dem stimmte Bri zu. „Danke, ich nehme dein Angebot gerne an."

Auch andere boten ihre Hilfe an, aber in den meisten Fällen gab es nichts, was sie tun konnten.

„Callum ist bei mir zu Gast, er unterstützt mich. Also macht euch keine Sorgen." Ihr schnürte es die Kehle zu, dass die Leute, die sie im Grunde nur oberflächlich kannte, ihr dermaßen zur Seite standen. Als ihr Blick auf Ira fiel, musste sie lächeln, denn in der Miene der Freundin blitzte es zufrieden auf.

Der Abend nahm in der Tat einen vergnüglichen Verlauf, sodass jemand ein Lied anstimmte, in das alle einfielen. Genauso war es hier üblich, egal, ob eine Band spielte oder eine CD lief, Musik gehört in Irland einfach dazu.

Laut und teilweise falsch sangen sie einen Folksong nach dem anderen, wobei auch Brianna sich mitreißen ließ. Glücklich stellte sie fest, dass sie wirklich so angenommen wurde, wie sie war.

Kurz nach Mitternacht verabschiedeten sie sich, da jeder am kommenden Morgen seine Arbeit zu erledigen hatte. Trotzdem nahmen sie Bri das Versprechen ab, öfter mal mitzufeiern.

„Außerdem musst du mal zum Kaffee vorbeikommen, wenn du Zeit hast", bemerkte Gregory mit einem Zwinkern. „Ich hab ja noch einen Sohn, der ist Single."

Brianna stieß ihn lachend mit der Schulter an. „Hör bitte auf damit, ich liebe es, für mich zu sein." Ihm konnte man einfach nichts übel nehmen.

„Man kann es ja mal versuchen." Er hatte sogar den Anstand verlegen auszusehen, nur um im gleichen Augenblick zu lachen.

„Schlitzohr." Sie drückte den älteren Mann an sich. „Danke für alles. Du weißt vermutlich nicht mal, was du heute für mich getan hast."

Sie winkte der immer kleiner werdenden Gruppe noch einmal zu, anschließend hakte sie sich bei Ira ein.

Gemeinsam liefen sie zum Auto, aber gerade, als sie einsteigen wollten, bemerkte Brianna, dass ihr Haustürschlüssel weg war. „Verdammt, er muss mir aus der Tasche gerutscht sein." Fluchend drehte sie ihre Hemdtaschen auf links, doch der Schlüssel fehlte. Weshalb hatte sie ihn auch nicht in ihre Jeanstasche gesteckt? Die Antwort lag auf der Hand, sie bekam die Hose kaum zu, in den Hosentaschen war einfach kein Platz.

„Ich gehe das Stückchen zurück, vielleicht liegt er ja auf dem Weg." Bevor Ira sie aufhalten konnte, ging sie um den Pick-up herum, um die Straße zu überqueren.

In der gleichen Sekunde, in der sie loslief, flammten Scheinwerfer auf und ein Auto fuhr los. Man hörte die Reifen quietschen, ehe es einen dumpfen Aufprall gab, anschließend legte der Fahrer den Rückwärtsgang ein. Schleudernd wendete er den Wagen, um in die entgegengesetzte Richtung zu flüchten.

Kapitel 4 - Der Notarzt

Brianna wusste im ersten Augenblick nicht, was passiert war, sie realisierte nur, dass sie auf der Straße lag, außerdem tat ihr alles weh. Verwirrt strich sie sich durch die Haare, nur um sofort schmerzhaft zusammenzuzucken.

„Bitte, Liebes, rede mit mir“, flehte Ira sie an.

„Was? Ist der Kerl tatsächlich mit Absicht gegen mich gefahren?“ Das war es, was ihr jetzt in den Kopf schoss. „Ich glaube, er hat mich angefahren.“ Langsam klärten sich die Spinnweben in ihrem Gehirn, sodass sie wieder klar denken konnte.

„Gott sei Dank, du lebst. Kannst du aufstehen oder soll ich besser einen Krankenwagen holen?“ Ira kniete neben ihr, dabei liefen ihr Tränen übers Gesicht. „Egal, du musst von der Straße runter, ehe er zurückkommt.“

Die Vorstellung schockierte Brianna, doch noch mehr ängstigte sie der Gedanke, dass man sie ins Hospital brachte, wo man ihr Blut abnahm. „Ist nicht so schlimm. Er war ja nicht so schnell“, stieß sie hervor, während sie sich mühsam auf die Knie stemmte. Verdammt, ihr Kopf brummte, ihre rechte Seite tat weh und sie riss sich arg zusammen, um einen Schmerzensschrei zu unterdrücken.

Ira packte sie am Arm, was ihr ein schmerzerfülltes Wimmern entlockte. „Ich fahre dich ins Krankenhaus.“

„Nein! Auf gar keinen Fall, mir geht es gut. Ich kann Callum wohl kaum alleine lassen.“ Bittend sah sie die Freundin an. „Bitte, es gibt Gründe, weshalb ich nach Hause muss. Fährst du mich hin oder soll ich mir ein Taxi holen?“

Schweren Herzens gab Ira nach, obwohl sie deutlich erkannte, dass Bri verletzt war. Vielleicht stand sie unter Schock? Doch, als sie ihren flehenden Blick bemerkte, verzichtete sie darauf, sie gegen ihren Willen ins Hospital zu bringen. Vorsichtig half sie ihr endgültig auf die Beine, brachte sie zum Pick-up, anschließend fuhr sie zurück zum Gestüt.

Brianna biss die Zähne zusammen, um nicht zu zeigen, wie stark die Schmerzen waren. Natürlich wusste sie, dass sie einen Arzt benötigte, allerdings gab es keinen anderen Weg, um ihr Feenblut zu verheimlichen, als sich von den Medizinern fernzuhalten.

Als sie aus dem Auto stieg, wurde ihr schwindelig, sodass sie sich an der Tür festhalten musste.

Sofort war Ira an ihrer Seite, gleichzeitig rief sie laut nach Callum.

Die Tür flog auf und im nächsten Moment spürte Bri zwei starke Hände an ihrer Taille.

„Komm, ich trage dich rein.“

Die sanfte Stimme ihres Helfers beruhigte sie ein wenig, trotzdem schrie sie leise auf, als er sie hochhob. Eilig biss sie sich auf die Lippen. Ihre Eltern und auch ihre Granny hatten ihr stets eingeschärft, dass niemand von ihrer Besonderheit erfahren durfte. Nur, was sie in einem solchen Fall tun sollte, wusste sie nicht. Seltsamerweise war sie in ihrem Leben nie krank gewesen.

Vorsichtig setzte Callum sie im Wohnzimmer auf der Couch ab.

„Was ist passiert?“ Fragend sah er auf Ira, die immer noch blass war.

„Ein Mann in einem schwarzen Geländewagen hat sie angefahren. Ich habe keinen Augenblick daran gedacht, mir das Nummernschild zu merken“, gab sie verlegen zu. „Es ging so schnell, außerdem dachte ich, dass er Brianna getötet hätte.“ Sie schluchzte auf, nur um sich in der gleichen Sekunde wieder zusammenzureißen.

„Weshalb hast du sie nicht sofort ins Krankenhaus gebracht?“ Callum schüttelte ärgerlich den Kopf, während er sein Handy vom Tisch nahm. „Ich rufe den Notarzt.“

Panisch richtete Bri sich ein wenig auf, nur um vor Schmerz zusammenzuzucken. „Nein! Mir geht es gut.“ Sie zwang sich, ihn anzulächeln. „Es ist nur der Schock, glaub mir. Darüber hinaus hab ich sicherlich eine Menge blauer Flecken.“ Mit zusammengebissenen Zähnen setzte sie sich auf, um ihm eine Hand auf den Arm zu legen.

Zweifelnd betrachtete er sie. „Sicher? Du siehst gar nicht gut aus. Außerdem sollte ein Arzt dich untersuchen, vielleicht hast du innere Blutungen.“ Unschlüssig spielte er mit dem Smartphone herum.

„Warte bis morgen, falls sich ihr Zustand nicht verbessert hat, rufst du die Sanitäter“, schlug Ira vor, die die Angst ihrer Freundin fast schon spürte.

Mit einem tiefen Seufzer gab Callum nach. „Ich gehe das Risiko nur ungern ein, aber niemand kann dich zwingen.“ Besorgt strich er ihr eine Strähne hinters Ohr, dabei bemerkte er den kalten Schweiß, der ihr auf der Stirn stand. „Du stehst definitiv unter Schock“, stellte er mit einem Stirnrunzeln fest.

„Ich wurde auch gerade angefahren.“ Brianna zog die Mundwinkel hoch und hoffte, dass es aussah wie ein Lächeln. Müde legte sie sich zurück, langsam verflog die Wirkung des Adrenalins, sodass sie sich enorm fertig fühlte. Darüber hinaus spürte sie die Schmerzen deutlicher als vorhin. „Lass mich einfach ein wenig schlafen“, murmelte sie, ehe ihr die Augen zufielen.

„Ich habe kein gutes Gefühl dabei“, bemerkte Callum, der besorgt auf ihre totenbleichen Wangen sah.

Ira stimmte ihm zu. „Ja, aber sie hat wirklich Panik bekommen, als ich sie ins Krankenhaus fahren wollte. Vielleicht sollten wir ihre Mutter anrufen, damit sie uns einen Tipp gibt.“ Sie wusste, dass das Verhältnis ihrer Freundin zu deren Eltern angespannt war, um es mal vorsichtig zu sagen.

Nachdenklich nickte er. „Hast du die Nummer?“

Ärgerlich verzog Ira das Gesicht. „Natürlich nicht, ich weiß nur, dass sie in Deutschland leben.“ Einen Moment überlegte sie, nur fiel ihr auch keine Lösung ein.

„Ich bleibe bei ihr. Sollte sie morgen immer noch so blass sein, werde ich den Notarzt rufen, egal, was sie dazu sagt.“ Callum zwang sich zu einem beruhigenden Lächeln. „Meine Ersthelferausbildung ist zwar schon eine Weile her, doch den Puls kann ich überprüfen.“ Er zwinkerte, gleichzeitig schob er Ira zur Tür. „Fahr nach Hause, Danny wird sich Sorgen machen.“

Zweifelnd betrachtete sie ihre Freundin, die tatsächlich zu schlafen schien. „Gut, aber du rufst sofort an, falls du uns brauchst“, verlangte sie energisch.

„Versprochen und jetzt ab mit dir.“ Er gab ihr einen kleinen Klaps, schloss die Haustür hinter ihr ab, anschließend schickte er seinem Cousin eine Nachricht, dass Ira auf dem Weg war.

Die Nacht verbrachte Callum im Sessel, damit er ein Auge auf Brianna haben konnte. Ihm war es überhaupt nicht recht, dass sie ärztliche Hilfe verweigerte. Zum Glück war die Blässe mittlerweile verschwunden, außerdem atmete sie ruhig und gleichmäßig.

~~°~~

Als Bri aufwachte, wusste sie im ersten Moment nicht, wo sie war, doch dann fiel ihr alles wieder ein. Vorsichtig bewegte sie sich, nur um vor Schmerzen aufzustöhnen. Ihr tat jeder Knochen weh, aber besonders schmerzte ihr rechter Arm, außerdem war ihr höllisch übel.

Kurz schloss sie die Lider, um Kraft zu sammeln, denn auch heute würde sie sich um die Pferde kümmern müssen. Irgendwie überstand sie den Tag schon, etwas anderes blieb ihr kaum übrig. Mit zusammengebissenen Zähnen setzte sie sich auf, dabei verschwamm die Umgebung vor ihren Augen. Ihr Kopf pochte, als ob jemand ihn mit einem Presslufthammer bearbeitete, darüber hinaus kam es ihr vor, als ob sie sich übergeben müsste. Konzentriert atmete sie gegen die Übelkeit an, bis sie sicher war, ihren Mageninhalt bei sich behalten zu können.

„Du meine Güte, was soll das denn?“ Callum stellte eilig eine Tasse Tee auf dem Wohnzimmertisch ab, bevor er sie nötigte, sich wieder hinzulegen. Eindringlich sah er sie an. „Dich hat es ziemlich erwischt“, bemerkte er besorgt. „Sag mir genau, wie du dich fühlst.“

Bri raffte sich zu einem Lächeln auf. „Als ob eine Dampfwalze über mich hinweggebrettert wäre“, gab sie zu. „Ich komme klar.“

Sanft packte er ihr Kinn, zwang sie ihm in die Augen zu sehen. „Ja, sicher, aber mit einer Gehirnerschütterung, die man auch jetzt noch deutlich an deinen Pupillen erkennen kann, ist nicht zu scherzen.“ Mit gerunzelter Stirn musterte er sie, während er sie langsam losließ. „Egal, was du sagst, ich rufe den Notarzt. Ich passe auf deine Tiere auf, zur Not reite ich mit den Schülern aus oder besorge einen Reitlehrer, bis du wieder fit bist.“

Sofort schüttelte sie den Kopf, was ihr einen leisen Schmerzensschrei entlockte. „Das ist unmöglich. Ich habe gute Gründe, bitte, glaub mir“, flehte sie. „Ich darf es dir nicht verraten, aber ich gehe keinesfalls ins Krankenhaus.“ Fieberhaft überlegte sie, was sie ihm anbieten könnte, damit er den Gedanken an einen Arzt fallen ließ. „Ich bleibe hier auf der Couch liegen, bis du zufrieden mit meinen Pupillen bist“, schlug sie vor.

Seufzend setzte er sich auf die Kante des Sofas. „Weshalb hast du solche Angst vor dem Hospital? Gibt es dafür einen Hintergrund?“

Fast hätte sie erleichtert aufgeatmet, als er ihr eine plausible Erklärung lieferte, warum sie es vermied, ins Krankenhaus zu gehen. „Ich habe enorm schlechte Erfahrungen gemacht“, begann sie, während sie überlegte, wie diese ausgesehen haben könnten. Verdammt, die Schmerzen verhinderten, dass sie auch nur einen klaren Gedanken fassen konnte. Sie presste kurz die Lider zusammen, weil die Umgebung wieder vor ihren Augen verschwamm. „Ich kann nicht darüber reden, bitte, zwing mich nicht.“ Das war alles, was ihr einfiel.

Seufzend nickte Callum. „Ich überlege es mir.“ Er reichte ihr die Tasse. „Trink was, vielleicht hilft es.“ Mit den Worten ging er zurück in die Küche, um sich einen neuen Tee zu kochen.

Unruhig wanderte er in dem Raum herum, während er darauf wartete, dass der Wasserkocher seine Arbeit tat. Er konnte sie doch unmöglich mit einer Gehirnerschütterung einfach auf der Couch liegen lassen.

Sein Gewissen schrie auf, als er endgültig das Smartphone aus der Tasche zog, um den Rettungswagen anzurufen. Ihm war klar, dass es eine Menge Überzeugungskraft bedurfte, trotzdem würde er nicht zulassen, dass sie bleibende Schäden davontrug.

~~°~~

Aufatmend trank Bri einen Schluck, nur um erneut mit der Übelkeit zu kämpfen. Was sollte sie nur tun? Das Risiko, das sie gerade einging, war ihr vollkommen bewusst, nur fand sie einfach keinen Ausweg. Sie erinnerte sich an den älteren Arzt in Deutschland, der mal einen Hausbesuch gemacht hatte, als ihr Dad unglücklich gestürzt war. Leider würde er wohl kaum nach Irland fliegen, um sie zu behandeln. Weshalb hatte sie nie nachgefragt? Jetzt war es zu spät.

Sie stellte die Tasse auf den Boden, weil sie sich nicht weit genug aufrichten konnte, um den Tisch zu erreichen, legte sich zurück und schloss die Lider.

„Miss? Können Sie mich hören?"

Die fremde Stimme ließ sie hochschrecken, doch ehe sie in der Lage war, sich aufzusetzen, hielt sie bereits jemand an den Schultern fest. Ein Rettungssanitäter stand an ihrem Bett, das erkannte sie an seiner Kleidung, nur wie er hergekommen war, wusste sie nicht. Entsetzt überlegte sie, ob sie vielleicht Gedächtnislücken hatte?

Hatte sie bei dem Unfall eine so schwere Kopfverletzung davongetragen, dass sie ihr Kurzzeitgedächtnis verlor?

„Wissen Sie, wie Sie heißen?"

Die Frage sorgte dafür, dass sie den Typen erstaunt anstarrte. „Brianna Walsh", murmelte sie. „Mir geht es gut, tut mir leid, dass mein Mitarbeiter Sie angerufen hat. Das ist ein Missverständnis." Sie setzte sich auf, wobei der Mann sie fürsorglich stützte.

Ehe sie sich weiter bewegen konnte, leuchtete er ihr mit einer Lampe in die Augen. „Das sehe ich anders. Sie haben eine Gehirnerschütterung, definitiv. Wir müssen Sie ins Krankenhaus bringen." Ernst musterte er sie.

„Auf gar keinen Fall, wer soll sich um meine Tiere kümmern?" Wie gerne hätte sie jetzt den Kopf geschüttelt, aber das traute sie sich nicht, denn die Schmerzen machten ihr sehr zu schaffen.

„Das übernehme ich, Brianna. Bitte, sei vernünftig und lass dich wenigstens gründlich durchchecken. Bei dem Unfall kann alles Mögliche passiert sein." Callum sah sie bittend an. „Ich mache mir Sorgen um dich."

Das war so ziemlich das einzige Argument, was sie überstimmen konnte. „Niemand nimmt mir Blut ab, außerdem nehme ich keinerlei Medikamente." Sie musterte den Rettungssanitäter mit einem Blick, der genau sagte, wie ernst es ihr war.

Seufzend stimmte der Mann zu. „Ganz wie Sie wollen. Ich weise nur darauf hin, dass wir Ihnen so nur bedingt helfen können." Für ihn war es in Ordnung, dass sie die Patientin lediglich ins Krankenhaus brachten, dort durfte sich der Arzt um sie kümmern.

Mit zusammengebissenen Zähnen schob Bri ihre Beine über den Rand der Couch, wurde jedoch sofort aufgehalten.

„Sie werden auf gar keinen Fall laufen“, teilte der Sanitäter ihr mit. „Ich hole die Trage.“

Bris Wangen färbten sich rot. „Dazu bin ich zu schwer, ich kann selbst gehen, ehrlich.“

„Hören Sie, Miss, mit einer Gehirnerschütterung ist wirklich nicht zu spaßen. Möchten Sie für den Rest Ihres Lebens Kopfschmerzen haben? Oder an Gedächtnisverlust und Konzentrationsstörungen leiden?“ Offen begegnete er dem angstvollen Blick der Patientin.

Zaghaft verneinte Bri, nicht auszudenken, was passieren würde, sollte sie ausgerechnet die Tatsache vergessen, dass sie Feenblut in sich hatte. „Tut mir leid, ich bin immer auf mich selbst gestellt gewesen“, murmelte sie verlegen.

„Schon gut, legen Sie sich hin, den Rest erledigen wir.“ Eilig ging er raus zum Rettungswagen, um anschließend mit einer Trage und seinem Kollegen wiederzukommen.

~~°~~

Tyler verabscheute die Frühschicht, weil er eben kein Frühaufsteher war. Jetzt im Juni fiel es ihm etwas leichter, dennoch musste er sich beherrschen, um seine Mitarbeiter nicht ständig anzuknurren. Obwohl er in der Regel Tee vorzog, trank er schon den dritten Kaffee. Er hatte das Gefühl, einfach nicht wach zu werden, dabei hatte er bereits seit zwei Stunden Dienst.

Mürrisch setzte er sich an den Tisch, denn zu allem Überfluss schlug er gerade die Zeit tot. Selbstverständlich war es besser, als einen überfüllten Warteraum zu haben, zumindest für die Patienten, trotzdem hasste er es, nutzlos herumzusitzen. Seine innere Unruhe steigerte sich seit dem Morgen ins Unermessliche, was auch zu seiner schlechten Laune beitrug.

Als sein Piepser anging, verschüttete er den Kaffee, traf natürlich sein T-Shirt, was ihn noch mehr fluchen ließ. Eilig rannte er zu seinem Spind, zog ein frisches Shirt heraus, ehe er in die Notaufnahme stürmte.

„Was haben wir?", wollte er von dem Paramedic, dem Rettungssanitäter, wissen.

Der Mann verzog seufzend das Gesicht. „Die junge Frau ist gestern von einem Auto angefahren worden, weigert sich aber, sich behandeln zu lassen. Ich glaube, sie steht immer noch unter Schock." Er sprach so leise, dass die Patientin ihn nicht hörte.

„Bring sie rein, ich rede mit ihr." Tyler seufzte. Das erschwerte ihm die Arbeit natürlich enorm, außerdem mochte er es nicht sonderlich, seinen Charme einsetzen zu müssen, um Menschen zu manipulieren. Gut, in diesem Fall war es nötig. Er ging in den Behandlungsraum und seine Nervosität verflog, als er die Frau sah. Sofort wusste er, dass es sich bei ihr um seine Seelengefährtin handelte, denn ihr Anblick ließ einen ganzen Schwarm Schmetterlinge in seinem Magen auffliegen. Für einen Augenblick betrachtete er sie, als ob er ein Wunder sehen würde.

Sie gefiel ihm, gerade weil sie keine Modelmaße hatte, sondern Kurven an den richtigen Stellen besaß. Nur die ungesunde, blasse Gesichtsfarbe sowie die angstvoll aufgerissenen Augen bereiteten ihm Sorgen. Mit einem großen Schritt war er bei ihr, dabei musste er sich zur Ordnung rufen, um sie nicht direkt in seine Arme zu ziehen. „Hallo, ich bin Doktor Fitzpatrick." Er lächelte ihr zu. „Der Rettungssanitäter sagt, dass Sie sich nicht behandeln lassen wollen? Was ist denn los?" Verständnisvoll blickte er sie an, gleichzeitig fiel ihm der leichte Schimmer in ihren Iriden auf.

„Mir geht es so weit gut, außerdem halte ich nur sehr wenig von Chemie." Bri erkannte selbst, dass ihre Stimme zickiger klang als geplant. „Tut mir leid, aber ich habe einfach Angst", gab sie leise zu, während sie verlegen an ihm vorbeisah.

„Das ist wirklich unnötig. Ich weiß, dass du zumindest zum Teil eine Fee bist", bemerkte er, dabei verkniff er sich das Schmunzeln.

Erschrocken riss sie die Augen auf und versuchte von der Liege zu springen, was er sofort verhinderte. „Ganz ruhig, ich werde dich beschützen." Für ihn gab es keinen Grund mehr, formell zu bleiben: Sie war seine Dualseele.

„Woher wissen Sie das? Ich meine, das ist doch völliger Blödsinn. Auf keinen Fall lasse ich mich von einem Irren behandeln." Bri schnappte hektisch nach Luft. Das hatte sie gekonnt vermasselt.

„Reg dich nicht auf, ich kann dir helfen. Es besteht auch kein Anlass, sich zu fürchten, ganz im Gegenteil. Du wirst schneller zu Hause sein, als du glaubst." Er lächelte ihr beruhigend zu, strich ihr leicht über den Arm, bevor er sie erneut musterte. „Hast du nie von den Wächtern aus Ballygannon gehört?"

Zaghaft nickte sie. „Sie meinen die Söldner, die geholt werden, sobald es brenzlig wird? Ja, die kennt wohl jeder hier in Irland."

Tyler runzelte die Stirn. Wusste sie wirklich nichts von der paranormalen Welt, obwohl sie offensichtlich dazugehörte? „Haben deine Eltern dir nie etwas über diese Männer erzählt? Weißt du nicht, wo du Hilfe bekommst, wenn du sie brauchst?"

Er stoppte sich, gleichzeitig hob er eine Hand. „Vergiss es, tut mir leid, dass ich dich überfordere."

Brianna seufzte leise, sie überlegte verzweifelt, weshalb der Arzt erkannt hatte, dass sie zu einem kleinen Teil eine Fee war. „Hat man mir doch Blut abgenommen?" Die einzige logische Erklärung jagte ihr enorm Angst ein, denn das bedeutete, dass sie tatsächlich unter Gedächtnisverlust leiden würde. Andererseits woher sollte er wissen, dass es sich um Feenblut handelte.

„Nein, keine Sorge, von mir mal abgesehen, weiß niemand Bescheid." Er schaute kurz auf die Uhr. „Ich hole jetzt eine Schwester, damit du in ein Zimmer kommst." Bei der Aussage wollte sie aufbegehren, aber er hob bereits eine Hand. „Hör mir zu." Sein Blick bekam etwas Beherrschendes, was sie seltsamerweise beruhigte. „Keiner wird irgendetwas mit dir machen, außer mir. Die Pflegekräfte besorgen dir ein Frühstück, ansonsten ruhst du dich einfach aus. Die Frau meines besten Freundes bringt dich schnell wieder auf die Beine. Mehr darf ich dir leider nicht verraten."

Bri hätte sich gerne an die Stirn getippt, allerdings fühlte sie sich müde, verwirrt und völlig verängstigt. Aktuell hatte sie sowieso keine andere Wahl, zumal der Arzt über sie Bescheid wusste. „Ich brauche Antworten", bemerkte sie leise. „Weshalb denken Sie, dass ich Feenblut in mir habe?" Das war die drängendste Frage, mit der sie sich herumschlug. Außerdem hoffte sie, dass sie ihn davon überzeugen konnte, dass er sich irrte.

„Kein Grund so distanziert zu sein, ich heiße Tyler." Er lächelte ihr zu. „Ich sehe in deinen Augen, dass du zu den Feen gehörst. Es gibt einen ganz leichten hellblauen Schleier, der es mir verrät." Sanft streichelte er ihr über die Wange, woraufhin sie zurückzuckte. „Versuch bitte, mir zu vertrauen. Ich muss zuerst einen Anruf tätigen, ehe ich dir mehr sagen darf. Aber ich kümmere mich um dich.“ Zu gerne würde er sie küssen, nur sah er die Abwehr deutlich in ihrem Blick.

„Habe ich eine Wahl?“

„Ehrlich gesagt, nein. Ich lasse nicht zu, dass du später an den Folgen einer Gehirnerschütterung leidest.“ Zärtlich musterte er sie. „Du wirst sehen, dass du mir vertrauen kannst. Und jetzt bringt dich eine Schwester in ein Zimmer.“

Allein die Aussicht, dass sie ständig gegen Kopfschmerzen ankämpfen musste oder tatsächlich Gedächtnislücken bekam, sorgte dafür, dass sie leise zustimmte. Darüber hinaus war sie fürchterlich erschöpft. Vielleicht befand sie sich ja auch in einem Albtraum?

Kapitel 5 - Wundersame Heilung

Versonnen sah Tyler ihr nach, als sie von einer Krankenschwester abgeholt wurde. Niemals hätte er damit gerechnet, dass ihm ausgerechnet hier seine Gefährtin begegnen würde. Selbstverständlich wäre es ihm lieber gewesen, sie auf eine andere Art kennenzulernen, aber jetzt konnte er ihr sogar helfen.

Eilig verließ er den Raum, zog sich in einen Untersuchungsraum zurück, der im Augenblick noch leer stand, um Jorgan anzurufen. Mia, die Dualseele des Drachen, war eine ausgezeichnete Heilerin. Sie schaffte es, allein durch das Auflegen ihrer Hände eine Gehirnerschütterung zu heilen.

„Hey, ist was passiert? So oft rufst du sonst nie an." Jorgan hörte sich besorgt an.

„Ja, nein, ich brauche die Hilfe von Mia. Meine Seelengefährtin ist aufgetaucht, leider hat sie ein heftiges Schädel-Hirn-Trauma von einem Autounfall." Schnell berichtete er, was geschehen war. „Außerdem sollte ich wissen, was ich ihr in dem Fall erzählen darf."

„Wir sind schon auf dem Weg. So ein Pech, dass ich auf das Fliegen verzichten muss, also benötigst du ein wenig Geduld. Aber ich werde Stew bitten, dich anzurufen. Er kann dir genau sagen, was du für dich behalten musst." Jorgan hielt sich nicht lange mit weiteren Fragen auf, zumal er wusste, dass seine Kleine auch alle anderen Verletzungen spüren würde.

„Danke, Kumpel." Erleichtert legte Tyler auf, anschließend ging er zurück an seine Arbeit.

Glücklicherweise war es ein ruhiger Tag, sodass er Zeit genug hatte, um immer mal wieder nach Bri zu schauen. Leider sah sie ihn jedes Mal mit Argwohn an, außerdem schnitt es ihm ins Herz zu sehen, wie sie unter den Schmerzen litt. Gerne hätte er ihr ein Medikament gegeben, aber sie lehnte es vehement ab.

Gerade als er erneut an ihrem Bett saß, klingelte sein Smartphone. „Entschuldige mich." Liebevoll lächelte er sie an und verließ den Raum, als er Stewards Nummer erkannte.

„Hey, Tyler, ich habe gehört, du hast deine Gefährtin gefunden? Gratuliere." Der Boss der Wächter hörte sich erfreut an. „Was deine Frage angeht, ist es ein wenig kniffelig. Sie weiß, dass sie Feenblut in sich trägt?"

Ty bestätigte es. „Sie hat zwar versucht, es zu widerrufen, aber ja, sie ist sich darüber im Klaren." So richtig konnte er es sich nicht erklären, denn irgendwoher musste sie die Information ja haben.

Einen kurzen Moment herrschte Stille in der Leitung, ehe Stew seufzte. „Normalerweise ist es meine Pflicht, sie abholen zu lassen", begann er, woraufhin Tyler leise knurrte. „Beruhige dich. Wenn du dir sicher bist, dass sie weiß, was sie ist, dann erzähl ihr von uns. Solltest du dich irren, gibt es keinen anderen Weg, als sie zu uns zu bringen. Zur Not mit Gewalt." Der Ernst in seiner Stimme sagte deutlich, dass er in dem Punkt keine Ausnahme machen würde.

„Das ist mir klar, aber ich denke, dass ich sie überzeugen kann, zumindest die Geheimhaltung zu wahren. Ich wundere mich nur, warum sie so gar keine Ahnung von der magischen Welt hat. Sie liegt in ihrem Bett, lehnt Schmerzmittel und jegliche Behandlung ab, dabei ist das so unnötig.“ Er rieb sich über die Lider.

„Das wirst du herausbekommen. Falls du Hilfe brauchst, ruf mich an.“ Steward verabschiedete sich von dem Puma, da er genau spürte, dass dieser lieber wieder zu seiner Gefährtin gehen wollte.

Tyler legte auf, atmete durch, ehe er zu Brianna zurückging. „Tut mir leid, aber das war wichtig“, entschuldigte er sich mit einem Lächeln.

„Schon okay, Sie müssen sich keineswegs verpflichtet fühlen, nur weil ich es ablehne, mich behandeln zu lassen.“ Bri fand keinen logischen Grund, weshalb der Arzt sie so umsorgte. Das war außergewöhnlich, zumindest nahm sie das an, bisher hatte sie ein Krankenhaus lediglich bei den Besuchen ihrer Granny von innen gesehen. Jetzt, wo sie darüber nachdachte, kam es ihr komisch vor genau wie der seltsam kleine Doktor, der sich damals um ihre Großmutter kümmerte. Eigentlich hätte Brenda gar nicht herkommen dürfen, es sei denn, es gab hier jemanden, der magische Wesen deckte. Oder ihre Oma hatte spezielle Kräfte besessen, die sie zur Tarnung benutzen konnte. Bri wusste nur von ihrer Fähigkeit, mit Tieren zu sprechen, die sie ihr vererbt hatte.

„Geht es dir gut?“

Die Stimme des smarten Arztes holte sie aus ihren Gedanken zurück. „Ja, danke.“ Fast schon irritiert musterte sie ihn. Er war es jedenfalls nicht gewesen, der ihrer Oma damals zur Seite stand. „Ich habe nur überlegt, was aus dem

Doktor geworden ist, der sich um meine Großmutter nach ihrem Herzinfarkt gekümmert hat."

Tyler runzelte die Stirn. „Sie war Patientin bei uns?" Das fand er seltsam, bis ihm einfiel, dass Dr. Lukot vor ihm die magischen Wesen behandelt hatte. Er war ein Leprechaun.

„Ja, es ist das nächstliegende Krankenhaus." Bri seufzte müde, an die Zeit dachte sie nur ungern zurück. „Sie ist auch hier gestorben", fügte sie leise hinzu.

Vorsichtig zog er sie an sich, hielt sie einen Moment fest, bis er spürte, dass sie sich anspannte. „Ganz ruhig, ich tue dir nichts", versprach er, trotzdem wehrte sie sich, bis er sie losließ.

„Das ist kaum die Art, wie ein Arzt mit seiner Patientin umgehen sollte, oder?" Sie versuchte, ihn anzuherrschen, aber es kam nur ein schüchterner Tadel heraus. „Bitte, halten Sie Abstand."

Seufzend zog er sich zurück. „Sobald du wieder gesund bist, werden wir uns ernsthaft unterhalten. Da gibt es einiges, was du wissen musst." Zu gerne würde er ihr jetzt schon die Wahrheit sagen, doch die Gefahr, dass jemand ins Zimmer kam, war ihm einfach zu groß. Bei einer solchen Aussprache wollte er sicher sein, dass sie genug Privatsphäre hatten. Die Schwestern tuschelten bereits, weil er seine freie Zeit an ihrem Bett verbrachte.

Sein Piepser ging an. „Ich komme später noch mal zu dir", bemerkte er, strich ihr sanft über die Wange, anschließend lief er zur Notaufnahme.

Mit einer Mischung aus Faszination und Angst blickte Bri ihm hinterher. Er sah viel zu gut aus, um ernsthaftes Interesse an ihr zu haben.

Dieser Mann konnte jede Frau verführen, weshalb sollte er sich also die Dicke nehmen? Doch nur aus einem Grund, er dachte, dass sie eine leichte Beute abgab.

Traurig schloss Brianna die Augen, da sie ehrlich zugab, dass er ihr gefiel, genauso wie der Gedanke, dass er tatsächlich an ihr interessiert war. Leider saß das Misstrauen zu tief, sodass sie sich nie auf ihn einlassen würde.

Erneut schweiften ihre Überlegungen zu ihrer Oma zurück. So wie es aussah, hatte sie ihre Besonderheiten gut verstecken können. Vielleicht waren die Ärzte auch gar nicht in der Lage, Feenblut zu entdecken? Hier kam sie auf keine Antwort, aber sie ärgerte sich, dass sie niemals auf die Idee gekommen war, nachzufragen. Sie hatte sich nie die Zeit genommen, sich mit Krankheit oder Tod auseinanderzusetzen. Weshalb sollte sie? Jetzt bereute sie es, zumal das Klopfen in ihrem Schädel wieder stärker wurde.

Die Minuten vergingen im Schneckentempo, sodass sie angestrengt überlegte, ob sie sich irgendwie ablenken konnte, allerdings gab es für sie Fernsehverbot, genauso wie Leseverbot, wobei sie eh kein Buch dabeihatte. Kurz dachte sie daran, Callum anzurufen, um sich zu erkundigen, ob alles in Ordnung war, doch ihr Handy lag zu Hause auf dem Wohnzimmertisch. Verdammter Mist!

Am frühen Nachmittag, als die Schwester das Tablett mit dem Mittagessen gerade abgeräumt hatte, klopfte es erneut. Bri hoffte, dass es der Arzt war, gleichzeitig betete sie, dass sie sich täuschte. Er verwirrte sie, ließ ihre Mauer bröckeln, was nur in einer Katastrophe enden konnte.

Auf ihre Antwort kam tatsächlich Dr. Fitzpatrick herein, allerdings mit einem Paar, welches sie schon vom Aussehen beeindruckte. Der Mann strahlte eine dunkle Dominanz aus, dabei sah er verboten gut aus. Der Frau sah man an, wie glücklich sie war, außerdem besaß sie eine Ausstrahlung, bei der man, ohne zu überlegen, vertraute.

„Das sind Mia und Jorgan", stellte Tyler die beiden vor. „Mia ist eine Heilerin, die dich sofort wieder auf die Beine bringt."

Bei der Vorstellung runzelte Brianna die Stirn. So eine Fähigkeit gab es doch gar nicht, zumal sie diesen Mist mit Handauflegen für Aberglauben hielt. Fing der Kerl etwa jetzt schon an, sie auf den Arm zu nehmen?

Noch bevor sie in der Lage war, etwas dazu zu sagen, legte die Frau, die der Arzt als Mia vorgestellt hatte, eine Hand auf seinen Arm. „Ich denke, dass hier keinerlei Erklärungen helfen. Lass mich mal machen." Sie lächelte erst ihn, dann Bri an. „Ich weiß, dass du uns kein Wort glaubst, und um ehrlich zu sein, habe ich meine Gabe auch zuerst als Hirngespinst abgetan. Aber, was hast du zu verlieren?"

Nachdenklich musterte Bri sie. In der Tat konnte sie nur gewinnen, zumal die Kopfschmerzen sie wahnsinnig machten. Manchmal hörte man doch von solchen Heilern, oder? „Was verlangst du als Gegenleistung?" Sollte sie wirklich etwas in der Art können, war es bestimmt fürchterlich teuer.

Mia lachte leise. „Nichts, ich bin froh, wenn ich helfen kann." Sie setzte sich auf die Kante des Bettes, nur um Brianna eindringlich anzusehen. „Darf ich?"

Zaghaft stimmte Bri ihr zu, dabei schimpfte sie innerlich mit sich selbst, dass sie auf so einen Mist überhaupt einging. Trotzdem flößte ihr die Frau Vertrauen ein.

Vorsichtig betastete Mia den Schädel ihrer Patientin schloss kurz die Augen, ehe sie leicht nickte. Mit sanften Berührungen strich sie über die Schädeldecke, anschließend ließ sie ihre Hände über den linken Oberarm sowie die gesamte Seite gleiten. „Das war es schon. Wie geht es dir?“, erkundigte sie sich mit einem freundlichen Lächeln.

Erstaunt musterte Bri sie. „Wow, ich habe keine Schmerzen mehr. Ist das so eine Art Hypnose?“ Sie konnte sich ihre plötzliche Heilung kaum erklären, nur weigerte sie sich, an Magie zu glauben.

Mia lachte leise auf. „Du hast Feenblut in dir, kannst bestimmt einige Dinge, die die Normalen nicht können, und zweifelst an meinen Fähigkeiten?“ Sie schüttelte leicht den Kopf. „Nein, das ist meine spezielle Gabe. Du bist tatsächlich geheilt, die Gehirnerschütterung plagt dich nicht länger, außerdem hab ich auch gleich den angebrochenen Knochen in deinem Arm und die Prellungen an deiner Seite gerichtet. Versuch es, steh auf, teste ruhig, ob noch irgendwas wehtut.“

Der Aufforderung kam Bri sofort nach, wobei sie erstaunt feststellte, dass sie sich in der Tat ganz normal bewegen konnte. „Das ist Wahnsinn. Bist du jemand, der ebenso Feenblut in sich hat?“

Bei der Frage lachte Jorgan leise. „Du scheinst dich kaum in der paranormalen Welt auszukennen. Es gibt so viel mehr als Feen. Mia stammt von einem Menschen mit enormen Heilungskräften ab.“ Er betrachtete Brianna stirnrunzelnd. „Es ist sogar möglich, dass ihr die gleichen Vorfahren habt.“

Irritiert musterte Bri daraufhin die junge Frau, die ihr tatsächlich ein wenig ähnelte. „Wie kommst du auf die Annahme?“

Jorgan zuckte mit den Schultern. „Ich sehe es. Drachen erkennen einige Dinge, die anderen verborgen bleiben.“ Bei ihrem erstaunten Ausruf lachte er.

„Du redest von Fabelwesen“, bemerkte Brianna ablehnend.

„Jetzt könnte ich ernsthaft beleidigt sein, aber ich weiß ja, dass du unwissend bist wie ein Neugeborenes." In seinen Augen blitzte es auf. „Vielleicht sollte Tyler dir ein wenig mehr über unsere Welt erzählen. Ich gebe dir allerdings gerne einen Tipp: Versuch mal über deinen Tellerrand hinauszuschauen."

Bei dem Tadel wurde sie rot, gleichzeitig senkte sie verlegen den Kopf. „Tut mir leid, ich wollte dir keineswegs zu nahe treten."

„Das bist du nicht, er nimmt dich nur auf den Arm." Mia betrachtete ihren Gefährten mit einem tadelnden Blick. „Nicht alle haben das Glück, von ihrer Familie aufgeklärt zu werden."

Tyler stand am Fenster und beobachtete die kleine Gruppe, während er überlegte, wie er mit Brianna weiter umgehen sollte. Zuerst musste er einen Ort finden, an dem sie in der Lage waren, sich ungestört zu unterhalten. Ein offenes Gespräch war überfällig.

„Ich wüsste trotzdem gerne, wie du darauf kommst, dass ich mit Mia verwandt sein könnte", bemerkte Bri jetzt energischer. „Es kommt mir so vor, als ob ich träumen würde. Meine Eltern sagten mir immer nur, dass ich meine Fähigkeit, mit Tieren zu reden, geheim halten soll." Sie strich sich über die Lider. „Es ist ziemlich verwirrend", gab sie leise zu.

„Das kann ich mir gut vorstellen." Mia streichelte ihr mitfühlend über den Arm. „Ich habe lange gedacht, dass ich eine Außenseiterin in der großen Familie der magischen Welt bin. Deshalb verstehe ich dich gut. Jorgan hat wahrscheinlich nicht nur die entfernte Ähnlichkeit gesehen, sondern auch deinen Nachnamen gelesen." Mit den Worten deutete sie auf das Schild am Fußende des Bettes.

Neugierig sah Bri jetzt von einem zum anderen. „Was hat es damit auf sich?"

„Vor meiner Heirat mit ihm besaß ich den gleichen Familiennamen. Meine Mama war eine große Heilerin, von ihr habe ich die Gabe geerbt." Mia lächelte wehmütig, da sie ihre leibliche Mutter nie wirklich kennengelernt hatte.

„Dann hast du auch Feenblut in dir?", hakte Brianna aufgeregt nach.

„Nicht dass ich wüsste. Bist du sicher, dass diese Fähigkeit von der Familie Walsh übertragen wurde?"

Bri war kurz davor, sich die Hand vor die Stirn zu schlagen. „Meine Großmutter hatte die gleiche Gabe, allerdings hieß sie früher Butler."

Tyler horchte auf. „Bist du mit den Butlers verwandt, denen das Castle gehört hat?"

Sofort schüttelte sie lächelnd den Kopf. „Nein, jedenfalls nicht so eng, dass ich zum Adel gehöre. Der Name ist hier in der Gegend ziemlich geläufig." Sie sah die Leute in ihrem Zimmer an. „Da ich offensichtlich gesund bin, kann ich gehen, oder?" Misstrauisch musterte sie Jorgan, so als ob sie erwarten würde, dass sie doch für ihre Heilung zahlen musste.

„Ganz so einfach ist das nicht. Du hast einen großen Einblick in die magische Welt bekommen und wir haben unsere Regeln", begann der Drache, während seine Augen wieder glitzerten.

„Hör schon auf, ihr Angst zu machen. Bisher hat sie jedenfalls keinem verraten, dass sie Feenblut in ihren Adern hat." Mia schlug ihrem Gefährten leicht auf den Arm. „Das Geheimnis ist bei ihr sicher, dafür verbürge ich mich."

„Cookie, das ist wohl kaum dein Job. Außerdem lebst du ein ziemliches Stück von Kilkenny weg.“ Jorgan zog seine aufgebrachte Frau in eine zärtliche Umarmung. „Tyler wird ihr bestimmt alles erklären und auch für sie die Bürgschaft übernehmen.“

Jetzt betrachtete Bri den smarten Arzt, doch sie interpretierte seine Miene völlig falsch. „Ich möchte keine Umstände machen. Gibt es keine andere Möglichkeit, als einen Bürgen zu haben?“

Die Antwort versetzte Ty einen Stich ins Herz. Wollte sie ihn nicht? Gab es das überhaupt? Immerhin war sie seine Gefährtin. „Du hast die Wahl zwischen mir, einem Eid bei den Wächtern und einer gefährlichen Operation“, antwortete er ehrlich. „Nur würde ich das gerne in einem etwas privateren Rahmen besprechen.“

Dem stimmte Brianna zu, da sie sich mittlerweile danach sehnte, das Krankenhaus zu verlassen. Ihr schwirrte der Kopf von den ganzen Dingen, die so unwahrscheinlich klangen. „Gut, wir können zu mir fahren. Dort ist allerdings Callum.“

Erneut zuckte Tyler zusammen, zumal er keineswegs erwartet hatte, dass sie mit einem Mann liiert war. Weshalb sonst lebte der Kerl auf ihrem Hof?

„So wie ich es sehe, werden wir nicht mehr gebraucht.“ Jorgan klopfte Ty auf den Rücken. „Wir telefonieren, Kumpel.“

Ty umarmte ihn schnell, ehe er auch Mia an sich zog. „Danke für alles.“

„Gerne geschehen. Außerdem gibt es mir die Gelegenheit, mich mal wieder in Kilkenny umzusehen. Ich liebe diese Stadt.“ Sie schloss Brianna vorsichtig in ihre Arme.

„Solltest du Probleme haben, melde dich bei mir." Mit den Worten steckte sie ihr eine Visitenkarte zu.

„Danke, ich weiß nicht, was ich sagen soll. Du hast mir aus einer ausweglosen Situation geholfen." Bri lächelte ihr zu. „Wenn ich mich irgendwann revanchieren kann, ruf mich an. Ich werde dem Arzt meine Nummer geben."

Auch Jorgan umarmte sie mit einem Schmunzeln. „Zeig dem alten Puma ruhig mal die Krallen", flüsterte er ihr zu, was sie komplett verwirrt zurückließ.

Tyler sah ungeduldig auf seine Uhr, als die beiden gegangen waren, dabei stellte er fest, dass er seit einer guten Viertelstunde Feierabend hatte. „Perfektes Timing. Lass uns einen Ort suchen, an dem wir unsere Ruhe haben", schlug er vor.

„Gerne, mir gehen bestimmt tausend Fragen durch den Kopf. Aber wo ist dieser Ort?" Sie betrachtete ihn offen, wobei sie immer noch nicht wusste, was sie von ihm halten sollte. Jetzt, ohne die nervenden Schmerzen, gefiel er ihr sogar viel besser, was ihr Misstrauen hervorlockte. Zugegeben, er hatte sie nicht belogen, trotzdem konnte sie sich kaum vorstellen, dass er sie wirklich als Freundin wollte.

Tyler überlegte kurz. „Ich kenne einen Platz im Kilkenny Castle, wo wir ungestört sind."

Bri tippte sich an die Stirn. „Klar, im Juni, wo die Touristen über uns herfallen, willst du ausgerechnet ins Schloss, um über magische Wesen zu reden?" Spöttisch stieß sie die Luft aus. „Du nimmst mich auf den Arm."

Sofort packte er ihr Kinn, zwang sie ihn anzusehen. „Du solltest auf deinen Ton aufpassen, Kleines." Seine Stimme war einen Tick dunkler geworden, was ihr eine Gänsehaut über den Rücken jagte.

Erstaunt stellte sie fest, dass er ihr keine Angst machte, im Gegenteil, seine dominante Art erregte sie. Was war das denn bitte? Hatte sie doch mehr unter dem Unfall gelitten?

Eindringlich sah er ihr in die Augen, erkannte die Lust, die er zusätzlich riechen konnte. Schnell verkniff er sich ein Lächeln. „Versuch mir zu vertrauen“, bat er sanft.

Seufzend stimmte sie zu. „Gut, lass uns zum Castle fahren, wir sehen ja, ob wir dort reden können.“

Liebevoll reichte er ihr eine Hand, um sie vom Bett zu ziehen, anschließend legte er ihr einen Arm um die Schultern.

Brianna wusste nicht, wie sie diese Geste einschätzen sollte, doch es gefiel ihr, wie sie vor sich selbst zugab. Ihr Verstand schrie auf, riet ihr sofort auf Abstand zu gehen, aber ihre Seele genoss die Aufmerksamkeit zu sehr.

~~°~~

Tyler parkte seinen Jeep an der Straße „The Parade“, sodass sie nur ein paar Schritte laufen mussten.

Stumm ließ sie es zu, dass er ihre Hand nahm, trotzdem fühlte sie sich hin- und hergerissen. In ihrem Verstand hatte es sich festgesetzt, dass ein erfolgreicher, gutaussehender Mann wie er niemals mit einer pummeligen Frau, wie sie es war, zusammen sein wollte. Dennoch genoss ein Teil in ihr diese Nähe.

Sie liefen ein Stück an der Schlossmauer vorbei, bis sie den Innenhof betraten, an den ein weitläufiger Park anschloss.

Brianna blieb kurz stehen, um den wunderschönen Anblick zu genießen. Sie war viel zu lange nicht mehr hier gewesen.

„Beeindruckend, nicht?“ Tyler zog sie etwas dichter an sich.

Die Versuchung war zu groß, sodass sie sich an ihn schmiegte, während sie das riesige Schloss mit den kleinen Türmchen ansah. „Ja, absolut. Es ist bestimmt zwei Jahre her, seit ich das letzte Mal im Schlosspark war, aber irgendwie verändert es sich nie."

Ty stimmte zu, nahm erneut ihre Hand, um sie zum Eingang zu bringen, wo er die Eintrittskarten kaufte.

Schweigend betraten sie das Castle, dabei kam es ihr fast vor, als ob sie in die Vergangenheit eintauchen würden. Der Rundgang führte sie zuerst in die unteren Geschosse, wo früher die Soldaten untergebracht waren, allerdings gab es in diesem Abschnitt auch die Zellen.

Alles in allem war es in dem Keller sehr kühl, dunkel und ein wenig gruselig, sodass sie ein Zittern unterdrücken musste. Natürlich wusste sie, dass es Gefangene gegeben hatte, zumal man die Burganlage zur Verteidigung der Stadt errichtet hatte.

Tyler zog sie erneut an sich, als er bemerkte, dass sie leicht zitterte. „Keine Sorge, es passiert dir nichts."

„Das ist mir klar", zischte sie. Hielt er sie vielleicht für unterbelichtet? „Trotzdem hat das Schloss ein paar düstere Zeiten erlebt. Außerdem wurde hier Anne Boleyn geboren, eine der Ehefrauen von Heinrich VIII." Mehr brauchte sie nicht zu sagen, da Ty selbstverständlich die Geschichte kannte. Jeder wusste, dass dieser König sich seiner Frauen entledigte, sobald sie ihm im Weg standen.

Gemeinsam stiegen sie die Treppe rauf, wo sie ein ganzer Schwarm Menschen empfing.

Fragend sah Brianna ihren Begleiter an, dabei verkniff sie sich eine spöttische Bemerkung. „Wo sollen wir reden?"

Lächelnd schob er sie durch die Gruppe der Touristen, die sich gerade den Musikraum der Familie Ormonde ansah. „Ich zeige es dir." Vorsichtig manövrierte er sie die Gänge entlang, bis sie an eine Absperrung kamen.

Kurz wartete er, bis sie für einen Moment alleine in dem winzigen Flur standen, erst dann öffnete er schnell die Tür, gleichzeitig forderte er sie auf, weiterzugehen.

„Bist du von allen guten Geistern verlassen?", herrschte sie ihn an, als sie ein Stückchen die Treppe hochgegangen waren, die hinter der Tür lag. „Es gibt bestimmt einen Grund, weshalb die Besucher hier nicht hinkommen sollen." Ihr war es alles andere als recht, dass sie sich über das Verbot hinwegsetzten.

„Vertrau mir." Mehr antwortete er nicht, stattdessen schob er sie einfach weiter.

Kapitel 6 - Magische Welt

Nach ein paar Minuten kamen sie in einem wunderschönen Erkerzimmer an, das einen tollen Blick über die Stadt ermöglichte.

Bewundernd sah sie sich um, erkannte, dass es sich um ein Schlafzimmer aus längst vergangener Zeit handelte. „Wir sollten nicht hier sein", bemerkte sie erneut.

„Das ist in Ordnung. Ich habe dafür bezahlt, dass dieses Zimmer renoviert werden konnte. Deshalb besitze ich besondere Vorteile." Er lächelte sie an. „Es ist noch nicht ganz fertig." Damit deutete er auf die rechte Wand, die von einer Folie bedeckt war.

Offensichtlich wurde an der Restauration gearbeitet.

„Du hättest es mir sagen können", protestierte Brianna empört, dabei ging sie auf die vertrauliche Anrede ein. Schon bei Mia und Jorgan war es ihr komisch vorgekommen, so distanziert zu bleiben, zumal beide sie ebenso duzten.

Tyler zog sie schmunzelnd an sich, für ihn gab es keinen Grund, sich von ihr fernzuhalten. „Stimmt, allerdings möchte ich, dass du lernst, mir zu vertrauen, auch ohne große Erklärungen." Zärtlich küsste er sie, ließ aber viel zu schnell wieder von ihr ab.

Erstaunt blickte Bri ihn an, versank für einen Moment in seinen grünen Augen, die ihr das Gefühl vermittelten, sich komplett auf ihn einlassen zu dürfen. Wie verzaubert musterte sie ihn, vergaß, dass sie auf Abstand bleiben wollte, stattdessen schmiegte sie sich in seine Arme. Es tat so unendlich gut, Geborgenheit zu spüren, für eine kurze Zeit das Misstrauen zur Seite zu schieben.

Tyler genoss es, seine Gefährtin an sich zu drücken. In ihrem gesamten Verhalten erkannte er, dass sie sich nach Nähe genauso sehnte wie nach Zärtlichkeit. Wie einsam musste sie sein? Obwohl ein Mann bei ihr lebte. Bei dem Gedanken zuckte er innerlich zusammen, den Punkt sollten sie schnellstmöglich klären. Bisher war er immer davon ausgegangen, dass die Seelengefährten automatisch zueinander gehörten.

Vorsichtig schob er sie ein Stückchen von sich. „Was hat das mit diesem Callum auf sich? Liebst du ihn? Ist er dein fester Freund?“

Lachend schüttelte sie den Kopf. „Wie kommst du denn darauf? Nein, obwohl ich nicht wüsste, was es dich angeht.“ Sie verschränkte die Arme vor der Brust, gleichzeitig bemerkte sie, dass er erleichtert aufatmete.

„Oh, das geht mich eine ganze Menge an, da ich derjenige bin, der auf dich aufpasst, dich liebt und leitet.“ Als sie bei den Worten zusammenzuckte, hätte er sich zu gerne auf die Zunge gebissen, er ging die Sache völlig falsch an.

„Ah ja, und wer sagt das? Denkst du eigentlich, dass ich dumm bin, nur weil ich zu viele Kilos mit mir herumschleppe?“ Zickig hielt sie seinem Blick stand, dabei sah er deutlich, dass sie sich davor fürchtete, auf die Nase zu fallen.

Kurz kniff er sich in den Nasenrücken, bevor er sie erneut ansah. „Entschuldige, dass ich zu schnell bin, aber ich habe einige Informationen mehr als du. Eins möchte ich klarstellen: Ich halte dich für intelligent, außerdem werde ich niemals mit deinen Gefühlen spielen, das ist unter meinem Niveau.“

Brianna verzog nur leicht das Gesicht. „Lass uns einfach diese seltsame Sache mit dem Bürgen klären. Ich muss langsam zu meinen Pferden zurück.“ Auffordernd nickte sie ihm zu.

Hier hatte er eine Tür vorschnell zugeschlagen, weil er selbst so überwältigt von seinen Emotionen war. Allerdings würde er ihr schon noch zeigen, dass sie an seine Seite gehörte. „Gut, du hast recht, wir fangen mit den Basics an. Die magische Welt hat ihre eigenen Gesetze, die von den Wächtern aus Ballygannon sowie zahlreichen Hilfskräften durchgesetzt werden.“

Bei der Erklärung riss sie die Augen weit auf. „Willst du mir sagen, dass es tatsächlich so etwas wie eine Parallelwelt gibt?“

„So könnte man es sehen. Alle paranormalen Wesen unterliegen der Geheimhaltung, da nur wenige Menschen von uns wissen. Die Normalen, die uns helfen, bekommen natürlich auch von uns jede Unterstützung, die sie brauchen. Wir nennen sie Vertraute. Den Status bekommt man, wenn man einem von uns aus der Patsche hilft und anschließend einen Eid schwört, das Geheimnis zu bewahren.“

Sie nickte leicht, das hatte sie irgendwie angenommen, weil es ihr einleuchtend erschien. Jetzt wunderte sie sich nur, warum weder ihre Eltern noch ihre Oma ihr von dieser Gesellschaft erzählt hatten. „Gut, das wäre also die erste Möglichkeit, die ich habe, richtig?“

Seufzend stimmte er zu. „Ja, wobei ich unsicher bin, ob du einen Eid leisten musst, da du ja eigentlich zu uns gehörst.“ Hier wollte er absolut ehrlich sein. „Die Wächter werden wahrscheinlich wissen wollen, weshalb du niemals von deinen Leuten aufgeklärt wurdest.“

Ratlos zuckte sie mit den Schultern.

„Keine Ahnung, vielleicht wussten sie selbst nicht, dass es so was gibt? Immerhin haben wir alle nur sehr wenig Feenblut in uns. Bei mir reicht es gerade mal, um mit den Tieren reden zu können.“ Sie seufzte leise. „Keine besonderen Heilerfähigkeiten, kein langsames Altern oder so was. Ich bin genauso unfähig, Wünsche zu erfüllen, leider bin ich nicht Cinderella.“

Tyler schmunzelte. „Das sind Märchen, die selten der Wahrheit entsprechen. Ich fresse auch keine Menschen, obwohl ich mich in einen Puma verwandeln kann.“ Er überhörte ihren erstaunten Ausruf. „Der Eid ist eine Möglichkeit. Eine andere wäre, dich von unseren Ärzten in Ballygannon operieren zu lassen. Sie können Gedanken entfernen, allerdings rate ich dir davon ab. Nein, ich verbiete es dir, weil es ein zu großes Risiko ist. Die Operationen gehen zu oft schief, dann bleibt von dir nur ein sabberndes Wrack übrig.“

Bei der Vorstellung schüttelte sie sich, bis ihr ins Bewusstsein drang, dass er ihr gerade etwas verboten hatte. „Was denkst du, wer du bist? Du hast mir nichts zu verbieten“, begehrte sie auf.

„Den Punkt würde ich gerne auf später verschieben.“ Sanft zog er sie an sich, überwand ihre leichte Gegenwehr, während er sie mit seinen Armen umfing. „Wir Gestaltwandler erkennen unsere Dualseelen sofort. Zuerst leiden wir unter einer enormen Nervosität, die den Gefährten ankündigt, dann kommt es einem vor, als ob man einen heftigen Schlag in den Magen erhält. Zumindest war es bei mir so, als ich dich das erste Mal gesehen habe.“ Er flüsterte ihr die Worte ins Ohr.

„Klar, jetzt sind wir bei dem Punkt mit der Verführungsnummer angekommen. Was hast du vor? Mit mir ins Bett steigen, um mir danach zu erklären, dass ich für ein schnelles Vergnügen gut bin, aber keinesfalls deine Freundin sein kann? Willst du mir sagen, dass ich zu dick bin, um dich mit mir in der Gesellschaft zu zeigen?“ In ihrer Angst, wieder verletzt zu werden, schoss sie weit über das Ziel hinaus.

„Sicher, deshalb hab ich ja auch die ganze Zeit Abstand gehalten“, erwiderte er ätzend, gleichzeitig löste er sich von ihr. „Du unterstellst mir da extrem abscheuliche Dinge, ohne mich wirklich zu kennen. Verurteilst du dein Gegenüber immer so schnell?“ Ärgerlich musterte er sie.

Die Erkenntnis, dass er recht hatte, ließ sie schlucken. Sie selbst stopfte ihn ohne Bedenken in eine Schublade, wobei sie ihm genau das Gleiche vorwarf. „Es tut mir leid, nur fällt es mir schwer zu glauben, dass du ein ernsthaftes Interesse an mir hast. Auch ich habe eine Vergangenheit“, nuschelte sie verlegen, während sie scheinbar interessiert den Boden betrachtete.

Zärtlich hob er ihr Kinn an. „Das denke ich mir, aber so einfach wirst du mich keineswegs los. Der dritte Weg ist nämlich anzuerkennen, dass du zu mir gehörst. In dem Fall musst du nicht erst einem magischen Wesen das Leben retten, um den Eid ablegen zu dürfen.“

Seufzend schüttelte sie den Kopf. „So leicht ist es nicht. Wie schon gesagt, ich habe meine Erfahrungen mit Männern gemacht und keine guten.“ Wie gerne würde sie ihm glauben, nur schaffte sie es kaum, über ihren Schatten zu springen. „Bedeutet das, dass ich nur nach Hause darf, wenn ich dich als Beschützer akzeptiere?“ Einerseits war das eine verlockende Aussicht, andererseits schreckte sie ja gerade davor zurück.

„So in der Art, allerdings gebe ich niemals auf. Ich bürge für dich, was heißt, dass nicht nur du getötet wirst, sollte bewiesen werden, dass du die Geheimhaltung missachtest, sondern auch ich." In seiner Stimme klang der Ernst der Lage mit.

Entsetzt schüttelte sie den Kopf. „Das ist barbarisch. Du willst mir sagen, dass ich dafür verantwortlich bin, wenn sie dich umbringen? Nur, weil mir vielleicht mal etwas herausrutscht?"

„Genau das. Es ist zu wichtig, dass wir unerkannt bleiben, um es auf die leichte Schulter zu nehmen. Zum Glück ist das Gesetz vor einigen Jahren geändert worden, denn früher hatte man nicht mal die Möglichkeit sich zu verteidigen. Sobald es bewiesen war, dass man die Geheimhaltung missachtet hatte, wurde man hingerichtet."

Seufzend lehnt sie sich an die Wand hinter ihr. Dieser Verantwortung wollte sie sich nur sehr ungern stellen, obwohl sie ihr Geheimnis instinktiv bewahrt hatte. Nachdenklich betrachtete sie den Arzt, der sie ernst musterte. „Ich glaube, ich ziehe das Risiko vor, mich einer Operation zu unterziehen."

Sofort schüttelte Tyler den Kopf. „Das lasse ich nicht zu. Eher werde ich Steward, den Boss der Wächter, bitten, dich bei ihnen einzusperren, bis sie sicher sind, dass sie dir vertrauen dürfen."

Seine Miene verhärtete sich, was ihr deutlich zeigte, dass er in dem Punkt keinen Schritt zurückweichen würde. „Du hast mir keine Vorschriften zu machen. Oder existiert bei den Paranormalen ein Gesetz, welches dir das Recht gibt?" Entrüstet hielt sie seinem Blick stand. Es war ihr Leben, ihre Entscheidung!

Ty überlegte einen Moment, wenn er so weitermachte, trieb er sie nur von sich weg. Er musste zuerst ihr Vertrauen gewinnen und das erschien ihm ziemlich schwierig. „Ich mache dir einen Vorschlag." Er hob eine Hand, als sie etwas erwidern wollte. „Bitte, hör mir zu", verlangte er.

Verlegen nickte sie, so höflich sollte sie in der Tat sein.

„Wir lernen uns kennen, dabei gibst du uns eine faire Chance. Ich tue nichts, was du nicht willst", versicherte er ihr. Offen blickte er ihr in die Augen. „Falls du, sagen wir, nach Ablauf eines Monats immer noch der Meinung bist, dass eine OP die bessere Wahl ist, bringe ich dich persönlich zu Gerry."

„Gerry ist ein magischer Arzt, nehme ich an?" Bri versuchte, ihre Stimme kalt klingen zu lassen, was ihr schwerfiel. Irgendetwas war an ihm, das sie anzog und es ihr fast unmöglich machte, der Verlockung zu widerstehen. Selbst in dem Augenblick sehnte sie sich danach, sich einfach an ihn zu schmiegen, um ihm alles andere zu überlassen.

„Er ist der beste, den du finden kannst. Mit über 500 Jahren Erfahrung ist das auch kaum verwunderlich." Er lächelte über ihren erstaunten Gesichtsausdruck. „Wir Gestaltwandler werden um einiges älter als die Normalen."

Sie musste verdammt viel lernen, wenn sie sich in dieser seltsamen Welt zurechtfinden wollte. Ein Anruf bei ihrer Mutter war längst überfällig, obwohl sie unsicher war, ob sie mit ihr reden würde. Zu dumm, dass Bri sich offen auf die Seite ihrer Oma gestellt hatte.

„Bist du noch bei mir?" Tyler strich ihr sanft über die Wange.

Langsam nickte sie, nur um gleich darauf mit dem Kopf zu schütteln. „Eine Sache ist da. Du sagst, dass ich eine von euch bin, sollte ich da nicht dieselben Rechte haben? Ich meine, gelten eure Gesetze nur für komplette paranormale Wesen oder auch für Menschen, die eben nur einen kleinen Teil magisches Blut besitzen?" In ihrem Gehirn jagte ein Gedanke den nächsten, nur das schien ihr irgendwie wichtig.

„Sie sind für jeden bindend, nur in deinem Fall ist es kompliziert, weil du keine Ahnung von unserer Welt hast." Ty seufzte leise, nur um sie doch wieder in seine Arme zu schließen. Sanft zog er sie an seine Brust, was sie zu gerne geschehen ließ. „Normalerweise wissen die Leute nichts von ihren Fähigkeiten oder sie sind aufgeklärt. Einen Vorfall, wie bei dir, gab es bisher nicht." Er murmelte die Antwort in ihre Haare. Es tat verdammt gut, sie einfach nur festzuhalten. „Wir müssen herausfinden, warum du so unwissend bist. Erst dann kann Stew eine endgültige Entscheidung treffen."

Brianna schmiegte sich an ihn, ihr fehlte die Kraft, ihm zu widerstehen, besonders jetzt, wo ihr klar war, dass sie zumindest mit ihrer Mutter sprechen musste. Diesem Gespräch wollte sie gerne aus dem Weg gehen. Die Beziehung zwischen ihnen war mittlerweile ziemlich distanziert geworden. Auf Wunsch ihrer Familie hatte sie die Ausbildung in Deutschland absolviert, aber danach ging es steil bergab.

„Was bedrückt dich?", erkundigte Ty sich sanft. „Gibt es etwas, was du mir sagen willst?"

Erstaunt hob sie den Kopf. Weshalb wusste er, dass sie sich mit einem Problem herumschlug? Kurz überlegte sie, ob sie ihm einfach alles erzählen sollte, doch in dem Augenblick kam das Misstrauen zurück. Sie kannte ihn ja kaum, war es da sinnvoll, überhaupt was über sich preiszugeben? „Die ganze Sache mit der magischen Welt ist schon ein ziemlicher Brocken", gab sie schüchtern zu, was nicht mal gelogen war.

„Hast du Fragen?" Er konnte sich gut vorstellen, wie verwirrt sie sein musste.

„Tausend und eine, aber ich möchte zuerst nachdenken. Außerdem gibt es wohl keinen anderen Ausweg, als mit meiner Mutter zu reden." Jetzt seufzte sie bedrückt, gleichzeitig schmiegte sie sich fester an ihn. Selbst, wenn er ein Spiel mit ihr spielte, gab ihr seine Nähe Kraft.

Zart streichelte er ihr über den Rücken, dirigierte sie vorsichtig zu einem Sessel, auf den er sich setzte, ehe er sie auf seinen Schoß zog.

Sofort wollte sie aufspringen. „Ich bin viel zu schwer", murmelte sie beschämt. Noch nie hatte jemand ihr Gewicht ertragen.

Tyler lachte leise auf. „Vertrau mir, ich bin kein Schwächling, außerdem gefällt mir deine Figur. Ich kann nichts mit Hungerhaken anfangen." Mit sanfter Gewalt hielt er sie an ihrem Platz, bis sie sich an ihn lehnte. „So ist es gut."

Brianna schob die Bedenken von sich, genoss die Geborgenheit, die er ihr schenkte. Egal, was kam, in dem Augenblick fühlte es sich einfach gut an.

„Willst du über deine Beziehung zu deiner Mutter reden?", erkundigte er sich vorsichtig.

Sofort schüttelte sie den Kopf. „Nein!" Ihre Ablehnung klang wie ein Pistolenschuss. Energisch befreite sie sich aus seiner Umarmung, stand auf und stemmte die Hände in die Seiten. „Ich möchte jetzt nach Hause." Auffordernd blickte sie ihn an. Ihre Gefühle fuhren Achterbahn, ihr Herz kämpfte gegen ihren Verstand, darüber hinaus fühlte sie sich, als ob man ihr den Boden unter den Füßen weggezogen hätte.

Unwillig gab Tyler nach. „Gut, aber ich werde dich täglich sehen. Das ist keineswegs verhandelbar! Auf keinen Fall wirst du mich aus deinem Leben ausschließen", verlangte er ernst.

„Ich habe dem Deal nicht zugestimmt“, erinnerte sie ihn hart. Gleichzeitig stieß sie verzweifelt die Luft aus. „Gut, ich gebe dir eine Chance, obwohl ich davon überzeugt bin, dass du dir niemals eine Frau aussuchst, die so aussieht wie ich.“ Er war die beste Option, um sich in der paranormalen Welt zurechtzufinden. Außerdem wollte ein Teil von ihr ihm glauben, nur würde sie das aktuell nicht zugeben.

„Ehrenwort?“ Ty hielt ihr eine Hand hin, die sie nahm, um ihre Abmachung mit einem festen Druck zu besiegeln. „Gut, ich fahre dich nach Hause. Solltest du mit mir reden wollen, ruf mich an.“ Er zog sein Handy aus der Hosentasche, nur um sie schief anzulächeln. „Ich gebe dir meine Nummer, wenn wir bei dir sind.“

Jetzt lachte Bri auf. Offensichtlich unterliefen auch dem smarten Arzt Fehler. „Das ist schon okay, ich stehe übrigens im Telefonbuch, da ich eine Reitschule besitze.“

Gemeinsam machten sie sich auf den Weg zurück zum Auto, dabei betrachtete sie versonnen die prachtvolle Ausstattung der Räume, die den Grafen von Ormonde als Wohnung dienten. Bei einem Bild über einer Tür kicherte sie.

„Was ist so lustig?“, erkundigte Tyler sich interessiert. Am liebsten hätte er jede Kleinigkeit von ihr gewusst, doch noch musste er sich zügeln.

Ihre Wangen färbten sich rot, als sie auf das Gemälde deutete. „Ich habe darüber nachgedacht, dass die ehemaligen Bewohner alles andere als prüde waren.“

Er hob den Blick, dabei erkannte er, was sie meinte. Die Frau, die der Maler porträtiert hatte, war nur sehr unzureichend bedeckt, sodass man eine Brustwarze sehen konnte. Schmunzelnd nickte er, zumal er sich daran erinnerte, was für einen Skandal das Bild verursacht hatte.

„Ja, oft überraschten uns die Damen des Hauses, manchmal auch im negativen Sinne."

Bri überlegte, ob sie nachfragen sollte, da diese Antwort so klang, als ob er mehr wüsste. Augenblicklich entschied sie sich, dass sie im Moment genug erfahren hatte. „Tja, vielleicht müsste man über die Geschichte mit dem schwachen Geschlecht mal nachdenken."

Sie schlenderten weiter, wobei sie es auf einmal nicht mehr eilig hatte. Ihre Tiere waren bei Callum in den besten Händen genau wie ihre Reitschüler, außerdem genoss sie es, etwas Freizeit zu haben. Bei dem Gedanken überkam sie ein schlechtes Gewissen. „Ich sollte mich bei Callum melden. Er übernimmt meine gesamten Aufgaben, während ich hier Sightseeing betreibe."

„Kennst du seine Nummer auswendig?", erkundigte Tyler sich, gleichzeitig hielt er ihr sein Handy hin.

Sofort schüttelte sie den Kopf. „Leider nicht." Natürlich bemerkte sie, dass ihr Begleiter aufatmete. „Er ist der Cousin des Partners meiner besten Freundin. Außerdem ist er schwul", erklärte sie lächelnd. Warum sie ihm unbedingt die Sorgen nehmen wollte, analysierte sie besser nicht. Darüber hinaus hatte sie ihr Wort gegeben und daran fühlte sie sich gebunden.

„Weshalb ist er auf deinem Hof?" Ihm fehlte eine Erklärung, zumal sie bestätigt hatte, dass er kein fester Freund war. Angestrengt versuchte er, die Neugier in seiner Stimme zu unterdrücken.

Bri zuckte mit den Schultern. „Das ist eine lange Geschichte und ich muss jetzt wirklich nach Hause." Sie wich ihm geschickt aus, da sie keine Ahnung hatte, ob sie tatsächlich dermaßen in Gefahr war. Sie hatte den Fahrer des Unfallwagens nicht genau gesehen, sodass es sich lediglich um eine Annahme handelte, dass er zu Drewsoll gehörte.

Tyler legte einen Arm um ihre Taille, führte sie aus dem Schloss und hielt ihr später galant die Tür auf. „Ich hab diese Woche Frühschicht, das heißt, ich kann dir am Nachmittag mit den Pferden helfen."

Erstaunt blickte sie ihn an, während sie den Sicherheitsgurt anlegte. „Weshalb solltest du das tun?" Die Frage rutschte ihr heraus, ehe sie darüber nachdenken konnte.

„Du wolltest uns eine ehrliche Chance geben, vergessen?" Enttäuschung klang in seiner Stimme mit.

Abwehrend hob sie die Hand. „So war das nicht gemeint. Natürlich halte ich mich an unsere Abmachung, aber ich hätte nie gedacht, dass du reitest." Sie zuckte verlegen mit den Schultern. „Du kommst mir eher nicht wie ein Naturbursche vor, der sich auf dem Pferderücken wohlfühlt."

Tyler lachte, beugte sich vor, um sich einen zärtlichen Kuss zu stehlen, wobei er sich so schnell zurückzog, dass sie keinen Widerstand bieten konnte. „Du machst es schon wieder, du steckst mich in eine Schublade", tadelte er mit einem Funkeln in den Augen. „Vielleicht muss ich dir mal Manieren beibringen." Mit der Bemerkung schloss er die Tür, ehe er sich auf die Fahrerseite setzte.

In Briannas Kopf arbeitete es, einerseits war es ihr fürchterlich peinlich, dass sie ausgerechnet bei ihm ständig ins Fettnäpfchen trat, andererseits dachte sie über seine Drohung nach. Sie hatte bereits mehrfach über das Thema BDSM gelesen, nur ohne Partner reichte es lediglich zu einem lebhaften Kopfkino. Ein einschlägiges Forum kam für sie nicht infrage, da sie sich auf keinen Mann einlassen würde. Bei dem Gedanken musste sie ein spöttisches Auflachen unterdrücken, das hatte ja super geklappt. Weshalb kam sie überhaupt darauf, dass er auf diese Weise dominant war? Vielleicht hatte er es ja völlig anders gemeint? Trotzdem gab sie beschämt zu, dass er recht hatte, sie zog immer wieder irgendwelche Schlüsse über ihn, nur weil er Arzt war. „Also, kannst du reiten?“ Sie wollte zumindest den Fauxpas wiedergutmachen.

„Können ist ein großes Wort.“ Er lachte, gleichzeitig schaltete er in einen höheren Gang. „Ich bin als Jugendlicher mal geritten. Sagen wir mal so, ich bin in der Lage, auf einem Pferd sitzen zu bleiben.“

Verstehend nickte sie, dabei musterte sie ihn von der Seite. Er sah wirklich gut aus, blonde Haare, grüne Augen und eine durchtrainierte Figur, die durch ein enganliegendes Shirt betont wurde.

„Sagst du mir, wohin wir fahren?“

Seine Frage riss sie aus der Betrachtung und färbte ihre Wangen rot, weil sie vergessen hatte, ihm ihre Adresse zu nennen. „Wir müssen zum Hof Gòchas, hier bitte rechts.“

„Mir gefällt, dass du deine Reitschule Hoffnung genannt hast“, bemerkte er mit einem Lächeln. Natürlich war ihm die gälische Sprache geläufig, obwohl sie immer seltener gesprochen wurde.

„Das war meine Uroma. Ich habe keinen Grund, es zu ändern. Eigentlich ist es ein Gestüt, allerdings bringe ich es nicht übers Herz, die Tiere zu verkaufen.“ Sie seufzte. „Klar bringt es mehr Geld ein als die Reitstunden.“ Brianna zuckte leicht mit den Schultern.

„Ich verstehe dich sehr gut, mir ginge es genauso. Es handelt sich doch um Familienmitglieder, außerdem kannst du mit ihnen reden, was deine Bindung wahrscheinlich noch vertieft.“

Er folgte ihrer nächsten Anweisung und bog erneut ab.

„Viele sehen das anders, aber mir kommt es vor, als ob ich meine Lieblinge verraten würde. Das ist auch der Grund, weshalb ich niemals an Drewsoll verkaufen werde." Jetzt klang ein kämpferischer Unterton in ihrer Stimme mit.

Sofort horchte Tyler auf. „Was ist das für eine Geschichte mit dieser Firma? Ich hab unterschiedliche Meinungen im Pub gehört." Sein Instinkt sagte ihm, dass da mehr hintersteckte, als erzählt wurde.

Wütend stieß Brianna die Luft aus. „Die Mistkerle wollen mich zwingen, mein Land zu veräußern. Zu einem Spottpreis. Zuerst erhielt ich nur normale Angebote, die allerdings immer drängender wurden, aber Papier ist geduldig." Sie erinnerte sich genau an das erste Schreiben vor über zwei Monaten. „Vor ein paar Tagen kam ein Mitarbeiter, der mir sogar gedroht hat. Er sprach davon, dass ich aufpassen soll, was mit meinen Pferden ist. Außerdem meinte er, dass es auf eine dumme Bäuerin mehr oder weniger nicht ankäme." Sie ballte die Hände zu Fäusten, als ihr das schmierige Grinsen einfiel.

Tyler hörte ihr aufmerksam zu, dabei musste er sein inneres Tier fest unter Kontrolle halten. Der Puma wollte sein Weibchen beschützen! Obwohl man ihm nachsagte, dass er ein Einzelgänger war, mischten sich hier die tierischen und die menschlichen Eigenschaften. „Hat er dich angefasst?" Seine Stimme klang gepresst.

„Nein, so weit ist er nicht gegangen, weil Danny zum richtigen Zeitpunkt nach mir gesehen hat", gab sie leise zu. „Ira, meine Freundin, hat mich anschließend überredet, Callum bei mir einziehen zu lassen, damit ich Schutz habe."

Er hörte deutlich, dass es ihr missfiel, in dem Punkt Hilfe zu benötigen. „Wenn du in Gefahr bist, werde ich auch zu dir ziehen.“ Er fragte nicht, zumal es für ihn eine logische Konsequenz war.

„Da habe ich ein Wörtchen mitzureden“, begehrte sie auf. „Callum ist gut genug, um den Kerl zu verscheuchen, sollte er erneut auftauchen. Glaub mir, ich brauche keine zwei Beschützer.“ Mit der Erklärung versuchte sie, ihre Ablehnung abzumildern.

Tyler ließ das Thema vorerst fallen. Ihm war klar, dass es zu früh war, um die Beziehung zu festigen, zuerst musste sie ihn richtig kennenlernen. „Hatte dein Unfall mit der Firma zu tun?“ Die Frage brannte in ihm, seit sie von der Drohung gesprochen hatte.

Unschlüssig zuckte sie mit den Schultern. „Das weiß ich nicht. Leider habe ich den Kerl am Steuer nur sehr undeutlich gesehen. Ira hat bestätigt, dass es ein Mann war. Dummerweise hat sie ihn auch kaum beachtet.“

„Das ist verständlich, es war bestimmt ein riesiger Schock.“ Tyler unterdrückte einen Fluch, zumal alles so wunderbar zusammenpasste.

Kapitel 7 - Misstrauen

„Ich komme morgen nach meiner Schicht vorbei, um dich bei den Pferden zu unterstützen“, versicherte Ty, als er ihr höflich die Beifahrertür öffnete.

Bri verzog leicht das Gesicht. „Du weißt, dass das unnötig ist, oder? Bisher habe ich meine Arbeit ganz gut geschafft.“ Ihre Unsicherheit hielt sie völlig im Griff.

Sanft packte er ihr Kinn. „Du kannst mich nicht dauerhaft auf Abstand halten. Anstatt mich zu bekämpfen, versuch lieber, mir zu vertrauen. Das spart Kraft“, riet er ihr, dabei sah er ihr so tief in die Augen, dass sie glaubte, er würde bis in ihre Seele vordringen.

Die Umgebung versank für einen Augenblick, in dem sie sich ihm so nahe fühlte. Es kam ihr vor, als ob er sie allein mit seinem Blick vor allen Gefahren beschützen könnte. Ihre Sehnsucht nach seiner Berührung verstärkte sich, längst reichte ihr der zärtliche Griff nicht mehr. Sie reckte sich ein wenig, wünschte sich, er würde sie endlich richtig küssen, nur traute sie sich nicht, deutlicher zu werden. In einem Impuls schlang sie die Arme um seinen Nacken, zog ihn zu sich herunter. Wieso saß sie immer noch in dem dummen Auto?

Ein Pferd wieherte, gleichzeitig ertönte ein lautes Lachen, was sie sofort in die Realität zurückkatapultierte. Verlegen zog sie sich von ihm zurück, streifte seine Hand ab und atmete tief durch. Brianna fühlte sich, als ob sie bis zur hinteren Weide gerannt wäre.

„Verdammt", murmelte Tyler, dem klar wurde, dass ihm die einmalige Gelegenheit durch die Lappen gegangen war. „Genau an der Stelle machen wir weiter, sobald wir etwas mehr Privatsphäre haben", versprach er rau, anschließend trat er einen Schritt von ihr weg.

„Bri? Was ist passiert?" Callum kam um die Ecke des Gebäudes und rannte direkt auf sie zu, dabei ließ er den Arzt kaum aus den Augen. „Sind Sie irre? Sie braucht Ruhe, mit einer Gehirnerschütterung ist nicht zu spaßen." Seine Stimme überschlug sich fast vor Ärger.

Brianna stieg endgültig aus dem Wagen, anschließend legte sie eine Hand auf seinen Arm. „Beruhige dich, es war falscher Alarm. Mir geht es gut, frag Dr. Fitzpatrick." Sie deutete auf Tyler.

„Freut mich, Sie kennenzulernen. Ja, sie hat recht, es war lediglich der Schock." Ty setzte eine professionelle Miene auf.

Misstrauisch betrachtete der Journalist ihn, für ihn stand es fest, dass sie eine ernsthafte Verletzung davongetragen hatte, immerhin hatte er Augen im Kopf. „Sicher? Ich meine, ich habe heute Morgen noch die unterschiedlich geweiteten Pupillen gesehen." Zu gerne würde er offen fragen, was für ein Spiel die beiden spielten. Plötzlich ging ihm ein Licht auf, als er den Blick bemerkte, den der Doktor Bri zuwarf. „Oh, so ist das." Er schmunzelte. „Dann lass ich euch mal besser alleine." Ohne eine Antwort abzuwarten, lief er zurück zu den Reitschülern, die gerade dabei waren, ihre Pferde abzusatteln.

„Na toll, jetzt denkt er, wir wären ein Liebespaar", stieß sie ärgerlich hervor.

Tyler rieb sich vergnügt über das Kinn. „Sind wir doch auch, du musst es lediglich zulassen.“ Er zog sie in eine sanfte Umarmung. „Sag mir, dass du vorhin nichts gefühlt hast und ich werde mich zurückziehen“, flüsterte er ihr zu.

Lügen kam für sie keinesfalls infrage, sodass sie leicht den Kopf schüttelte. „So stimmt das nicht“, gab sie zu. Mit einem Seufzen löste sie sich von ihm. „Ich möchte dir keine sinnlosen Hoffnungen machen. Glaub mir, ich habe mir geschworen, mich nie wieder auf einen Mann einzulassen. Du wirst dir die Zähne ausbeißen.“ Eilig hob sie die Hände in einer abwehrenden Geste. „Ich gebe uns eine Chance, trotzdem bin ich überzeugt davon, dass ich am Ende recht behalte. Jetzt muss ich mich um meine Arbeit kümmern.“ Sie nickte ihm gespielt kühl zu, drehte sich um und lief zum Stall.

Tyler sah ihr mit einem Lächeln hinterher, ihm war bewusst, dass es sich bei ihr um seine Dualseele handelte, daher machte er sich keine Gedanken. Natürlich wäre es ihm lieber gewesen, wenn sie offener mit ihm umginge, allerdings ging er selten einer Herausforderung aus dem Weg. Gut gelaunt setzte er sich in sein Auto, um nach Hause zu fahren, dabei überlegte er sich eine Strategie. Er wollte ihr beweisen, dass er der richtige Gefährte für sie war. In der Tat gefielen ihm ihre Kurven ausgezeichnet, darin hatte er sie nicht belogen. Dazu kam, dass sie intelligent war, auf eigenen Beinen stand und sich zu wehren wusste. Bei dem Gedanken runzelte er die Stirn, er musste auf jeden Fall mehr über diese Firma herausbekommen. Sollten sie seiner kleinen Kratzbürste tatsächlich noch einmal drohen, würden sie ihr blaues Wunder erleben.

Zu Hause angekommen setzte er sich sofort an seinen Laptop, um Erkundigungen über Drewsoll einzuholen. Zuerst sah es so aus, als ob es sich lediglich um ein Unternehmen handelte, das Generatoren herstellte. Natürlich war es unschön, eine solche Produktionsanlage in der Gegend zu haben, aber nicht illegal. Er verstand die Leute, die sich für die Idee begeisterten, zumal es um Arbeitsplätze ging.

Er wechselte ins Darknet, dort rief er auch den speziellen Raum im Internet auf, der der paranormalen Welt vorbehalten war. Hier stieß er auf ein paar Informationen, die ihn die Stirn runzeln ließen. Hinter der Firma steckte in erster Linie ein Unternehmen, das auf Bodenschätze aus war. Mit verschiedenen, teilweise sehr suspekten Verfahren, suchten sie die besten Stellen, um Zink zu fördern. Jetzt wurde ihm klar, warum sie unbedingt Bris Land haben wollten. Nur hatte Drewsoll natürlich nicht vor, ihr die Wahrheit zu sagen.

Eilig las er weiter, fand einige Berichte aus vergangenen Jahren, bei denen immer wieder beschrieben wurde, dass diese Leute auch vor Verbrechen nicht halt machten. Weshalb hatte ihnen keiner das Handwerk gelegt? Die Antwort lag auf der Hand, es gab niemanden, der sich wagte, sie öffentlich anzuklagen, darüber hinaus vermieden sie es, Beweise zu hinterlassen.

Leise fauchte er, denn jetzt bekamen sie einen Gegner, der ihnen ebenbürtig war. Mit einem fiesen Grinsen malte er sich aus, welche Möglichkeiten sie gegen die Firma hatten. Hier war sein Kontakt zu den Wächtern Gold wert, zumal es alle etwas anging, wenn eine Landschaft aus Geldgier zerstört wurde.

Einen Moment überlegte er, anschließend schickte er eine Mail an Jorgan, damit der Drache eigene Erkundigungen einholen konnte, somit durfte er sich der Unterstützung seines Freundes sicher sein.

Er lehnte sich zurück, dachte an den Vormittag, den er mit Brianna verbracht hatte, was ihn schmunzeln ließ. Die Kleine glaubte tatsächlich, dass sie in der Lage war, ihn auf Abstand zu halten, außerdem hatte er deutlich gespürt, dass sie sich nach Führung sehnte. Das war oft bei Leuten der Fall, die viel Verantwortung tragen mussten, daher würde er ihr zu gerne diese Last abnehmen. Genüsslich stellte er sich vor, wie er ihr ihren Platz zeigte, sie auf eine erotische Art in Verlegenheit brachte. Sein Kopfkino lief auf Hochtouren, während er sich überlegte, wie sie wohl reagierte, wenn er sie nur mit Mantel und Stiefel bekleidet mit zum Einkaufen nahm.

Eilig schüttelte er den Kopf, das war eher was für den Herbst oder den Winter. Jetzt im Sommer gab es andere Möglichkeiten, dabei spielten in seiner Vorstellung ein Rock und Glöckchen eine Rolle. Mit geschlossenen Augen stellte er sich vor, wie sie Hand in Hand durch die Altstadt schlenderten, während in ihrem süßen Hintern ein Plug steckte. Andererseits fand er die Idee, sie mit einem ferngesteuerten Vibro-Ei in den Wahnsinn zu treiben, sehr reizvoll.

Seufzend schüttelte er die Gedanken von sich, zuerst musste er sie überzeugen, sich wirklich auf ihn einzulassen. Sicher hatte sie zugestimmt, ihnen eine ehrliche Chance zu geben, allerdings war er sich im Klaren darüber, dass sie alles tun würde, um eine Beziehung zu sabotieren. Trotzdem freute er sich enorm auf diesen Machtkampf.

Sein Magen knurrte, sodass er in die Küche ging, um etwas Essbares zu zaubern, aber auch jetzt dachte er ständig an die kleine Sirene, die ihm ordentlich den Kopf verdreht hatte. In der Tat gefiel es ihm, dass sie Kurven besaß, die für ihn zu einer Frau dazugehörten.

Ein Blick in den Kühlschrank sagte ihm, dass er bald einkaufen musste, allerdings reichte es heute noch für Bratkartoffeln mit Spiegelei und einen Salat.

Fröhlich pfeifend setzte er die Kartoffeln auf, mit der Wende hatte er so gar nicht gerechnet. Das Leben war einfach schön! Kurz überlegte er, ob er nach dem Essen in den Pub gehen sollte, verwarf die Idee aber sofort wieder. Die Frühschicht hatte es in sich, zumal er überhaupt kein Frühaufsteher war, darüber hinaus wollte er nach seiner Schicht zu Brianna fahren. Je öfter sie sich sahen, desto eher kam er an sein Ziel. Vernünftigerweise beschloss er etwas zu lesen, bevor er ins Bett ging.

~~°~~

Bri lief, ohne einen Blick zurückzuwerfen, direkt zur Weide, sie brauchte jetzt dringend Abstand zu dem Mann, der sie dermaßen aus der Bahn geworfen hatte. Verdammt, er gefiel ihr, darüber hinaus weckte er Sehnsüchte in ihr, die sie längst begraben hatte. Sie schüttelte über sich selbst den Kopf, während sie die Stute begrüßte. „Hey, meine Kleine, geht es dir gut?“

Maeve schnaubte leise. „Ja, aber was ist mit dir? Du bist völlig durch den Wind, außerdem warst du heute Morgen nicht da.“ Sie blickte sie aufmerksam an.

Seufzend lehnte Bri sich an sie. „Ich hatte einen Unfall." In ein paar Sätzen erzählte sie, was passiert war, dabei umging sie geschickt das Thema, das ihr im Kopf herumspukte.

„Das ist schrecklich. Glaubst du, dass es mit den Leuten zu tun hat, die dir dein Land wegnehmen wollen?"

Brianna zuckte mit den Schultern, nur um sofort zu nicken. „Es ergibt sonst keinen Sinn. Weshalb sollte mich ein Fremder anfahren? Es war definitiv Absicht." Sie streichelte der Stute über die Stirn. „Mach dir keine Sorgen, mir geht es gut."

„Du hast jemanden kennengelernt, einen Mann", bemerkte Maeve amüsiert.

Irritiert betrachtete Bri sie. „Wie kommst du darauf?" Aktuell war sie nicht gewillt, über ihre wie auch immer geartete Beziehung zu Doktor Fitzpatrick zu reden.

„Ich kann ihn an dir riechen." Maeve wieherte leise, was fast wie ein Lachen klang. „Es ist völlig in Ordnung. Es wird Zeit, dass du einen Partner findest, der für dich da ist." Sie stupste sie mit dem Maul an.

„Das sehe ich anders. Ich bin zufrieden mit meinem Leben. Partnerschaften machen nur unnötigen Stress und am Ende steht man mit gebrochenem Herzen alleine da." Sie seufzte, weil sie sich dermaßen verbittert anhörte, obwohl die Sache damals bereits etliche Jahre her war.

„Wahre Liebe findet ihren Weg." Die Stute schaute kurz zu Aidan rüber.

Brianna lächelte. „Du hast deinen Gefährten offensichtlich gefunden." Sanft tätschelte sie Maeve.

„Ja, habe ich, wobei wir Pferde in dem Punkt missverstanden werden. Als Herdentiere heißt es oft, dass wir keine Bindung zu einem Artgenossen eingehen. Ein Irrglaube." Sie schnaubte.

„Genau, wie wir auch unsere Besitzer oder Bezugspersonen ehrlich ins Herz schließen."

Mit einem Lächeln vergrub sie ihr Gesicht in der seidigen Mähne. Es tat verdammt gut, mit ihr reden zu können. „Du hast recht, da ist jemand und ich habe große Angst, wieder auf die Nase zu fallen." Einen Moment der Schwäche gönnte sie sich, bevor sie sich zusammenriss. „Die Arbeit ruft, ich kann Callum nicht alles alleine machen lassen."

„Er ist sehr bemüht", bemerkte Maeve amüsiert. „Aber ihm fehlt das Wissen, das du dir erarbeitet hast."

„Danke, meine Süße, ohne dich wäre mein Leben echt ziemlich düster." Sie verabschiedete sich, um zurück zum Stall zu gehen. Sie kam gerade rechtzeitig, um die Ausrittgruppe zu empfangen und das Absatteln zu überwachen.

Zusammen brachten sie die Pferde auf die Weide, räumten die herumliegenden Sachen auf, anschließend achteten sie darauf, dass die Reitschüler alle abgeholt wurden.

„Das waren die Letzten für heute. Lass uns was kochen", schlug Bri vor. „Ich bin dir wirklich sehr dankbar für deine Hilfe."

Callum winkte verlegen ab. „Es macht mir Spaß, außerdem tut es mir gut, mal etwas anderes zu tun, als im Büro zu sitzen."

Sie gingen in die Wohnung, wo sie gemeinsam einen Gemüseeintopf zauberten.

„Ist alles glatt gelaufen? Oder gab es Probleme?", erkundigte Brianna sich vorsichtig, als sie am Tisch saßen.

„Es war ruhig, keiner hat sich blicken lassen. Aber das habe ich ehrlich gesagt auch erwartet." Callum dachte einen Moment nach. „Wenn der Kerl von Drewsoll kam, was anzunehmen ist, wird er wissen, dass du im Krankenhaus bist. Daher sollten wir ein paar Tage Ruhe bekommen."

Eindringlich musterte er sie. „Ich kann immer noch nicht verstehen, warum ich mich dermaßen getäuscht habe.“ Misstrauen klang in seiner Stimme mit.

„Ehrlich, ich bin gesund. Der Schock saß mir in den Knochen, aber vielleicht war auch das Licht schuld.“ Sie zuckte gespielt gleichgültig mit den Schultern. Auf keinen Fall würde sie ihm die Wahrheit sagen und Tylers Leben damit aufs Spiel setzen. Kurz stolperte sie über den Gedanken, da sie nicht mal wusste, ob er diese seltsame Bürgschaft bereits übernommen hatte.

„Was belastet dich? Geht es dir doch nicht so gut?“

Verdammt, Callum war ein aufmerksamer Beobachter, sodass sie sich sofort zu einem Lächeln zwang. „Nein, alles in Ordnung, ich frage mich nur, was als Nächstes kommt. Werden sie noch weitergehen?“ Sie zitterte leicht bei der Vorstellung, außerdem wurde ihr bewusst, dass ihre Beziehung zu dem smarten Arzt ihr kleinstes Problem darstellte.

„Keine Ahnung, aber du solltest sehr vorsichtig sein.“ Seiner Stimme hörte man seine Besorgnis an. „Ich habe den Vorfall übrigens der Polizei gemeldet.“

Nachdenklich nickte sie. „Daran habe ich in der Tat nicht gedacht“, gab sie verlegen zu. „Danke.“

Er winkte unwillig ab. „Ich hätte sie sofort informieren müssen. Mir ist es auch erst eingefallen, als der Krankenwagen das Grundstück verlassen hatte. Du sollst dich bei Ethan melden, sobald du dich wieder besser fühlst. Er hat mir versprochen, der Sache nachzugehen, meinte aber ebenso, dass es unwahrscheinlich ist, dass sie den Schuldigen finden.“ Bedauernd zuckte er mit den Schultern. „Er geht davon aus, dass es ein Unfall war.“

Das leuchtete Bri ein, zumal sie keine Beweise besaßen, die belegten, dass Drewsoll dahintersteckte. „Wenn sie glauben, dass ich jetzt verkaufe, sind sie auf dem Holzweg“, murmelte sie. „Mist, ich muss die Schlösser austauschen lassen, mein Haustürschlüssel ist weg.“ Besorgt runzelte sie die Stirn. „Deshalb bin ich ja noch mal zurückgelaufen, sonst hätte der Kerl mich nicht erwischt.“ Kurz überlegte sie, ob auch da diese Firma ihre Finger im Spiel hatte.

Mit einem Lächeln reichte Callum ihr den Schlüsselbund. „Du hast ihn im Kytelers Inn verloren. Wie gut, dass dein Name draufsteht. Myra hat ihn vorbeigebracht.“

„Fast hätte ich geglaubt, dass die Leute von Drewsoll mir den Haustürschlüssel stehlen wollten. Langsam werde ich wohl paranoid.“ Brianna seufzte leise, anschließend legte sie den Schlüssel zurück an seinen Platz.

Nach dem Abendessen entschuldigte sie sich bei Callum, weil sie mit ihrer Mutter sprechen musste. Sie brauchte unbedingt eine Erklärung, weshalb ihr ihre eigene Familie verschwieg, dass es die magische Welt gab.

Ungeduldig trommelte sie mit den Fingerkuppen auf der Matratze herum, während sie darauf wartete, dass Maggie Walsh sich meldete.

„Ich glaube es ja nicht, meine Tochter gibt sich die Ehre.“

Der spöttische, kalte Ton hätte Brianna beinahe dazu gebracht sofort aufzulegen, aber die Sache war zu wichtig. „Ich freue mich auch, dich zu hören, Mama.“ Sie gab sich keine Mühe, den Sarkasmus zu unterdrücken, immerhin war sie hier das Opfer, sie hatte man vorsätzlich im Dunkeln gelassen. „Man hat mich angefahren und ich musste ins Krankenhaus.“ Die Aussage ließ sie im Raum stehen, dabei hörte sie deutlich, dass Maggie schwer schluckte.

„Bist du von allen guten Geistern verlassen? Willst du als Versuchskaninchen enden?“

Mit vielem hätte sie gerechnet, doch niemals damit, dass ihre Mutter sie anschreien würde. Obwohl sie sich erfolgreich einredete, dass sie über die Tatsache, nicht von ihr geliebt zu werden, hinweg war, tat es verdammt weh. „Sollte ich vielleicht lieber sterben? Oder in Kauf nehmen, den Rest meines Lebens mit Konzentrationsstörungen, Gedächtnisverlust und Schmerzen zu verbringen?“ Sie holte tief Luft, um sich zumindest etwas zu beruhigen. „Du kannst dich abregen, der Arzt kannte sich in der magischen Welt aus. Er hat einen Wächter gerufen.“ Wieder wartete sie ab.

„Wovon redest du? Das ist völliger Unsinn, den dir deine Oma eingeredet hat. Es gibt keine Wächter, genauso wenig existiert eine Parallelwelt.“ Genervt stieß Maggie den Atem aus. „Egal, was man dir erzählt hat, wahrscheinlich hat der Doktor dich nicht aufregen wollen.“

„Es reicht! Sag mir doch endlich die Wahrheit. Ich habe mit einem Söldner aus Ballygannon gesprochen, dessen Ehefrau eine Heilerin ist. Sie hat die Gehirnerschütterung sofort abklingen lassen.“ Bri musste sich zusammenreißen, um nicht zu schreien. „Weshalb lügst du mich weiterhin an? Ich bin deine Tochter.“

„Stimmt, schön, dass du dich daran erinnerst. Früher war deine Oma ja immer wichtiger.“ Sie hörte sich dermaßen vorwurfsvoll an, dass Brianna leise seufzte.

„Wie wäre es, wenn du mir wenigstens erzählst, worum es sich bei dem Streit zwischen dir und Granny handelte? Vielleicht verstehe ich dich dann besser“, schlug sie müde vor. Sie fühlte sich so enttäuscht, weil ihre Mutter nicht mal fragte, wie es ihr ging.

Darüber hinaus ärgerte sie sich, dass sie die Existenz der magischen Welt einfach abstritt. Siedend heiß fiel ihr ein, dass sie damit die Geheimhaltung verletzt hatte. Was passierte, falls irgendjemand davon erfuhr?

„Genau um den Punkt, dass sie ständig von den Paranormalen geredet hat. Ich habe ihr verboten, dir den Floh ins Ohr zu setzen.“ Jetzt hörte sich Maggie richtig giftig an. „Sie musste dir ja unbedingt einreden, dass es die Fabelwesen der Menschen tatsächlich gibt.“

„Das hat sie nie getan.“ Brianna schluckte schwer, war dieser Streit nur das Resultat eines Missverständnisses gewesen? „Sie hat mir weder von irgendwelchen fantastischen Wesen noch von den Wächtern erzählt. Das habe ich auf eine ziemlich üble Weise herausgefunden. Bitte, sag mir, ob du wirklich keine Ahnung hast.“ Sie hasste es, dass ihre Stimme so flehend klang, aber es hing so viel davon ab.

„Es ist Unsinn, den du besser vergessen solltest. Ja, wir besitzen eine kleine Menge Feenblut, das ist allerdings schon alles“, beharrte Maggie, doch jetzt hörte sie sich unsicher an. „Ich schicke dir die Handynummer eines Arztes, der Bescheid weiß. Du wirst ein Stück fahren müssen, lässt sich leider nicht verhindern.“ Ohne auf eine Antwort zu warten, legte sie auf.

Wie betäubt starrte Bri ihr Smartphone an, bis eine Nachricht einging. Es handelte sich um eine Telefonnummer und die zugehörige Adresse. Der Mann wohnte in Dublin, was ihr bei ihrem Unfall auch kaum geholfen hätte.

Panik befiel sie, als ihr bewusst wurde, dass sie unter Umständen das Geheimnis der Wächter ausgeplaudert hatte. Wenn sie eins glaubte, dann, dass darauf die Todesstrafe stand.

Mit zitternden Fingern zog sie die Visitenkarte von Mia aus der Tasche, überlegte einen Moment, ehe sie die Heilerin anricf.

„Dragomir."

Beim Klang ihrer Stimme sank Bri das Herz in die Hose. Wie sollte sie damit klarkommen, falls sie mit ihrem Anruf das Todesurteil des Arztes besiegelte. „Hey, ich bin es, Brianna." Sie atmete kurz durch. „Ich muss unbedingt die Nummer von Tyler Fitzpatrick haben. Leider hatten wir keine Gelegenheit mehr, die Telefonnummern auszutauschen." Sie versuchte so normal wie möglich zu klingen, was ihr gründlich misslang. Zuerst hatte sie tatsächlich überlegt, Mia die gesamte Geschichte zu erzählen, nur war das bestimmt ein Fehler.

„Hey, schön, dass du dich meldest. Ich sende sie dir gleich rüber, aber ist alles in Ordnung? Du hörst dich an, als seist du ziemlich durch den Wind." Mia horchte auf jede Nuance, dabei erkannte sie deutlich die Nervosität ihrer Anruferin.

„Na ja, ich frage normalerweise nie jemand Fremden nach einer Telefonnummer. Du musst ja glauben, dass ich den Mann stalken will", wich Bri ihr aus.

Mia lachte auf. „Du bist seine Dualseele, da ist es völlig verständlich, dass du mit ihm reden möchtest. Ich wundere mich nur, dass er vergessen hat, dir seine Nummer zu geben."

„Ich hatte kein Handy dabei, als ich im Krankenhaus war und später wurde ich im Stall gebraucht." Die Ausrede war zwar extrem durchsichtig, aber ihr fiel nichts Besseres ein.

„Kein Problem, ich schicke dir die Telefonnummer sofort. Kann ich dir sonst irgendwie helfen?"

„Nein, das war alles, danke. Ach, entschuldige die Störung. Ich bin wirklich unmöglich, dass mir das erst jetzt einfällt. Wahrscheinlich doch eine Nachwirkung der

Gehirnerschütterung." Brianna plapperte einfach darauflos, weil sie das Gefühl hatte, Mia würde sie durchschauen, wenn sie den Mund hielt.

„Das ist schon in Ordnung. Ich bin niemand, der so früh ins Bett geht." Mia wartete einen Augenblick, ob die junge Frau etwas erwiderte, anschließend verabschiedete sie sich. Sie konnte sich auf den Anruf nur bedingt einen Reim machen. Irgendetwas stimmte da absolut nicht. Nachdenklich schickte sie die versprochene Nachricht, betonte allerdings erneut, dass sie immer ein offenes Ohr hätte.

Kapitel 8 - Rückzug

Bri schluckte schwer, als sie die Nummer wählte. Auf keinen Fall wollte sie dafür verantwortlich sein, wenn man Tyler umbrachte. Den Gedanken, dass sie die nächste Woche unter Umständen auch nicht überlebte, schob sie energisch von sich.

„Fitzpatrick."

Allein beim Klang seiner Stimme musste sie ein sehnsuchtsvolles Seufzen unterdrückten. Was war das nur mit dem Kerl, das sie dermaßen aus ihrer Rolle fallen ließ? „Tyler, ich bin es, Brianna. Ich muss mit dir reden."

„Geht es dir gut? Ist einer der Typen noch mal auf dich losgegangen?" Besorgnis kroch in ihm hoch, sodass er überlegte, sofort loszufahren.

„Nein, das ist es nicht. Ich habe meine Mutter angerufen, um herauszufinden, weshalb sie mir so vieles verschwiegen hat." Sie brach ab, weil sie nach Worten rang. Wie sagte man jemandem, der einem alles andere als egal war, dass man sein Leben aufs Spiel gesetzt hatte? „Es tut mir so leid." Tränen füllten ihre Augen.

„Ich bin gleich bei dir." Ohne weiter zu überlegen, beendete Tyler das Telefonat, zog sich in Windeseile um, ehe er zu ihr rausfuhr. Unterwegs dachte er darüber nach, was sie in dem Gespräch erfahren haben musste, das sie so sehr aus der Bahn geworfen hatte. Ihm war klar, dass sie ihn niemals so früh angerufen hätte, wenn es keinen besonderen Grund geben würde.

Viel schneller als normal parkte er den Wagen vor ihrem Haus, stürmte zur Tür und klingelte, dabei hielt er den Atem an. Seine Gedanken sprangen von einem Horrorszenario zum nächsten.

Tränen strömten ihr über die Wangen, als sie öffnete, gleichzeitig sah sie aus wie das personifizierte schlechte Gewissen.

Sofort zog er sie in eine feste Umarmung, schob sie zurück in den Flur, ehe er mit einem leichten Tritt die Tür schloss. „Ganz ruhig, ich bin ja da“, flüsterte er ihr zu, während er ihr sanft über den Rücken streichelte. „Es ist alles gut.“

Bei den Worten schluchzte sie erneut auf. „Nein, ist es nicht.“ Sie musste sich bemühen, um überhaupt einen vernünftigen Satz herauszubringen. Ihr wurde bewusst, dass er sie hassen würde, sobald sie ihm erklärte, was passiert war. Mit Gewalt riss sie sich zusammen, wand sich aus seiner Umarmung und brachte ihn in ihr Schlafzimmer. „Ich muss dir etwas sagen.“ Sie betrachtete ihn angstvoll.

„Egal, was es ist, wir bekommen das hin“, versprach er sanft.

„Ich habe die Geheimhaltung gebrochen.“ Sie platzte mit der Tatsache heraus, ehe sie es sich anders überlegen konnte. Weitere Tränen strömten über ihre Wangen. „Es tut mir so leid. Ich dachte wirklich, dass meine Mutter über eure Welt Bescheid wüsste.“

Fast hätte er aufgelacht, weil ihm ein riesiger Stein vom Herzen fiel, aber zuerst musste er seine aufgelöste Gefährtin beruhigen. „Sie ist ein magisches Wesen, richtig?“

Zaghaft nickte Bri, ihr war unklar, was das mit ihrem Fehler zu tun hatte.

„Dann ist es in Ordnung. Falls sie tatsächlich keine Ahnung hat, gibt ihr das das Recht, eingeweiht zu werden. Sie muss ja auch wissen, wo sie im Notfall Hilfe bekommt. Ich bin lediglich verpflichtet, Stew Bescheid zu sagen, damit er sicherstellt, dass sie sich an die Geheimhaltung hält."

Aufatmend lehnte Brianna sich an ihn. Kurz schloss sie die Augen, atmete durch und ließ sich von ihm trösten. „Aber sie lebt in Deutschland", bemerkte sie kleinlaut.

„Das ist kein Problem. Wir haben überall unsere Leute." Tyler drückte sie zärtlich an sich. „Mach dir keine Sorgen, ich passe auf dich auf."

Leise seufzte sie, das hörte sich verdammt verlockend an. Sie musste einen Weg finden, ihn auf Abstand zu halten, obwohl sie das Gegenteil versprochen hatte. „Es ging mir nicht um mich." Sie zuckte kurz mit den Schultern. „Doch auch, aber in erster Linie hatte ich Angst, dass ich an deinem Tod schuld bin."

Erstaunt musterte er sie, damit hatte er nicht gerechnet. „Weshalb? Ich bin weder dein Bürge noch habe ich dir den Eid abgenommen." Er strich ihr sanft die Tränen von den Wangen. „Ich werde Steward jetzt gleich anrufen. Er kann besser überprüfen, ob deine Mutter wirklich keine Ahnung hat. Außerdem muss er in dem Fall die entsprechenden Maßnahmen ergreifen."

Zerknirscht stimmte sie zu, ehe sie sich auf die Bettkante hockte, während er sein Telefon aus der Tasche zog.

„Hey, Stew, sorry, dass ich dich so spät störe, aber es gibt ein Problem." Er erzählte dem Boss der Wächter, was vorgefallen war, hörte kurz zu, bevor er leicht nickte.

„Genau das dachte ich mir auch. Melde dich bitte, sobald du was weißt." Er legte auf, setzte sich zu Brianna, um sie fest in seine Arme zu ziehen.

Einen Augenblick schmiegte sie sich an ihn.

„Alles ist in Ordnung. Steward ist mit mir einer Meinung, dass deine Mutter dich wahrscheinlich angelogen hat. Darüber hinaus hast du nicht wirklich gegen die Geheimhaltung verstoßen, die gilt nur gegenüber den Normalen." Er schob ihr eine Strähne aus dem Gesicht, anschließend küsste er sie liebevoll.

Brianna war so erleichtert, dass sie sich, ohne weiter nachzudenken, in den Kuss fallen ließ. Mit geschlossenen Augen genoss sie das zärtliche Gefühl, spürte deutlich, wie Tyler mit seiner Zunge über ihre strich, gleichzeitig berauschte sein Geschmack sie. Wie von selbst schlangen sich ihre Arme um seinen Hals, während sie sich fester an ihn presste. Jeder Gedanke an Gegenwehr zerplatzte, bevor er richtig in ihrem Bewusstsein ankam.

Tyler legte beide Arme um sie, hüllte sie ein, als ob er sie vor der gesamten Welt beschützen wollte. Sanft erkundete er ihren Mund, kostete von ihr wie ein Gourmet. Sie schmeckte so süß, dass er einfach nicht genug von ihr bekam.

Erst nach einer ganzen Weile ließ er von ihr ab, um sie eindringlich anzusehen. „Es ist toll, dass du mich direkt angerufen hast. Viele hätten versucht, es irgendwie zu verschweigen." Er widerstand der Versuchung nur schwer, sie erneut zu küssen.

„Spinnst du?", herrschte sie ihn an. „Ich setze doch niemals das Leben eines anderen aufs Spiel." Empört tippte sie sich an die Stirn, dass es bei ihm noch einen weiteren Grund gab, verschwieg sie wohlweislich. Natürlich erkannte sie, dass sie zärtliche Gefühle für ihn hegte. Dazu kam, dass sie sich bei ihm so unendlich sicher fühlte. Klar, er hatte sie jetzt schon zwei Mal aus einer brenzligen Situation herausgeholt.

Bei ihrem Ton zog er warnend eine Augenbraue hoch. „Ich glaube nicht, dass du so mit mir reden solltest, kleine Kratzbürste. Vertrau mir, ich bin durchaus in der Lage, dir Benehmen beizubringen."

Mit offenem Mund starrte sie ihn an. „Wovon sprichst du? Du tust, als ob wir bereits zusammen wären." Ihr Gewissen schrie laut auf, immerhin hatte er erst vor ein paar Momenten dafür gesorgt, dass sie aufatmen konnte.

Tyler packte ihr Kinn, zwang sie, ihm in die Augen zu sehen, gleichzeitig unterdrückte er ein Schmunzeln. Natürlich erkannte er deutlich, dass sie versuchte, ihre Unsicherheit zu überspielen. Dazu kam, dass sie sich immer noch gegen eine Beziehung wehrte. „Ich bin der Meinung, dass du zumindest höflich sein solltest. Oder habe ich etwas übersehen?"

Zaghaft stimmte sie ihm zu. „Tschuldigung, ich bin vor lauter Erleichterung übers Ziel hinausgeschossen", gab sie nuschelnd zu. Ihr Herz schlug ihr bis zum Hals, wobei sie verzweifelt gegen ihre Erregung ankämpfte. Die Vorstellung, dass er sie tatsächlich übers Knie legen würde, machte sie enorm an.

„Gut, das verstehe ich, dennoch rate ich dir, das nächste Mal darauf zu achten, wie du mit mir sprichst." Er beugte sich vor, um sie erneut zu küssen. Hier standen die Chancen sehr gut, dass sie auch die passende Neigung besaß. Trotzdem wollte er dieses spezielle Gespräch lieber auf später verschieben.

„Wie geht es denn jetzt weiter? Ich meine, ich hätte schon gerne gewusst, ob ich einen Bürgen brauche oder einen Eid schwören muss. Genauso interessiert es mich, was der

Wächter über meine Mum herausbringt." Sie rückte ein kleines Stückchen von ihm ab, nachdem er den Kuss beendet hatte.

Lächelnd betrachtete er sie. „Ich bekomme wahrscheinlich morgen Bescheid. Stew wird mich auf dem Laufenden halten, was deine Mutter angeht." Er atmete tief durch. „Magst du mir erzählen, was sie gesagt hat?" Vielleicht konnte er so einen Hinweis erhalten, weshalb die Frau ihre Tochter angelogen hatte.

Verlegen zuckte Bri mit den Schultern. „Wir verstehen uns nicht so sonderlich, daher war das Telefonat sehr kühl." Eilig schluckte sie die Verbitterung herunter. „Im Prinzip hat sie mir mitgeteilt, dass es außer den Feen keine paranormalen Wesen gibt. Sie nimmt an, dass Granny mir den Floh ins Ohr gesetzt hat. Deshalb haben sie sich auch zerstritten." Sie fasste das Gespräch kurz zusammen, da sie keinen Grund sah, ihm die Informationen vorzuenthalten.

Nachdenklich strich Ty ihr eine Strähne aus dem Gesicht. „Es muss schwer für dich sein, dass die Familie so kalt miteinander umgeht", bemerkte er.

Mit einem Schulterzucken tat sie es ab. „Das ist doch oft so, da bin ich keine Seltenheit. Ich verstehe nur nicht, warum sie nicht mit mir redet. Jetzt sollte ihr klar sein, dass meine Oma mir keine Geheimnisse verraten hat." Seufzend lehnte sie sich wieder an ihn, sie konnte der Versuchung kaum widerstehen.

„Wer weiß, was dahintersteckt, aber unsere Leute werden zumindest herausbekommen, weshalb sie die magische Welt verleugnet."

Bei den Worten schreckte Brianna auf. „Heißt das, dass sie deshalb Ärger bekommt? Gibt es da ein Gesetz oder so was?"

Der Gedanke, dass man ihre Mutter unter Umständen einsperrte, weil sie so tat, als ob es die Paranormalen nicht gäbe, machte ihr Angst.

„Nein, unsere Rechtsprechung ist ziemlich fair. Niemand muss seinen Leuten etwas über uns erzählen. Sie hat durchaus das Recht, alle anderen, außer den Feen für Gehirngespinste zu halten." Tyler zog sie mit sanfter Gewalt wieder an sich. „Mach dir keine Sorgen, ich passe auf dich auf, wie versprochen, du bist nicht länger alleine."

Wie gerne würde sie sich auf ihn verlassen, ihm ihre Probleme einfach überlassen, aber das Misstrauen in ihr sorgte dafür, dass sie ständig einen Verrat erwartete. „Ich komme ganz gut ohne Hilfe klar", damit wehrte sie ihn ab, anschließend stand sie auf, um durch ihr Zimmer zu laufen.

Erst jetzt bemerkte sie, wo sie war. Himmel, was war ihr bloß in den Kopf gekommen? Sie hatte ihn tatsächlich in ihr Schlafzimmer gebracht, das musste für ihn ja wie eine Aufforderung aussehen. „Es tut mir leid, dass ich so überreagiert habe. Das ist nur passiert, weil ich die magischen Gesetze nicht wirklich kenne", begann sie nervös. „Es ist jedenfalls so, dass ich nur in diesem Raum sicher bin, dass Callum uns aus dem Weg geht. Ich meine, hier ist es ungestörter." Jedes Wort, das ihr einfiel, machte die Situation noch schlimmer. Unruhig knetete sie ihre Hände, lief eine weitere Runde durch das Zimmer, gleichzeitig überlegte sie, was sie sagen konnte. Irgendeine Erklärung sollte sie ihm doch bieten, warum sie ihn ausgerechnet in ihr Schlafzimmer gebracht hatte.

Kurz sah sie aus dem Fenster, von wo aus sie die Koppel erkannte. Leider fiel ihr dadurch auch keine passende Formulierung ein.

Tyler schmunzelte, ihm war bewusst, womit sie gerade kämpfte, dabei hatte er kaum registriert, dass sie sich in ihrem privaten Raum befanden, zumindest am Anfang nicht. Geschmeidig stand er auf, ging die paar Schritte zu ihr, um sie an sich zu ziehen. Sanft legte er beide Arme um ihren Oberkörper. „Es ist alles in Ordnung, meine Kleine. Ich habe keine Sekunde daran gedacht, dass du mich verführen willst."

Sein Atem kitzelte sie am Ohr, als sie erleichtert ausatmete. „Es tut mir leid, ich dachte tatsächlich, dass ich in der Lage bin, dir eine echte Chance zu geben. Ich schaffe das nicht." Sie drehte sich in seiner Umarmung um, damit sie ihm ins Gesicht sehen konnte. „Ein Mann hat mir wirklich extrem übel mitgespielt, als ich noch ziemlich jung war. Über den Vorfall bin ich nie hinweggekommen", gab sie ehrlich zu.

Aufmerksam hörte Tyler ihr zu, gleichzeitig las er in ihren Augen, wie sehr sie sich nach Nähe und Geborgenheit sehnte. Gut, sie brauchte Zeit, um zu erkennen, dass sie seine Dualseele war, dabei bestand die Gefahr, dass sie es als Wunschtraum abtat. „Ich hätte dich niemals so drängen dürfen, bitte, verzeih mir." Ihm war klar, dass er sie in einer Situation erwischt hatte, in der sie bereits völlig durch den Wind gewesen war.

Enttäuschung überflutete ihr Denken, sodass sie ihre Worte fast zurückgenommen hätte, doch sie zwang sich, zu lächeln. Vorsichtig befreite sie sich von seiner Umarmung. „Danke, dass du mich verstehst. Wir können ja versuchen Freunde zu werden." Langsam ging sie zur Zimmertür, im festen Glauben, dass er sofort gehen würde.

Tyler betrachtete sie, dabei glitzerten seine Augen vor Liebe. „Ich bin zu schnell vorgeprescht, das gebe ich gerne zu, aber es ändert nichts an meinen Gefühlen oder daran, dass du meine Dualseele bist." Er setzte sich auf das Bett, wo er auffordernd auf den Platz neben sich klopfte. „Komm her, ich erkläre dir mal was."

Wie vor den Kopf gestoßen musterte sie ihn, während sie das freudige Klopfen ihres Herzens ignorierte. Ihre Vernunft schrie ihr zu, dass sie ihn jetzt rauswerfen musste, gleichzeitig riet ihre emotionale Seite ihr etwas ganz anderes. „Ich denke, du hast mich falsch verstanden, Tyler. Ich kann das nicht, egal, ob du glaubst, dass ich zu dir gehöre." Ihr schnürte es die Kehle zu, als sie daran dachte, dass sie ihn mit aller Gewalt von sich wegtrieb.

„Ich wiederhole mich nur ungern, Cupcake. Setz dich und hör mir zu." Eindringlich sah er sie an, dabei hörte sie an seiner Stimme, dass er keinen Widerspruch duldete.

Mit einem Seufzer ließ Bri sich neben ihn plumpsen, zumindest sollte sie ihn anhören, das war sie ihm schuldig.

„Ich bin ein Gestaltwandler", begann er, woraufhin sie ungeduldig abwinkte.

„Das hast du mir bereits gesagt und ich glaube dir, obwohl es mir schwerfällt", unterbrach sie ihn, stoppte aber sofort, als er sie warnend ansah.

„Eine Eigenart unserer Spezies ist es, dass wir unsere Dualseele zweifelsfrei erkennen. Mir war, in dem Augenblick, in dem du vor mir standest, klar, dass du die Frau bist, die zu mir gehört. Es gibt keine andere, die mich wirklich glücklich machen kann." Er gab ihr einen Moment, um die Tragweite seiner Erklärung zu begreifen. „Ich bin gewillt, dir etwas Zeit zu geben, um deine eigenen Gefühle zu verstehen, aber glaub nicht, dass ich dich einfach so gehen lasse. Auf gar keinen Fall werde ich auf dich verzichten, nur weil du ein altes Trauma mit dir herumträgst."

„Das ist allerdings keine einseitige Entscheidung." Brianna seufzte leise, sie spürte diese seltsame Anziehungskraft ja genauso. Trotzdem hielten ihre Zweifel sie fest im Griff. Hatte er sie überhaupt mal angesehen? Jemand wie er konnte jede haben. „Ich passe doch gar nicht zu dir. Wahrscheinlich hast du die Situation und mich falsch eingeschätzt. Du bist Arzt, hast studiert, darüber hinaus siehst du auch noch perfekt aus. Ich hingegen bin nur eine einfache Pferdewirtin oder besser eine Reitlehrerin." Sie stieß bitter die Luft aus, oft genug hatte man ihr klargemacht, dass sie zu wenig Wert besaß.

Mitfühlend strich er ihr über die Wange, dabei sah er sie verliebt an. „Du hast wirklich schlechte Erfahrungen gemacht und ich helfe dir gerne, sie zu überwinden. Aber ich lasse auf keinen Fall zu, dass du dich weiterhin in einem so miesen Licht siehst. Du bist wertvoll." Kurz überlegte er, ob er sie bitten sollte, ihrer Beziehung eine Chance zu geben, dann entschied er sich dagegen. Gegen eine Seelenverbindung konnte sie absolut nichts tun. Wenn sie tatsächlich versuchte, sich von ihm fernzuhalten, würde sie in absehbarer Zeit ziemlich leiden, genau wie er. Allerdings hegte er kaum die Absicht, ihr aus dem Weg zu gehen. Tyler beschloss, anstatt ihr zu sagen, was er für sie fühlte, es ihr zu zeigen. „Möchtest du, dass ich nach Hause fahre?"

Sie öffnete bereits den Mund, um ihm eine Antwort zu geben, als er ihr einen Finger auf die Lippen legte. „Denk bitte kurz darüber nach. Es geht nur um das, was du willst, nicht um das, wovor du Angst hast."

Bri horchte in sich hinein, obwohl das unnötig war. Sie wusste, dass sie ihn zu gerne auch über Nacht bei sich gehabt hätte. Trotzdem beschloss sie, das Risiko lieber zu meiden. Ohne ihn anzusehen, nickte sie. „Es ist besser, wenn du jetzt gehst." Es tat mehr weh, als sie es sich vorgestellt hatte, die Aufforderung auszusprechen.

Tyler seufzte leise, dennoch stand er auf. Vielleicht brauchte sie einfach Zeit für sich, wobei er das bezweifelte. Nur hier kam er keinen Schritt weiter. Natürlich kam es nicht infrage, sie aufzugeben, aber es könnte hilfreich sein, dass sie erkannte, was sie verlieren würde. „Ruh dich aus, Cupcake. Du hast einen sehr aufregenden Tag hinter dir." Er küsste sie auf den Scheitel, schüttelte den Kopf, als sie auch aufstand und ging.

Brianna setzte sich zurück auf ihr Bett, zuckte zusammen, als die Haustür ins Schloss fiel, und versuchte irgendwie das Gefühl loszuwerden, dass sie etwas enorm Wertvolles verloren hatte. Minuten lang kämpfte sie gegen ihre Trauer an, redete sich ein, dass es für sie so am besten war, leider glaubte sie es keine Sekunde.

Tränen rannen ihr über die Wangen, die sie ärgerlich wegwischte. Es konnte keine glückliche Zukunft für sie geben, wenn sie sich auf einen Mann einließ. Selbst in dem unwahrscheinlichen Fall, dass er ehrlich zu ihr war, würde er früher oder später eine hübschere, schlankere Freundin finden.

Offen gestand sie sich ein, dass sie gehofft hatte, er würde versuchen sie zu überzeugen. Aber jetzt bestätigte es sich wieder einmal, dass sie es eben doch nicht wert war, geliebt zu werden. Ihre Mutter hatte es ihr ja oft genug bewiesen.

Schluchzend vergrub sie ihr Gesicht in ihren Kissen, während sie ihrer Trauer freien Lauf ließ. Sie hätte sich von Anfang an von Tyler fernhalten sollen!

~~°~~

Nachdenklich ging Ty ins Bett, dabei wurde er das dumme Gefühl nicht los, dass ihm ein böser Fehler unterlaufen war. Für ihn stellte sich die Situation so dar, dass Brianna Zeit brauchte, um zu erkennen, was sie da gerade mit Füßen trat oder vielleicht auch, um in Ruhe zu erforschen, was sie fühlte. Keine Sekunde zog er in Betracht, sich komplett von ihr zurückzuziehen, ganz im Gegenteil, sie passte perfekt zu ihm.

Mit geschlossenen Augen erinnerte er sich an ihr Lächeln, genau wie an ihre Aussage, dass sie wertlos wäre. Den Irrglauben trieb er ihr zu gerne aus. Gleich am kommenden Tag, sobald seine Schicht vorbei war, wollte er zu ihr rausfahren, um ihr bei den Pferden zu helfen. Sogar die Vorstellung, gemeinsam mit ihr Ställe zu misten, gefiel ihm. Mit ihr an seiner Seite gab es einfach nichts, was ihm missfiel, jedenfalls, wenn es um eine Arbeit ging. Vielleicht tat es ihm gut, etwas anderes als den Pub oder das Krankenhaus zu sehen.

Versonnen dachte er daran, dass er früher auch geritten war. Er liebte Tiere, leider ließ ihm sein Job kaum die Gelegenheit, selbst welche zu halten. In seine Überlegungen schlich sich die Idee, mit ihr auszureiten, endlich wieder auf einem Pferderücken zu sitzen. Vermisst hatte er es oft genug, nur hatte er sich nie um eine Möglichkeit zu reiten gekümmert, weil ihm die Zeit fehlte.

Ihm fiel ein, dass sein kleiner Cupcake mit ihren Pferden sprechen konnte. Die Vorstellung gefiel ihm, zumal es ihr ermöglichte, um Erlaubnis zu fragen, ehe jemand aufstieg.

Weit nach Mitternacht schlief er mit einem Lächeln im Gesicht ein, die Zukunft versprach, einfach nur schön zu werden.

Bri fühlte sich am nächsten Morgen, als hätte ein Panzer sie überfahren. Ihre Augen waren völlig verklebt vom Weinen, außerdem fehlte ihr der Elan, überhaupt aufzustehen. Wie gerne wäre sie liegen geblieben, bis ihr dummes Herz aufhörte wehzutun. Hatte sie denn tatsächlich gedacht, dass ein smarter Arzt ehrliches Interesse an ihr zeigte? Sich sogar die Mühe machte, sie zu überzeugen, dass er Mr Right war?

Spöttisch stieß sie die Luft aus, rieb sich über das Gesicht, anschließend schlurfte sie zum Badezimmer. Auf keinen Fall würde sie Callum die gesamte Arbeit überlassen, er hielt sich ja eigentlich nur zu ihrem Schutz hier auf.

„Du siehst ganz schön fertig aus. Sicher, dass du gesund bist?“ Misstrauisch betrachtete der Journalist sie, als sie sich kurze Zeit später am Frühstückstisch gegenübersaßen.

Bri zwang sich zu lächeln, gleichzeitig winkte sie ab. „Es ist wirklich alles in Ordnung. Ich habe nur schlecht geschlafen, immerhin werde ich nicht jeden Tag angefahren.“

„Ich dachte, dass Tyler gestern noch hier war?“ Callum ließ die Frage so im Raum stehen, dabei sah man ihm an, dass er neugierig war.

„Ja, ich hatte ihn angerufen, da mir schwindelig wurde. Er sollte mir nur bestätigen, dass er sich, was meine Diagnose angeht, sicher ist.“ Bri trank schnell einen Schluck ihres Tees, sodass sie ihr Gesicht hinter der Tasse verstecken konnte. Es lag ihr einfach nicht, zu lügen. „Er ist sofort rübergekommen, weil er auch sichergehen wollte.“

Callum schnalzte vergnügt mit der Zunge. „Da bahnt sich doch etwas an, richtig? Hast du endlich jemanden gefunden, der es wert ist, das Singleleben an den Nagel zu hängen.“ Freundlich neckte er sie, runzelte jedoch die Stirn, als er bemerkte, dass ihre Augen verräterisch glitzerten. „Sag nicht, dass der Kerl dir wehgetan hat.“

Brianna lächelte ihn an. „Nein, aber es ist anders, als du denkst. Er war hilfsbereit und vielleicht entwickelt sich eine Freundschaft, auf keinen Fall mehr.“ Sie schluckte die Hoffnung, die dummerweise wieder aufkeimte, schnell herunter. Es tat immer noch schrecklich weh, zu erkennen, dass er tatsächlich sofort aufgegeben hatte, nur riss sie sich gewaltsam zusammen.

„Wieso glaube ich dir nicht?“ Callum biss in seinen Toast. „Ich habe euch doch gesehen. Er hat dich geküsst und du willst mir erzählen, da ist lediglich eine lockere Bekanntschaft?“

Seufzend zuckte Bri mit den Schultern. „Manchmal ist es vorbei, ehe es angefangen hat.“ Sie versuchte, ihrer Stimme einen leichten Klang zu geben, nur misslang ihr das gründlich. „Die Reitstunden sind heute komplett ausgebucht, ich sollte langsam an die Arbeit gehen, sonst kommen die Jungpferde zu kurz.“ Eilig räumte sie den Tisch ab und stürmte aus der Küche, ehe Callum in der Lage war, irgendetwas zu sagen.

Erst im Stall bemerkte sie, dass sie noch ihre Hausschuhe trug, in denen sie unmöglich reiten konnte. Für einen Moment schloss sie die Augen, bis sie ihre Fassung wiedergefunden hatte, danach ging sie, um sich passend anzuziehen. Der Tag fing ja gut an!

Zuerst lief sie zur Weide, wo sie Maeve zu sich rief. Zärtlich begrüßte sie die Stute. „Wie geht es dir?“

„Besser als dir, würde ich mal behaupten.“ Sie betrachtete ihren Menschen nachdenklich. „Was bedrückt dich?“

Brianna seufzte. „Liebeskummer", gab sie ehrlich zu. Mit ihrer Leitstute konnte sie offener reden als mit jedem ihrer Freunde. „Ich hatte gehofft, dass der Arzt, der mich behandelt hat, etwas in mir sieht."

„Erzähl es mir", verlangte Maeve. „Gestern hörte sich die Geschichte noch anders an."

„Ja, da wusste ich auch nicht, wie wertlos ich bin." Sie schlang die Arme um den Hals der Stute. „Es tut verdammt weh, aber ich weiß, dass es irgendwann besser wird", flüsterte sie in ihre Mähne, während sie den Kampf gegen die Tränen verlor. Stockend erzählte sie, was passiert war, redete sich den Kummer von der Seele.

Kapitel 9 - Machtkampf

„Wenn ich es richtig verstehe, hast du ihn weggejagt, bist allerdings unglücklich darüber“, bemerkte Maeve nachdenklich.

Bri wischte sich die Tränenspur von den Wangen. „Ja, was soll ich denn sonst tun? Warten, bis es noch schlimmer ist? Mich auf ihn einlassen, nur um festzustellen, dass er eine andere besser findet?“ Anklagend betrachtete sie die Stute.

„Woher weißt du, dass es so kommt? Vielleicht hat er ja auch recht und er ist deine Dualseele.“ Sie blieb ruhig, obwohl sie den inneren Aufruhr ihrer Besitzerin gut verstehen konnte. „Du hältst an deinen negativen Verletzungen fest, was dazu führt, dass du dein Glück mit Füßen trittst. Im Leben wird man enttäuscht, doch deshalb hört man nicht auf, zu leben. Nur du, du existierst nur noch.“ Ein leichter Vorwurf schwang in ihren Worten mit.

Sofort begehrte Brianna auf. „Das ist falsch. Ich bin glücklich mit euch und den Kindern hier auf dem Hof. Mit Ira habe ich eine Menge Spaß.“ In dem Augenblick, in dem sie es aussprach, bemerkte sie, dass die Stute einen wunden Punkt getroffen hatte. Es stimmte, dass sie sich viele Dinge verkniff, aus Angst verletzt zu werden. „Mist, du hast recht. Was soll ich denn bloß tun?“

Maeve schnaubt leise. „Sag ihm, dass du dich geirrt hast. Erzähl ihm von deinen Vorbehalten.“

Entsetzt schüttelte sie den Kopf. „Das kann ich nicht. Er wird bestimmt schreiend davonrennen, wenn ich ihn jetzt schon mit meinen Problemen überfalle."

Kurz herrschte Stille, bis Maeve sie direkt ansah. „Sag ihm wenigstens, dass du ihn gerne kennenlernen möchtest."

Zerknirscht nickte Brianna. „Ich überlege es mir. Vielleicht finde ich ja den Mut, ihn anzurufen." Sie schlang erneut die Arme um den Hals der Stute. „Danke."

„Dafür sind Freunde da."

Lächelnd löste sich Bri von ihr. „Darf ich mit dir die Weide abreiten?" Obwohl sie wusste, dass Maeve sich im Prinzip genauso darauf freute wie sie, fragte sie nach.

„Aber natürlich, steig auf."

Ohne Zaumzeug oder Sattel schwang sie sich auf den Pferderücken, kuschelte sich noch einmal kurz an das weiche Fell, ehe sie auf den Zaun zuritten. Das Tor öffnete sie vom Pferd aus, schloss es hinter sich wieder, anschließend ging es im gemächlichen Schritt an der Wiese entlang.

Der Wind strich ihr sanft durch die Haare und plötzlich sah die Welt nicht mehr ganz so grau aus. Sie überließ es der Stute, den Weg auszuwählen, vertraute sich dem Tier komplett an.

Maeve spürte, dass es ihrem Menschen guttat, sich von ihr durch die Gegend tragen zu lassen, sodass sie den Ausritt etwas verlängerte. Auch sie genoss es, ein wenig Freiheit zu fühlen.

Nach einer guten halben Stunde kamen sie am Tor an, wo Bri abstieg. „Danke, das habe ich gebraucht." Sie strich ihrem Pferd zärtlich über die Blesse.

„Immer wieder gerne und überleg dir, ob du ihn nicht doch anrufst. Das macht es euch beiden leichter." Maeve stupste sie vorsichtig an, ehe sie sich zu ihrer Herde gesellte.

Nachdenklich blickte Brianna ihr hinterher, gleichzeitig wusste sie, dass sie niemals den Mut aufbringen würde, Tyler anzurufen. Langsam ging sie zum Stall zurück, um sich ein Halfter zu holen, es wurde Zeit für die Arbeit mit den Jungpferden.

Zuerst holte sie sich Berry, er war derjenige, der sich zwar ein wenig ängstlich aufführte, aber sich sehr umgänglich benahm.

~~°~~

Tyler hatte fantastisch geschlafen, sodass er sich voll Tatendrang fühlte. Sogar die Frühschicht machte ihm kaum mehr etwas aus. Ungewohnt gut gelaunt scherzte er mit den Krankenschwestern.

„Hast du Drogen genommen?“ Olivia betrachtete ihn skeptisch.

Mit einem gespielten Seufzer erwiderte er ihren Blick. „Da ist man mal fröhlich und du wirfst es einem vor.“ Ehe sie antworten konnte, lachte er schon wieder. „Akzeptiere die Dinge, die du nicht ändern kannst.“

Sie tippte sich leicht an die Stirn. „Das hast du jetzt herausgefunden? Nach über einem halben Jahr?“

Ein Anruf beendete das Geplänkel, der Rettungswagen würde gleich eintreffen, um einen jungen Mann zu bringen, dessen Bein unter einem Trecker gesteckt hatte.

Sofort schaltete Tyler in den Arbeitsmodus, viel blieb ihm allerdings nicht zu tun, da seine Truppe genau wusste, was sie zu tun hatten, damit sie den Patienten bestmöglich versorgen konnten.

Die nächsten Stunden bekam er alle Hände voll zu tun, es schien, als ob eine riesige Pechsträhne über Kilkenny hereinbrechen würde. Vom Durchbruch eines entzündeten Blinddarms bis zu einem Herzinfarkt war fast jeder Notfall dabei. Eine Frau war beim Fensterputzen von der Leiter gestürzt und auf der N10 hatte es gekracht.

Erst gegen Mittag kam Ty dazu, eine kurze Pause zu machen, in der er natürlich wieder an Brianna dachte. Ob sie mittlerweile eingesehen hatte, dass sie zusammengehörten? Wahrscheinlich eher nicht. Der Gedanke trieb ihm ein verliebtes Lächeln ins Gesicht. Ihm war klar, dass er mächtig viel Überzeugungsarbeit leisten musste, aber am Ende würde sie die Seine werden.

„Du siehst aus, als ob du an eine ganz bestimmte Frau denkst."

Olivias Stimme riss ihn aus seinen Wunschträumen, woraufhin er sie ärgerlich musterte. „So? Wie kommst du darauf?" Er schätzte es kaum, wenn sein Privatleben zum Thema wurde. So langsam sollten die Kollegen es kapiert haben.

Olivia zuckte leicht mit den Schultern, ließ sich von seinem unterkühlten Ton allerdings nicht abschrecken. „Du starrst mit einem Lächeln vor dich hin, so sehen nur Menschen aus, die verliebt sind." Als er unwillig das Gesicht verzog, hob sie abwehrend die Hände. „Ich wollte lediglich ein Gespräch anfangen. Keine Sorge, ich dringe nicht in deine Privatsphäre ein."

„Ist auch besser so." Kurz fühlte er sich tatsächlich verärgert, aber die Aussicht nach Dienstschluss zu Brianna zu fahren, sorgte dafür, dass er den Ärger sofort vergaß.

Nach der Pause lief es etwas ruhiger weiter, allerdings hatte er trotzdem noch genug zu tun, sodass seine Schicht wie im Flug verging.

Eilig fuhr er nach Hause, dabei ging es ihm gewaltig gegen den Strich, dass er sich an die Geschwindigkeitsbegrenzungen halten musste. Während seiner Zeit bei den Wächtern hatte man ihm spezielle Geräte zur Verfügung gestellt, die Radargeräte einfach ausschalteten. Einer der vielen Vorteile, wenn man zu dieser außergewöhnlichen Gruppe gehörte. Als er von Ballygannon wegging, verlor er das Recht die technischen Spielereien weiterhin zu benutzen.

Kurz überlegte er, was er anziehen sollte, entschied sich dann für eine alte Jeans, T-Shirt und Turnschuhe. Westernstiefel besaß er genauso wenig wie Reitstiefel, da war es die beste Alternative, trotzdem nahm er sich vor, demnächst mal in einen Reitsportshop zu fahren, um sich auszurüsten.

Als er am Hof ankam, hatten die ersten Reitstunden bereits angefangen, sodass er ungesehen in den Stall kam. In der hintersten Box bemerkte er Callum, der ausmistete.

„Hey, ist Brianna auf dem Platz oder ausgeritten?“ Er lächelte den Mann freundlich an, doch zu seinem Erstaunen blickte der ihn nur feindselig an.

„Dass du es wagst, hier aufzutauchen, ist der Gipfel der Frechheit.“ Callum lehnte die Mistgabel an die Boxwand, strich sich den Schweiß aus der Stirn, anschließend stemmte er die Hände in die Seiten.

Verwirrt musterte Tyler ihn. „Sagst du mir auch, was ich verbrochen habe?“ Er war sich absolut keiner Schuld bewusst.

„Keine Ahnung, aber Bri hat die halbe Nacht geheult. Ich kann mir nur schwer vorstellen, dass sie das vor Glück getan hat.“ Der Journalist knurrte. „Ich mag die Kleine und lasse nicht zu, dass du ihr wehtust. Als Spielzeug ist sie zu schade. Wie wäre es also, wenn du Leine ziehst?“ Drohend trat er einen Schritt auf ihn zu.

Sofort hob Ty die Hände in einer abwehrenden Geste. „Ich bin ernsthaft an ihr interessiert. Sie hat mir erklärt, dass sie keine feste Beziehung eingehen möchte.“ Die Erkenntnis, dass sie unter seinem Rückzug so sehr gelitten hatte, schnitt ihm ins Herz. Verdammt, er wäre besser bei ihr geblieben.

Callum kam weiter auf ihn zu. „Weshalb bist du dann wieder hier? Sie will dich offensichtlich nicht.“

Seufzend stieß der Arzt die Luft aus. „Um ihr zu beweisen, dass sie sich in mir täuscht. Aber, was geht dich das an?“ So langsam ärgerte ihn dieser Kerl enorm. Er würde ihm auf keinen Fall irgendetwas Privates von Brianna erzählen, genauso wenig wie die Tatsache, dass er sie als Dualseele erkannt hatte.

„Ich bin hier, um sie zu beschützen, dabei handelt es sich für mich keineswegs nur um die Mistkerle von Drewsoll“, grollte Callum. „Bri braucht keinen Mann, der ihr das Gefühl gibt, minderwertig oder nur eine nette Abwechslung zu sein.“ Mit der Vermutung schoss er zwar ins Blaue, aber eine andere Erklärung gab es für ihn nicht.

„Komm mal wieder runter. Es ist ein Missverständnis, was ich aus der Welt schaffen werde.“ Ty verdrehte über sich selbst die Augen. Weshalb stand er hier und diskutierte mit dem Typen? Er sollte ihn einfach stehen lassen, zumal er sich denken konnte, dass Bri auf dem Reitplatz hinter dem Haus war. Irgendetwas sagte ihm, dass er sich mit dem Kerl besser gut stellte. „Oder willst du mir ernsthaft verbieten, mit ihr zu reden?“ Herausfordernd sah er ihn an.

„Ich sorge nur dafür, dass sie glücklich ist. Die Kleine hat es verdient.“ Callum musterte den Mann erneut. „Tust du ihr noch einmal weh, breche ich dir die Knochen.“ Mit der Warnung trat er zurück, um sich wieder der Box zu widmen.

Mehr verwundert als ängstlich zuckte Tyler mit den Schultern, so etwas war ihm auch noch nicht passiert. Langsam ging er durch die Tür, während er ständig daran denken musste, dass Brianna wegen ihm gelitten hatte. Offensichtlich hatte sie sich eine Menge Unsinn eingeredet, da war ein Gespräch fällig.

Er blieb einen Moment stehen, lehnte sich an die Stallwand, um ihr zuzusehen. Bestimmt, aber immer freundlich leitete sie ihre Schüler an. Was er sah, gefiel ihm sehr, dabei kam ihm der Gedanke, dass er vielleicht mehr küssen und weniger reden sollte. Schmunzelnd malte er sich aus, wie sie reagieren würde, wenn er einfach zu ihr ging, sie in seine Arme nahm, ehe er ihr den Mund mit einem Kuss verschloss.

Natürlich wollte er die Reitstunde nicht unterbrechen, deshalb wartete er gelassen, bis sie den Platz verließ. Erst jetzt stieß er sich von der Wand ab, um ihr entgegenzugehen. Kurz bemerkte er ihren erstaunten Blick, so als ob sie keineswegs mit ihm gerechnet hatte, was ihm deutlich zeigte, dass sein Aufbruch gestern ein Fehler gewesen war. Ohne sie zu Wort kommen zu lassen, zog er sie in seine Arme. Vorsichtig strich er mit den Lippen an ihren entlang, leckte mit der Zungenspitze über ihre Mundwinkel, bis sie den Mund öffnete. Sofort ergriff er die Gelegenheit, schob seine Zunge hinein, gleichzeitig schloss er die Augen. Sie schmeckte fantastisch, außerdem fühlte es sich so verdammt gut an, sie festzuhalten.

Gründlich erkundete er sie, fuhr über ihre geraden Zähne, wobei er einen Moment befürchtete, dass sie zubeißen würde, bis er ihr leises Stöhnen hörte. Genau da wollte er sie haben, sie sollte aufhören zu denken. Immer wieder stupste er sie an, forderte sie zu einem sinnlichen Duell auf, bis sie seiner Aufforderung nachkam.

~~°~~

Brianna traute ihren Augen kaum, als sie die Reitstunde beendet hatte und Tyler bemerkte. Ihr Herz schlug ihr augenblicklich bis zum Hals, während ein unbeschreibliches Glücksgefühl in ihr hochstieg. Leider wuchs auch die Angst bei jedem Schritt, den sie auf ihn zumachte. In ihrem Kopf entstand eine hässliche Szene, in der er sie fallen ließ, weil er eine hübschere Frau gefunden hatte. Sofort formten sich die Worte der Ablehnung in ihrem Gehirn, doch ehe sie in der Lage war, etwas zu sagen, packte er sie bereits. Völlig überrascht von dieser zärtlichen Geste, vergaß sie ihre Vorbehalte, zumindest für den Moment.

Sein Kuss vernebelte ihr die Sinne, zog sie in einen Bann, aus dem sie nicht herauskommen konnte. Dazu kam, dass sie sich danach sehnte, so von ihm gehalten zu werden. Überwältigt schloss Bri die Augen, kostete den Augenblick vollkommen aus. Ihre Ängste verflogen, je länger er sie an sich presste. Das Gefühl der Geborgenheit breitete sich in ihr aus, gleichzeitig fühlte sie die Lust in sich hochkochen. Wie gerne würde sie ihn Haut an Haut spüren, einen Schritt weitergehen.

Leise stöhnend schmiegte sie sich in seine Umarmung, legte beide Arme um seinen Nacken, weil sie einen Halt brauchte. Seine Zärtlichkeit warf sie aus der Bahn, ließ ihre Knie weich werden.

Als er von ihr abließ und sie ein kleines Stück von sich schob, glaubte sie fast, aus einem Traum aufzuwachen.

Augenblicklich fielen die Bedenken wieder über sie her. „Was sollte das denn?“ Ihre Stimme klang auf eine erotische Art heiser, woraufhin sie sich verlegen räusperte. Sie wollte ihm kalt gegenübertreten, alles andere führte nur zu schmerzenden Komplikationen. Unbehaglich erinnerte sie sich an das Gespräch mit Maeve, aber die Situation sorgte dafür, dass die Szene von damals die vernünftigen Gedanken überdeckte. Sofort erschien das Bild ihres alten Schulzimmers vor ihrem inneren Auge, dort wo die Nacktfotos an jedem Platz ausgelegt waren.

Sanft strich Tyler ihr die Strähnen aus dem Gesicht, die sich aus dem Pferdeschwanz gelöst hatten. Ihre harsche Frage überging er einfach. „Callum sagte mir, dass du geweint hast. Meinst du nicht, dass wir reden sollten?“ Ruhig hielt er ihrem Blick stand, las in ihrer Miene, dass sie sich an etwas Schreckliches erinnerte. „Hey, Cupcake, ich bin es, Tyler.“

Brianna biss die Zähne aufeinander. „Das ist mir bewusst. Trotzdem hab ich dir gesagt, dass ich keine Beziehung mit dir eingehen kann. Weshalb akzeptierst du es nicht?“ Sie kämpfte gegen das Herzklopfen an, das er in ihr auslöste, gleichzeitig fragte sie sich, ob sie gerade einen riesigen Fehler machte.

„Ich spüre deutlich, dass du dich freust, mich zu sehen. Darüber hinaus rieche ich die Erregung und weiß, dass du unsicher bist.“ Wieder strich er ihr liebevoll über die Haare. „Ich gebe niemals auf.“

Am liebsten würde sie sich in seine Arme werfen, ihm alles Weitere überlassen, nur hielt ihre Angst sie ab. Betont kalt trat sie einen Schritt von ihm weg. „Ich bleibe bei meiner Entscheidung. Du vergeudest deine Zeit.“

Bei den Worten hörte sie ein eindeutig wütendes Wiehern, und als sie sich umdrehte, bemerkte sie Maeve, die gerade von Rachel für die nächste Reitstunde zum Stall geführt wurde. Sofort verfärbten sich ihre Wangen rot, darüber hinaus musste sie schlucken. Erst heute Morgen hatte sie sich bei der Stute ausgeweint, nur um jetzt den gleichen Fehler zu machen. Aber wie stand sie denn da, wenn sie plötzlich zugab, dass sie sich nach Tyler sehnte? „Ich muss mich um die Reitschüler kümmern." Sie flüsterte die Ausrede nur, ehe sie auf dem Absatz kehrtmachte, um zum Platz zurückzulaufen.

Besorgt blickte er ihr hinterher, seine tierischen Sinne verrieten ihm eine ganze Menge, unter anderem auch, dass sie sich vor irgendetwas wahnsinnig fürchtete. Eilig ging er ihr nach, fing sie ab, kurz bevor sie den Reitplatz betrat. „Ich bin hier, um dir zu helfen. Sag mir, was ich tun soll", verlangte er.

Verdattert starrte sie ihn an. „Ich benötige keine Hilfe", brachte sie gerade so heraus. „Du kannst ruhig wieder fahren." Sie sah bezeichnend auf ihren Arm, den er festhielt.

„Oh nein, kleine Kratzbürste, so kommst du mir nicht davon. Du erinnerst dich, was ich dir gestern gesagt habe? Ich werde auf keinen Fall auf Abstand gehen. Also entweder du sagst mir, wie ich dich unterstützen soll oder ich suche mir selbst eine Arbeit aus."

Seine Stimme hörte sich dunkel an, fast als ob er von etwas ganz anderem redete. Eilig schob sie den Gedanken von sich, gleichzeitig erwischte sie sich dabei, wie sie fasziniert auf seine Lippen starrte.

„Bri, kannst du mir bitte mit dem Sattel helfen?" Ein junges Mädchen schaute aus dem Stall heraus.

„Ich mach das.“ Tyler ließ keinen Widerspruch zu, drehte sich um und ging mit einem Lächeln auf das Kind zu. „Komm, wir schauen mal, dass du dein Pferd fertiggemacht bekommst.“

Mit offenem Mund blickte Brianna ihm hinterher, mit so einer Sturheit hatte sie keineswegs gerechnet. Die Erleichterung, die in ihr tobte, ignorierte sie gekonnt, bis ihr Blick auf Maeve fiel, die gerade von Rachel zum Platz geführt wurde. Hier wartete eine gerechtfertigte Standpauke auf sie, das sah sie der Stute deutlich an.

In der kommenden Stunde war sie ziemlich unkonzentriert, weil sie ständig nach Tyler sah, der das Paddock säuberte. Offensichtlich gefiel es ihm, denn er pfiff ein Lied vor sich hin. So hätte sie ihn absolut nicht eingeschätzt, leider ließ es ihn in ihrer Achtung steigen. Eine ganz leise Stimme in ihrem Inneren merkte an, dass er vielleicht doch gut zu ihr passte. Sofort würgte sie die Hoffnung ab, an dem Punkt war sie längst noch nicht.

Es kam, wie es kommen musste, eine der Schülerinnen fiel vom Pferd. Erschrocken lief Brianna zu ihr, während Aidan brav stehen blieb. „Tut dir was weh?“

Noch ehe das Mädchen antworten konnte, stand auch schon Tyler neben ihnen. Besorgt blickte er zu ihr runter, ehe er sich in den Sand kniete.

„Nein, es ist nur so dumm von mir.“ In den Augen der Kleinen schwammen Tränen, gleichzeitig rappelte sie sich mühsam hoch.

„Komm, ich helfe dir, aufzustehen.“ Ty reichte ihr eine Hand, nachdem er sich erhoben hatte, dabei beobachtete er sie genau. „Sag mir bitte sofort Bescheid, falls du doch Schmerzen hast.“

Verlegen nickte sie, biss allerdings sichtbar die Zähne zusammen, als sie ihren rechten Fuß belastete, schrie sie schmerzerfüllt auf. Augenblicklich hob der Arzt sie auf seine Arme, trug sie zu einer Bank an der Hauswand, wo er sich um ihre Verletzung kümmern konnte.

Brianna sah ihm besorgt hinterher. Es war keine Besonderheit, dass jemand vom Pferd fiel, nur dieses Mal fühlte sie sich schuldig, weil sie so unaufmerksam gewesen war.

Aidan stupste sie an, als wollte er sie an die anderen Reitschüler erinnern. Vorsichtig nickte sie ihm zu, rief nach Rachel, die ihn festhielt, bis klar war, ob er noch gebraucht würde, anschließend machte sie mit ihrem Unterricht weiter. Verdammt, so etwas brauchte sie nicht auch noch, sie musste sich einfach besser konzentrieren.

Tyler kam zu ihr, lächelte ihr beruhigend zu. „Der Knöchel ist verstaucht. Ist wohl dumm aufgekommen, die Kleine. Keine Sorge, ich hab sie versorgt und in etwa zwei Wochen ist sie wieder fit." Er drückte Bri kurz an sich, ehe er zurück an seine Arbeit ging.

Unwillig gab sie zu, dass es angenehm war, die Verantwortung mit einem anderen Erwachsenen zu teilen. Versonnen blickte sie ihm hinterher, dabei ignorierte sie das Herzklopfen, das sich erneut eingestellt hatte. Mit einem Lächeln auf den Lippen ließ sie die Kinder antraben.

Der restliche Tag verging zum Glück ohne weitere Katastrophen und auch die Mutter des Mädchens machte Brianna keine Vorwürfe. Sie winkte lächelnd ab, weil sie selbst mal Reiterin gewesen war.

Die letzte Reitstunde begann um achtzehn Uhr, danach müsste sie sich normalerweise noch um die Boxen kümmern, die sie über Tag gebraucht hatte und viele Kleinigkeiten erledigen, aber heute war sie aufgrund der Männer früh fertig. „Ich danke euch, doch ich habe ein enorm schlechtes Gewissen“, bemerkte sie, nachdem sie ein Halfter an seinen Platz geräumt hatte.

„Weshalb?“ Callum betrachtete sie fragend.

Vorsichtig zuckte sie mit den Schultern. „Ihr arbeitet die ganze Zeit, nur bin ich kaum in der Lage euch dafür zu bezahlen.“ Sie hob sofort abwehrend die Hände, als ihr bewusst wurde, wie das klang. „Die Reitschule läuft gut, keine Sorge, allerdings wirft sie nicht genug ab, um weitere Hilfskräfte einzustellen.“

Tyler lachte leise auf. „Wie gut, dass wir das nicht sind.“ Ihm hatte die Auszeit einfach nur gutgetan. Sich auf diese Art auszupowern schenkte ihm die Gelassenheit, die ihm an manch anderen Tagen fehlte.

„Er sagt es, wobei ich keine Ahnung habe, warum er immer noch hier ist.“ Callum warf einen giftigen Blick auf den Arzt. „Soll ich ihn bitten, zu gehen?“

Nachdenklich blickte Bri von einem zum anderen, wenn sie es nicht besser wüsste, würde sie annehmen, dass der Journalist eifersüchtig war. „Nein, das schaffe ich schon selbst.“ Sie lächelte ihn versöhnlich an. Später blieb genug Zeit, um über die Sache zu reden, doch jetzt überlegte sie, wie sie Tyler für seine Hilfe danken konnte. Ein feuchter Handschlag war ihr irgendwie zu wenig, außerdem plante sie, ihm klarzumachen, dass er auf Abstand bleiben sollte. „Gehst du mit mir ein Stück?“ Sie sah ihn offen an.

Sofort stimmte er lächelnd zu, anscheinend mochte sie seine Gegenwart.

„Entschuldige uns, wir haben da was zu besprechen." Brianna zwinkerte Callum zu, ehe sie sich umdrehte und in Richtung Weide davonging.

Tyler beeilte sich aufzuholen, während er stirnrunzelnd ihre Rückseite betrachtete. Was wollte sie ihm bloß sagen?

Eine Weile liefen sie schweigend nebeneinander her, bis er sie vorsichtig am Arm packte. „Du willst mit mir reden", erinnerte er sie behutsam.

„Ja, ich weiß nicht, wie ich dir klarmachen kann, dass es keine Chance auf eine Beziehung gibt." Verzweifelt blickte sie ihm in die Augen, was ein Fehler war, wie sie sofort feststellte. Das intensive Grün fesselte sie, ließ sie von einer hoffnungsvollen Zukunft träumen, während sie ihre eigene Sehnsucht in seinen Iriden gespiegelt sah.

Tyler las problemlos in ihrer Mimik, dass sie sich vehement gegen ihre Gefühle wehrte, nur den Grund erriet er nicht. Vorsichtig ging er einen Schritt auf sie zu, packte sie an den Schultern, um sie etwas dichter an sich zu ziehen. Er vermied es zu reden, denn das hätte den Zauber nur gestört. Allein mit seinem Blick hielt er sie an ihrem Platz, legte die gesamte Liebe hinein, die sein Herz weit werden ließ.

Die Welt um sie herum versank, während sie sich nur ansahen, um sich auf eine magische Weise kennenzulernen.

Langsam beugte Tyler sich zu ihr, presste seine Lippen sanft auf ihre, natürlich klingelte genau in dem Moment sein Smartphone, woraufhin er leise fluchte.

Der Bann war gebrochen und Brianna trat eilig einen Schritt zurück. Was tat sie denn hier?

Sie wollte ihn bitten, auf Abstand zu bleiben, stattdessen himmelte sie ihn an wie ein verliebter Teenager. Abrupt drehte sie sich um, auch um ihm ein wenig Privatsphäre zu gönnen.

Gereizt meldete Tyler sich. „Fitzpatrick."

„Störe ich etwa? Ich dachte, du kannst es kaum erwarten, Neues über deine Gefährtin zu hören."

Stew hörte sich amüsiert an, woraufhin er ärgerlich das Gesicht verzog. „Sagen wir mal so, das Timing war beschissen." Er riss sich zusammen, denn der Boss der Söldner hatte keine Schuld an den Komplikationen. „Was hast du für uns?" Er streckte eine Hand aus, tippte Brianna an und bedeutete ihr, zu ihm zu kommen. „Ich stelle auf Lautsprecher, damit sie mithören kann."

Erstaunt trat Bri neben ihn, mit dieser Aufforderung hatte sie nicht gerechnet.

„Hallo Brianna, hier ist Steward McFlann. Ich möchte dir zuerst einmal persönlich bestätigen, dass du weder einen Bürgen benötigst noch einen Eid schwören musst. Du bist ein magisches Wesen, zumindest zum Teil, daher gehen wir davon aus, dass es dir genauso wichtig ist, unsere Identität zu schützen, wie allen anderen."

Sie atmete hörbar auf. „Danke schön, die Nachricht erleichtert mich." Das war auch für ihr Vorhaben, Tyler auf Abstand zu halten, enorm von Vorteil. Darüber hinaus hasste sie es, eine so große Verantwortung zu tragen. Sollte ihr jetzt etwas herausrutschen, zog sie wenigstens keine weitere Person mit ins Verderben. „Selbstverständlich werde ich aufpassen, wem ich was erzähle. Das habe ich immer getan."

Zufrieden brummte Stew. „Unsere Leute haben mit deiner Mutter geredet."

Er macht eine Pause und es kam ihr vor, als ob er nach den richtigen Worten suchen würde. „Egal, was sie von sich gegeben hat, ich möchte auf jeden Fall die Wahrheit hören. Unser Verhältnis war, gelinde gesagt, schwierig." Sie verspannte sich, während sie auf die Antwort wartete. Zu gerne hätte sie geglaubt, dass ihre Mum sie nicht angelogen hatte.

„Es ist leider so, dass sie ziemlich genau über die magische Welt und die herrschenden Regeln Bescheid weiß. Sie hat sogar ihrem Mann den Eid abnehmen lassen, den alle Normalen schwören müssen." Stew schluckte, weil er überhaupt nicht nachvollziehen konnte, weshalb die Frau ihre Tochter dermaßen im Ungewissen gelassen hatte. „Du solltest noch einmal mit ihr reden. Unseren Leuten in Deutschland gegenüber hat sie lediglich zugegeben, dass sie in dem Punkt gelogen hat. Uns sind aber auch die Hände gebunden, da sie kein Gesetz gebrochen hat." Seufzend stieß Steward die Luft aus, er hätte ihr gerne eine richtige Erklärung geboten, nur war das nicht sein Job.

„Danke für die Informationen, jetzt weiß ich zumindest, dass sie mich angelogen hat. Sollte ich noch irgendwas wissen?" Bri hatte Mühe ihre Stimme normal klingen zu lassen.

„Alles andere kann Tyler dir mitteilen. Ich gehe davon aus, dass ihr eine Menge Zeit miteinander verbringen werdet." Bei der Vermutung hörte man deutlich das Schmunzeln.

„Du hast recht, den Rest regele ich alleine." Tyler verabschiedete sich, steckte das Smartphone zurück in seine Hosentasche, ehe er Brianna ansah. Als er die Enttäuschung in ihrer Miene bemerkte, hätte er sie am liebsten fest in die Arme genommen, aber ihr kalter Blick ließ ihn innehalten. „Was ist los, Cupcake?"

Sie schüttelte leicht den Kopf. „Egal, was du glaubst, für mich zu fühlen, ich kann keinesfalls mit dir zusammen sein. Du hast gerade mitbekommen, dass nicht mal meine eigene Mutter es für nötig hält, mir die Wahrheit zu sagen. Ich bitte dich, bleib von mir weg."

Ungläubig musterte er sie. War das wirklich ihre Entscheidung? „Du weißt, dass wir beide in dem Fall entsetzlich leiden werden, oder? Ich wahrscheinlich früher als du, weil ich meine Gefühle genau kenne." Traurig betrachtete er sie, überlegte verzweifelt, wie er sie umstimmen konnte.

„Das ist Unsinn. Ja, ich weiß auch, was Liebeskummer ist, doch der geht vorbei." Sie holte Luft, um ihre Meinung zu bestärken, aber Tyler unterbrach sie.

„Nein, das hier ist etwas anderes, Brianna. Ein Gestaltwandler hat nur eine echte Gefährtin. Wir wissen sofort, wenn die oder der Eine vor uns steht." Er erzählte ihr von der seltsamen Nervosität, von den Gefühlen, die ihn völlig umgehauen hatten und wie sehr sie leiden müssten, sollten sie sich tatsächlich trennen.

Geduldig hörte sie ihm zu, aber an ihren zusammengebissenen Zähnen bemerkte er, dass sie auf gar keinen Fall nachgeben würde.

„Das stimmt vielleicht sogar. Glaub mit bitte ich bedauere es, dass ich dir das Herz breche, allerdings fühle ich nicht so." Ihr fiel es ungeheuer schwer, die Lüge so rüberzubringen, dass sie glaubwürdig klang.

Lachend ging Tyler einen Schritt auf sie zu, strich ihr zärtlich die Haare aus dem Gesicht. „Ich kann riechen, dass du mich anlügst. Gib dir keine Mühe, deine Hormone verraten dich sofort. Genauso erkenne ich Erregung, Ärger, Kummer und Glück." Er zog sie mit sanfter Gewalt in seine Arme, hielt sie fest, bis sie sich entspannte. „Wovor hast du solche Angst?“ Die Frage konnte er sich selbst beantworten: Davor verletzt zu werden, nur weshalb?

Brianna hatte keine Kraft mehr, um sich gegen ihn zu wehren. Sie war mit ihrer Lüge aufgeflogen, denn sie spürte genau, dass sie etwas Besonderes mit Füßen trat. Mit einem leisen Seufzen schmiegte sie sich an ihn, gab sich dem Gefühl hin, beschützt zu sein. „Ich fürchte mich, mich zu verrennen“, murmelte sie gegen seine Brust.

„Das lasse ich nicht zu. Ich verspreche dir, dass ich auf dich aufpasse, immer.“ Er legte das Kinn auf ihrem Scheitel ab, atmete ihren ganz eigenen Duft nach Pferden und Magnolien ein.

Nach einem Moment holte sie tief Luft, sie musste das hier beenden oder ihm zumindest erklären, was in ihr vorging, das war sie ihm einfach schuldig. „Ich glaube, ich sollte dir etwas mehr erzählen.“

Tyler hörte deutlich, wie schwer es ihr fiel, Worte zu finden. „Nein, das ist unnötig, außerdem ist es auch zu früh. Ich habe dir versprochen, dass ich dir Zeit gebe. Du sagst mir, was dir zugestoßen ist, wenn du so weit bist.“

Jetzt rückte sie doch ein Stückchen von ihm ab. „Du gibst niemals auf, oder?“

Mit einem Schmunzeln schüttelte er den Kopf. „Aufgeben ist keine Option, besonders in deinem Fall.“

„Du zögerst das Unvermeidliche nur heraus“, bemerkte sie traurig. „Ich bin so kaputt, dass es nie klappen kann.“

„Das bleibt abzuwarten.“ Tyler lächelte ihr aufmunternd zu. „Ich werde dich zur Not auch zu deinem Glück zwingen.“

Als sie ihn erschrocken anstarrte, hob er abwehrend eine Hand. „Auf eine sanfte Art und niemals gegen deinen tatsächlichen Willen."

In der Tat fiel es ihr schon wieder enorm schwer, ihm zu widerstehen, obwohl es für alle das Beste wäre.

„Der Tag war lang, lass uns für heute Feierabend machen." Er nahm ihre Hand, um sie zum Cottage zurückzubringen, dabei ließ er es nicht zu, dass sie sich ihm entzog. „Brianna, ich erwarte, dass du mich anrufst, solltest du Hilfe brauchen. Egal, worum es geht und egal, wann. Ist das klar?"

Normalerweise würde seine dominante Art sie in die Flucht jagen, aber in diesem Moment fühlte sie Lust in sich hochsteigen. Kurz dachte sie daran, ihn zu provozieren, entschied sich doch dagegen. „Gute Nacht, Tyler, und danke für deine Unterstützung." Sie verschwand im Haus, ohne sich noch einmal nach ihm umzudrehen. Irgendwie war sie erleichtert, dass er sich nicht so einfach verscheuchen ließ.

Ty wartete, bis er den Schlüssel hörte, der sich im Schloss drehte, erst dann ging er zu seinem Auto. Bevor er losfuhr, blickte er sich um, jetzt spürte er deutlich, dass irgendwas in der Luft lag. Sorgsam scannte er mit seinen tierischen Sinnen die Umgebung, machte aber keine direkte Gefahr aus. Mit einem unguten Gefühl fuhr er nach Hause.

Kapitel 10 - Annäherung

Bri ließ das Abendessen ausfallen, sie fühlte sich zu durcheinander, um zu essen. Was war das bloß mit Tyler? Normalerweise konnte sie sich durchaus durchsetzen, nur bei ihm knickte sie ständig ein. Hatte er vielleicht mit der Geschichte der Dualseele recht? Augenblicklich strich sie den Gedanken aus ihrem Kopf. Die einzig wahre Liebe gab es doch gar nicht, davon war sie überzeugt. Bei ihren Eltern sah sie ja, dass die Gefühle mit der Zeit abkühlten, bis man sich nichts mehr zu sagen hatte.

Ihr fiel ein, was Steward gesagt hatte und sie nahm sich vor, sofort mit ihrer Mutter zu reden. Wenigstens das Problem sollte sie schnellstmöglich gelöst bekommen, ehe sie sich ihrem komplizierten Liebesleben zuwandte. Außerdem war da ja noch Drewsoll, die sich zwar im Augenblick bedeckt hielten, aber wohl kaum aufgegeben hatten.

Callum zog sich nach dem Abendessen normalerweise ins Gästezimmer zurück, trotzdem zog sie es vor, sich in ihrem Schlafzimmer aufzuhalten, auf keinen Fall wollte sie, dass er das Gespräch mitbekam. Dabei ging es ihr keineswegs nur um die Geheimnisse der magischen Welt.

Mit klopfendem Herzen wählte sie die Nummer ihrer Mutter, gleichzeitig richtete sie sich auf eine derbe Auseinandersetzung ein.

„Ich dachte mir schon, dass du anrufst“, bemerkte Maggie, allerdings klang sie kein bisschen böse.

„Es tut mir leid, dass die Wächter durch meine Schuld auf dich aufmerksam geworden sind“, begann Bri. In der Tat bedauerte sie es, nur hatte sie keine Möglichkeit gehabt, die Leute zu stoppen.

„Nein, es ist völlig okay. Ich bin die, die Mist gebaut hat.“ Maggie seufzte leise, wobei man ihr die Traurigkeit anhörte. „Ich würde dir gerne in die Augen sehen, während ich mich entschuldige. Nur denke ich, dass ich lange genug gewartet habe.“

„Was, um Gottes willen, ist los? Mum, ich dachte, ich bin es nicht wert, dass du mir die Wahrheit sagst.“ Brianna platzte mit ihren Worten heraus, weil sie befürchtete, dass es erneut in einen Streit ausartete.

„Bitte, nein, das war niemals meine Absicht. Ich habe immer versucht, dich zu beschützen. Du solltest ganz normal aufwachsen, keine Außenseiterin sein.“ Tränen sorgten dafür, dass sie ihre Stimme nur noch undeutlich bei Bri ankam. „Ich habe sogar Brenda verboten, dir irgendetwas von deinem Feenblut zu erzählen.“

„Aber weshalb? Ich hätte es doch so oder so bemerkt, spätestens als ich mit den Tieren reden konnte.“ Brianna verstand es nicht, für sie war der gesamte Streit so unnötig.

„Das ist mir auch klar geworden, deshalb bin ich zumindest der Verpflichtung nachgekommen, dir beizubringen, den Mund zu halten.“ Maggie schluckte. „Zuerst dachte ich, dass ich dir einen Gefallen tue. Ich war überzeugt davon, dass du dich in die Welt der Normalen besser hineinfindest, wenn du von den Paranormalen keine Ahnung hast. Das führte zum Bruch mit meiner Mutter. Als du dich auf ihre Seite gestellt hast, war ich zutiefst enttäuscht, aber genauso unfähig meine Fehler einzusehen. Erst als ich mit den Wächtern sprach, ist mir klar geworden, dass ich dich für immer verliere, falls ich nicht über meinen Schatten springe. Bitte, verzeih mir." Sie schluchzte leise. „Ich liebe dich mehr als mein Leben und werde es auch weiterhin tun."

In Briannas Kehle wurde es eng. „Ich dachte, dass ich es nicht wert bin, deine Tochter zu sein. Sobald ich anrief, warst du so kalt und abweisend."

„Ja, das war mein schlechtes Gewissen. Mir wurde bewusst, dass mir ein böser Fehler unterlaufen war. Die Chance, mich mit meiner Mutter zu versöhnen, habe ich verpasst. Ich schämte mich, dir gegenüber zuzugeben, dass ich so ziemlich alles falsch gemacht habe. Immer wieder nahm ich mir vor, offen mit dir zu reden, nur um mich im letzten Moment in die Distanz zu flüchten. Kannst du mir verzeihen?" Angespannt hielt sie den Atem an.

„Natürlich, ich bedauere es nur, dass du nicht mit Granny geredet hast. Sie hat bis zum Schluss gehofft, dass ihr den Streit beenden könnt." Unbewusst streute Bri noch mehr Salz in die Wunde, was ihr erst klar wurde, als sie ihre Mutter weinen hörte. „Es tut mir so leid, Mum. Oma hat dir verziehen."

Maggie fing sich wieder. „Ich war der festen Überzeugung, dass ich das Richtige tue. Zuerst dachte ich, dass du meine Gabe, die Pflanzen blühen zu lassen, geerbt hast. Ich habe mein gesamtes Leben darunter gelitten, zu wissen, dass ich magisches Blut besitze und mit niemandem darüber reden darf. Ich versuchte, dir eine solche Situation zu ersparen. Nur als klar war, dass du die Fähigkeit meiner Mutter besitzt, gab es für mich keinen Weg, um es zu verheimlichen. Brenda drohte mir, es dir zu erzählen, sollte ich mich weiterhin weigern, damit fing der Streit an.“ Sie holte zittrig Luft. „Ich wollte einfach nicht, dass du tiefer in diese Welt hineingezogen wirst, in die du nur zum Teil gehörst. Als du dich gegen mich gestellt hast, habe ich nicht etwa meinen Fehler eingesehen, sondern dich für undankbar gehalten. Anstatt dir zu sagen, dass mir dein Verhalten wehtut und dir meine Beweggründe zu erklären, verschloss ich mein Herz.“

Brianna standen die Tränen in den Augen. „Wie gut, dass wir zwei die Kurve noch bekommen haben.“ Sie lachte leise. „Ich hätte viel offener mit dir reden müssen, stattdessen gab ich die pubertierende Zicke zum Besten.“

Jetzt schmunzelte Maggie auch. „Du bist so jung, meine Kleine. Am Ende wollte ich dich immer nur beschützen. Was ist das für eine Sache mit der Firma, die dein Land kaufen will? Brauchst du Hilfe?“ Sie wechselte etwas ungeschickt das Thema.

Seufzend stieß Bri die Luft aus. „Aktuell halten sie die Füße still, außerdem ist ein guter Freund hier, der auf mich aufpasst.“ Sie überlegte kurz, ob sie ihr von Tyler oder ihrem Unfall erzählen sollte, entschied sich aber dagegen. Die Wendung, die ihre Mutter hingelegt hatte, kam ihr noch zu unwirklich vor. „Weshalb weißt du eigentlich davon?“

„Die Wächter, die bei mir waren, haben es mir erzählt. Ein gewisser Steward McFlann hat ihnen die Informationen gegeben. Kennst du ihn?“ Maggie hielt den Atem an, denn jeder in der magischen Welt, wusste, wer er war.

„Nicht wirklich, er hat mich angerufen, als ich herausfinden musste, ob ich einen Eid schwören muss oder einen Bürgen brauche. Ich komme klar, Mum.“ Sie freute sich, dass sie Hilfe von ihrer Mutter bekam, falls sie welche brauchte, trotzdem wollte sie erst einmal für sich sortieren, was sie erfahren hatte.

„Melde dich, wenn ich dir irgendwie helfen kann. Ich fliege auch sofort zu dir rüber.“ Maggie holte tief Luft. „Das heißt, solltest du mich sehen wollen.“

Brianna dachte kurz nach. „Ich liebe dich, Mum. Gib mit bitte ein wenig Zeit, um das, was du gesagt hast zu verdauen.“ Sie hoffte, dass sie ihre Mutter jetzt nicht vor den Kopf gestoßen hatte, doch noch hielt das Misstrauen sie im Griff.

„Ich verstehe dich, dass du deine Gedanken sortieren willst. Solange ich weiß, dass zwischen uns wieder alles in Ordnung ist, gebe ich dir gerne den Freiraum.“ Maggie atmete vorsichtig auf.

„Es kommt überraschend und ich muss das zuerst verarbeiten, aber eins kann ich mit Sicherheit sagen, ich bin verdammt froh, dass wir das geklärt haben.“ Auf Briannas Gesicht schlich sich ein Lächeln, zumindest war ein Problem aus der Welt geschaffen. „Jetzt werde ich mich damit vertraut machen, dass es mehr als Feen gibt.“ Sie lachte leise, denn das dürfte die geringste Herausforderung sein.

Ein wenig misstrauisch war sie trotz der Beteuerung ihrer Mutter, als sie sich verabschiedete. Die vergangenen Streitereien hatten Narben hinterlassen, darüber hinaus fiel es ihr extrem schwer, daran zu glauben, dass sie wirklich geliebt wurde.

Seufzend setzte sie sich aufs Bett, um nachzudenken, wie sie mit Tyler umgehen sollte. Offensichtlich wollte er sein Spiel mit ihr spielen, egal, wie sehr sie ihn bat, sie zu verschonen. Ganz leise schlich sich die Vermutung ein, dass er ihr eventuell doch die Wahrheit sagte. Eilig schob sie die Vorstellung, mit ihm glücklich zu werden, von sich, sie gab sich besser keinen dämlichen Träumereien hin.

Ihre Überlegungen wanderten zu Drewsoll, wie lange würden sie die Füße stillhalten? Gab es irgendetwas, um diese Kerle loszuwerden? Ihr fiel ein, dass Tyler davon geredet hatte, dass jedes magische Wesen ein Recht auf Unterstützung der Wächter hatte. Spöttisch lachte sie auf, sie kannte die Gesetze der Paranormalen kaum, darüber hinaus war sie unsicher, ob sie wirklich auf deren Hilfe bauen konnte. Sie besaß doch nur ein ganz kleines bisschen Feenblut.

Ihr Blick richtete sich automatisch auf Mias Visitenkarte, die auf ihrem Nachttisch lag. Ob die Heilerin ihr unter Umständen mehr sagen würde? Gab es tatsächlich jemanden, den sie um Rat bitten durfte?

Irgendwie kam sie sich aufdringlich vor, falls sie jetzt mit einer praktisch fremden Frau über ihre Probleme sprach. Außerdem erfuhr Tyler es bestimmt und seine Hilfe hatte sie ja abgelehnt. Was, wenn er doch ihre Dualseele war? Gab es so etwas überhaupt?

Ihre Gedanken drehten sich im Kreis, bis sie das Gefühl bekam, dass ihr schwindelig wurde. Zuerst sollte sie sich um das drängendste Problem kümmern: Drewsoll.

Sie stand auf, ging in ihr Büro, um am Computer über die Firma zu recherchieren, die ihr sogar offen drohte. Gerade, als sie die Website aufgerufen hatte, klopfte es.

„Störe ich?“ Callum lehnte unschlüssig im Türrahmen, nachdem sie ihn hereingebeten hatte.

Seufzend zuckte sie mit den Schultern. „Nein, ich versuche, etwas über Drewsoll herauszufinden. Da ich leider keine Beweise habe, dass es ein Mitarbeiter war, der mich angefahren hat, brauche ich einen anderen Anhaltspunkt.“

Callum schnappte sich einen Stuhl, um sich neben sie zu setzen.

Mit einem Stirnrunzeln betrachtete er die Website. „Das kannst du dir sparen, da findest du nichts. Im Gegenteil, sie behaupten, dass ihnen der Umweltschutz am Herzen liegt." Missbilligend verzog er das Gesicht. „Insider berichten etwas völlig anderes. Denen geht es nur um ihren Gewinn. Auch die Aussicht auf neue Arbeitsplätze hier in der Gegend ist Augenwischerei, weil sie lieber Ausländer holen, die billiger sind." Er schnaubte abfällig.

„Kann man das vielleicht gegen sie verwenden? Ich meine, wenn wir es schaffen, den Leuten die Augen zu öffnen, zieht die Stadt unter Umständen die Genehmigung zurück." Hoffnungsvoll musterte Bri ihren Kumpel.

„Nein, das geht nicht so einfach. Du und Ira, ihr seid die einzige Hoffnung. Wobei es möglich ist, dass sie das Gebiet in eine andere Richtung ausdehnen." Callum überlegte einen Moment. „Ich fürchte, sie erklären euch den Krieg."

Das hatte Brianna ja bereits am eigenen Leib zu spüren bekommen. „Das ist längst geschehen, wenn wir davon ausgehen, dass der Kerl, der mich angefahren hat, dazugehört." Sie schloss kurz die Lider, um Kraft zu schöpfen. „Ich werde ihnen alles entgegensetzen, was ich habe. Das bin ich meiner Großmutter schuldig."

Callum legte eine Hand auf ihre Schulter. „Und ich stehe dir bei."

Dankbar blickte sie ihn an, anschließend machten sie sich gemeinsam auf die Suche nach irgendetwas, was sie gegen Drewsoll tun konnten.

Während sie ihre Recherche fortsetzte, schweiften ihre Gedanken immer wieder zu Tyler. Die Hoffnung, dass er es ernst mit ihr meinte, ließ sich einfach nicht mehr verscheuchen.

Darüber hinaus stand er mit den Wächtern in Verbindung, was ihr ein gutes Gefühl gab.

~~°~~

Tyler fühlte sich zum ersten Mal in seinem Leben tatsächlich allein. Seine Wohnung kam ihm leer vor, was natürlich Unsinn war, trotzdem fehlte ihm Brianna. Wie ein Tiger im Käfig lief er durch die Räume, dabei dachte er verzweifelt über einen Grund nach, weshalb er jetzt sofort zu ihr zurückkehren musste. Fluchend strich er sich durch die Haare, da ihm einfach keine plausible Erklärung einfiel.

In dem Augenblick verstand er, wovon seine Freunde ihm immer wieder redeten. Oft genug verkniff er sich das Schmunzeln, weil er glaubte, dass sie maßlos übertreiben würden.

Kurz blieb er stehen, dachte an Brianna, die ihn tatsächlich abwies, ehe er seine Wanderung erneut aufnahm. Zuerst sollte er sicher sein, dass ihr von Drewsoll keine Gefahr drohte, anschließend wollte er ihr klarmachen, dass sie zu ihm gehörte. Vielleicht war das der Grund, den er gesucht hatte? Er könnte vorgeben, dass er um ihre Sicherheit fürchtete, was nicht einmal gelogen war. Sofort verscheuchte er die Idee, denn damit erschreckte er sie enorm.

Das, was er gelesen hatte, sorgte dafür, dass er am liebsten augenblicklich bei ihr eingezogen wäre. Ein wenig beruhigte ihn das Wissen, dass Callum auch über Nacht bei ihr blieb.

Missmutig fuhr er den Rechner hoch, vielleicht fand er ja etwas, was die menschlichen Behörden auf den Plan rief. Tyler scrollte sich Seite für Seite durch die Informationen, nur um festzustellen, dass diese Schweinehunde nach außen hin eine saubere Weste zeigten.

Nur auf den speziellen Webseiten der paranormalen Welt wurde er fündig, allerdings durfte er die Beweise keinem Normalen zeigen. Weshalb war bisher kein magisches Wesen auf die illegalen Machenschaften aufmerksam geworden? Die Frage drängte sich in sein Bewusstsein, denn die Umwelt ging sie doch genauso an, wie alle anderen.

Ohne den Blick vom Monitor zu lassen, angelte er nach seinem Smartphone, checkte die Uhrzeit und beschloss, dass es noch früh genug war, um Stew anzurufen.

„Gibt es ein Problem? Brauchst du Hilfe?“ Die Stimme des Gepards klang alarmiert, was Tyler sofort ein schlechtes Gewissen bescherte.

„Nein, ich bin nur über etwas gestolpert und benötige eine Antwort.“ In kurzen Sätzen erklärte er, was er über Drewsoll herausgefunden hatte. „Weshalb schaut die magische Welt genauso weg?“ Mit der Frage beendete er seinen Bericht.

Stew seufzte leise. „Weil wir uns nur sehr selten in die Angelegenheiten der Menschen einmischen.“

Das wusste Ty zu gut, trotzdem lag der Fall hier anders, oder nicht? „Unser Lebensraum geht uns alle was an“, bemerkte er unterkühlt.

„Da gebe ich dir recht, nur können wir uns unmöglich um jede Firma kümmern, ohne aufzufallen. Wir sind an einigen Umweltsündern dran, die eine ganze Menge Schaden anrichten. Drewsoll steht auf der Beobachtungsliste“, gab Stew zu. „Ich würde gerne mehr tun, allerdings müssen wir zuerst unsere eigenen Leute im Griff haben. Niemandem nutzt es etwas, wenn wir auffliegen.“

Das verstand Tyler, trotzdem gefiel ihm die Antwort überhaupt nicht. „Heißt das, dass ich gezwungen bin, tatenlos zuzusehen, wie meiner Gefährtin das Land gestohlen wird?“ Er knurrte die Frage nur.

„Natürlich nicht! Jorgan ist dran. Er wird als Vorhut zu euch geschickt. Caitlin und Brian begleiten ihn. Der Rest steht auf Abruf bereit. Patrick, Joleen und ich recherchieren in der Angelegenheit.“ Stews Stimme klang ein wenig genervt, was Tylers schlechtes Gewissen erneut anstachelte.

„Tut mir leid, Kumpel. Ich mache mir nur solche Sorgen um Brianna. Sie weigert sich, an die Sache mit der Dualseele zu glauben. Um ehrlich zu sein, redet sie sich erfolgreich ein, dass sie nicht zu mir passt.“ Er seufzte leise. „Immer wenn ich das Gefühl habe, dass ich einen Schritt weitergekommen bin, stößt sie mich wieder weg.“ Verdammt, jetzt hörte er sich auch noch wie ein flennendes Mädchen an.

„Keine unserer Gefährtinnen war begeistert, als sie uns kennenlernten. Denk an die Geschichte von mir und Patty. Oder an Logan, der Joleen fast verloren hätte. Du wirst einen Weg finden, daran zweifele ich keine Sekunde.“

Der Zuspruch des Gepards tat ihm gut, trotzdem sehnte er sich nach seiner kleinen Kratzbürste. „Du hast recht, ich bezweifele auch nicht, dass ich sie am Ende überzeuge, nur hätte ich es mir kaum so schwierig vorgestellt“, gab er zerknirscht zu.

Stew lachte auf. „Das hat keiner von uns. Kann ich sonst noch was für dich tun? Jorgan wird sich morgen bei dir melden.“

„Danke, mir geht es besser, seit ich weiß, dass ihr auf dem Laufenden seid, sodass ich mit Unterstützung rechnen darf.“

Sie verabschiedeten sich, woraufhin Tyler seine Wanderung durch die Wohnung wieder aufnahm. Verdammt, er sehnte sich nach seinem kleinen Cupcake! Eilig öffnete er die Hintertür einen Spaltbreit, zog sich aus, ging auf die Knie, um die Verwandlung einzuleiten. Er nahm sich vor, lediglich zum Hof zu laufen, um nach dem Rechten zu sehen. Eventuell schaffte er es, einen Blick auf sie zu erhaschen, wobei er ausreichend Abstand zu den Pferden halten würde. Auf keinen Fall wollte er die Herde aufschrecken.

Während sich sein Körper verformte, die Haut aufplatzte und das beige Fell des Pumas erschien, flackerte ein blaues Licht um ihn herum, außerdem summte es, was der Magie zuzuschreiben war.

Nach wenigen Momenten war die Verwandlung abgeschlossen, sodass er mit der Pfote die Tür aufschob. Zum Glück lebte er am Stadtrand, wo er kaum auffiel, darüber hinaus dämmerte es bereits.

Geschickt nutzte er die Bäume und Sträucher aus, die am Straßenrand wuchsen, bis er auf eine freie Fläche kam, die weit genug von jeder Behausung entfernt lag. Kurz streckte er sich, nahm Witterung auf, damit er nicht unverhofft auf irgendwelche Wanderer stieß, ehe er losrannte. Querfeldein schaffte er es in Rekordzeit bis zu Briannas Hof zu kommen, wobei er ein gutes Stück vorher stoppte. Irgendwas beunruhigte ihn, sein Instinkt warnte ihn laut und deutlich.

Langsam pirschte er sich näher heran, nutze erneut das Gebüsch aus, das ihm reichlich Deckung gab. Das Cottage, in dem seine Kleine wohnte, sah er nur noch undeutlich, allerdings bemerkte er jetzt auch den Geländewagen, der versteckt neben einer Baumgruppe parkte.

Eilig duckte er sich, sorgte dafür, dass er unsichtbar hinter den Pflanzen blieb, während er sich das Nummernschild merkte. Er erkannte, dass das Fahrzeug vor Kurzem einen Unfall gehabt haben musste, denn die Motorhaube war eingedrückt, außerdem sah er einige Kratzer. Wenn das mal kein Zufall war!

Der Mann, der in dem Wagen saß, beobachtete das Cottage mit Hilfe eines Fernglases.

Tyler unterdrückte ein Knurren, das ihn unter Umständen verraten hätte, gleichzeitig überlegte er, ob Brianna ihren Stalker bereits bemerkt hatte. Wahrscheinlich schon, zumal sie oft genug mit ihren Schülern ausritt. Es sei denn, der Kerl kam lediglich abends her. Im Dämmerlicht hinter den Bäumen war er vom Haus aus vermutlich leicht zu übersehen.

So leise er konnte, zog er sich zurück, dabei dachte er angestrengt darüber nach, was er tun sollte. In seiner tierischen Gestalt war er kaum in der Lage, seiner Kleinen mitzuteilen, was er in Erfahrung gebracht hatte. Da scheiterte er bereits an der Haustür, dazu kam, dass Pumas eher gejagt, als willkommen geheißen wurden. Vielleicht wusste sie ja tatsächlich schon über ihren Beobachter Bescheid?

Nachdem er außer Sichtweite war, lief er eilig zu seiner Unterkunft, verwandelte sich, zog sich seine Kleidung über, bevor er Brianna anrief. Es war zu wichtig, um jetzt Rücksicht darauf zu nehmen, dass er sie wahrscheinlich ziemlich erschreckte.

„Tyler? Ist etwas passiert?“

Zum Glück hörte sie sich nicht so an, als ob sie schon geschlafen hätte, was ihn aufatmen ließ, bis ihm auffiel, dass sie wusste, wer am Telefon war. „Nein, nicht wirklich, aber weshalb weißt du, dass ich es bin?" Neugierig wartete er auf ihre Antwort.

„Ich habe deine Nummer für Notfälle gespeichert", gab sie verlegen zu. Wie sonst sollte sie das Geheimnis ihres Feenblutes bewahren, wenn sie noch einmal einen Unfall hatte? „Doch du rufst bestimmt aus einem anderen Grund an."

Kurz überlegte er, ob es eine Möglichkeit gab, ihr die Neuigkeiten irgendwie schonend beizubringen, nur fiel ihm einfach nichts ein. „Ich war gerade in meiner Form als Puma in deiner Nähe, da ist mir ein dunkler Geländewagen aufgefallen." Er hörte deutlich, dass sie nach Luft schnappte. „Es sitzt ein Mann drin, der mit Hilfe eines Fernglases dein Haus beobachtet. Der Wagen weist Spuren eines Unfalls auf, den er kürzlich gehabt haben muss."

„Ich rufe sofort Ethan und Anthony an, dann haben sie etwas in der Hand, um den Mistkerl festzunehmen, der mich angefahren hat." Brianna wollte schon auflegen, als Ty sie stoppte.

„Das wissen wir nicht. Bitte, warte einen Moment." Erleichtert erkannte er, dass sie auf ihn hörte. „Falls wir die Garda alarmieren, schicken diese Schweinehunde mit Sicherheit einen anderen, den wir unter Umständen übersehen." Leise fluchend wurde ihm bewusst, dass er besser zuerst Jorgan angerufen hätte. „Stew schickt Jorgan, Brian und Caitlin her, damit sie uns zur Seite stehen. Die Bedrohung durch Drewsoll sollte man lieber ernst nehmen", warnte er sie eindringlich.

„Deshalb werde ich die Behörden einschalten. Anthony hat mir zugesichert, dass er die Augen offenhält. Jetzt kann ich ihm den Kerl auf dem silbernen Tablett präsentieren." Brianna holte tief Luft. „Ich lasse es mir nicht gefallen, dass jemand mich so dreist bedroht, nur um mich dann zu beobachten." Ihr fiel ein, dass Callum den Wagen bereits gesehen hatte, bevor sie den Unfall hatte. Schnell erzählte sie Tyler von dem Auto, das sie bemerkt hatten.

„Mir gefällt die Sache nicht, Cupcake. Aktuell ist es für diese Leute keine Herausforderung, Callum aus dem Haus zu locken, um an dich heranzukommen." Sorge klang aus seiner Stimme. „Ich sage dir nur aus Höflichkeit Bescheid. Zur Not schlafe ich im Stall, doch niemand hält mich davon ab, persönlich auf dich aufzupassen. Eine Alternative werde ich keinesfalls akzeptieren."

Durch seinen dominanten Ton wurde Briannas Misstrauen geweckt. „Ist das jetzt eine dumme Lüge, um mich schneller ins Bett zu bekommen?" Sofort biss sie sich auf die Zunge, weil sie sich zu einer solchen unfairen Bemerkung hatte hinreißen lassen. „Tut mir leid, das hab ich nicht so gemeint."

„Doch hast du, aber darüber sprechen wir, sobald ich weiß, dass du in Sicherheit bist." Tyler musste sich das Lachen verkneifen. Sein Kopfkino sprang augenblicklich an, als er sich vorstellte, wie er ihr Benehmen beibrachte. „Ich bin gleich bei dir." Ohne auf ihre Erwiderung zu warten, legte er auf, packte ein paar Sachen zusammen, dabei hoffte er, dass sie ihn wenigstens ins Haus ließ. Bei seinem kleinen Cupcake war er unsicher, wie weit sie gehen würde.

~~°~~

Brianna blickte verdutzt auf ihr Smartphone, gleichzeitig überlegte sie, ob sie sich freuen oder verärgert sein sollte. Ihr Herz jubelte, ihr Verstand schrie ihr eine Warnung zu.

„Ärger mit dem Doc?“ Callum verkniff sich ein Schmunzeln, da er deutlich mitbekam, dass die Romanze sich etwas schwerfällig entwickelte. Den gesamten Nachmittag hatte er Tyler kaum aus den Augen gelassen und jetzt gab er ehrlich zu, dass ihm gefiel, wie der Doktor mit Bri umging. Er ließ sich nicht abwimmeln, wurde aber genauso wenig übergriffig. Weshalb die Kleine ihn unbedingt auf Abstand halten wollte, war ihm ein Rätsel, offensichtlich hatte sie sich verliebt. Doch aktuell musste sie sich um so viele Dinge kümmern, sodass er sich mit so intimen Fragen lieber zurückhielt, außerdem war er ein ziemlich guter Beobachter.

Verwirrt starrte Bri ihn an, dabei versuchte sie sich daran zu erinnern, was er gefragt hatte. „Tut mir leid, ich hab dich nicht verstanden.“ Eilig milderte sie die Aussage mit einem Lächeln ab.

„Gibt es ein Problem mit dem Doktor? Ist er vielleicht zu aufdringlich? Möchtest du, dass ich ihm deutlich mache, dass er dich in Ruhe lassen soll?“ Offen betrachtete Callum sie, was ihm die Antwort sofort lieferte. Entsetzen zeichnete sich in ihrer Miene ab, als er vorschlug, Tyler nachhaltig zu verscheuchen.

„Er hat mich gewarnt, dass an der Baumgruppe ein dunkler Geländewagen steht. Der Fahrer beobachtet mein Haus durch ein Fernglas, außerdem weist das Auto eindeutige Spuren eines Unfalls auf.“ Sie wiederholte mechanisch die Worte des Arztes, während sie immer noch überlegte, was sie tun sollte. „Er ist auf dem Weg“, fügte sie nachdenklich hinzu.

Erschrocken sprang Callum auf. „Was? Der Kerl, der dich angefahren hat, ist auf dem Weg hierher?“

Erst jetzt bemühte Brianna sich, ihre Konzentration auf ihren Beschützer zu lenken. „Wie kommst du darauf? Ich rede von Tyler. Er hat sich nicht aufhalten lassen." Verwirrt schüttelte sie den Kopf. Ging es ihm tatsächlich nur darum, sie ins Bett zu bekommen? Das war zu viel Aufwand, definitiv.

„Du hast mich ganz schön erschreckt, Kleine." Er dachte einen Moment nach. „Wenn wir die Garda holen, wird der Konzern einen anderen schicken, den wir unter Umständen nicht sofort bemerken."

Seufzend nickte Bri. „Das hat Tyler auch gesagt, trotzdem können sie den Mann vielleicht festnehmen, falls die Spuren zeigen, dass er mich angefahren hat."

Nachdenklich wiegte Callum den Kopf hin und her. „Ist gut möglich, es kann aber genauso gut sein, dass er den Dienstwagen bemerkt, ehe sie ihn entdecken, und abhaut. Die Straße, auf der er steht, ist kaum befahren, er wird ein Auto sehr viel früher hören als sehen. Darüber hinaus wissen wir nicht, ob er wirklich der Fahrer ist, den wir suchen. Die Unfallspuren könnten gut von einem anderen Unfall kommen."

„Mir wäre es trotzdem lieber, wenn sich die Polizei darum kümmert. Sie sind für solche Situationen ausgebildet." Brianna verschränkte die Arme vor der Brust. Auf keinen Fall wollte sie die Verantwortung dafür übernehmen, dass Callum oder Tyler in die Schusslinie gerieten.

„Irgendwas sagt mir, dass dein Kerl auch mit gefährlichen Momenten fertig wird", bemerkte Callum mit einem Schmunzeln.

Bri stieß undamenhaft die Luft aus. „Er ist nicht mein Kerl. Außerdem ist er Arzt, kein Agent oder so was." Sie schnaubte noch einmal, gleichzeitig sah sie ihren Kumpel warnend an.

„Schon okay, ich lass das Thema fallen, du musst wissen, was du tust.“ Er hob abwehrend beide Hände, dabei sah man ihm an, dass er ihre Entscheidung keineswegs gut fand.

„Was? Du hast doch vorgeschlagen, dass du ihn vom Hof scheuchst. Außerdem hatte ich den Eindruck, dass du ihn nicht magst, um es mal vorsichtig auszudrücken.“ Sie hob eine Augenbraue an, während sie ihn ansah.

„Ja, das habe ich, aber nur weil ich dachte, er würde dich bedrängen. Um bei der Wahrheit zu bleiben, finde ich, dass er gut zu dir passt. Er ist ein Mann, der dir das Wasser reichen kann, darüber hinaus glaube ich, dass er ernsthaft an dir interessiert ist.“ Er lächelte sie an. „Keine Ahnung, weshalb du ihn von dir stößt, obwohl du dich mächtig verknallt hast. Ist auch deine Sache, du sollst nur wissen, dass ich für dich da bin, wenn du mich brauchst.“

Dankbar zwinkerte Brianna ihm zu. „Das weiß ich zu schätzen, ehrlich.“ Sie umarmte ihn freundschaftlich, anschließend ging sie zur Tür. „Ich werde mal die Couch für unseren Besucher herrichten. Auf keinen Fall schläft er im Stall.“ Ein versonnenes Lächeln erschien auf ihren Lippen, was sie mehr verriet, als ihre Worte.

Callum blickte ihr nachdenklich hinterher, er gönnte ihr einen vernünftigen Partner von Herzen.

Tatsächlich ertappte Bri sich dabei, dass sie ein fröhliches Lied vor sich hinsummte, obwohl die Bedrohung durch Drewsoll wieder näher kam. Es gefiel ihr, dass der smarte Doc zu ihrer Rettung eilte, wobei sie sich immer noch Sorgen um seine Sicherheit machte. Vielleicht sollte sie sich einfach über die beiden Herren hinwegsetzen und die Garda informieren. Ein fremder Beobachter fiel unweigerlich auf, sodass die

Polizisten in der Lage waren, ihn auch zu enttarnen. Allein die deutliche Warnung in Tylers Stimme hielt sie davon ab.

In ihre Gedanken hinein klopfte es an der Haustür.

Gerade als sie die Tür öffnen wollte, kam Callum, der sie mit einem Kopfschütteln abhielt. „Wer ist da?“, rief er.

Brianna hätte sich am liebsten selbst geohrfeigt, wieso verhielt sie sich dermaßen vertrauensselig? Jeder könnte bei ihr klopfen.

„Ich bin es, Tyler.“

Erleichtert atmete sie auf, drehte den Schlüssel im Schloss, um den Arzt hereinzulassen. „Ich möchte nur klarstellen, dass ich bestens bewacht bin.“ Mit den Worten deutete sie auf Callum, der nur ein wenig die Augen verdrehte.

„Sie ist unsicher, deshalb verhält sie sich so zickig“, bemerkte er leise, woraufhin Bri ihm einen mörderischen Blick schickte.

„So? Bin ich das? Ich denke nur, dass es besser wäre, die Garda zu informieren, anstatt den Helden zu spielen, aber auf mich hört ja keiner.“ Wütend sah sie von einem zum anderen, dabei ignorierte sie das freudige Klopfen ihres Herzens. Allein Tylers Anblick ließ die Lust in ihr hochkochen, da sie sich zu genau an seinen süßen Kuss erinnerte.

„Können wir das bitte drinnen besprechen?“ Ty zeigte auf die Tür zum Wohnzimmer, da er immer noch im Türrahmen stand. „Wir fallen langsam auf.“

Augenblicklich trat Brianna zur Seite, gleichzeitig machte sie eine einladende Handbewegung. „Da du darauf bestehst, komm eben rein. Ich hab dir die Couch fertiggemacht. Sie ist wahrscheinlich ein wenig kurz, aber für eine Nacht wird es reichen.“ Sie deutete mit einer Kopfbewegung an, dass Tyler vorgehen sollte.

Mit einem Lächeln folgte er ihrem stummen Befehl, nur um sich im Wohnzimmer sofort zu ihr umzudrehen. Er musterte Callum. „Könntest du uns vielleicht für einen Moment alleine lassen, bitte?"

Der Journalist zog sich zurück, ohne sich um den Widerspruch seiner Gastgeberin zu kümmern. Offensichtlich wollte Tyler etwas sehr Privates mit Bri besprechen, da ließ er den beiden gerne die Privatsphäre, die sie benötigten.

„Was soll das denn? Du kannst ihn nicht einfach rauswerfen, das hier ist mein Haus." Aufgebracht stemmte Brianna die Arme in die Seiten, gleichzeitig funkelte sie ihn wütend an. „Ich hab nur zugestimmt, weil du eh keine Ruhe gibst."

Tyler betrachtete sie einen Moment genüsslich, mit blitzenden Augen gefiel sie ihm fast noch besser, allerdings sollten sie wirklich schnellstens ihren Status klären. „Ich habe dir gesagt, dass ich dir Zeit gebe, was keineswegs heißt, dass ich mich komplett zurückziehe oder dich deinem Schicksal überlasse. Da draußen wartet wahrscheinlich ein Mann auf dich, der dich zum Verkauf zwingen will."

Daran hätte er sie nicht erinnern müssen, denn das war ihr ständig bewusst. „Ach ja? Hm, gut, dass du es mir sagst, ansonsten wäre es mir glatt entfallen." Ihre Stimme klang ätzend, wobei sie sich fragte, ob sie ihn wirklich so angehen wollte. Sie freute sich tatsächlich, dass er gekommen war, nur ihre Angst ließ sie erneut auf Abstand gehen.

Mit einer schnellen Bewegung zog Tyler sie an sich. „Pass auf deinen Ton auf, Cupcake, sonst versohle ich dir den Hintern." Er hörte sich heiser an, als er ihr die Warnung ins Ohr raunte, darüber hinaus blitzte das Verlangen in seinen Augen auf. „Glaub mir, dass ich durchaus in der Lage bin, dir deinen Platz zu zeigen."

Kurz wehrte Brianna sich, bis sie es mit einem Seufzen aufgab. Was tat sie denn da? Sie wollte ihn doch bei sich haben, weshalb schaffte sie es einfach nicht, über ihren Schatten zu springen, um ihnen eine ehrliche Chance zu geben? „Tut mir leid, ich fürchte mich, außerdem fühle ich mich überfordert. Warum holen wir nicht die Garda, dann wären Callum und du in Sicherheit.“ Sie schmiegte sich in seine Umarmung, da sie der Versuchung keine Sekunde länger widerstehen konnte. Sofort fühlte sie sich geborgen.

„Darüber würde ich gerne mit euch beiden reden, doch zuerst lass mich klarstellen, dass ich hierbleibe, bis die Gefahr vorbei ist. Auf keinen Fall sehe ich zu, wie diese Schweine dich von deinem Land vertreiben oder dir sogar etwas antun.“ Eindringlich blickte er sie an, las in ihren Augen, dass sie sich vor den Typen fürchtete, sich aber ebenso über seine Hilfe freute.

„Du musst arbeiten und das Krankenhaus ist ein ganzes Stück entfernt“, gab sie zu bedenken. „Außerdem ist das nicht dein Kampf.“

Seufzend legte er das Kinn auf ihren Kopf, während er sie mit beiden Armen umschlungen hielt. „Das siehst du falsch. Du gehörst zu mir, Cupcake, daher ist es genauso meine Angelegenheit. Was die Gefahr angeht, brauchst du dir keine Sorgen zu machen, Jorgan, Caitlin und Brian kommen zu unserer Unterstützung her.“

Sie nickte, anschließend drückte sie ihre Wange an seine Brust. „Das hast du bereits am Telefon gesagt. Deswegen ist es noch unnötiger, dass du dich in die Schusslinie stellst.“

Erst jetzt wurde ihm bewusst, weshalb sie versuchte, ihn zu verscheuchen: Sie sorgte sich um ihn. Bei der Erkenntnis machte sein Herz einen Satz, so wie es aussah, fühlte sie doch etwas für ihn. „Jorgan kümmert sich zusammen mit den Wächtern um die Kerle von Drewsoll, aber meine Aufgabe ist es, dich zu beschützen.“ Sanft schob er sie ein kleines Stückchen von sich, um sie leidenschaftlich zu küssen. Seine Hand legte sich an ihren Hinterkopf, hielt sie an der Stelle, an der er sie haben wollte, gleichzeitig drängte er seine Zunge tief in ihren Mund. Ihr Geschmack ließ ein Feuerwerk der Lust in seinem Kopf explodieren, woraufhin er sie noch enger an sich zog. Sie schmeckte fantastisch und er bekam einfach nicht genug von ihr.

Durch die zärtliche Attacke zerbröselte Bris innere Mauer, sodass sie ihm mit Feuereifer entgegenkam. Verdammt, dieser Mann konnte so wundervoll küssen, dass sie sich vorkam, als ob sie im Himmel gelandet wäre. Mit beiden Händen hielt sie sich an seiner Taille fest, drückte sich verlangend gegen seinen muskulösen Körper, während sie jede Sekunde auskostete. Ganz kurz blitzte der Gedanke auf, dass sie besser auf Abstand ging, doch der war im nächsten Moment vergessen.

„Deshalb wollte ich mit dir alleine sein“, bemerkte Tyler, als er von ihr abließ und sich genüsslich über die Lippen leckte. „Ich habe dich vermisst, Cupcake.“

Sofort verzog sie abwehrend das Gesicht. „Klar, wo du auch so lange von mir getrennt warst.“ Sie tippte sich leicht mit dem Finger gegen die Stirn, dabei trat sie einen Schritt von ihm weg. „Willst du mir wirklich so ein Märchen auftischen?“

Verliebt musterte er sie. „Sag mir, dass du nicht an mich gedacht hast. Ehrlich. Du hast keinen Augenblick gehofft, dass ich herkommen würde?“ Natürlich las er die Antwort deutlich in ihren Augen ab, doch in dem Moment wollte er es hören. Mit Vergnügen bemerkte er, dass sich ihre Wangen rot verfärbten.

„Vielleicht hatte ich eine schwache Minute, das kann sein“, gab sie leise zu. Jetzt, wo sie wieder halbwegs klar denken konnte, kamen die Zweifel zurück. „Jeder hat wohl mal einen Durchhänger, oder?“ Sie zuckte leicht mit den Schultern. „Was tun wir denn gegen den Kerl?“ Im Augenblick war ein Themenwechsel auf jeden Fall besser, als sich mit ihren fehlgeleiteten Gefühlen auseinanderzusetzen.

„Lass uns mit Callum sprechen. Wir sollten keine überstürzten Entscheidungen treffen.“ Er deutete mit dem Kinn auf die Couch, gleichzeitig öffnete er die Tür, um den Journalisten zu rufen.

Kapitel 11 - Misstrauen

Kurz darauf saßen sie am Wohnzimmertisch, um zu besprechen, was sie tun konnten.

„Eventuell hat Bri recht, die Garda besitzt mehr Möglichkeiten als wir“, bemerkte Callum, als Tyler leise fluchte.

„Ich muss dringend telefonieren.“ Mit den Worten verließ er den Raum. So langsam wurde es Zeit, sein Gehirn wieder anzuschalten. Jetzt hatte er bereits zum zweiten Mal vergessen, Jorgan in Kenntnis zu setzen. Schnell holte er sein Smartphone hervor und wählte die Nummer des Freundes.

„Ist was passiert? Brauchst du Unterstützung?“ Jorgan klang gefasst, allerdings hörte man deutlich, dass er angespannt war.

„Nein, beruhige dich, ich hab lediglich etwas gefunden.“ Eilig erzählte er von dem Typen, der Briannas Haus beobachtete. „Wir sind unsicher, ob wir die Garda hinzuziehen sollen.“ Gespannt wartete er auf die Antwort.

„Wir sind morgen bei euch, da ist es kein Problem, falls die Verbrecher einen neuen Spion schicken, weil der alte festgenommen wurde.“ Jorgan überlegte einen Moment. „Caitlin, unser Falke, hat einen fantastischen Überblick über das Gebiet. Ich werde sie beauftragen, dass sie sich die Gegend mal ansieht.“

„Das klingt nach einem guten Plan. Also denkst du, dass wir die Garda informieren sollten?“

„Ja, eventuell schnappen sie den Kerl sogar. Allerdings braucht ihr eine passende Erklärung, warum ihr euch so spät meldet. Außerdem würde ich mir nicht allzu viel davon versprechen. Es besteht die Möglichkeit, dass ihr damit lediglich in ein Wespennest stecht." Jorgans Stimme hörte sich nach wie vor ruhig an, was daran lag, dass er nur sehr selten die Fassung verlor. In seinem langen Leben hatte er gelernt, dass es nichts brachte, in Panik zu verfallen.

„Ich kann ja behaupten, dass ich den Kerl erst jetzt bemerkt habe. Vielleicht war ich laufen oder so was." Tyler runzelte unwillkürlich die Stirn, als er über die Ausrede nachdachte. Niemand ging so weit von seinem Haus weg zum Joggen.

„Bleib lieber dicht an der Wahrheit. Du wolltest Brianna überraschen, dabei bist du auf den Wagen gestoßen." Jorgan schmunzelte, als er daran dachte, wie er Mia kennengelernt hatte. „Ich melde mich morgen bei dir, sobald wir in Kilkenny angekommen sind. Pass auf jeden Fall gut auf deine Kleine auf, ich weiß ja, wo der Schlüssel liegt."

Die Männer verabschiedeten sich und Tyler ging zurück ins Wohnzimmer, wo ihn fragende Blicke erwarteten. „Ich habe einen Freund, der für die Söldner aus Ballygannon arbeitet", gab er offen zu. Dass es die spezielle Gruppe gab, war kein Geheimnis, zumal kein Normaler wusste, was dahinter steckte.

„Wow, das sind mal Neuigkeiten. Hätte ich von dir nicht gedacht", bemerkte Callum. „Dann bist du ja doch zu etwas zu gebrauchen. Mit der Mistgabel stellst du dich ziemlich ungeschickt an." In seinen Augen glitzerte es amüsiert.

„Immer noch besser als du. Darf ich daran erinnern, wer über die Schubkarre gefallen ist?" Ty stieg zu gerne in das Geplänkel ein, zumal er heilfroh war, dass der Journalist offensichtlich seine Vorbehalte ihm gegenüber aufgegeben hatte.

„Können wir zum Thema zurückkommen, bitte? Ehe ihr mit dem Platzhirschgehabe weitermacht?", mischte sich Brianna genervt ein. Sie machte sich Sorgen, dass einem der beiden etwas zustieß, darüber hinaus wusste sie nicht, was sie wegen des smarten Arztes tun sollte. Ihr war völlig bewusst, dass sie ihm auf Dauer kaum widerstehen konnte, falls er tatsächlich auf ihrer Couch schlief, bis die Sache geklärt war.

„Jorgan, einer der Wä... Söldner meinte, wir dürfen ruhig die Garda einschalten. Er kommt morgen zusammen mit seiner Gefährtin her, um uns zu unterstützen." Tyler hustete verlegen, weil er sich beinahe verplappert hätte. „Er ist ein guter Freund von mir", schob er als Erklärung hinterher, da Callum ihn misstrauisch ansah.

„Perfekt, wenigstens hat einer Verstand", rief Bri, und bevor irgendjemand etwas tun konnte, schnappte sie sich ihr Smartphone. „Anthony? Hi, ich bin es Brianna Walsh. Ich habe einen dunklen Geländewagen bemerkt, dessen Fahrer mich offensichtlich beobachtet. Das Auto weist frische Unfallspuren auf. Vielleicht ist es sogar der, der mich erwischt hat." Sie platzte mit der Information heraus, ohne weiter nachzudenken, bis Ty ihr das Telefon aus der Hand nahm.

„Hey, Anthony, Tyler Fitzpatrick hier. Ich habe den Mann entdeckt, als ich auf dem Weg zu Bri war. Da sie angefahren wurde und Drewsoll sie bedroht, habe ich meinen Wagen auf dem Hof abgestellt, anschließend bin ich eine kleine Runde gelaufen." Tyler beschrieb dem Beamten genau, wo er den Kerl gefunden hatte, ehe er sich von ihm verabschiedete.

„Sag mal, was sollte das denn? Glaubst du, dass ich zu dumm bin, um mit einem Polizisten zu sprechen?“ Aufgebracht funkelte Brianna ihn an.

Ty schüttelte lächelnd den Kopf. „Nein, aber du bist ziemlich aufgeregt, was verständlich ist. Denkst du nicht auch, dass es besser ist, wenn ich der Garda berichte, was ich gesehen habe?“

Bri schloss kurz die Lider, was hatte sie sich nur dabei gedacht, ihn schon wieder so anzugehen? Außerdem war sie drauf und dran gewesen, Anthony glauben zu lassen, dass sie den Mistkerl selbst bemerkt hatte. „Tut mir leid, ich hab keine Ahnung, was in mich gefahren ist.“ Zerknirscht sah sie Tyler an. „Ich finde es nur sehr ungewohnt, dass jemand mir das Telefon aus der Hand nimmt.“

Sanft streichelte er ihr über die Wange. „Das ist in Ordnung, im Zweifelsfall übernehme ich die Führung, darauf darfst du dich immer verlassen.“

Augenblicklich versteifte sie sich, so weit waren sie noch lange nicht! „Ich kann gut für mich selbst sorgen“, fauchte sie, wobei sie beide Männer ansah.

„Das bezweifelt auch keiner, Kleine“, versuchte Callum sie zu beruhigen, doch Tyler zog sofort eine Augenbraue hoch.

„Das sehe ich anders. Du benötigst durchaus jemanden, der dir zur Seite steht. Einen Gefährten, der dir zeigt, wie wertvoll du bist und der auf dich aufpasst.“ Herausfordernd hielt er ihrem Blick stand, während sie verzweifelt nach den passenden Worten suchte.

Brianna wäre ihm in dem Augenblick am liebsten ins Gesicht gesprungen. Wie konnte er es wagen, ihre persönlichen Probleme jetzt und hier anzusprechen? „Offensichtlich glaubst du, dass das der richtige Job für dich ist, oder?“

Mit einem Schmunzeln nickte er.

„Pass auf, dass du dich nicht irrst." Sie sprang auf, um zur Tür zu rennen, doch ehe sie es schaffte, sich in die angebliche Sicherheit ihres Schlafzimmers zu flüchten, packte Tyler sie vorsichtig am Arm.

„Feigheit steht dir nicht", erklärte er immer noch lächelnd. „Es ist überhaupt nicht deine Art, etwas in den Raum zu werfen, um dann wegzurennen."

Dem stimmte sie zähneknirschend zu, nur in diesem speziellen Fall kam es ihr sicherer vor, auf Abstand zu gehen. Sie traute sich selbst kaum über den Weg, zumal ihr närrisches Herz schon wieder schneller schlug. „Manchmal ist es besser, sich in Sicherheit zu bringen", bemerkte sie, gleichzeitig legte sie den Kopf in den Nacken, damit sie ihm in die Augen sehen konnte.

„Da gebe ich dir recht, allerdings bin ich keineswegs dein Feind." Er strich ihr mit der freien Hand eine Strähne aus der Stirn. „Glaub mir, ich bin genau der Richtige, der dir deinen Wert beweist. Ebenso passe ich auf dich auf, immer." Er beugte sich zu ihr herunter, nahm ihr mit einem zärtlichen Kuss den Wind aus den Segeln.

Ohne auf ihren Widerstand zu achten, drängte er mit seiner Zunge in ihren Mund, raubte ihr den Atem und damit auch den Willen, weiter mit ihm zu streiten. Mit Genugtuung spürte er, dass sie weich in seinen Armen wurde, die gesamte Anspannung fiel in sich zusammen, als sie leise seufzte. An dem Punkt wollte er sie haben, sie sollte sich ihm ergeben, nicht gegen ihn ankämpfen.

Brianna fragte sich kurz, was nur an dem Kerl war, dass ihre Abwehr sofort in sich zusammenfiel, sobald er sie berührte. Allerdings dauerte dieser Gedanke nur ein paar Sekunden, ehe sie völlig von ihren Gefühlen überwältigt wurde. Sein Geschmack, seine Nähe, die Geborgenheit, die von ihm ausging, zusammengenommen raubte es ihr die Lust, weiter zu streiten. Ganz im Gegenteil, sie sehnte sich danach, in seiner Umarmung Ruhe zu finden. Wie gerne würde sie sich auf ihn einlassen, ihm vertrauen und ihm glauben, dass er sie tatsächlich wollte, mit allen Konsequenzen.

Ein heiseres Stöhnen entkam ihr, gleichzeitig verflüchtigten sich die Zweifel, in dem Moment zählte nur dieser süße Kuss, der sie in eine andere Sphäre katapultierte.

Atemlos ließ er von ihr ab, sah ihr noch einmal tief in die Augen, dabei lächelte er verliebt. „Geht es dir jetzt besser?"

Sofort kochte der Ärger erneut in ihr hoch, aber sie schluckte ihn herunter, weil er recht hatte: Es ging ihr tatsächlich besser. Mit einem schiefen Grinsen schlug sie ihm auf den Arm. „Spinner! Glaub nicht, dass du mich damit immer besänftigen kannst." Sie erkannte deutlich den Schalk in seiner Mimik.

„Wer weiß? Ich werde es jedenfalls noch öfter ausprobieren." Innerlich jubelte er, da er wieder einen Schritt weitergekommen war. Immerhin jagte sie ihn nicht davon, sondern dachte sogar daran, dass sie erneut streiten würden.

Bri schüttelte leicht den Kopf, bevor ihr Blick auf Callum fiel, der mit einem breiten Schmunzeln dasaß. Sie schluckte, was hatte sie sich nur dabei gedacht, sich dermaßen in den Kuss fallen zu lassen, während sie Zuschauer hatten? „Gut, was machen wir jetzt? Ich nehme an, dass Anthony gleich bei uns vorbeischaut." Sie musterte die beiden Männer, in der Hoffnung, dass ihr Ablenkungsmanöver gelang.

„Warten?", schlug Callum vor, gleichzeitig zuckte er mit den Schultern, da ihnen kaum etwas anderes übrig blieb.

Tyler hob sie auf seine Arme, was ihr einen entsetzten Schrei entlockte, ehe er sich mit ihr auf dem Schoß auf die Couch setzte. „Keine Sorge, ich halte dich schon richtig fest“, murmelte er, trotzdem zappelte sie, um freizukommen.

Für Brianna war es völlig ungewohnt auf den Oberschenkeln eines Mannes zu sitzen, weil ihr immer wieder gesagt worden war, dass sie zu schwer sei. „Das Sofa ist breit genug für uns beide“, bemerkte sie bissig, als er sie trotz ihrer Gegenwehr nicht losließ.

„Das ist mir bewusst, allerdings mag ich es, dich zu spüren.“ Ty strahlte sie an, sodass sie sich endgültig an ihn lehnte.

Insgeheim genoss sie es ebenso, außerdem kroch ihr erneut die Angst über den Rücken. Sobald sie ein wenig zur Ruhe kam, schossen ihr die fürchterlichsten Gedanken durch den Kopf, was diese Mistkerle gegen sie unternehmen würden. Ein Horrorszenario jagte das nächste, weshalb sie sich etwas dichter an Tyler schmiegte.

„Alles wird gut, vertrau mir.“ Sanft streichelte er über ihre Oberarme. „Ich lasse nicht zu, dass sie dir schaden.“

Zu gerne würde sie ihm glauben, nur fiel es ihr schwer, zu lange hatte sie alleine für sich sorgen müssen.

„Hey, ich bin auch noch da. Glaubt mir, die Macht des Wortes sollte nicht unterschätzt werden.“ Callum richtete sich ein wenig auf, gleichzeitig zwinkerte er ihr zu. „Ich recherchiere bereits seit einer Weile und bin auf ein paar interessante Informationen gestoßen.“ Jetzt besaß er die Aufmerksamkeit der beiden.

„Schieß los, jedes Detail kann helfen“, forderte Ty ihn auf, während er Bri weiterhin beruhigend streichelte.

„Drewsoll ist erst vor vier Jahren gegründet worden, was zuerst einmal nichts heißen sollte. Aber sie haben innerhalb dieser kurzen Zeit ein riesiges Vermögen aufgebaut, was sie niemals nur mit dem Verkauf der Generatoren erreichen konnten." Callum runzelte die Stirn. „Bisher hatten sie überall, wo sie ihre Fabriken errichteten, enorme Probleme mit den Landbesitzern, doch am Ende sind alle eingeknickt. Was wir genauso im Auge behalten müssen: In der Nähe ihre Standorte existieren eine Menge Bodenschätze."

Tyler nickte, für ihn waren das zwar keine Neuigkeiten, bestätigten aber seine eigenen Recherchen. „Ja, das ist mir bereits aufgefallen. Leider gibt es keine konkreten Beweise. Es ist anzunehmen, dass sie es auf die Bodenschätze abgesehen haben, weshalb sie auch vor illegalen Handlungen nicht zurückschrecken. Ihr Ziel ist es, ihren Profit zu erhöhen, koste es, was es wolle."

Brianna richtete sich auf, um die beiden Männer anzusehen. „Wollt ihr damit sagen, dass meine Farm auf einer Goldader liegt?" Sie hielt den Atem an.

„So ähnlich, vermutlich handelt es sich bei deinem Land nicht um Gold, sondern um Zink." Tyler küsste sie auf den Scheitel. „Hier in der Gegend gibt es lediglich eine Abbaustelle in Kilbricken, etwa sechsundzwanzig Meilen entfernt, daher nehme ich an, dass Drewsoll sich einen Teil des Kuchens schnappen will."

Callum stimmte zu. „Genau, da wird mein Bericht ansetzen. Die Landschaft rund um Kilkenny ist schützenswert, darüber hinaus leben die meisten der Einwohner von der Landwirtschaft und dem Tourismus. Die Besucher werden mit Sicherheit wegbleiben, wenn sie eine riesige Grube, zusammen mit den lästigen Lastkraftwagen, zu sehen bekommen."

„Abgesehen davon ist es eine enorme Umweltbelastung, das gesamte Ökosystem wird zerstört“, fügte Tyler mit gerunzelter Stirn hinzu.

Für einen Moment herrschte beklommene Stille.

„Weshalb wird ein solches Unternehmen von unseren Politikern auch noch unterstützt? Die Verantwortlichen müssen doch von den illegalen Praktiken gehört haben“, bemerkte Brianna verständnislos. Für sie stand fest, dass jeder, der sich ein wenig interessierte, auf die Informationen stoßen musste.

Callum verzog unwillig das Gesicht. „Geldgier, Desinteresse, Leichtgläubigkeit, such dir was aus. Ich habe meine Infos aus Quellen, die, sagen wir mal, dunkel sind.“

„Darknet“, bestätigte Tyler grimmig.

„Ich dachte, dort treiben sich nur die Verbrecher herum.“ Briannas Weltsicht wurde gerade ziemlich durcheinandergewirbelt. Zuerst erfuhr sie, dass es die magischen Wesen durchaus gab, doch jetzt bekam man in dem Bereich des Internets, in dem sich eigentlich nur Leute aufhielten, die etwas Übles im Sinn hatten, Einblicke in die Geschäfte von Umweltsündern.

Ty drückte sie mit einem Lächeln an sich. „Die Menschheit ist leider nicht schwarz und weiß. Das würde es leichter für alle machen.“

Verstehend nickte sie. „Vielleicht bin ich auch einfach zu naiv.“ Bekümmert erinnerte sie sich daran, wie oft sie in ihrer Kindheit auf die Nase gefallen war, weil sie jedem einen Vertrauensvorschuss gab. Erst als sie sich zurückzog, ging es ihr besser, allerdings brachte das die Einsamkeit mit sich.

„Du bist gut, so wie du bist, Cupcake. Die Welt braucht Menschen wie dich, die an das Positive glauben." Ty küsste sie zärtlich. „Verbieg dich bitte nicht."

Seufzend rutschte sie jetzt doch von seinem Schoß, wobei er sie gewähren ließ. „Tue ich das? Ich bin misstrauisch, stelle meine eigene Fähigkeit jemanden zu beurteilen infrage, außerdem stecke ich die Leute vorschnell in Schubladen." Mit einem Seitenblick betrachtete sie den Mann, der sich in ihr Herz geschlichen hatte.

Callum lachte leise. „Das gilt aber nur, wenn du dich verliebst. Mich hast du ohne Vorbehalte in dein Leben gelassen. Genau wie Ira oder Danny."

Darin stimmte sie ihm zu, in der Regel gab sie jedem eine Chance, es sei denn, es ging um sie direkt. Langsam nickte sie.

„Ich gehe mal auf mein Zimmer, mir ist eingefallen, dass ich eine meiner Quellen noch nicht angezapft habe." Ohne auf einen Widerspruch zu warten, verließ Callum den Raum, dabei war klar, dass er den beiden lediglich etwas Privatsphäre gönnen wollte.

Bri versuchte ihn zu stoppen, doch Tyler hielt sie zurück. „Lass ihn bitte, er will uns nur die Gelegenheit geben, ein wenig Zweisamkeit zu genießen."

„Was, wenn ich dagegen bin? Du tust die ganze Zeit so, als ob wir schon eine Beziehung hätten. Ich bin nicht bereit das Risiko einzugehen", wehrte sie ihn leise ab.

„Um auf das vorige Thema zurückzukommen: Du wurdest extrem verletzt, das prägt. Trotzdem erkenne ich in dir jemanden, der hilfsbereit, liebevoll und freundlich ist. Obwohl man dir offensichtlich übel mitgespielt hat, bist du kein bisschen verbittert." Der Puma hielt ihrem wütenden Blick stand.

„Kannst du bitte aufhören, mein Inneres auseinanderzunehmen? Du kennst mich kaum. Ich hasse es, dass du einfach Dinge über mich annimmst, die du dir zusammenreimst.“ Sie zischte es ihm lediglich zu, dabei erkannte er deutlich, dass sie die Wut nur vorschob. In Wirklichkeit war sie zutiefst verunsichert.

„Kleine Zicke, was hat man dir angetan, dass du dich dermaßen gegen die Liebe wehrst?“

Tylers Stimme sagte ihr, dass er keine Antwort erwartete. „Liebe ist ein großes Wort“, bemerkte sie zynisch. „Ich gebe zu, dass da eine Anziehung zwischen uns herrscht, doch die könnte durchaus auch sexuell sein.“ Als sie die Vermutung ausgesprochen hatte, wusste sie sofort, dass das nicht stimmte, außerdem wurde ihr klar, wohin sie das Gespräch gelenkt hatte. Augenblicklich färbten sich ihre Wangen tiefrot. „Damit will ich nicht sagen, dass ich davon träume mit dir ins Bett zu springen.“

„Schade“, Ty schmunzelte über ihre offensichtliche Scham. „Für mich gehört das zu einer Beziehung, aber für dich würde ich sogar darauf verzichten.“

„Hör auf, mich auf den Arm zu nehmen.“ Traurig blickte sie ihm in die Augen. „Du kannst jede Frau haben, weshalb solltest du ausgerechnet mich wollen? Eine, die innerlich von Misstrauen zerfressen ist, die einen Haufen Probleme mit sich bringt, die auch dich gefährden und die eine Figur zum Weglaufen hat?“

Langsam schüttelte er den Kopf. „Wie kommst du nur auf die Idee, dass du so unansehnlich bist? Ich mag Kurven bei meiner Partnerin. Darüber hinaus gehört es für mich dazu, dir zur Seite zu stehen, weil ich dich liebe.“ Er schmunzelte, als sie die Augen aufriss. „Ich spaße nicht mit solchen Aussagen, Cupcake. Es ist mir absolut ernst."

Brianna fühlte sich außerstande, seinen Worten zu vertrauen. „Es fällt mir schwer, dir zu glauben", gab sie ehrlich zu.

„Das ist klar, allerdings gebe ich erst auf, wenn du mir deutlich sagst, dass du mich abscheulich findest."

Bei der Ansage lachte sie spöttisch auf. „Oder, sobald du einsiehst, dass ich den ganzen Aufwand nicht wert bin."

Tyler packte sie hart am Kinn, verhinderte, dass sie den Blick abwenden konnte. „Das will ich nie wieder hören, verstanden? Ich lasse keinesfalls zu, dass du deinen Wert dermaßen in Zweifel ziehst. Falls du noch einmal anzweifelst, dass du wertvoll bist, lege ich dich tatsächlich übers Knie."

Brianna schluckte bei den Worten, gleichzeitig versuchte sie die Lust zu unterdrücken, die langsam in ihr hochkroch. „Hältst du dich für einen Dom oder so was? Ich bin keineswegs dein Eigentum. Ich habe mich dir nicht unterworfen." Sie platzte einfach mit ihren Gedanken heraus, ohne wirklich darüber nachzudenken. Im gleichen Moment wusste sie, dass sie sich verraten hatte. Weshalb redete sie, ehe sie ihr Gehirn eingeschaltet hatte? „Ich meine ... ich dachte ... hab mal was gelesen", brachte sie stockend hervor.

Tyler lachte laut auf. „Oh, nein, mein Kleines, so leicht lasse ich dich auf keinen Fall davonkommen." Er ließ ihr Kinn los, fesselte sie stattdessen mit seinem Blick. „Heraus damit, inwieweit kennst du dich im Bereich BDSM aus?"

Trotzig schüttelte sie den Kopf. „Gar nicht, du machst ständig solche Anspielungen und ich bin wohl kaum hinter dem Mond aufgewachsen." Sofort biss sie sich selbst auf die Lippe, als ihr einfiel, dass er Lügen durchaus riechen konnte.

Wie erwartet zog er eine Augenbraue hoch. „Möchtest du deine Antwort überdenken? Ich akzeptiere keine Flunkereien."

Seufzend nickte sie. „Ja, aber ich will kein Gespräch über meine intimsten Sehnsüchte führen. Ich weiß ja nicht mal, ob ich dir trauen kann." Offen hielt sie seiner Musterung stand.

Tyler seufzte leise, gleichzeitig entließ er sie aus seinem Blick, während er darüber nachdachte, ob hier vielleicht ein Weg war, um ihr Vertrauen zu gewinnen. „Du wirst es nie erfahren, wenn du es nicht ausprobierst", bemerkte er vorsichtig. „Sollte dich das Thema interessieren, stehe ich dir gerne zur Verfügung. Ohne Verpflichtungen, falls dir das lieber ist." Das war zwar keineswegs das, was er sich wünschte, aber besser als sie an ihr Misstrauen zu verlieren.

„Bietest du mir etwa eine Spielbeziehung an?" Erstaunt riss sie die Augen auf.

„Würdest du dich darauf einlassen?" Im Grunde wollte er sich mit einer solchen Beziehung nicht zufriedengeben, allerdings war es ein Anfang, um sich näher zu kommen und ihre Neigungen auszutesten.

Unschlüssig zuckte Bri mit den Schultern. „Ich habe keine Ahnung, nur ein wenig über das Thema gelesen." Sie seufzte, ließ es zu, dass er sie leicht an sich zog. „Vielleicht ist das auch nur eine dumme Fantasie und in Wirklichkeit bin ich ungeeignet."

„Lass es uns ausprobieren. Solltest du feststellen, dass es dir nicht gefällt, brechen wir das Experiment sofort ab." Innerlich krümmte er sich, weil sich der Vorschlag so extrem kalt anhörte, dazu kam, dass es für ihn alles andere als ein Experiment war.

„Hab ich Bedenkzeit? Was ist mit Tabus? Was genau verlangst du in dem Fall von mir?“ Sie bombardierte ihn mit Fragen, die ihr durch den Kopf gingen. Selbstverständlich war ihr klar, dass sie sich damit unglaublich verletzbar machte. Genauso wusste sie, dass sie sich unweigerlich in ihn verlieben würde. Bei dem Gedanken hätte sie beinahe aufgelacht, ihre Gefühle spielten doch jetzt schon verrückt.

„Eins nach dem anderen, Cupcake. Überleg dir ganz in Ruhe, wie weit du gehen willst, wonach du dich sehnst und wir sprechen morgen darüber.“ Sanft streichelte er sie, schob seine Hand vorsichtig unter ihren Pulli, um ihre bloße Haut zu spüren. Noch hielt er sich von ihren erogenen Zonen fern, sorgte lediglich dafür, dass sie sich entspannte.

Brianna hätte zu gerne geschnurrt, so gut fühlte sich seine Berührung an. „Du spielst unfair, mein Lieber“, bemerkte sie leise.

„Ich spiele nicht, meine Kleine. Aber ich gebe zu, dass ich alles versuche, um dich zu überzeugen.“

Sie kuschelte sich an ihn, genoss die Streicheleinheiten, die ihr halfen, endlich zur Ruhe zu kommen. In den letzten Tagen war einfach zu viel auf sie eingeprasselt, sodass sie keine Kraft übrig hatte, um sich auch noch gegen ihre Sehnsüchte zu wehren.

Nach einer Weile dämmerte sie weg, bis jemand an der Tür klopfte. Sofort war sie in Alarmbereitschaft, doch Tyler beruhigte sie. „Das wird die Garda sein.“

Fürsorglich half er ihr von der Couch, um mit ihr zusammen zur Haustür zu gehen. „Wer ist da?“

„Anthony, Brianna hat uns benachrichtigt.“ Die dunkle Stimme ließ sich ziemlich einfach zuordnen, zumal Ty schon öfter mit dem Polizisten zu tun hatte.

Er öffnete, dabei sorgte er dafür, dass Bri sich hinter ihm befand, falls sie sich doch irrten. „Gut, dass du da bist", er machte eine einladende Handbewegung, als er den Mann erkannte.

„Callum, magst du zu uns in die Küche kommen?" Bri rief den Kumpel, während sie den anderen folgte.

Einige Augenblicke später saßen sie zu viert am Küchentisch.

„Wir haben den Kerl erwischt, aber wie erwartet behauptet er, lediglich die Gegend zu bewundern." Anthony verzog unwillig das Gesicht. Man sah ihm an, dass er dem Typen kein Wort glaubte. „Das Auto wird auf Spuren untersucht, leider befürchte ich, dass wir keinerlei Rückstände finden werden, die auf deinen Unfall hindeuten."

Tyler hob fragend eine Augenbraue. „Weshalb? Der Wagen wies eindeutige Beulen auf der Motorhaube auf."

„Das ist richtig, allerdings haben wir bei näherer Betrachtung festgestellt, dass die Stellen schon ausgebessert wurden. Lediglich die Lackschicht fehlt noch, deshalb sieht man die Beschädigungen. Die Grundierung haben sie bereits aufgetragen." Anthony seufzte leise. „Ich glaube, dass es der Kerl war, nur fehlen die Beweise. Warten wir ab, was die Untersuchung des Geländewagens ergibt."

Mehr konnten sie kaum tun, daher stimmten sie betreten zu.

„Ich befürchte, dass sie einen anderen schicken, um dich zu schikanieren, Brianna." Nachdenklich betrachtete der Polizist die beiden Männer, die an ihrer Seite saßen. „Wie ich sehe, bist du gut beschützt."

„Ja, so schnell kommt niemand an mich heran." Sie lächelte kurz, ehe sich ihr Gesicht wieder besorgt verzog. „Auf meine Pferde trifft das weniger zu. Ich überlege, sie nachts im Stall unterzubringen."

Sofort schüttelte Tyler den Kopf. „Das ist kein vernünftiger Plan. Sollte jemand auf die Idee kommen, das Gebäude anzuzünden, wäre es eine tödliche Falle für die Tiere."

Daran hatte sie bisher keinen Gedanken verschwendet. „Glaubst du wirklich, dass sie zu Brandstiftung greifen? Da müssten sie Spuren hinterlassen, oder?" Angstvoll rieb sie sich über die Arme.

„Keine Ahnung, was sie anstellen, um dein Land zu bekommen. Wir wissen nur, dass man diese Firma nicht unterschätzen darf. In anderen Landstrichen sind am Ende alle Eigentümer eingeknickt und haben verkauft." Anthony stieß die Antwort grimmig hervor. „Ich habe Verstärkung angefordert, aber dein Fall wird als Unfall abgetan."

„Warte bitte, ich muss dir was zeigen." Callum stand auf, um seinen Laptop zu holen. Kurz darauf stellte er das Gerät so auf, dass der Polizist einen Blick auf seine Recherchen werfen konnte.

„Woher hast du die Informationen?" Stirnrunzelnd betrachtete Anthony die zusammengetragenen Berichte über verschiedene Verbrechen, die Drewsoll in Auftrag gegeben haben sollte. Immer wieder scrollte er weiter, las sich gründlich durch, was die Betroffenen ausgesagt hatten.

„Darknet", gab Callum zu.

„Scheiße!" Der Polizist schüttelte bedauernd den Kopf. „Das dürfen wir nicht verwerten, daher fällt eine Festnahme aufgrund dieser Beweise weg. Obwohl ich keine Sekunde an der Richtigkeit zweifele." Er fluchte noch einmal leise. „Ich hasse es, dass uns die Hände gebunden sind."

Ty lächelte ihm aufmunternd zu. „Wir finden einen Weg, um sie aus dem Verkehr zu ziehen, ganz bestimmt. Einer meiner Freunde ist bei den Söldnern von Ballygannon. Er ist auf dem Weg hierher."

Bei der Nachricht atmete Anthony erleichtert auf. „Es gibt kein Verbrechen, das diese Jungs nicht aufklären können. Sollte ich irgendwie nützlich sein, sagt mir bitte Bescheid."

Jetzt entspannte sich auch Tyler, denn oft genug stellten sich die Behörden quer, dabei war eine Zusammenarbeit enorm wichtig. Darüber hinaus wusste er, dass die Wächter die Lorbeeren gerne an die Polizisten abgaben. Ihnen lag nichts an irgendwelchem Ruhm, im Gegenteil.

„Ich lasse euch alleine. Fall ihr irgendwas beobachtet, ruft mich sofort an." Anthony erhob sich. „Passt auf die Kleine auf. Sie steht auf der Abschussliste, davon bin ich überzeugt."

Bri zuckte bei der Aussage zusammen, ihr war klar, dass die Kerle es auf sie abgesehen hatten, aber es ausgesprochen zu hören, machte es irgendwie realer. „Ich bin gut beschützt, mach dir keine Sorgen."

Brianna und die beiden Männer begleiteten den Polizisten zur Haustür, wo sie sich verabschiedeten.

Kapitel 12 - Unterstützung

„Puh, ich dachte nicht, dass es so ernst ist“, bemerkte Bri, als sie zurück in die Küche gingen.

Erstaunt musterte Callum sie. „Echt? Du hast geglaubt, dass es ein Scherz ist, als sie dich angefahren haben?“

Ärgerlich schüttelte sie den Kopf. „Nein, natürlich nicht, aber bisher bin ich davon ausgegangen, dass sie mir lediglich einen Schrecken einjagen wollten. Jetzt sieht es so aus, als ob sie eine Möglichkeit suchen, mich von der Bildfläche verschwinden zu lassen. Wobei ich da unsicher bin, ob sie tatsächlich so weit gehen, ich hätte in dem Fall Erben, mit denen sie sich herumschlagen müssten. Außerdem würde es Fragen aufwerfen, richtig?“ Sie sah von einem zum anderen.

Tyler zuckte leicht mit den Schultern. „Es sei denn, sie besitzen einen gefälschten Verkaufsvertrag. Es ist bekannt, dass deine Mutter niemals herkommt. Diese Leute haben ihre Hausaufgaben gemacht.“

„Danny meinte, dass sie mir lediglich Angst einjagen wollen“, bemerkte Brianna unsicher.

„Am Anfang sah es auch danach aus, zumal sie wahrscheinlich nicht mit deiner Gegenwehr gerechnet haben.“ Callum blickte sie eindringlich an. „Eine alleinstehende Frau, die sich um eine Pferdeherde kümmern muss, einzuschüchtern, damit sie verkauft, ist ein leichtes Unterfangen.“

Tyler betrachtete Bri ernst. „Unter den Umständen bleibe ich hier, egal, was du dazu zu sagen hast, klar?“

Ein Lächeln schlich sich auf ihr Gesicht. „Das hast du ja schon deutlich gemacht.“ Sie schluckte ihre Bedenken herunter. „Danke, dass du auch auf mich aufpasst.“

Zärtlich strich er ihr eine Strähne hinters Ohr. „Das ist doch selbstverständlich.“

Callum lachte leise. „Ich hoffe, ihr bekommt euren Beziehungsstatus langsam auf die Reihe. Ich gehe ins Bett.“ Mit einem leichten Klopfen auf den Tisch verabschiedete er sich.

Unsicher seufzte Bri. „Ich habe Angst“, gab sie ehrlich zu. „Zuerst dachte ich, dass die Sache lediglich nervenaufreibend ist. Jetzt sieht es ganz anders aus.“ Zitternd rieb sie sich über die Oberarme, weil auf einmal alle Fakten auf sie einstürzten.

Ty setzte sich neben sie auf die Eckbank, zog sie eng an sich, anschließend strich er ihr sanft über den Rücken. „Sie kommen nicht an dich heran, versprochen. Jorgan ist auf dem Weg.“ Er sah zur Uhr. „Vielleicht sind sie auch vorhin aufgebrochen.“ Möglich war es, dass er sofort losgefahren war.

Furchtsam musterte sie ihn. „Dann solltest du nach Hause, um zumindest dein Gästezimmer vorzubereiten.“ Schon der Gedanke, dass er sie jetzt alleine ließ, sorgte dafür, dass sie sich noch mehr ängstigte.

„Auf gar keinen Fall! Wir kennen uns gut genug, sodass er weiß, wie er in die Wohnung kommt. Darüber hinaus ist Brian ein Meister im Schlösserknacken.“ Er lächelte über den entsetzten Gesichtsausdruck seiner Kleinen. „Mach dir keine Sorgen, du bist gut beschützt.“

Langsam entspannte sie sich in seinen Armen, zumal sie sicher war, dass ihr an seiner Seite tatsächlich nichts passieren konnte. Bei dem Gedanken kam ihr schlechtes Gewissen zurück. „Ich kann keine Beziehung mit dir eingehen, Tyler. Ich habe einfach zu viel erlebt. Es ist mehr als unfair, deine Hilfe anzunehmen, dich aber ständig auf Abstand zu halten." Sie seufzte, als sie von ihm abrückte. Sofort fühlte es sich an, als ob es in dem Raum etliche Grade kälter geworden wäre, die Nähe des Arztes fehlte ihr.

Seufzend betrachtete Ty sie. „Ich gebe niemals auf, Cupcake. Du machst es uns beiden schwer." Seine Augen schimmerten liebevoll. „Ich werde dir beweisen, dass du mir vertrauen darfst, in jeder Hinsicht. Außerdem wolltest du überlegen, ob eine Dom-Sub-Beziehung infrage kommt."

Langsam schüttelte sie den Kopf, weil erneut die Erinnerung an die vergangene Demütigung in ihrem Gedächtnis hochploppte. „Es geht nicht. Am Ende stehe ich nur wieder mit gebrochenem Herzen da. Das ertrage ich nicht noch einmal." Sie stand auf, lächelte ihm traurig zu, ehe sie ins Bett ging. „Über das andere denke ich nach, versprochen."

Tyler blickte ihr seufzend nach, zu gerne hätte er gewusst, was ihr passiert war. Trotzdem nahm er sich vor, ihr Zeit zu lassen. Eventuell konnte Caitlin mit ihr sprechen, sie hatte sich damals auch gegen ihre Beziehung zu Brian gewehrt.

Er räumte die Tassen in die Spülmaschine, anschließend machte er es sich auf der Couch bequem, die in der Tat ein wenig zu kurz für ihn war. Morgen sollte er ein Feldbett besorgen oder etwas Ähnliches. Ein Schmunzeln glitt über sein Gesicht, als er darüber nachdachte, wie sie sich an ihn geschmiegt hatte. Sie fühlte sich zu ihm hingezogen, das war mehr als deutlich, jetzt musste er ihr nur beweisen, dass sie ihm vertrauen durfte. Einen Moment dachte er daran, sie einfach zu verführen, doch den Ausweg wollte er bis zum Schluss aufheben.

~~°~~

Am nächsten Morgen erschrak Bri, als sie ins Wohnzimmer kam, denn das provisorische Lager war bereits verlassen. Ihr Herz zog sich schmerzhaft zusammen, als ihr der Gedanke kam, dass sie es tatsächlich geschafft hatte, ihn zu verscheuchen. Es tat verdammt weh, sodass sie für einen Moment gegen die Tränen ankämpfen musste. Aber sie wollte es ja so, oder? Dummes Misstrauen.

Energisch wischte sie sich über das Gesicht, ging zur Couch, um das Bettzeug abzuziehen, als ihr ein Zettel auffiel, der auf dem Kopfkissen lag. Kurz überlegte sie, ob sie die Nachricht überhaupt lesen sollte, bestimmt bestätigte er nur, dass sie eben nicht zusammenpassten. Am Ende siegte die Neugier und sie faltete das Blatt Papier auseinander.

Guten Morgen, Cupcake,
ich hoffe, dass du gut geschlafen hast,
leider muss ich wieder zur Arbeit.
Sobald meine Schicht vorbei ist, komme ich zurück, es
kann aber auch sein, dass Jorgan bei dir vorbeischaut.
Denk daran, dass wir über das Thema BDSM
reden wollen. Ich erwarte eine Antwort von dir,
dabei geht es nur um das, was du willst.
Bis später.
Ich liebe dich.
Tyler

Erleichterung trieb ihr erneut die Tränen in die Augen, gleichzeitig zeigte es ihr aber auch, wie misstrauisch sie immer noch war. Zweifel keimten in ihr hoch, sollte sie sich wirklich auf ihn einlassen?

Ein Wiehern holte sie aus ihren Gedanken, daher schob sie ihre Grübeleien zur Seite, es wartete Arbeit auf sie.

Eilig zog sie ihre Reitstiefel an, öffnete die Hintertür, um zu prüfen, ob sie eine Jacke brauchte, ehe sie sich auf den Weg zur Weide machte. Die Sonne schien, sodass es bereits recht warm war.

„Du bist spät dran", begrüßte Maeve sie unterkühlt.

Bri streichelte ihr über die Stirn. „Ja, es war gestern alles etwas hektisch." Sie überlegte, denn das war nicht das richtige Wort. Kurz erzählte sie, was passiert war. Ihr war klar, dass die Stute ihr gehörig die Leviten lesen wollte, da sie Tyler dermaßen von sich gestoßen hatte.

„Das hört sich gefährlich an. Pass bitte auf dich auf." Besorgt musterte Maeve sie. „Trotzdem sage ich dir, dass du eine riesige Idiotin bist. Du hast enormes Glück, dass der Arzt zurückgekommen ist. Weshalb stößt du ihn von dir? Er ist dein Seelengefährte." Missmutig stupste sie ihre Besitzerin an.

„Weil ich mir selbst nicht traue. Immer, wenn ich dachte, dass ein Mensch gut ist, hat er mir kurz darauf das Gegenteil bewiesen." Brianna schluckte schwer.

„Das stimmt nicht. Ira hält zu dir, Callum unterstützt dich, wo er kann." Die Stute schnaubte leise. „Soll ich weitermachen?"

Mit einem gezwungenen Lächeln hob Bri die Hand. „Nein, das ist völlig richtig. Ich rede davon, dass es um Gefühle wie Liebe geht." Sie lehnte sich an ihre Vertraute. „Ich bin besonders gut darin, auf die falschen Männer hereinzufallen."

Maeve stupste sie erneut an. „Das mag ja sein, doch ich weiß, dass er es ehrlich meint. Mein tierischer Sinn erfasst mehr, als dein menschlicher."

Jetzt seufzte Brianna leise. „Das möchte ich so gerne glauben. Wahrscheinlich stimmt es sogar, aber was kommt nach der Verliebtheitsphase? Schau mich an und dann sieh ihn an." Sie ließ die Worte so stehen.

Maeves Blick bekam etwas Verwundertes. „Ich habe keine Ahnung, wovon du redest. Du bist herzensgut, hast ein süßes Lächeln und wunderschöne Haare." Sie blies ihr ihren Atem ins Gesicht.

„Danke. Darf ich denn jetzt mit dir die Runde drehen?" Brianna lächelte sie an.

„Natürlich."

Kurz darauf waren sie auf dem Weg, die Weide abzureiten, um eventuelle Beschädigungen der Litze zu entdecken. Der Arbeitsalltag hatte sie wieder.

Wie jeden Tag bedankte sie sich bei ihrer Stute, ehe sie sich um die Jungpferde kümmerte.

Gerade als sie sich mit Shadow beschäftigte, kamen die Wächter, was sie erleichtert aufatmen ließ.

Eilig ritt sie an den Zaun, der die Reitbahn einzäunte, gleichzeitig winkte sie Jorgan fröhlich zu.

„Wer ist der denn? Kennst du den?", wollte Shadow wissen, der nur zögerlich in die geforderte Richtung ging. „Der riecht komisch."

Liebevoll tätschelte Bri seinen Hals. „Er ist in Ordnung, glaub mir." Natürlich würde sie ihm nicht erzählen, dass der Mann eigentlich ein Drache war. „Ich hab ihn bereits getroffen und er ist hier, um uns gegen die Leute von Drewsoll zu unterstützen."

Jetzt beschleunigte der junge Wallach seinen Schritt. „Helfer sind immer gerne gesehen“, murmelte er.

„Guten Morgen, Brianna, was für ein wundervoller Kerl.“ Jorgan lächelte ihr zu, als sie vom Pferd sprang.

„Sag das nicht zu laut, sonst wird er noch eingebildet.“ Sie lachte, während sie Shadow sanft über die Stirn strich. „Schön, dass ihr da seid. Ich nehme an, ihr beide seid Caitlin und Brian?“ Erleichtert, dass die Wächter bereits da waren, ging sie mit dem Jungtier am Zügel auf sie zu, doch der fremde Mann wich hastig zurück. „Hab ich etwas falsch gemacht?“ Verwundert sah sie von Jorgan auf seinen Kumpel.

„Nein, er ist ein Wolf, das macht die meisten Tiere ziemlich nervös“, erklärte die Frau. „Du hast übrigens recht, ich bin Caitlin, aber nenn mich ruhig Cat.“ Sie drückte Bri an sich, bevor sie Shadow über den Hals strich. „Du bist wirklich ein bildhübscher Kerl.“

„Ich mag deine neuen Freunde, sie sehen sofort, was für ein tolles Pferd ich bin“, murmelte der junge Wallach mit Genugtuung.

Brianna runzelte die Stirn. „Du lässt dich leicht um den Finger wickeln, mein Kleiner. Am Ende kommt es auf andere Dinge als das Aussehen an.“ Sie gab ihm einen Klaps. „Ich sattele ihn schnell ab, danach können wir uns in Ruhe unterhalten“, bemerkte sie in Richtung der Wächter, die sie fasziniert ansahen. Ohne eine Antwort abzuwarten, kümmerte sie sich um ihr Pferd, entließ es auf die Weide, ehe sie zu ihren Besuchern zurückkam.

Gemeinsam gingen sie ins Haus, wo sich jetzt auch der Wolf vorstellte.

„Ich bin Brian, der Gefährte von Caitlin.“ Er drückte Brianna leicht an sich.

„Es ist immer sicherer von Tieren Abstand zu halten. Die meisten reagieren mit Flucht, es sei denn, es sind größere Raubtiere“, erklärte er mit einem schiefen Lächeln.

Verstehend nickte Bri, bevor sie auf Jorgan sah. „Weshalb hat er dich nicht gefürchtet? Drachen sind doch bestimmt noch gefährlicher als Wölfe, oder?“ Sie hob eine Hand, als der Drachenwandler zu einer Antwort ansetzte. „Ich bin so unhöflich, macht es euch gemütlich, ich schalte schnell den Teekessel ein.“ Eilig verschwand sie in der Küche, während der Rest sich im Wohnzimmer verteilte.

„Wir Drachenmenschen sind bekannt dafür, dass wir andere Wesen respektieren. Die Tierwelt weiß, dass wir keine Gefahr für sie darstellen“, erklärte Jorgan, als jeder eine Teetasse vor sich stehen hatte.

„So? Ist das so?“ Brian musterte ihn skeptisch, ehe er in lautes Lachen ausbrach. „Ich kann mich daran erinnern, dass du gegen die Menschen viele Einwände hattest. Handelt es sich bei ihnen nicht auch um eine Art Tier?“

Jorgan winkte sofort ab. „Das ist was anderes. Mein Volk wäre von ein paar Sterblichen beinahe in einen Krieg getrieben worden.“ Er brach ab. „Das gehört nicht hierher. Gibt es etwas Neues?“

Brianna zuckte leicht mit den Schultern. „Ich denke, dass Tyler dir alles gesagt hat.“ Sie stoppte mit ihrer Antwort, da sie die Tür hörte und im nächsten Augenblick stand Callum im Raum. Angriffsbereit hielt er die Mistgabel in der Hand.

„Tut mir leid, ich hab völlig vergessen, dich vorzustellen. Du kannst die Gabel ruhig wegstellen.“ Bri musste sich ein Lächeln verkneifen, einerseits, weil es wirklich lustig aussah, andererseits, freute sie sich, dass er zu ihrer Hilfe herbeigeeilt war. „Das sind die Freunde von Tyler." Mehr braucht sie nicht zu erklären.

„Entschuldigt bitte, dass ich so hereingestürmt bin." Jetzt hätte Callum die Mistgabel am liebsten verschwinden lassen, mit den Söldnern würde er sich auf keinen Fall anlegen.

Brian lachte auf. „Das ist kein Problem. Du wolltest ja nur Brianna beschützen." Er musterte die provisorische Waffe. „Damit hast du zwar so gut wie keine Chance gegen uns, aber der Versuch spricht für dich."

„Ich gehe dann mal an die Arbeit zurück." Mit den Worten beeilte er sich, in den Stall zu kommen.

„Wie ich sehe, bist du gut bewacht, während Tyler sich um seine Patienten kümmert." Auch Jorgan verkniff sich nur mit Mühe das Lächeln.

„Ja, er ist ein echter Freund, außerdem ist er Journalist. Ich denke, er könnte helfen, die Wahrheit über die Machenschaften von Drewsoll zu veröffentlichen." Brianna seufzte leise. „Sobald wir eindeutige Beweise haben, jedenfalls."

„Die beschaffen wir dir auf jeden Fall." Cat lehnte sich bequem gegen ihren Gefährten. „Ich werde gleich einen Rundflug machen, um zu sehen, ob sich irgendwelche Schmeißfliegen in der Nähe herumtreiben. Auf unserem Weg hierher haben wir nichts Auffälliges entdecken können."

„Du bist in der Lage, dich in einen Falken zu verwandeln, richtig?" Neugierig betrachtete Bri die Gestaltwandlerin.

„Korrekt. Hat seine Vorteile, wenn man fliegen kann." Caitlin zuckt mit den Schultern, anschließend zwinkerte sie der jungen Frau zu.

„Ich wünschte, ich hätte auch nützlichere Fähigkeiten, als nur mit den Tieren zu reden." Sofort kam Brianna sich undankbar vor.

„Versteht mich bitte nicht falsch, ich liebe es, mich mit ihnen verständigen zu können, nur rette ich auf die Weise wohl kaum die Welt."

Cat legte ihr eine Hand auf den Arm. „Ich denke, dass es eine sehr wichtige Eigenschaft ist. Du kannst damit viel Leid verhindern. Allein, indem du ihnen zum Beispiel im Winter sagst, wo sie Futter finden."

Nachdenklich nickte Bri, denn das tat sie natürlich. Sobald sie irgendwie helfen konnte, zögerte sie keine Sekunde. „Das ist eine verschwindend geringe Hilfe. Ich ziehe ja nicht ständig durch die Gegend, um Leben zu retten", bemerkte sie bedrückt. „Vielleicht ist es die richtige Entscheidung, den Hof doch aufzugeben und meine Kräfte besser einzusetzen."

Sofort ertönte ablehnendes Gemurmel.

„Auf gar keinen Fall! Du lässt die Kinder bei dir reiten, obwohl sie teilweise kein Geld dafür haben. Die Leute fühlen sich hier wohl und sehen genau, wie man mit einem anderen Lebewesen umgehen sollte." Jorgan schüttelte energisch den Kopf. „Wenn jeder so leben würde wie du, hätten wir kaum Probleme auf der Welt."

Dankbar lächelte sie ihn an. Es war ihr Fehler, sich ständig kleiner zu machen, als sie tatsächlich war. „Was tun wir denn jetzt gegen diese Mistkerle?" Bri erschien es ratsam, das Thema zu wechseln.

„Zuerst verschaffen wir uns unauffällig einen Überblick, kundschaften die Gegend aus, anschließend beratschlagen wir, wie wir vorgehen." Brian seufzte leise. „Es ist immer das Gleiche. Wir haben die Beweise, müssen allerdings Belege finden, die wir den Normalen auch vorlegen können."

Genau da lag das Problem, wie sie gestern ja schon herausgefunden hatten.

„Ich werde mich mal umsehen, dann wissen wir zumindest, ob jemand in der Nähe deines Hofes ist.“ Caitlin erhob sich von ihrem Platz. „Du kümmerst dich am besten um deinen Job, alles andere überlässt du besser uns.“

Brian und Jorgan nickten zustimmend.

„Gut, ich bin zwar nervös, aber enorm dankbar, dass ihr hier seid.“ Brianna stand auch auf, um die drei zur Tür zu begleiten.

Zuerst drückte Brian sie an sich. „Mach dir keine Sorgen, wir treten den Mistkerlen gepflegt in den Hintern.“

Caitlin umarmte sie ebenfalls. „Darauf kannst du dich verlassen. Wir sind schon mit ganz anderen Gegnern fertiggeworden.“ Sie löste sich von Bri, anschließend gab sie ihr eine Visitenkarte. „Schick mir bitte deine Nummer, damit wir in Kontakt bleiben können.“

„Das erledige ich sofort.“ Bri lächelte sie an, ehe Jorgan sie an sich zog.

„Du machst es dir und Tyler verdammt schwer. Es steht mir kaum zu, dir zu sagen, was du tun sollst, trotzdem rate ich dir, überleg dir, ob es das Leid wert ist. Am Ende wirst du einsehen, dass er dein Gefährte ist. Da kannst du es genauso gut jetzt schon versuchen.“ Er zwinkerte ihr zu, während die beiden anderen bereits das Haus verlassen hatten.

„Woher weißt du das? Hat dieses Stinktier sich etwa bei dir ausgeheult?“ Empört stieß sie die Luft aus.

Sanft blickte er sie an. „Nein, das muss er auch gar nicht. Dir sieht man an, wie zerrissen du bist. Allein in deinen Augen erkenne ich, dass du gerade keine Ahnung hast, ob du vertrauen oder wegrennen sollst. Was wohl kaum an den Kerlen von Drewsoll liegt, da ist die Entscheidung getroffen, sonst wären wir im Hauptquartier geblieben.“ Er musterte sie einen weiteren Moment schweigend. „Du hast viel Leid erlebt, was dich geprägt hat, aber lass dich davon bitte nicht leiten. Ty wird dir niemals auf die Weise wehtun, die du fürchtest."

Brianna schüttelte langsam den Kopf. „Ist es nicht logisch, dass du für ihn sprichst, immerhin seid ihr Freunde? Auch du kannst vermutlich keinen Blick in die Zukunft werfen, sodass wir keine Ahnung haben, was geschehen wird." Sie seufzte leise. Ihre Zweifel, ob sie Tyler auf Abstand halten sollte, schrumpften von Sekunde zu Sekunde, dazu kam diese elende Sehnsucht. Wie gerne würde sie sich auf ihn verlassen, sich wenigstens für einen Moment ausruhen.

„Hör auf dein Herz, es weiß mehr als dein Verstand." Jorgan küsste sie auf die Stirn, was sie verwunderte, bevor er das Haus verließ, um seinen Leuten nachzulaufen.

Mit zittrigen Beinen ließ Brianna sich auf einen Stuhl in der Küche fallen. Jetzt benötigte sie eine Pause, auch um über die Worte des Drachen nachzudenken. Sie wollte ja, aber sie schaffte es einfach nicht, über ihren Schatten zu springen. Vielleicht sollte sie sich wenigstens auf das Abenteuer einlassen, mit ihm die Welt aus Dominanz und Unterwerfung zu erkunden? Immerhin durfte sie sicher sein, dass er niemals über ihre Grenzen ging, dazu hatte er zu viel zu verlieren. Natürlich nahm sie sich vor, Ira zu bitten, als Coverkontakt zu fungieren, man konnte ja nie wissen.

Zu gerne hätte sie sich jetzt ein wenig ihren Träumen hingegeben, denn von einem erfahrenen Dom träumte sie schon eine ganze Weile, aber ihre jungen Wilden warteten. Darüber hinaus würden auch die ersten Reitschüler in Kürze ankommen. Eilig schickte sie Cat ihre Nummer, ehe sie sich an die Arbeit machte.

Den restlichen Tag kümmerte sie sich um ihren Hof, wobei sie alle Hände voll zu tun hatte. Laika zickte herum, da sie Abraxas imponieren wollte und die Anfängergruppe kam eine gute halbe Stunde zu früh, sodass Brianna keine freie Minute blieb, selbst das Mittagessen musste sie ausfallen lassen. Zum Glück waren auch Rachel, Dana und Christine erschienen, somit konnte sie ihnen einen Teil der Aufgaben übertragen.

Kurz blickte sie zum Himmel, als sie meinte den Ruf eines Falken gehört zu haben, doch sie sah nichts. Langsam wurde sie wieder ruhiger, denn von ihren Feinden ließ sie niemand blicken. Wenigstens das lief in die richtige Richtung.

~~°~~

Nichts konnte Tylers Laune an diesem Tag trüben, er rannte mit einem fröhlichen Lächeln durch die Gänge, scherzte mit den Kollegen genau wie mit den Patienten. In der Tat hatte er bescheiden geschlafen, aber allein die Aussicht gleich wieder zu seiner Gefährtin zu fahren, beflügelte ihn. Darüber hinaus teilte Jorgan ihm mit, dass sie bereits angekommen waren und auch schon mit Brianna geredet hatten.

Der Drache verriet ihm, dass ihre Zurückhaltung keineswegs an mangelnden Gefühlen lag. Diese Information sorgte dafür, dass er etwas aufatmen konnte, außerdem spürte er ja selbst, dass sie sich nach ihm sehnte. Er würde ihre Mauer niederreißen, indem er ihr zeigte, dass sie für ihn die einzig richtige Frau war.

„Träumst du? Oder kommst du jetzt endlich in die Notaufnahme?“ Ellen, eine der Oberschwestern, hatte sich vor ihn gestellt und wedelte mit der Hand vor seinem Gesicht herum.

Lachend hielt er ihre Finger fest. „Lass das, sonst fliege ich weg, bei dem Wind, den du machst. Ich musste nur über etwas Wichtiges nachdenken." Er zwinkerte ihr vergnügt zu, anschließend ging er zu den wartenden Patienten. Das war ihm noch nie passiert, dass er träumend im Flur stand, aber irgendwie fühlte es sich gut an.

Der Tag verflog, obwohl sie nur leichtere Verletzungen hereinbekamen, was er begrüßte, vor allem, weil er so pünktlich in den Feierabend gehen konnte.

Gerade als er sich verabschiedete, kam eine junge Mutter mit ihrem Sohn herein, der stark humpelte. Tyler unterdrückte ein Seufzen, lächelte den beiden zu, ehe er das Sprunggelenk untersuchte. „Nur verstaucht", bemerkte er, woraufhin die Frau erleichtert aufatmete.

„Es tut fies weh", klagte ihr Sprössling.

Mitfühlend nickte Ty. „Ja, leider ist eine Verstauchung oft schmerzhafter als ein Bruch, aber sie geht auch schneller wieder weg. Ich lege dir einen Verband mit einer Salbe an, und sobald du zu Hause bist, legst du den Fuß hoch. Kein Herumtoben, kein Belasten."

Jetzt grinste der Junge breit. „Kein Unterricht? Ich muss ja irgendwie hinkommen."

„Guter Versuch, doch im Klassenzimmer sitzt man gewöhnlich." Er drehte sich zu der Mutter um. „Läuft er zur Schule? Oder gibt es eine Alternative?"

Seufzend schüttelte sie den Kopf. „Ich werde ihn fahren, das ist kein Problem. Ich hoffe nur, dass er auf Sie hört. Normalerweise toben sie über den Schulhof wie die Verrückten. Ich bin Lehrerin dort", schob sie als Erklärung hinterher.

Tyler hockte sich vor die Liege, auf der der Junge saß. „Pass mal auf, wenn du den Fuß zu sehr belastest, tut es erstens noch mehr weh und zweitens dauert es eine kleine Ewigkeit, bis du wieder normal laufen kannst. Du willst doch bestimmt bald mit deinen Freunden ins Schwimmbad oder Fußballspielen, richtig?"

Ernsthaft nickte er. „Kein Ding, Doc, ich höre auf Sie." Er streckte ihm eine Hand hin. „Ehrenwort."

Tyler schlug lächelnd ein, verband ihn, anschließend gab der Mutter ein Schmerzmittel mit. Jetzt sah er zu, dass er aus dem Krankenhaus kam, bevor noch jemand seine Hilfe benötigte.

Kurz überlegte er, ob er zuerst duschen sollte, aber den Gedanken verwarf er sofort. Er hatte sich bereits umgezogen, sodass ihn nichts mehr aufhielt.

Vor Briannas Hof parkten extrem viele Autos, daher fuhr er nach hinten, wo ein Pferdehänger stand. Hier würde er niemanden stören, außerdem brauchte er seinen Wagen vermutlich erst morgen früh wieder.

Vom Außenplatz hörte er die Stimme seiner Kleinen, was sein Herz höherschlagen ließ, darüber hinaus erkannte er das Wiehern von Maeve. Er mochte die schwarze Stute, die etwas an sich hatte, das ihn in dem Glauben bestärkte, sie könne in seine Seele schauen.

Im Stall traf er auf Callum, der sich erschrocken umdrehte, wobei er sofort angriffsbereit vor ihm stand.

„Ganz ruhig mit den jungen Pferden, ich bin es nur." Ty hob abwehrend beide Hände.

Der Journalist ließ den Besen sinken, anschließend strich er sich über die Stirn. „Sorry, heute ist echt der Teufel los und ich hab Angst, dass ich jemanden übersehe, der Bri schaden könnte.“ Er seufzte leise. „Dabei hab ich mich bereits mehr als genug blamiert.“

Fragend musterte Tyler ihn. „Was ist passiert?“

„Ich bin mit der Mistgabel in die Wohnung gestürzt, weil ich gesehen habe, wie ein paar Personen mit Brianna rein sind.“ Er versuchte zu lächeln, was ihm nicht ganz gelang. „Es waren deine Freunde, die Wächter. Auf keinen Fall will ich mich mit denen anlegen, sagst du ihnen das bitte?“

Ty unterdrückte ein lautes Lachen, da er sich vorstellen konnte, wie es für seine Leute aus Ballygannon ausgesehen haben musste. „Mach dir keine Sorgen, sie verstehen die Situation besser, als du denkst. Du wolltest doch nur Bri beschützen.“ Er klopfte dem Mann auf den Rücken. „Ich unterstütze dich jetzt. Was ist noch zu tun?“

Callum zuckte leicht mit den Schultern. „Der Zaun an der hinteren Weide, auf der die Herde steht, hat ein Loch, außerdem muss dort ein Pfosten ausgetauscht werden. Ich traue mich nur nicht, Brianna hier alleine zu lassen.“

Verstehend nickte Tyler. „Soll ich gehen? Oder willst du lieber aus dem Trubel raus?“ Er deutete durch die offene Stalltür, wo man etliche Leute sehen konnte, die sich um ihre Pferde kümmerten oder einfach nur herumstanden.

„Bleib du bei ihr, je eher sie einsieht, dass du gut für sie bist, desto eher hört sie auf zu leiden.“ Callum stellte den Besen zur Seite, mit dem er die Stallgasse gefegt hatte. „Ich bin dann mal auf der Weide.“ Lächelnd holte er den Werkzeugkoffer aus der Sattelkammer, in dem auch immer etwas Elektrolitze war.

Schmunzelnd blickte Tyler ihm nach, ehe er sich auf die Suche nach seiner Kleinen machte. Er fand sie auf dem Platz, wo die Schüler sich gerade auf die Pferde schwangen.

Mit einem selbstbewussten Lächeln ging er an den Tieren vorbei direkt auf Bri zu, zog sie fest in seine Arme, um sie zärtlich zu küssen. „Du hast mir gefehlt, Cupcake", murmelte er.

Brianna war so überrumpelt, dass sie nur zustimmend nicken konnte, dabei bemerkte sie, dass das tatsächlich die Wahrheit war, sie hatte ihn genauso vermisst. „Schön, dass du da bist. Jorgan, Brian und Caitlin haben mich auch bereits besucht." Sie lehnte sich kurz an ihn, ehe sie ihre komplette Konzentration auf ihre Reitschüler lenkte.

„Ich weiß, wir haben vorhin telefoniert. Ist es für dich in Ordnung, wenn wir uns heute Abend zum Abendessen mit ihnen treffen? Oder hast du was anderes vor?" Er schenkte ihr sein charmantestes Lächeln, was sie für einen Moment die Erwiderung vergessen ließ.

Bri fühlte sich, als ob sie gegen eine Wand gerannt wäre, dazu kamen die Schmetterlinge in ihrem Magen, die alle gleichzeitig losflogen. Endlich fand sie ihre Stimme wieder. „Ich werde auf keinen Fall nach Kilkenny fahren. Die Erinnerung daran, was das letzte Mal passiert ist, reicht mir voll und ganz. Aber du kannst natürlich tun, was immer dir in den Sinn kommt." Mit den Worten drehte sie sich endgültig zu den Reitern.

Ty drückte sie noch einmal schnell an sich, ehe er mit einem Lächeln den Reitplatz verließ. Ihm war bewusst, dass sie sich fürchtete, trotzdem ließ er nicht zu, dass sie sich für den Rest ihres Lebens hier auf ihrem Hof versteckte.

Kapitel 13 - Pläne

Bri schwirrte der Kopf, als sie daran dachte, dass Tyler sie ja irgendwie am Abend ausführen würde. Sofort fiel ihr ein, was beim letzten Mal geschehen war, trotzdem ärgerte sie sich, dass sie ihn abgewimmelt hatte. Es war ja nicht so, als ob er ein Date von ihr wollte, die drei Wächter begleiteten sie. Außerdem nahm sie sich vor, in seiner Nähe zu bleiben, sodass niemand sie erneut anfahren konnte.

Sie korrigierte eine junge Reiterin, wobei ihr Kommentar ziemlich harsch ausfiel. Augenblicklich lächelte sie dem Teenager zu. „Probier es gleich noch einmal und achte auf den Wechsel beim Traben." Verdammt, der Kerl warf sie schon wieder aus der Bahn!

Den restlichen Tag bekam sie kaum Gelegenheit über ihn, ihre Probleme oder den Abend nachzudenken, weil ständig irgendjemand etwas von ihr wollte. Selbstverständlich bemerkte sie, dass Tyler genau wie Callum half, wo es nötig war, sodass sie wesentlich mehr Zeit für ihre Schüler hatte. Irgendwie gefiel es ihr, zumal sie es jetzt endlich schaffte, mit einigen Eltern zu reden, die sie bereits früher darauf angesprochen hatten, ob ihre Kinder an Wettbewerben teilnehmen könnten. Andere forderten ihre Unterstützung bei der Frage, ob es ratsam wäre, ein eigenes Pferd anzuschaffen.

Lächelnd gab sie Antworten, überlegte gemeinsam mit den Vätern oder Müttern, was die beste Lösung darstellte, bis sie erstaunt bemerkte, dass die letzte Reitstunde vorbei war.

Der Stall war blitzblank und auch die paar Boxen, die sie über Tag benutzten, um die Tiere nicht jedes Mal von der Weide zu holen, hatten die Männer in Ordnung gebracht.

„Wow, ich weiß nicht, was ich sagen soll", Brianna strahlte die beiden an, die in der Stallgasse lehnten und auf sie warteten.

„Wir haben doch gesagt, dass wir helfen." Callum zuckte unwillig mit den Schultern. „Ich habe einen vorläufigen Artikel erstellt, der die Leute mit der Nase draufstößt, was hier los ist, ohne Namen zu nennen. Nur würde ich den gerne erst den Wächtern zeigen."

Ty nickte zustimmend. „Das ist eine gute Idee, zumal wir uns in einer Dreiviertelstunde mit ihnen zum Essen treffen."

Brianna öffnete den Mund, um zu protestieren, schloss ihn aber sofort wieder, weil ihr Magen laut knurrte. Die Vorstellung sich jetzt in die Küche zu stellen, um etwas zu kochen oder sich mit einer Tiefkühlpizza zu begnügen, gefiel ihr nicht. „Du passt auf mich auf", bemerkte sie in Tylers Richtung. „Ich gehe auf keinen Fall alleine über irgendeine Straße, genauso wenig bleibe ich ohne euren Schutz im Restaurant." Auffordernd blickte sie ihn an.

„Das ist doch selbstverständlich. Solltest du auf die Toilette müssen, wird Caitlin dich begleiten." Er lächelte sie an, anschließend gab er ihr einen leichten Schubs. „Los, unter die Dusche mit dir."

Kopfschüttelnd ging sie vor den Männern ins Haus, mit dem guten Gefühl, beschützt zu sein.

Auch Callum und Tyler machten sich für den Abend fertig, ehe sie in Tys Auto in die Stadt fuhren, wo sie sich mit dem Rest trafen. Im Kytelers Inn wurden sie bereits erwartet.

„Es ist so schön, dass ihr euch gefunden habt“, bemerkte Myra, nachdem sie ihre Gäste begrüßt hatte. „David hat heute angerufen, um die ganze Truppe anzukündigen. Glaubt mir, ich habe mir die größte Mühe gegeben, um ein besonderes Essen servieren zu können.“

Jorgan drückte die Frau an sich. „Das tust du doch immer. David hat wirklich Glück, eine Mutter wie dich zu haben. Wer weiß, was sonst aus ihm geworden wäre.“ Er zwinkerte ihr zu.

Stolz flammte in ihren Augen auf. „Ja, er ist in der Tat gut geraten genau wie seine Schwester.“ Sie brachte die kleine Gruppe in das angrenzende Restaurant, dessen hoher Aufbau sowie die Buntglasfenster an eine Kirche erinnerten.

Drei Musiker saßen in der Mitte des Raums und spielten alte Weisen, die perfekt zu diesem Ambiente passten. Natürlich durfte die Bodhran, die irische Trommel, genauso wenig fehlen, wie die Bagpipe.

Brianna lauschte einen Moment fasziniert, ließ sich in die Melodie fallen, die sie schon seit ihrer Kindheit liebte. Leise summte sie mit, bis Tyler ihr ein Pint hinstellte. Nachdenklich betrachtete sie das Glas. „Was ist das?“ Selbstverständlich war ihr klar, dass es sich um Bier handelte, nur welche Sorte? Sie mochte das starke Stout nicht so sonderlich.

„Smithwicks. Das ist doch in Ordnung, oder? Ich habe dich so eingeschätzt, dass du lieber etwas Süßeres, Leichteres trinken willst.“ Besorgt musterte er sie. „Hab ich mich getäuscht?“

Erleichtert schüttelte sie den Kopf. „Nein, das passt perfekt. Danke.“ In dem Moment fiel ihr ein, was die Wirtin gesagt hatte. „Weshalb nimmt Myra eigentlich an, dass wir ein Paar sind?“ Ärgerlich runzelte sie die Stirn.

„Das ist wohl meine Schuld“, mischte sich Jorgan in dem Augenblick ein. „Ich war unvorsichtig, als ich im Hauptquartier berichtet habe, dass Tyler seine Gefährtin gefunden hat. Für uns Söldner ist das etwas sehr Besonderes. David hat es mitbekommen und seiner Mutter erzählt.“ Er sprach so leise, dass nur die Leute am Tisch ihn hören konnten.

„Das ist ja alles gut und schön, aber es ist eine Lüge. Wir sind maximal Freunde“, begehrte sie auf.

Der Drache musterte sie mit einem wissenden Blick. „Ist das so?“ Die Frage ließ er im Raum stehen, nur um sich sofort einem wichtigeren Thema zuzuwenden. „Was hast du beobachtet, Cat?“

Irritiert über den Themenwechsel brauchte Bri einen Moment, bis sie sich auf die Antwort des Falken konzentrieren konnte.

„Aktuell ist es ruhig. In der Nähe des Hofes gibt es keine Auffälligkeiten, was sich natürlich am Abend ändern kann. Ich werde später noch mal einen Rundgang machen.“ Sie hob lächelnd ihr Glas, um dem Rest zuzuprosten.

„Habt ihr eigentlich keine Bedenken, dass die Falschen euch hören?“ Bri sah ein wenig entgeistert in die Runde.

Jorgan zuckte leicht mit den Schultern. „Es darf gerne jeder wissen, dass wir uns eingeschaltet haben. Vielleicht macht das den Kerlen ja auch Angst.“ Sein Lächeln hatte etwas Beunruhigendes und erinnerte an das Raubtier, das er ja war. „Keine Sorge, wir plaudern nichts aus, was geheim bleiben muss.“

Zögerlich nickte Bri, einerseits verstand sie, dass alle Welt erfahren sollte, mit wem sie sich anlegten, andererseits hielt sie das Vorgehen für gewagt. Aber wer würde sich schon freiwillig mit den Wächtern anlegen?

„Ich habe heute einen ersten Artikel erstellt, den ich verschiedene Zeitungen schicken will“, bemerkte Callum. „Es ist provokant geschrieben, ohne Namen zu nennen, trotzdem decke ich da die Fakten auf, dass sowohl Brianna als auch Ira terrorisiert werden. Den Unfall habe ich ebenso erwähnt, allerdings offengelassen, ob Drewsoll etwas damit zu tun hat.“

Jorgan dachte kurz über die Worte des Journalisten nach. „Du glaubst, dass eine seriöse Tageszeitung dir den Text abkauft?“

Jetzt grinste Callum breit. „Nein, ich rede keineswegs von den normalen Zeitungen, sondern von den Klatschnachrichten. Was denkst du, wie sich Informationen am besten verbreiten lassen? Aktuell geht es doch um Aufmerksamkeit, oder nicht?“

Die Wächter lachten und nickten ihm zustimmend zu. In der Tat begrüßten sie es, wenn die Bevölkerung mit der Nase auf die Ungerechtigkeiten gestoßen wurde, so hielt jeder die Augen auf.

„Ich möchte, dass ihr euch den Text anseht.“ Callum sah von Jorgan zu seinen Begleitern. „Auf keinen Fall will ich hier ein Risiko eingehen.“

„Am besten schickst du ihn ins Hauptquartier, ich gebe dir die E-Mail-Adresse.“ Der Drache zog sein Smartphone aus der Tasche, woraufhin der Journalist ihm seine Nummer gab.

„Perfekt, dann lasst uns jetzt den Abend genießen.“ Brian deutete auf Myra, die mit einer cremigen Gemüsesuppe zu ihrem Tisch kam.

„Ich hoffe, die Vorspeise schmeckt euch. Haut rein." Die Wirtin nickte allen zu, während drei weitere Kellner die restlichen Teller brachten.

Bri ließ sich nicht zweimal, zumal ihr der Magen knurrte, das Essen war an dem Tag viel zu kurz gekommen. Vorsichtig probierte sie, ehe sie genüsslich die Lider schloss. „Das ist einfach nur köstlich", murmelte sie.

Der Rest stimmte ihr zu, sodass man in den nächsten Minuten lediglich das Klappern des Bestecks hörte.

„Wow, das war wirklich gut", bemerkte Tyler, der sich zurücklehnte, wobei er einen Arm auf der Stuhllehne von Brianna ablegte. Ihn wurmte es, dass sie ihre Beziehung als Freundschaft abgetan hatte, verdammt, sie spürte doch genauso gut wie er, dass da viel mehr war.

„Was machen wir denn jetzt?", erkundigte Bri sich, die in Gedanken immer noch bei Drewsoll war. Die Vorstellung, selbst beim Einkaufen auf einen Beschützer angewiesen zu sein, machte ihr zu schaffen.

Brian zuckte leicht mit den Schultern. „Unsere Hacker sind an dem Fall dran. Sie suchen nach stichhaltigen Beweisen, während wir auf dich aufpassen." Er trank einen Schluck seines Stouts. „Außerdem beobachten wir die Gegend, ob wir was Verdächtiges entdecken, glaub mir, wir finden sie." Bei der Antwort senkte er die Stimme, sodass nur die Leute am Tisch ihn hören konnten.

„Aber, was wenn sie euch bemerkt haben und sich zurückziehen? Es ist sogar wahrscheinlich, dass sie die Füße stillhalten, solange ihr hier seid." Brianna betrachtete den Wolf entsetzt. „Wir können doch nicht abwarten, bis etwas geschieht."

Beruhigend schüttelte Jorgan den Kopf. „Nein, das werden wir auch nicht. Einerseits suchen Stew und seine Leute nach Anhaltspunkten, sobald sie was gefunden haben, locken wir sie aus der Reserve. Den genauen Plan erkläre ich dir, wenn wir sicher sind, wie wir vorgehen." Er lächelte ihr zu, was sie leise seufzen ließ.

Irgendwie kam ihr die Strategie, dass die Wächter öffentlich in Erscheinung traten, falsch vor. Jeder in Irland kannte diese Gruppe, der noch nie ein Verbrecher entkommen konnte. „Vielleicht war es ein Fehler, dass ihr euch gezeigt habt", bemerkte sie bedrückt.

„Nein, das Wichtigste ist deine Sicherheit, die wir mit unserer Präsenz gewährleisten. Kaum einer legt sich offen mit uns an." Cat lächelte grimmig. „Außerdem mussten wir uns vor Ort mit den Gegebenheiten vertraut machen."

„Lass es gut sein, wir reden später darüber." Jorgan deutete auf ein paar Leute, die die Treppe zum Restaurant hochkamen.

Für kurze Zeit schaffte Bri es sogar, ihre Sorgen in den Hintergrund zu schieben, was auch an der angenehmen Gesellschaft der Wächter lag. Sie scherzte mit ihnen, lachte über kleine Anekdoten, besonders über die Geschichte, als Tyler völlig abgehetzt ins Wohnzimmer der Jungs geplatzt war.

„Das war echt fies gewesen. Ich dachte, irgendein mächtiger Mistkerl hätte sich Zutritt verschafft", verteidigte der Arzt sich verschnupft.

Brian wischte sich die Lachtränen aus den Augen. „Ja, die Jungs haben es drauf, einen Neuling in Panik zu versetzen. Ich gebe allerdings auch zu, dass sie genau die richtige Mischung aus Angst und Hektik in der Stimme hatten."

Tyler murrte leise. „Ich fand es nicht gerade nett."

„Dadurch sind wir Freunde geworden“, warf Jorgan ruhig ein. „Wer weiß, ob ich jemals so viel Mitleid mit dir gehabt hätte, dass ich Zeit mit dir verbringen wollte.“

Empört begehrte Ty auf, bis er das Blitzen in den Augen seines Kumpels bemerkte. „Ja, ich liebe dich auch.“

Die Wächter brachen in lautes Lachen aus, wobei Brianna den Arzt betrachtete. Es gefiel ihr, dass er sich so nahtlos in die Gemeinschaft einfügte, aber passte sie tatsächlich in diese Gruppe? Jeder besaß eine besondere Eigenschaft, die er einsetzte, um Leben zu retten, wohingegen sie lediglich mit Tieren reden konnte.

„Alles in Ordnung, Cupcake?“ Tyler beugte sich zu ihr, während er sie besorgt musterte.

Sofort zauberte sie ein strahlendes Lächeln auf ihr Gesicht. „Natürlich, ich bin ja bestens beschützt.“

Nach der Vorspeise erschien Myra mit saftigen Steaks. „Ich weiß doch, dass ihr Jungs auf Fleisch steht, außerdem ist es für mein berühmtes Irish Stew zu warm.“ Lachend bediente sie die Gruppe.

Auch jetzt schmeckte es Brianna enorm gut, sodass sie sich vornahm, öfter hier zu essen, jedenfalls sobald die Gefahr vorüber war.

Zum Abschluss ließen sie sich einen Sticky Toffee Pudding schmecken.

„Wow, das ist das Leckerste, was ich jemals gegessen habe“, murmelte Bri, als die Schokolade fast ihre Geschmacksnerven sprengte. Sie leckte sich genüsslich über die Lippen, was Tyler fasziniert beobachtete.

„Was ist?“ Verunsichert legte sie die Gabel zur Seite, als sie seinen Blick bemerkte.

„Du machst mich fertig“, gab er leise zu, ehe er sich auch seinem Nachtisch widmete.

Irritiert schüttelte sie den Kopf, während der Rest kicherte. Offensichtlich war sie sich ihrer Wirkung auf ihn nicht bewusst.

Den restlichen Abend verbrachten sie wie alte Freunde, mit Späßen, guten Gesprächen und Musik.

Brianna genoss es noch mehr als ihren letzten Besuch in diesem Pub, vielleicht auch, weil sie spürte, dass sie von den Wächtern akzeptiert wurde.

Viel zu früh brachen sie wieder auf, denn am nächsten Tag wartete ein Haufen Arbeit auf sie alle.

~~°~~

„Ihr kommt doch noch mit zu mir, oder?“ Hoffnungsvoll blickte Bri von Jorgan zu Brian und Cat. „Ich wüsste zu gerne, was ihr ausheckt.“

Lächelnd schüttelte der Drache den Kopf. „Ja, das sehe ich dir an der Nasenspitze an. Trotzdem muss ich dich enttäuschen. Aktuell geht es tatsächlich nur darum, sich einen Überblick zu verschaffen. Wir besprechen uns später mit dem Rest des Teams, um einen Plan auszutüfteln.“ Er drückte sie kurz an sich. „Du solltest mit Tyler reden“, flüsterte er ihr zu.

Erst jetzt bemerkte sie, dass der Arzt sie mit enttäuschter Miene anstarrte. Weshalb das so war, konnte sie sich beim besten Willen nicht erklären. Hatte sie ihn irgendwie beleidigt? Oder verletzt? Sie war sich keiner Schuld bewusst.

„Wir kommen in den nächsten Tagen zu dir, dann besprechen wir auch das weitere Vorgehen.“

Brian umarmte sie genauso wie Cat, anschließend brachten sie sie noch zu Tys Wagen.

Stille senkte sich über die drei Leute, die jetzt zurück zum Hof fuhren. Irgendetwas passte nicht, das spürte Brianna deutlich, leider fehlte ihr der Mut, nachzufragen.

Zu Hause angekommen verabschiedete sich Callum sofort, dabei ließ er sie seinen Missmut spüren, was war nur los mit ihm? Und Tyler tat so, als ob sie ihm gesagt hätte, dass sie nichts mit ihm zu tun haben wollte.

Unsicher stand sie vor der Eingangstür, es wurde höchste Zeit zu klären, was sie falsch gemacht hatte.

„Gehen wir bitte ein Stück?", bat Ty in dem Augenblick, in dem sie auch zu einer Frage ansetzte.

Lächelnd nickte sie. „Ja, es ist offensichtlich, dass wir reden sollten. Ich habe nur keine Ahnung, was ich verbrochen habe." Offen musterte sie ihn, wobei sie mit den Schultern zuckte, bis ihr ein kleines Detail einfiel. „Mist, ich hab dir keine Antwort bezüglich der BDSM-Sache geben", stieß sie hervor. „Tut mir leid, ich war den ganzen Tag so eingespannt." Sie entschuldigte sich, ehe er zu Wort kam.

Als sie Luft holte, um weitere Erklärungen hervorzubringen, packte er sie an den Oberarmen. „Nein, das ist völlig in Ordnung. Mich hat es lediglich getroffen, dass du uns als Freunde vorgestellt hast und auch das hast du noch infrage gestellt." Traurig begegnete er ihrem Blick. „Fühlst du tatsächlich nichts für mich?" Er konnte sich kaum vorstellen, dass das Universum sich dermaßen irrte.

Seufzend schloss sie für eine Sekunde die Augen, nur um ihn bittend anzusehen. „Es tut mir leid, dass ich dich damit verletzt habe. Glaub mir bitte, Gefühle sind weniger das Problem."

Tyler legte ihr den Arm um die Schultern, gleichzeitig deutete er mit dem Kinn auf den Weg, der um das Haus herum zu den Weiden führte.

Zu gerne folgte sie seiner stummen Aufforderung, zumal sie seine Gegenwart genoss, wie sie ehrlich zugab.

Ohne ein Wort zu wechseln, schlenderten sie über eine Wiese.

„Was kann ich tun, damit du mir vertraust oder es zumindest versuchst?“, erkundigte Tyler sich plötzlich. „Du spürst doch genau wie ich, dass zwischen uns mehr ist als Freundschaft, richtig?“

Zaghaft nickte sie. Natürlich wusste sie, dass sie sich heftig in den Mann verliebt hatte, nur saß das Misstrauen viel zu tief. „Ja, das fühle ich.“ Verzweifelt zuckte sie mit den Schultern. „Keine Ahnung, was ich gegen meine Zweifel tun soll. Immer wenn ich denke, dass ich mich öffnen könnte, erinnere ich mich ... an damals.“ Sie schluckte schwer, gleichzeitig traten ihr die Tränen in die Augen.

„Eventuell hilft es dir, mir zu erzählen, was passiert ist.“ Tyler zog sie an sich, legte seine Arme um ihren Oberkörper, womit er ihr das Gefühl gab, von der Außenwelt abgeschirmt zu sein. „Keine Sorge, ich dränge dich nicht, nur kann ich dir besser verstehen, sobald ich die Geschichte kenne und finde unter Umständen einen Weg, der dich unterstützt.“

Zumindest das war sie ihm schuldig, weil sie ihn immer wieder von sich stieß. Zaghaft nickte sie, drückte sich erneut an ihn, um Kraft zu sammeln, ehe sie sich aus seiner Umarmung befreite. Langsam ging sie ein Stück auf den Zaun zu, während sie ihre Arme um ihren Oberkörper schlang. „Es war im letzten Jahr in der Berufsschule in Deutschland“, begann sie mit zitternder Stimme.

„Nur wenige Monate, bevor ich den Abschluss gemacht habe, lernte ich einen Mann kennen. Er machte eine Ausbildung als Pferdewirt genau wie ich. Natürlich war er mir schon früher aufgefallen, aber mit meinem Aussehen habe ich mich nicht mal getraut, ihn anzusprechen.“ Sie lachte spöttisch auf, gleichzeitig bemerkte er die Bitterkeit, die sich in ihr aufgestaut hatte.

Zu gerne hätte Tyler sie wieder in seine Arme gezogen, sie so lange geküsst, bis die Verletzung aus ihren Augen verschwand. Nur wusste er, dass sie sich die Sache endlich von der Seele reden musste, um sie überwinden zu können, daher hörte er lediglich zu.

„Er sprach mich auf dem Schulhof an, bat mich, ihm bei einer Aufgabe zu helfen. Für mich ging ein Traum in Erfüllung. Matthias sah gut aus, durchtrainiert mit einem charmanten Lächeln. Alle Mädchen schwärmten von ihm, aber mit mir verbrachte er seine Zeit.“ Sie schluckte. „Ich fühlte mich wie eine Prinzessin. Natürlich stieg ich auch im Ansehen der anderen, war ich vorher eher die Außenseiterin, die alleine in der Ecke saß, wurde ich plötzlich beachtet.“ Langsam rieb sie sich über die Oberarme, als die Erinnerung über sie hereinbrach. Sie war tatsächlich für einen Monat glücklich gewesen, weil sie dachte, sie würde geliebt.

Jetzt trat Tyler doch hinter sie, zog sie mit sanfter Gewalt mit dem Rücken an seine Brust, ehe er seine Arme um sie legte. „Was ist passiert?“ Er konnte sich schon denken, dass diese Romanze sehr übel geendet hatte.

„Er überredete mich, mit ihm zu schlafen. Es war mir zu früh, zumal ich keine Erfahrung hatte, nur traute ich mich kaum, ihn abzuweisen. Ich glaubte, es sei kindisch, ihn zu stoppen. Es kam, wie es kommen musste, mein erstes Mal war eine Katastrophe." Brianna schluchzte auf. „Die ganzen romantischen Gedanken verabschiedeten sich innerhalb einer Sekunde. Es tat scheußlich weh, und als ich ihn bat, aufzuhören, bewegte er sich nur heftiger. Weinend bat ich erneut, dass er mich in Ruhe lassen sollte, doch er antwortete nur, ich würde mich anstellen." Energisch strich sie sich über die Augen. „Als er endlich fertig war, lag ich heulend im Bett, verstand die Welt nicht mehr. Er zog sich eilig an, beugte sich zu mir, anschließend spuckte er mir ins Gesicht. Ich sei eine herbe Enttäuschung, noch nie habe er sich dermaßen beim Sex gelangweilt. Aber was anderes hätte er von einer so Dicken wie mir kaum erwartet. Mit den Worten ging er." Brianna biss sich auf die Lippe, um die Tränen zurückzuhalten. „Ich habe davon bis jetzt niemandem etwas erzählt. Ira weiß nur den letzten Teil der Geschichte", gab sie leise zu.

„Das war nur der Anfang?" Tyler zuckte erschrocken zusammen, allein dafür gehörte dem Kerl eine gehörige Abreibung.

„Ja, es hat ihm nicht gereicht, meine romantischen Träume zu zerstören." Sie schluckte erneut. „Am nächsten Tag musste ich wieder in die Berufsschule, wo ich schon die heimlichen Blicke und das Gelächter hinter meinem Rücken bemerkte. Zuerst dachte ich, dass er lediglich Gerüchte verbreitet hätte, bis ich die Bilder sah." Jetzt schaffte sie es nicht länger, die Tränen zurückzuhalten.

Ty drehte sie herum, zog sie fest an sich, während er gegen eine unbändige Wut kämpfte, die seinen inneren Puma fauchen ließ. Wie konnte jemand so bösartig sein?

„Überall sah ich diese schrecklichen Fotos von mir. Auf jedem Tisch im Klassenraum, einige waren sogar auf dem Pausenhof verteilt worden", stieß sie schluchzend hervor.

„Man sah deutlich, wie ich zusammengekauert auf dem Bett lag, nackt, weinend."

„So ein Dreckschwein", flüsterte Tyler, der kaum in der Lage war, seine Wut zu zähmen. Am liebsten hätte er sie sofort mit Fragen überhäuft, wo er den Kerl fand, doch im Moment war es wichtiger seine Kleine zu trösten. Beruhigend strich er ihr über den Rücken. „Es ist vorbei und niemand wird dir so etwas je wieder antun, das schwöre ich dir."

Brianna klammerte sich verzweifelt an ihn, sie sah die Bilder vor sich, als ob sie sich in ihr Gehirn gebrannt hätten. Deutlich hörte sie das Gelächter und das Getuschel der anderen Schüler, sah die hämischen Blicke, aber am schlimmsten war das Gefühl, dem allen hilflos ausgeliefert zu sein.

Nach einer kleinen Weile beruhigte sie sich, hob ihr verheultes Gesicht, um ihn ansehen zu können. „Weißt du jetzt, weshalb ich nicht über meinen Schatten springen kann? Ich habe Angst."

Sanft strich Tyler ihr über die Wangen. „Das verstehe ich sehr gut, dennoch beweise ich dir, dass ich dich wirklich liebe." Er sah sie ernst an. „Es ist doch keine Lösung, sich für den Rest des Lebens zu verstecken, auf so vieles zu verzichten. Damit hat das Dreckschwein erst richtig gewonnen."

Hilflos zuckte sie mit den Schultern. „Da hast du sicherlich recht, nur hab ich keine Ahnung, wie ich meine Furcht überwinden soll." Sie holte zittrig Luft. „Mir ist bewusst, dass du nicht Matthias bist, trotzdem warnt mein Verstand mich ständig, dass ich besser auf Abstand bleibe."

Nachdenklich streichelte er sie. „Vielleicht ist es ein Anfang, wenn wir tatsächlich zuerst eine Dom-Sub-Beziehung eingehen. Du unterwirfst dich mir, Callum könnte dein Coverkontakt sein, der auf dich aufpasst." Auf die Weise war er in der Lage, ihr zu beweisen, dass er sie beschützte, egal, was kam.

„Ich bin unsicher, weil ich schon viel zu viel für dich empfinde", gab sie beschämt zu.

„Was hast du zu verlieren? Im schlimmsten Fall bleibt es so, wie es ist, oder glaubst du, dass ich es fertigbringe, dich genauso zu demütigen?" Traurig sah er sie an. „Bitte, gib uns diese Chance."

Brianna wusste, dass sie ihr Glück mit Füßen trat, falls sie ihn jetzt wegschickte. „Ich versuche es, aber es wird nur eine Spielbeziehung. Du zeigst mir, wie BDSM funktioniert. Sollte ich es doch nicht schaffen, ziehst du dich zurück, ohne Diskussionen", verlangte sie hart.

Ohne mit der Wimper zu zucken, stimmte Tyler zu. „Deal, dafür unterwirfst du dich, lässt dich von mir führen, belohnen und bestrafen." Er schob sie ein Stückchen weiter von sich, um ihr die Hand hinzuhalten.

Zitternd schlug Brianna ein, dabei kam sie sich vor, als ob sie gerade von einer Klippe gesprungen wäre. Ihre Beine zitterten genauso wie ihr gesamter Körper, während ihr Herz vor Aufregung raste.

Kapitel 14 - Vergangenheit

Tyler zog sie mit einem Aufatmen an sich, den schwersten Schritt hatte sie damit hinter sich und jetzt wusste er, dass es gut war, sie nicht einfach zu verführen. Zärtlich streichelte er ihr über den Rücken, half ihr, sich zu beruhigen. Freude erfüllte ihn, die er noch zurückhalten musste. Auf keinen Fall wollte er sie erschrecken, doch für ihn stand fest, dass sie bald einsehen würde, wie sehr sie tatsächlich verbunden waren.

„Tut mir leid, ich bin eigentlich nicht so leicht aus der Fassung zu bringen", murmelte sie nach einer Weile, als sie ein wenig von ihm abrückte.

Lächelnd schüttelte er den Kopf. „Du bist die stärkste Frau, der ich je begegnet bin." Schnell hob er die Hand, als er sah, dass sie ansetzte, um zu widersprechen. „Das meine ich ehrlich. Kaum jemand hätte eine solche Demütigung in so jungen Jahren wirklich verkraftet. Ich kann mir vorstellen, dass du oft genug darüber nachgedacht hast, dir das Leben zu nehmen." Bei der Annahme überlief ihn eine eiskalte Gänsehaut.

„Seltsamerweise war das nie eine meiner Optionen. Sicher, ich fühle mich wertlos, ungeliebt oder hässlich, aber ich hatte immer meinen Zufluchtsort." Sie deutete mit der Hand auf ihr Land. „Die Tiere bedeuten mir alles."

Das verstand Tyler sehr gut.

„Da hab ich ja Glück gehabt, dass ich im Grunde auch ein Tier bin.“ Er grinste unbeholfen. „Ein Puma, um genau zu sein.“

Nachdenklich musterte sie ihn, betrachtete seine grünen Augen. „Du siehst irgendwie nicht wie ein Berglöwe aus. Gibt es einen Trick, um euch zu durchschauen?“ Noch einmal sah sie ihm ins Gesicht, bis sie einen leichten Schleier auf seinen Iriden erkannte. „Jetzt sehe ich es. Da ist ein Schimmern, wie eine ganz dünne Nickhaut.“ Fasziniert suchte sie nach weiteren Hinweisen.

„Auf die Art erkennen wir magischen Wesen uns gegenseitig. Seltsam, dass den Normalen nie etwas auffällt.“ Er lachte leise. „Es existieren aber auch Spezies, die es nicht können oder denen die Informationen fehlen.“

Nachdenklich nickte sie. „Wie bei mir. Irgendwie verstehe ich meine Mum ja, nur leider hat sie mir damit keinen Gefallen getan.“ Eilig strich sie die trüben Gedanken aus ihrem Bewusstsein, für einen Tag hatte sie genug geheult. „Wie geht es jetzt weiter?“

Tyler lächelte. „Du überlegst dir, was du gerne erleben möchtest, wonach du dich sehnst. Außerdem sagst du mir, was du dir so überhaupt nicht vorstellen kannst.“ Er machte eine kurze Pause. „Vielleicht fällt es dir leichter, wenn du es mir schreibst. Das ist für mich auch in Ordnung.“

Sofort stimmte sie zu, auf keinen Fall würde sie es übers Herz bringen, ihm ins Gesicht zu sagen, was für Fantasien sie hatte. „Ich denke, das bekomme ich hin. Gibt es Regeln für mich? Eine Anrede, auf die ich achten sollte?“ Jetzt hielt sie die Luft an, da sie die meisten Titel ziemlich amüsant fand, um es mal vorsichtig auszudrücken.

Schmunzelnd betrachtete Ty sie, bemerkte, dass sie immer nervöser wurde, bis er sie leise lachend an sich zog. „Nein, Cupcake, es reicht, wenn du mich ganz normal Tyler nennst.“ Er küsste sie auf den Scheitel. „Ein paar Dinge habe ich allerdings, an die du dich halten musst.“

Bei dem Nachsatz versteifte sie sich sofort, weil sie die verschiedensten Vorschriften einfielen, die sie in einem Forum gelesen hatte. Angefangen davon, dass die Subs dort ihre Herren zu siezen hatte, bis hin zu Kontaktverboten oder ähnlich unvorstellbaren Regeln.

„Die erste und wichtigste Regel, du sagst mir immer ehrlich, was du fühlst. Anders kann ich dich nicht einschätzen. Falls dir etwas zu viel wird, will ich es genauso wissen, wie wenn dir was gefällt, verstanden?“ Jetzt nahm er ihr Kinn in die Hand und verhinderte so, dass sie den Blick abwenden konnte.

„Ja, aber es wird mir unwahrscheinlich schwerfallen“, gab sie leise zu.

Verständnisvoll nickte er. „Das denke ich mir, trotzdem bestrafe ich dich, solltest du mich in dem Fall anlügen.“ Er stoppte kurz. „Ich akzeptiere überhaupt keine Lügen, um das klarzustellen.“ Sanft strich er ihr über die Wange, ehe er sie losließ.

„Liegt mir auch nicht, ich vergesse immer, was ich erzählt habe, deshalb hab ich mir angewöhnt, bei der Wahrheit zu bleiben.“ Sie lächelte ihn verschmitzt an.

„Gut, dann sind wir in dem Punkt einig: Ehrlichkeit von beiden Seiten. Ich möchte, dass du mir Bescheid gibst, sobald dich ein Problem plagt.“

Bei der Regel begehrte Bri auf. „Das geht über eine Spielbeziehung hinaus.“ Sie schüttelte heftig den Kopf.

„Nein, das sehe ich anders. Auch in einer solchen Beziehung bin ich für dich verantwortlich.“ Er betrachtete sie nachdenklich. „Für den Anfang reicht es mir, wenn du mir sagst, dass dich etwas beschäftigt. Geh aber davon aus, dass ich dich fragen werde, was es ist.“

Brianna seufzte leise, bis ihr Blick auf Maeve fiel, die an den Zaun gekommen war und ihnen gespannt zuhörte. „Belauschst du uns etwa?“ Empört musterte sie die Stute.

„Nein, ihr sprecht laut genug. Allerdings gebe ich dir einen guten Rat, nimm seine Regeln an, sie sind genau das, was du brauchst.“

Tyler sah fasziniert von dem Pferd zu seiner Kleinen. „Du unterhältst dich tatsächlich mit ihr und sie sieht aus, als ob sie jedes Wort versteht, obwohl du ganz normal sprichst.“

Bri schnaubte genervt. „Natürlich versteht sie mich, hast du vergessen, dass ich mit Tieren reden kann?“ Sie schüttelte den Kopf, drehte sich von ihm weg, wurde jedoch im nächsten Moment hart an den Schultern gepackt.

Tyler sorgte dafür, dass sie ihn ansah. „Glaubst du, dass das der richtige Ton war, um mit deinem Herrn zu sprechen?“ Eisern hielt er seine Stimme unter Kontrolle, damit sie nicht merkte, wie amüsiert er war. In der Tat hatte er sich ziemlich dämlich benommen, aber nur weil er es toll fand, sie in Aktion zu sehen.

Brianna schluckte, doch dann siegte ihr Trotzkopf. „Du hast mich infrage gestellt, darf ich mich da nicht entsprechend verhalten?“

In dem Punkt musste er ihr recht geben, sodass er langsam zustimmte. „Das ist richtig, trotzdem solltest du höflicher sein. Ich denke, ich muss dir deinen Platz erst einmal zeigen.“

Ehe sie dagegen aufbegehren konnte, legte er ihr einen Finger auf die Lippen. „Lass dich darauf ein, du wirst es keinesfalls bereuen“, flüsterte er ihr zu. Zaghaft nickte sie, im Grunde wollte sie ja wissen, wie es war einen Herrn zu haben.

„Gut, von einem strikten Dresscode halte ich nichts, falls ich will, dass du auf Unterwäsche verzichtest oder einen Rock trägst, sage ich es dir. Treue ist für mich selbstverständlich.“ Aufmerksam betrachtete er sie, dabei wurde ihm klar, dass sie wohl kaum in der Lage war, ihn zu betrügen. „Fairerweise betone ich es noch einmal, dass ich es riechen kann, solltest du schwindeln.“

Brianna zuckte leicht mit den Schultern. „Das ist mir völlig egal, ich habe keinen Grund, um dich anzulügen. Aber das ist keine Einbahnstraße, ich erwarte das Gleiche von dir. Ehrlichkeit, Treue und Offenheit, was heißt, dass du mir sagst, falls ich dir nicht genüge.“ Das war ihre größte Angst, da sie nicht wusste, ob sie Lustschmerz oder Dominanz überhaupt ertragen konnte.

„Das verspreche ich dir, allerdings mache ich mir da gar keine Sorgen.“ Er blickte auf die Stute, die immer noch dicht am Zaun stand, dabei fiel ihm auf, dass sie den Eindruck machte, als ob sie zuhören würde. „Sag mal, interessiert sie sich für unser Gespräch oder bilde ich mir das ein?“

Laut auflachend lehnte Bri sich gegen ihn, sodass er fest an sich zog. „Ja, das tut sie. Maeve ist sehr neugierig, besonders wenn es um mich geht. Aber ich werde dir nicht verraten, was sie gesagt hat.“ Sie zwinkerte ihrer Vertrauten zu. Jetzt, wo sie ins kalte Wasser gesprungen war, fühlte sie sich, als ob jemand eine Last von ihr genommen hätte. Natürlich gab es ihre Zweifel immer noch, doch sie schob sie energisch von sich. Sollte Tyler sich tatsächlich als herzloser Idiot entpuppen, bekam sie wenigstens ein Gefühl, ob BDSM etwas für sie war. Außerdem ging sie ja keine richtige Bindung ein, wie sie sich gekonnt einredete.

„Lass uns zurück zum Haus gehen, es wird langsam kühl." Ty drückte sie liebevoll an seine Seite, während sie den Weg zurückgingen. Für ihn war klar, dass sich aus der Spielbeziehung sehr schnell eine echte Liebesbeziehung entwickeln würde.

Schweigend betraten sie den Flur, wo Brianna sich eilig aus seiner Umarmung winden wollte, aber er hielt sie mit einem sanften Lächeln fest. „Ich möchte, dass du glücklich bist, meine Kleine." Mit den Worten küsste er sie zärtlich, ehe er ihr einen Klaps auf den Hintern gab, um sie in ihr Schlafzimmer zu schicken.

„Ich sollte dir noch schnell das Bett zurechtmachen", bemerkte sie, wobei sie eine unwillige Reaktion auf den leichten Schlag herunterschluckte.

„Das kann ich schon, ich bin ein großer Junge. Wo hast du die Sachen hingeräumt?"

Sie deutete müde auf die Tür zum Wohnzimmer. „Im Schrank hinter dem Sofa. Da findest du alles, was du brauchst." Ohne zu überlegen, stellte sie sich auf die Zehenspitzen, küsste ihn flüchtig auf den Mund, ehe sie eilig die Treppe hochging.

Verträumt sah er ihr hinterher, dabei kamen ihm so viele Ideen, was er mit ihr anstellen konnte.

„Puh, ich dachte schon, dass ihr es überhaupt nicht mehr auf die Reihe bekommt", erklang Callums Stimme hinter ihm.

„Ja, sie ist extrem verletzt, aber es wird." Die Zufriedenheit hörte man deutlich heraus.

„Dann hat sich dich als Partner akzeptiert?" Hoffnungsvoll musterte der Journalist ihn.

„Sagen wir mal so, wir sind auf dem richtigen Weg." Er rieb sich über das Kinn, dabei sah er Callum fragend an. „Warst du nicht derjenige, der mich am liebsten mit der Mistgabel vom Hof gejagt hätte?"

„Ja, allerdings habe ich eingesehen, dass du der Kleinen wirklich guttust. Ich werde mich nicht entschuldigen, denn es ging mir immer nur um sie. Sie ist ein ganz besonderer Mensch."

„Hört sich fast so an, als ob du in sie verliebt bist." Ty spannte sich leicht an. Brianna hatte ihm zwar erzählt, dass ihr Freund schwul sei, aber im Moment klang das völlig anders.

„Bin ich auch", gab Callum mit einem unverschämten Grinsen zu. „Wie in eine Schwester. Ich mag Männer." Er lachte, als Ty erleichtert ausatmete. „Trotzdem ist sie jemand, auf den ich gerne aufpasse. Tust du ihr weh ..." Weiter kam er nicht, da Tyler abwehrend die Hand hob.

„Bitte spar dir die Drohung, ich bin ernsthaft an ihr interessiert und mir liegt es am Herzen, dass sie glücklich ist."

„Gut, dann kann ich jetzt ins Bett gehen. Morgen wird wahrscheinlich wieder ein anstrengender Tag." Er gähnte demonstrativ, denn die Stallarbeit verlangte ihm einiges ab, das war etwas anderes als im Büro zu hocken.

„Schlaf gut." Tyler kramte das Bettzeug aus dem Schrank, in das Brianna es gestopft hatte, ehe er es sich auf der Couch so bequem wie möglich machte. Weshalb hatte er auch das Feldbett vergessen? Seufzend drehte er sich von einer Seite auf die andere, bis er endlich in einen unruhigen Schlummer fiel.

Bri lag ebenso wach in ihrem Bett, einerseits flogen bestimmt tausend Schmetterlinge in ihrem Bauch herum, andererseits hielten ihre Zweifel sie fest im Griff. Immer wieder sagte sie sich, dass Tyler keinesfalls so wie Matthias war, trotzdem schlich sich der Gedanke ein, dass sie am Ende erneut leiden musste. Sie verstand nicht, was ein so gut aussehender Mann wie Ty an ihr fand.

Seufzend schloss sie die Augen, doch sofort sah sie den eindringlichen Blick ihres neuen Herrn vor sich. Auf was hatte sie sich da eingelassen? Außer der Tatsache, dass sie sich in verschiedenen Foren schlaugemacht hatte, wusste sie nichts über das Thema. Ehrlich gab sie zu, dass es sie anmachte, wenn sie daran dachte, von ihm bestraft zu werden. Sich ihm auszuliefern, sich endlich fallen lassen zu dürfen, hatte einen riesigen Reiz für sie. Nur traute sie sich das wirklich? Oder vielmehr war sie überhaupt in der Lage dazu? Sie hatte ja keine Ahnung, was Vertrauen genau war und die Vorstellung, dass sie sich ausgerechnet dem smarten Arzt auslieferte, machte ihr Angst. Doch da war noch was anderes, es erregte sie enorm. Seit sie zugestimmt hatte, Tylers Sub zu sein, kribbelte es zwischen ihren Beinen. Kurz dachte sie darüber nach, ob sie ihren Vibrator bemühen sollte, aber der Gedanke, dass Tyler oder Callum sie unter Umständen hörten, hielt sie davon ab. Stattdessen überlegte sie lieber, was am kommenden Tag auf sie zukam, was sie sofort wieder zu ihren unerfüllten Wünschen brachte.

Leise fluchend stand sie auf, lief ein paar Schritte durch ihr Schlafzimmer, ehe sie am Fenster stehen blieb. Von hieraus konnte sie auf die Weide sehen, was sie lächeln ließ. Maeve hatte ihnen genau zugehört und ihr Mut zugesprochen.

Noch einmal ging sie von einer Wand zur anderen, bis sie beschloss, in die Küche zu gehen, um sich ein Glas Wasser zu holen. Vielleicht war sie anschließend in der Lage, einzuschlafen.

Auf Zehenspitzen schlich sie runter, holte ein Wasserglas aus dem Schrank und schrie erschrocken auf, als sich zwei Arme um sie legten.

„Ganz ruhig, ich bin es nur. Was tust du um die Zeit hier? Geht es dir nicht gut?“ Tylers Stimme erklang dicht an ihrem Ohr.

Bri bemühte sich das Zittern unter Kontrolle zu bringen, schaffte es aber nur mit Mühe. „Verdammt, willst du, dass ich einen Herzinfarkt bekomme? Weshalb schleichst du dich so an?“ Sie drehte sich in seiner Umarmung um, damit sie ihm ins Gesicht sehen konnte. Augenblicklich bemerkte sie das belustigte Blitzen in seiner Mimik. „Findest du das etwa witzig? Ich dachte, die Kerle würden mich überwältigen.“ Tränen standen in ihren Augen.

Sofort schlangen sich Tylers Arme wie Eisenspangen um sie, schotteten sie von der gesamten Umwelt ab. „Nein, Cupcake, das ist nicht lustig. Aber du bist eben an mir vorbeigegangen, sodass ich der Meinung war, dass du schlafwandelst.“

Unsicher musterte sie ihn. „Du warst vor mir in der Küche?“

„Ja, du hättest mich fast angerempelt, deshalb habe ich dich festgehalten.“ Sanft strich er ihr über die Wange. „Was ist los? Weshalb kannst du nicht schlafen, Kleines?“

Zaghaft zuckte sie mit den Schultern. „Unser Gespräch hat mich ziemlich aufgewühlt“, gab sie leise zu, dabei ließ sie ihn im Unklaren, welchen Teil sie meinte.

Zärtlich hielt er sie fest, gab ihr Halt, während sie immer noch zitterte. „Ich bin da“, flüsterte er ihr zu. „Niemand wird dir je wieder etwas antun.“

Brianna schloss die Lider, wie gerne würde sie ihm glauben, einfach darauf vertrauen, dass er sie beschützte. „Ich habe Angst“, stieß sie hervor. „Ich habe das Gefühl, dass mir gerade alles über den Kopf wächst. Erst diese Männer, die mir mein Land nehmen wollen, danach die Sache mit der magischen Welt, die es tatsächlich gibt und dann stürmst du in mein Leben." Zittrig atmete sie aus. Hier in der Dunkelheit fiel es ihr leichter, ihm zu sagen, was sie fühlte. „Ich sehne mich nach Geborgenheit, nach einer Schulter zum Anlehnen, nach jemandem, der mir zeigt, wie man sich fallen lässt", gab sie leise zu.

„Das werde ich und noch viel mehr. Aber es wird Zeit, dass du endlich etwas Schlaf bekommst. Halt dich an mir fest."

Ehe sie protestieren konnte, hob er sie auf seine Arme, sodass sie ihre im Reflex um seinen Hals legte.

„So ist es gut, braves Mädchen." Ohne große Anstrengung trug er sie die Treppe hoch, wobei er auf seine besonderen Fähigkeiten als Gestaltwandler zurückgriff. Vorsichtig setzte er sie auf dem Bett ab. „Wenn du willst, bleibe ich bei dir, bis du eingeschlafen bist. Ich verspreche, dass ich mich benehme." Zärtlich lächelte er sie an, was sie nur durch das Licht ihres Wecker sehen konnte.

„Du musst auch morgen wieder früh im Krankenhaus sein." Verlegen wehrte sie ihn ab.

„Du hast mir versprochen ehrlich zu sein, deshalb frage ich dich direkt, möchtest du, dass ich bei dir bleibe?"

Brianna spürte, wie ihr die Hitze in die Wangen stieg, trotzdem nickte sie ihm leicht zu. Sie wollte ihn neben sich spüren, endlich die Einsamkeit abstreifen, wenigstens für eine Nacht.

Sofort zog Tyler sich das T-Shirt über den Kopf, ehe er sich zu ihr legte. Liebevoll zog er sie in seine Arme. „Schlaf, ich passe auf dich auf."

Mit einem leisen Seufzer kuschelte sie sich an ihn, hier konnte ihr nichts passieren! Für einen Moment war die Welt in Ordnung und sie vergaß sogar die miesen Kerle, die planten, ihr ihr Land zu stehlen. Mit dem Gedanken schlief sie ein.

Ty lag noch eine ganze Weile wach, dabei fragte er sich, ob das so eine gute Idee gewesen war. Er sehnte sich nach Bri, leider war er auch nur ein Mann. Vorsichtig bewegte er sich, versuchte seinen Arm unter ihr hervorzuziehen, aber sobald sie sich rührte, stoppte er in der Bewegung.

~~°~~

Irgendwann musste er eingeschlafen sein, denn als er die Augen öffnete schien die Sonne bereits ins Schlafzimmer. Mit einem Fluch sprang er aus dem Bett, genau in dem Augenblick, in dem Brianna mit einem Tablett ins Zimmer kam.

„So ein Mist, ich muss los." Hektisch suchte er nach seinen Sachen, bis ihm einfiel, dass die ja noch im Wohnzimmer lagen.

„Beruhige dich, es ist gerade mal halb fünf. Ich dachte, ich sollte dich früh genug wecken, da ich keine Ahnung habe, wann dein Dienst beginnt." Sie lächelte verlegen, gleichzeitig stellte sie das Serviertablett ab. „Hast du vielleicht Zeit für ein gemeinsames Frühstück?"

Erleichtert legte Tyler sich zurück ins Bett. „Shit, ich hab echt gedacht, ich wäre zum ersten Mal zu spät." Er strich sich fahrig durch die Haare. „Wow, das sieht wundervoll aus." Er deutete auf das liebevoll angerichtete Essen, das Brianna vorbereitet hatte.

„Dann sollten wir es genießen, ehe du dich doch verspätest." Sie klappte die Beine des Tabletts aus, sodass sie es auf die Matratze stellen konnte, anschließend krabbelte sie vorsichtig zu ihm. „Lass es dir schmecken."

Tyler lächelte sie verliebt an, für ihn war das ein weiterer Schritt in die richtige Richtung.

Es gab wirklich alles, was das Herz begehrte, angefangen von Rührei über Black Pudding bis hin zu Porridge, sogar Farmhouse-Soda-Bread hatte sie besorgt.

Kurz blickte er zu ihr rüber. „Du bist aber nicht vor Stunden aufgestanden, um das Brot zu backen, oder?" Der Gedanke gefiel ihm überhaupt nicht.

Brianna zog die Augenbraue hoch, nur um leise zu lachen. „Nein, das ist noch übrig. Ich backe regelmäßig, sodass ich immer einen Vorrat im Haus habe."

Erleichtert entspannte er sich, ließ sich das Frühstück schmecken, obwohl er genau wusste, dass er gleich extrem Gas geben sollte. Trotzdem gönnte er sich die Auszeit mit seiner Kleinen. Auch das gehörte für ihn dazu.

„Warte ich bringe die Reste schnell in die Küche, ehe ich dusche." Er stand auf, als sie fertig waren, doch Bri schüttelte bereits den Kopf.

„Lass mal, du musst los, während ich die Pferde in der Regel viel später füttere. Ich mach das schon. Das nächste Mal bist du dran." Sie zwinkerte ihm zu, als sie sich das Tablett schnappte und den Raum verließ.

Verdutzt sah er ihr hinterher, gleichzeitig breitete sich ein Lächeln auf seinem Gesicht aus, denn das hieß ja, dass es ein weiteres Mal gab. Offensichtlich hatte seine Kleine die Nacht an seiner Seite genossen. Fluchend lief er jetzt los, um seine

Sachen zu holen, es wurde höchste Zeit für ihn, zumal er in seine Wohnung musste, um frische Kleidung anzuziehen.

Während Tyler sich fertigmachte, räumte Bri die Lebensmittel weg, dabei pfiff sie fröhlich vor sich hin. Sie hatte hervorragend geschlafen, besonders, weil sie wusste, dass sie beschützt worden war. Ehrlich gab sie zu, dass sie sich in den Arzt verliebt hatte, allerdings schaffte sie es nach dem Gespräch gestern, ihre Angst unter Kontrolle zu halten. Vielleicht bekamen sie ja wirklich eine Chance? Sofort unterband sie die Träumereien, soweit war sie noch nicht.

Ty stürmte in die Küche, zog sie fest an sich, um sie leidenschaftlich zu küssen, ehe er im Laufschritt das Haus verließ.

Lachend blickte sie ihm nach, gleichzeitig fühlte sie sich so lebendig.

„Na, bist du endlich über deinen Schatten gesprungen?" Callum kam in den Raum, völlig verstrubbelt und ziemlich unausgeschlafen.

„Jein, ich bemühe mich, ehrlich." Bri musterte ihn. „Haben wir dich geweckt?" Das schlechte Gewissen stand ihr ins Gesicht geschrieben.

Callum winkte ab. „Nein, ich hatte eine Idee, wie ich den Artikel aufpeppen kann, die mich früh aus dem Bett getrieben hat." Er grinste, als er an die Spitze dachte, die er eingebaut hatte. „Aber gegen einen Kaffee habe ich kaum etwas einzuwenden."

„Setz dich, es ist auch noch was von den Eiern da." Sie deutete auf die Pfanne, gleichzeitig schenkte sie ihm eine Tasse Kaffee ein, die sie ihm hinstellte. „Magst du jetzt schon frühstücken?"

„Da sage ich nicht nein.“ Er ließ sich auf die Eckbank fallen, während Brianna den Tisch für ihn deckte.

Sie unterhielten sich locker, bis die Arbeit sie endgültig nach draußen rief.

Kapitel 15 - Absprachen

In der Mittagspause erinnerte sich Bri plötzlich daran, dass sie Tyler nachgegeben hatte, sie sollte also schleunigst eine Tabuliste erstellen. Den Gedanken an die Liste mit den Dingen, die sie erleben wollte, schob sie schnell von sich. Es fiel ihr viel leichter, zu sagen, was sie ablehnte, als das wonach sie sich sehnte. Sie entschuldigte sich bei Callum, nachdem sie gemeinsam zu Mittag gegessen hatten, und zog sich in ihr Schlafzimmer zurück.

Zu gerne hätte sie jetzt doch noch mal im Internet recherchiert, aber ihr Computer stand im Wohnzimmer und das Risiko, von irgendjemandem bei der Suche erwischt zu werden, war ihr einfach zu hoch.

Ein Blick auf die Uhr sagte ihr, dass sie sich beeilen sollte, da in weniger als einer Stunde die ersten Reitschüler kamen, außerdem müsste auch Tyler bald zurückkommen. Bei dem Gedanken wurde ihr warm ums Herz, obwohl sie verzweifelt versuchte, ihre Gefühle zu unterdrücken, vermisste sie ihn.

Seufzend setzte sie sich aufs Bett, dabei fiel ihr auf, dass sie überhaupt keinen Zettel, geschweige denn einen Stift mitgenommen hatte. So langsam sollte sie sich auf ihre Aufgabe konzentrieren.

Eilig lief sie ins Wohnzimmer, wo sie sich eine Büroecke eingerichtet hatte, suchte nach Papier und Bleistift, entschied sich dann aber doch, hierzubleiben. Ihre Liste konnte sie schnell umdrehen, falls Callum hereinkam.

Während sie überlegte, kaute sie nervös am Ende des Stiftes. Immer wieder fielen ihr Dinge ein, auf die sie sich keinesfalls einlassen wollte, nur um gleich darauf an ihrer Einstellung zu zweifeln. Würde Tyler sich von ihr abwenden, sobald ihre Tabuliste zu viele Praktiken aufwies? Was passierte, wenn sie etwas aufschrieb, was zu seinen Vorlieben gehörte? Energisch schob sie die Befürchtungen von sich, hier ging es darum, dass sie versuchte, herauszufinden, ob BDSM überhaupt was für sie war. Außerdem nahm sie sich vor, ihm zu vertrauen, sollte er das Interesse an ihr verlieren, war es besser, sofort Bescheid zu wissen.

Eilig schloss sie die Liste ab, wobei sie sich vorbehielt, weitere Punkte zu notieren.

Jetzt kam die wesentlich schwerere Aufgabe, ihre Sehnsüchte. Immer wieder setzte sie den Stift an, nur um zu stoppen, ehe sie den ersten Satz beendet hatte. Wie würde er auf ihre Wünsche reagieren? War das zu viel? Oder zu wenig? Durfte sie sich überhaupt auf diese Praktiken einlassen? War das nicht irgendwie ... pervers? Die Fragen rauschten durch ihren Kopf, während sie versuchte, ihre Fantasien in Worte zu fassen. Kurz schloss sie die Augen, dabei fragte sie sich, wonach sie sich sehnte. Wünschte sie sich wirklich eine solche Beziehung mit Tyler? War es lediglich ihre Angst, die sie lähmte?

Plötzlich erkannte sie, dass sie den Weg tatsächlich gehen wollte, am liebsten mit dem smarten Arzt, dem sie bereits viel zu sehr vertraute.

Aber genau darauf kam es doch an, auf das gegenseitige Vertrauen, oder nicht? Ohne weiter auf ihre Bedenken zu achten, schrieb sie ihre harmloseren Fantasien auf. Auf gar keinen Fall würde sie ihm jetzt schon ihre geheimsten Sehnsüchte offenbaren, das traute sie sich einfach nicht.

Eilig überflog sie die Liste, anschließend sah sie zur Uhr, so wie es aussah, war sie gerade rechtzeitig fertig geworden. Lächelnd lehnte sie sich zurück, gönnte sich einen kurzen Moment, in dem sie sich vorstellte, dass sie diese Dinge wirklich erlebte, dabei schloss sie genüsslich die Augen.

Sanfte Finger, die ihre Schultern massierten, sorgten dafür, dass sie die Lider hob und sich umdrehte. „Tut mir leid, ich habe dich gar nicht kommen hören." Sie lächelte ihn unbeholfen an. Es war ihr peinlich, von ihm bei ihren Träumereien erwischt worden zu sein.

„Das liegt daran, dass ich mich perfekt anschleichen kann. Ich besitze die Gene eines Pumas, vergessen?" Er schmunzelte, gleichzeitig deutete er auf das Blatt Papier. „Ist das die Tabuliste, um die ich dich gebeten habe, Cupcake?"

Zögernd nickte sie, doch dann sprang sie schnell über ihren Schatten und reichte ihm beide Listen. „Ich hoffe, ich habe es nicht übertrieben." Jetzt schaffte sie es kaum, ihre Bedenken für sich zu behalten.

Seufzend zog Tyler sie von ihrem Stuhl, führte sie zum Sofa, wo er sich mit ihr auf dem Schoß hinsetzte. „Es geht nur darum, was du willst, Brianna. Du kannst keinen Fehler machen, indem du mir die Wahrheit sagst. Im Gegenteil, es schadet unserer Beziehung enorm, falls du mir zuliebe etwas verschweigst. Verstanden?" Er hatte sie so auf seinen Oberschenkeln platziert, dass er ihr bequem in die Augen sehen konnte.

Vorsichtig nickte sie, wobei sie sehr wohl bemerkt hatte, dass er von einer Beziehung, nicht von einer Spielbeziehung sprach. Sollte sie ihn darauf ansprechen? Irgendwie kam es ihr falsch vor, ihn jetzt zu korrigieren, sodass sie lieber den Mund hielt.

„Gibt es etwas, das du ergänzen oder streichen möchtest, bevor wir die Listen durchgehen?“

Erschrocken richtete sie sich auf. „Du willst ... mit mir zusammen ... ich meine“, stotterte sie. Sie war davon ausgegangen, dass er sich ihre Wünsche und No-Gos alleine durchlesen würde.

„Es ist einfacher, wenn wir direkt darüber sprechen können.“ Ein leichtes Lächeln umspielte seine Mundwinkel. „Außerdem mag ich es, dich in Verlegenheit zu bringen. Jedenfalls auf diese Weise.“ Zärtlich verschloss er ihre Lippen mit einem Kuss.

Seufzend gab Brianna sich ihm hin, vergaß, was er von ihr verlangte, und genoss es, ihm nahe zu sein.

Viel zu schnell ließ er von ihr ab, um den ersten Zettel durchzugehen. Jetzt wurde sie nervös.

„Alles ist gut, Cupcake. Deine No-Gos werde ich einhalten, egal, was du geschrieben hast.“ Beruhigend streichelte er sie mit der freien Hand, gleichzeitig las er sich ihre Tabus durch. „Das deckt sich zum großen Teil mit meinen“, bemerkte er.

Brianna fiel ein Stein vom Herzen, sodass sie sich mit einem leisen Seufzen an ihn sinken ließ.

„Hast du gedacht, dass ich irgendwas trotzdem verlange?“ Er packte ihr Kinn, zwang sie ihm ins Gesicht zu blicken, während er problemlos in ihren Augen las. „Du hast dir wirklich eingeredet, dass ich dich fallen lasse, wenn du zu viel ablehnst, richtig?“

Verschämt nickte sie. „Ja, aber nur, weil ich so oft davon gelesen habe, dass Doms ihre Sklavinnen an ihre Grenzen bringen. Was heißt das denn anderes, als die Tabus zu übergehen?“ Hilflos starrte sie ihn an.

Tyler lachte leise. „Das hast du gründlich missverstanden. Jeder vernünftige Herr tastet sich an die Grenze heran. Dabei geht es darum, herauszufinden, wie weit er gehen darf, sodass sein Eigentum noch Lust verspürt.“ Er dachte nach. „Ja, es gibt auch welche, die bei einer Strafe dafür sorgen, dass die Sub nicht auf ihre Kosten kommt. Das ist in Ordnung, solange alle damit einverstanden sind, ist allerdings nicht mein Stil.“ Kurz musterte er sie, ob sie ihn verstand. „Ich möchte, dass du dich fallen lassen kannst, selbst wenn ich dich bestrafe. Natürlich wirst du unter Umständen Dinge tun, die dir unangenehm sind, trotzdem passe ich immer auf dich auf.“

Das klang zu schön, um wahr zu sein, deshalb starrte Brianna ihn nur misstrauisch an. „Aber dann ist es keine wirkliche Strafe, richtig?“ So ganz traute sie sich nicht, ihm zu glauben.

„O doch, vertrau mir, ich bin in der Lage, dir eine Lektion zu verpassen und dich gleichzeitig zu erregen. Keuschhaltung ist da sehr geeignet.“ Er lachte leise, als sie das Gesicht verzog. „Damit musst du rechnen, da ich eher auf die subtilen Mittel stehe, als dich über Gebühr auszupeitschen.“

Verstehend nickte sie. „Gibst du mir ein Stoppwort?“ Sie hatte komischerweise keine Sekunde das Gefühl, dass sie eins benötigte, trotzdem wollte sie das keinesfalls außer Acht lassen.

Bedächtig schüttelte er den Kopf. „Nein, du brauchst es nicht. Es reicht, wenn du mir deutlich sagst, dass du etwas nicht willst oder ich aufhören soll. In einer extremen Situation passiert es öfter, als man denkt, dass die Sub das spezielle Wort kaum über die Lippen bekommt. Vertrau mir, ich werde dich während einer Session immer wieder fragen, wie es dir geht."

„Ich verspreche, ehrlich zu sein", erklärte sie, da ihr bewusst war, was für ein Schaden eine Lüge anrichten konnte.

„Davon gehe ich aus, zumal wir den Teil gestern schon geklärt haben." Er ließ ihr Kinn los, anschließend konzentrierte er sich erneut auf die Liste. „Solltest du die Tabuliste erweitern wollen, ist das kein Problem, was auch für den umgekehrten Fall gilt. Das hier ist nicht in Stein gemeißelt."

Bei den Worten atmete sie auf, da sie unsicher war, wie er auf ihre Anmerkung reagieren würde. Natürlich hatte sie sich die Option bereits offengehalten. „Bei dem Punkt mit der Bullwhip bin ich wirklich unschlüssig. Ich möchte zuerst herausfinden, ob ich überhaupt masochistisch veranlagt bin und Schmerzen genießen kann", gab sie leise zu, gleichzeitig senkte sie den Blick.

„Das ist sehr vernünftig", lobte er sie. „Ich stehe dir dafür gerne zur Verfügung." Schmunzelnd las er, dass sie keine Distanz vertrug, was das Siezen einbezog. Als ob er tatsächlich auf diese Weise ein Machtgefälle brauchte. „Gut, kommen wir zu deinen Sehnsüchten."

Jetzt wurde Brianna noch unruhiger, sie begann auf seinem Schoß hin- und herzurutschen, ohne daran zu denken, was das bei ihm auslöste.

„Halt still, es sei denn, du möchtest mir sofort Befriedigung verschaffen? Du bist dir im Klaren, dass ich das jederzeit einfordern kann, oder?" Liebevoll hielt er sie fest, da es in seiner Jeans extrem spannte.

„Tut mir leid, ich habe nur Angst, dass ich dich mit meinen Vorstellungen langweile oder du sie irgendwie abgedreht findest." Sie flüsterte ihre Entschuldigung lediglich.

Kopfschüttelnd betrachtete er sie. „Als ob so was möglich wäre. Cupcake, ich liebe dich und erfülle dir gerne jeden Wunsch. Darüber hinaus bist du dermaßen unerfahren, dass auf dieser Liste wohl kaum etwas wirklich Perverses steht.“ Sanft küsste er sie wieder, lenkte sie wenigstens für einen kurzen Moment von ihren Zweifeln ab. „Du hast meine Frage nicht beantwortet.“ Fragend zog er eine Augenbraue hoch, als er den Kuss beendet hatte.

„Ich bin mir bewusst, was es heißt, jemandem zu gehören.“ Ihre Wangen glühten, doch jetzt hob sie den Kopf, um ihm ins Gesicht zu sehen. „Ich weiß, dass du über mich verfügen kannst. Gleichzeitig darf ich darauf hoffen, dass du immer für meine Sicherheit sorgst, egal, wo wir uns befinden.“

Zustimmend nickte er. „Da gebe ich dir mein Wort. Niemals bringe ich dich in eine Situation, die dir schadet.“ Stumm las er sich ihre Wünsche durch und hätte fast gelacht, da wie erwartet nichts auf dem Zettel stand, was er ihr abgeschlagen würde. Im Gegenteil, sie fing sehr vorsichtig an, indem sie um verschiedene Fesselungen bat, außerdem wollte sie austesten, ob ihr Lustschmerz gefiel. In seinem Kopf jagte eine Idee die andere, wobei er gerade für den Anfang ein Spiel in der Öffentlichkeit ausschloss. Selbst die Vorstellung, dass sie für ihn einen Plug oder Glöckchen tragen sollte, verbannte er vorerst. Bei dem, was sie erleben musste, kam so etwas erst infrage, wenn sie ihn darum bat. Schmunzelnd faltete er die Zettel, um sie in seine hintere Hosentasche zu schieben, dabei hob er sie leicht an. „Gut, ich weiß, was ich mit dir anstellen kann, jetzt brauchen wir nur die Gelegenheit uns zurückzuziehen. Aktuell ist es zu gefährlich, dich zu mir zu holen, wo ich mehr Möglichkeiten habe, deshalb werde ich später einige Spielzeuge herholen.“

Die Unsicherheit hatte Bri vollkommen im Griff. „Du willst heute schon die erste Session?“ Ihr Gesichtsausdruck bekam etwas Entsetztes.

„Gibt es einen Grund, um es aufzuschieben? Hast du vielleicht deine Tage und bist besonders empfindlich?“ Offen sah er sie an, für ihn stand fest, dass er ihr keine Zeit lassen sollte, um sich in ihre Bedenken hineinzusteigern.

Langsam schüttelte sie den Kopf. „Nein, das nicht, nur habe ich gehofft, dass ich mich länger darauf vorbereiten kann. Außerdem weiß ich noch gar nicht, ob Callum zustimmt, mein Coverkontakt zu sein.“ Sie stürzte sich auf die erst besten Argumente, die ihr in den Sinn kamen.

„Hab ich meinen Namen gehört?“ Callum schlenderte ins Zimmer. „Ich dachte schon, ich hätte mich getäuscht, aber es ist doch deine Angeberkarre, die vorm Haus steht.“ Breit grinsend musterte er den Arzt.

„Als ob ich es nötig hätte, mit einem Auto zu punkten“, erwiderte Tyler, ehe beide laut lachten. „In der Tat gibt es da was, um das wir dich bitten wollen“, begann er, nachdem er sich wieder gefangen hatte.

Sofort besaßen sie die Aufmerksamkeit des Journalisten, der sich bereits ausmalte, dass es etwas Explizites sein musste, jedenfalls Briannas rot gefärbten Wangen nach. „Ich stehe zu eurer Verfügung.“ Er machte eine alberne Verbeugung.

„Wir möchten ...“, weiter kam Tyler nicht, weil Bri ihm den Ellenbogen in die Seite stieß.

„Lass mich selbst fragen“, verlangte sie, dabei blitzte sie ihn ärgerlich an. Sie fühlte sich ein wenig in die Ecke gedrängt und gleichzeitig freute sie sich auf ihre erste Session.

Augenblicklich richtete sich Callums Blick auf die junge Frau. „Was darf ich für dich tun, Kleine?“

Sie schluckte ihre Scham herunter, wagte es aber nicht, ihm in die Augen zu sehen. „Kannst du mich bei meinem Treffen mit Tyler covern? Wir planen, etwas auszuprobieren." Ihre Stimme wurde immer leiser, sodass sie am Ende kaum zu verstehen war.

„Wow, das hätte ich dir jetzt weniger zugetraut. Ich dachte, ehrlich, dass du eher die Unschuld vom Lande wärst."

Allein an seiner Antwort erkannte sie, dass er sich offensichtlich in der Thematik auskannte, zumindest theoretisch. Ihr gesamtes Gesicht brannte vor Scham, gleichzeitig spürte sie, dass sie die Situation anmachte, oder war es die Aussicht auf ihre erste Session? „Ob ich das bin, wird sich herausstellen, falls du zustimmst", antwortete sie leise. Am liebsten hätte sie sich an Tylers Brust versteckt, doch das ließ ihr Stolz nicht zu. Sie bat Callum gerade um einen Gefallen, da war es das Mindeste, ihn anzusehen.

„Klar, du kannst auf mich zählen. Ich passe auf dich auf, wie ich es versprochen habe." Ernst musterte er sie. „Ich freue mich, dass ihr offensichtlich einen Weg gefunden habt."

Brianna setzte an, um zu widersprechen, aber wem machte sie da eigentlich etwas vor? Sie stürzte sich kopfüber in eine solche Beziehung, schob allerdings ihr Misstrauen vor, um keine Nägel mit Köpfen machen zu müssen. Energisch brachte sie ihre Zweifel zum Verstummen, stattdessen lächelte sie gezwungen. „Schön, ich schicke dir eine WhatsApp, damit du weißt, wann ich dich brauche."

Der Journalist stimmte lächelnd zu, doch Tyler winkte ab.

„Das ist unnötig, ich wollte dich sowieso bitten, den Abend außer Haus zu verbringen. Zur Not gebe ich dir meinen Haustürschlüssel, sodass du den Wächtern Gesellschaft leisten kannst." Er hielt Brianna eisern fest, die jetzt versuchte, von seinem Schoß zu rutschen. „Es bringt keinen Vorteil zu warten, glaub mir."

Callum nickte mit einem Schmunzeln. „Das passt mir hervorragend, da ich mich in der Nähe von Limerick in einem Club verabredet habe. Wer weiß, vielleicht finde ich da Mr Right." Er zwinkerte den beiden anzüglich zu. „Du hast mir ja den Leckerbissen da weggeschnappt." Lachend deutete er auf Tyler, der zusammenzuckte, bis er erkannte, dass es sich um einen Scherz handelte. „Keine Sorge, ich stehe keineswegs auf Muskeln."

Brianna kicherte leise, woraufhin Ty warnend die Augenbrauen hochzog.

„Du bist dir im Klaren, dass ich dein Herr bin und wir im Moment eher nicht auf Augenhöhe agieren, oder?"

Seine Stimme klang dunkel, was ihr sofort unter die Haut ging. „Das bin ich", flüsterte sie. „Trotzdem fand ich die Situation lustig", setzte sie mutig hinzu. Sie wusste selbst nicht, was für ein Teufel sie ritt, aber sie wollte ihn ein wenig provozieren, vielleicht sogar für eine Strafe sorgen.

„Das war es auch", gab Tyler lächelnd zu. „Dennoch gehört es sich wohl kaum, mich auszulachen. Du hast dir deine erste Bestrafung verdient." Er raunte ihr die Worte ins Ohr, wobei sein Atem über ihre Wange strich.

Sofort bekam sie eine Gänsehaut, die keineswegs von den Temperaturen herrührte. Zwischen ihren Schenkeln kribbelte es, gleichzeitig stieg Hitze in ihr hoch.

„Ich gehe schon mal in den Stall, denkt daran, dass die Reitschüler gleich kommen." Callum verschwand, bevor ihn einer aufhalten konnte, allerdings beachtete ihn niemand.

Brianna war völlig in Tylers Bann gefangen, seine Worte hatten etwas in ihrem Inneren berührt, sodass sie jetzt eilig die Beine aneinanderrieb.

„Dich macht der Gedanke an, dass ich dich bestrafe“, stellte Ty leise fest, nachdem er einen tiefen Atemzug genommen hatte. „Ich bin fähig, deine Lust zu riechen.“

Entsetzt schloss Bri die Lider, auf keinen Fall war sie länger in der Lage, ihn anzusehen. „Ich kann kaum was dagegen tun“, flüsterte sie.

Sanft strich er ihr über den Arm. „Sieh mich an, Cupcake. Es gibt keinen Grund, sich zu schämen.“

Langsam schüttelte sie den Kopf.

„Ich sage es nicht noch einmal, schau mich an, Kleines.“ Seine Stimme wurde einen Tick härter, was ihr einen weiteren Lustschauer durch den Körper jagte.

Vorsichtig öffnete sie die Augen, gleichzeitig schluckte sie schwer. Es war ihr unheimlich peinlich, dass allein die Vorstellung, von ihm gezüchtigt zu werden, sie dermaßen anmachte.

„Mir gefällt es, dass du so leidenschaftlich reagierst.“ Mit den Worten presste er seine Lippen auf ihre, drang stürmisch in ihren Mund ein, um ihr den Atem zu rauben. Spielerisch umkreiste er ihre Zunge, sorgte dafür, dass sie leise stöhnte, während sie unruhig auf seinem Schoß herumrutschte. Endlich schlang sie ihre Arme um seinen Hals, klammerte sich an ihm fest, als ob sie Halt brauchen würde.

Brianna schaffte es keinen Moment länger, sich gegen ihre Gefühle zu wehren, im Gegenteil, sie gab sich völlig diesem heißen Kuss hin, der so viel härter war, als die vorigen. Eng drängte sie sich an Tyler, rieb sich an ihm, weil sie wollte, dass er sich genauso nach ihr sehnte wie umgekehrt. In der Sekunde war es ihr egal, was die Zukunft brachte.

Er liebte ihren Geschmack, kostete ihn aus, gleichzeitig schob er die Fingerspitzen in ihren Haaransatz. Sanft kraulte er sie, ehe er fest zupackte, sie in der Position hielt, in der er sie am besten küssen konnte. Zufrieden hörte er ihren lustvollen Seufzer, als er auf diese Weise die Führung übernahm.

Leider wartete die Arbeit auf sie, sodass er viel zu schnell von ihr abließ. „Wir müssen den Rest auf heute Abend verschieben", raunte er ihr zu, während er durch ihre Haare strich, um die verwuschelten Bereiche glattzustreichen.

Brianna hätte sich am liebsten geweigert, sich der Realität zu stellen, zu schön war dieser Traum vom Glück, doch es half nichts, die Reitschüler erwarteten sie. Langsam öffnete sie die Lider, nur um in seinen Augen dieselbe Sehnsucht zu erkennen, die auch sie antrieb. Oder bildete sie sich das nur ein?

„Ich würde dich jetzt zu gerne über meine Knie drapieren, um dir nach allen Regeln der Kunst den Hintern zu versohlen, ehe ich mich tief in dir versenke", gab er heiser zu.

Mit trockenem Mund nickte sie, nur um gleich darauf den Kopf zu schütteln. „Ich muss los, die Anfängergruppe möchte ausreiten." Sie schob sich von seinem Schoß, aber er hielt sie am Arm fest.

„Warte, ich reite mit dir, sicher ist sicher. Es sei denn, du willst, dass Callum dich begleitet." Abwartend sah er sie an, dabei erkannte sie deutlich, dass er hoffte, ihre Wahl würde auf ihn fallen.

„Ich dachte, Cat und ihre Leute wachen über uns." Sie atmete, als ob sie gerannt wäre.

„Das tun sie auch, allerdings halten sie eher den Hof im Auge." Traurigkeit verdunkelte seine Mimik. „Ich sage Callum Bescheid, dass er mit ausreiten soll." Mit den Worten erhob er sich und ging einen Schritt auf die Tür zu.

„Warte." Brianna packte ihn gerade so am Ärmel. „Ich möchte, dass du mitkommst. Das war nur meiner Neugier geschuldet." Sie lächelte ihn verlegen an.

Sofort breitete sich ein Strahlen auf seinem Gesicht aus, was ihr ein schlechtes Gewissen einjagte. Weshalb dachte sie nicht eher nach, bevor sie losplapperte? In Wahrheit versuchte sie, ihm mit der Frage auszuweichen, weil sie sich seiner Nähe zu bewusst war und nur schwer zugeben konnte, dass sie ihn bei sich haben wollte.

Tyler schlang einen Arm um ihre Schultern, brachte sie zum Hintereingang, wo sie in ihre Stiefel schlüpfte, anschließend gingen sie zu der kleinen Gruppe, die bereits auf sie wartete.

Kurz überlegte Brianna, dann verteilte sie die Pferde an die aufgeregten Mädchen, die an dem Tag zum ersten Mal ins Gelände durften. „Wie gut bist du? Traust du dir zu, eins der Jungpferde zu nehmen?" Sie legte den Kopf schief, um ihn besser mustern zu können.

„Ich denke, das bekomme ich hin. Du sagst ihm bitte vorher, dass er oder sie mich nicht abwerfen soll. Ich war ewig nicht mehr reiten", gab er ein wenig verunsichert zu.

Lachend nickte sie. „Klar, ich glaube, Berry ist der Richtige für dich. Bei Laika bin ich unsicher, ob sie es dennoch versucht, allein um den anderen zu imponieren." Sie schnappte sich sechs Halfter, um mit der Gruppe auf die Weide zu gehen.

Als sie am Paddock vorbeikamen, winkte Callum ihnen vergnügt zu. Er würde die Stellung halten, zumal er gleich mit seiner Aufgabe fertig war und sich um seinen Artikel kümmern wollte. Stew hatte ihn gebeten einige Stellen abzuändern, damit sie die Kerle mehr provozieren konnten. Er selbst war subtil vorgegangen, trotzdem gefiel ihm der Vorschlag des Wächters.

Gemeinsam sattelten sie, dabei achtete Brianna darauf, dass auch wirklich alles am rechten Platz saß, anschließend machten sie sich auf den Weg.

Tyler fühlte sich zuerst ein wenig wackelig, bis er in den Rhythmus hineingefunden hatte. Reiten verlernte man eben doch nicht. Nach und nach entspannte er sich, wobei er mit Bri hinter den Reitschülern blieb.

Immer mal wieder rief sie einem der Mädchen zu, dass sie auf ihren Sitz oder die Zügelführung achten sollte. Den beiden Reiterinnen an der Spitze teilte Bri Maeve und Darwin zu, die den Weg kannten, sodass die Befehle zum Abbiegen fast unnötig waren.

Brianna beobachtete Tyler, als er neben ihr ritt, dabei gab sie gerne zu, dass er eine ganz gute Figur machte. Erstaunt stellte sie fest, dass sie seine Gegenwart auch jetzt genoss, irgendwie hatte sie erwartet, dass sie nervös sein würde, aber das Gegenteil war der Fall. Sie fühlte sich beschützt. Nachdenklich betrachtete sie ihn, während sie ihre Gefühle analysierte. In der Tat empfand sie mehr für ihn, als sie sich eingestand, bei der Erkenntnis, richtete sie ihre Aufmerksamkeit sofort auf ihre Schüler. Keinesfalls durfte sie sich in irgendwelchen Träumereien verlieren.

„Reite ich so schlecht oder warum verziehst du das Gesicht?“

Natürlich hatte er sie genau beobachtet, sodass sie leise seufzte. „Du weißt, dass du gut reitest, andernfalls würde ich dich mit Mary tauschen lassen.“ Das war das Mädchen auf Maeve.

Seine Augen blitzten. „Das wagst du tatsächlich? Mich dermaßen bloßzustellen?“

Sofort nickte sie. „Ja, weil das Wohlergehen meiner Tiere an erster Stelle steht. Wenn du das nicht verstehst, sollten wir unser Date heute Abend absagen.“ Stur hielt sie seinem Blick stand.

„Das gefällt mir“, bemerkte er mit einem anerkennenden Lächeln. „Genau das erwarte ich von dir, du sollst dich in so einem Fall keineswegs von mir beeinflussen lassen.“ Er beugte sich zu ihr, um ihr einen Kuss zu geben, doch in dem Augenblick tänzelte Berry zur Seite, sodass er fast von seinem Rücken gefallen wäre. Irritiert tätschelte er das Tier, anschließend musterte er Bri, die breit grinste. „Hast du ihn dazu veranlasst?“

„Nein, das muss ich gar nicht. Er versteht jedes Wort, schon vergessen? Außerdem ist er noch in der Ausbildung, du hast ihm mit deiner Haltung den Befehl gegeben, seitwärts zu gehen.“ Jetzt lachte sie laut auf. Ihr fiel ein Stein vom Herzen, weil er sie lediglich getestet hatte. Ehrlich gab sie zu, dass sie sich auf ihre erste Erfahrung freute, allerdings den Kontakt abbrechen würde, sollte er verlangen, dass sie das Wohl ihrer Tiere aufs Spiel setzte.

„Du bist ein braver Kerl und lässt dich toll reiten“, lobte Tyler den jungen Wallach leise, dabei tätschelte er ihn zärtlich. „Ich will nur das Beste für Brianna“, erklärte er ernst.

„Wenn dich jemand hört, hält er dich für verrückt“, bemerkte Bri, die mit einem Kloß im Hals kämpfte. Es rührte sie, dass er das Pferd einbezog, ihm mitteilte, dass er etwas Gutes im Sinn hatte, aber noch mehr berührte es sie, dass er sich um sie sorgte. Natürlich könnten es leere Worte sein, nur wollte sie ihm glauben. „Lass uns antraben.“ Irgendwie musste sie dieser emotionalen Situation entkommen und das war der einfachste Weg.

Tyler stimmte vergnügt zu. „Hörst du, Berry, sie will traben.“ Sofort gehorchte der Wallach, sodass Ty leise lachte. „Das ist faszinierend.“ Den restlichen Ausritt über, gab er nur ganz leichte Hilfen, verließ sich darauf, dass das Pferd seinen ausgesprochenen Befehlen nachkam.

An einem Hang galoppierten sie an, Brianna hielt Lucky die ersten Meter streng unter Kontrolle, auf gar keinen Fall durfte es hier zum Wettrennen kommen, trotzdem genoss sie es. Der Wind zerzauste ihre Haare, während sie die harten Muskeln ihres Tieres spüren konnte. Ein Gefühl von Freiheit breitete sich in ihr aus und plötzlich fühlte sie, dass alles gut werden würde. Am liebsten hätte sie gejubelt, nur wollte sie niemanden erschrecken, sogar das Lachen, das ihr die Kehle heraufkroch, unterdrückte sie. Stattdessen überholte sie die Gruppe, sorgte dafür, dass Lucky sich auspowerte, dabei verließ sie sich auf Maeve, dass die Reitanfänger sicher am Ende des Hügels ankamen.

Tyler ritt dicht hinter ihr, zumal Berry es sich nicht nehmen ließ, Lucky zu folgen. Auch er brannte darauf zu zeigen, was er konnte, während die älteren Pferde sich wegen der Reitschüler zurückhielten. Gekonnt hielt er das Tier an Briannas Seite, spürte die Kraft, die von ihm ausging und in ihm keimte genauso das Gefühl der Freiheit auf. Es war fast so gut, wie als Puma durch die Gegend zu jagen. Mit einem Lächeln nahm er sich vor, Bri zu einem Wettrennen herauszufordern. Vielleicht schafften sie es, der Herde zu erklären, was genau er war. Einen Augenblick erlaubte er sich, davon zu träumen, wie er in seiner tierischen Gestalt neben seiner wunderschönen Reiterin herjagte. Leider war der Hang viel zu schnell erklommen, sodass sie ihre Pferde zügelten.

„Wow, das macht lebendig“, bemerkte er, als er seinen Platz neben Bri, die erneut hinter der Gruppe herritt, einnahm.

Strahlend stimmte sie ihm zu. „Oh, ja, ohne die Anfänger ist es allerdings noch belebender.“ Sie sprach leise, damit nur er sie hörte. „Versteh mich bitte nicht falsch, ich liebe meinen Job und die Mädels sind toll, trotzdem vergesse ich meine Verantwortung bei so einem Ausritt nie.“

Ernst nickte Ty, zumal er gesehen hatte, dass sie auch im Galopp immer wieder zurückgeblickt hatte.

Kapitel 16 - Neue Welt

Nach einer ausgiebigen Runde erreichten sie den Stall, wo sie dafür sorgten, dass jeder sein Tier ordentlich absattelte, ehe es in die Box kam.

Tyler bedankte sich mit einem heißen Kuss für den Ausritt, ehe er sich nützlich machte.

Verliebt blickte Bri ihm hinterher, bis sie von einem Reitschüler abgelenkt wurde.

Der restliche Tag verging wie im Flug, was sie einerseits begrüßte, andererseits fürchtete. Die Nervosität vor ihrer ersten Session stieg stetig an, trotzdem freute sie sich darauf. So paradox reagierte auch nur sie.

Als die letzten Schüler gegangen waren, aßen sie gemeinsam zu Abend und kurz danach verabschiedete sich Callum. „Ich rufe dich zwischendurch an. Solltest du meine Hilfe benötigen, sag mir einfach, dass du den schwarzen Pullover in der Wäsche hast." Er lächelte ihr zu. Bri hatte ihn zu seinem Auto begleitet, damit sie den Code besprechen konnten, ohne von Tyler belauscht zu werden. „Ich glaube allerdings nicht, dass du mich wirklich brauchst."

Sie seufzte leise. „Ich hoffe es." Schnell schüttelte sie den Kopf. „Nein, ich denke auch, dass ich mir keine Sorgen machen muss."

Mit einem Winken verabschiedete Callum sich, während sie zum Haus zurückging.

Tyler wartete in der Küche, dabei summte er vor sich hin. Sein Gehör war extrem gut, sodass er sich davon abhielt, das Gespräch zu belauschen. Auf keinen Fall würde er die beiden dermaßen hintergehen. Endlich klapperte die Haustür und er atmete erleichtert auf. „Gut, dass ihr fertig seid. Es ist anstrengend wegzuhören." Er lächelte wie ein Lausejunge.

„Hast du uns auf die Entfernung etwa belauscht?" Empört stemmte Bri die Arme in die Seiten.

„Nein, das sagte ich doch gerade, aber ich könnte es. Meine Sinne sind besser ausgebildet, als die eines jeden Menschen." Er hob zwei Finger. „Ich schwöre, ich habe kein Wort gehört."

Zufrieden nickte Brianna, dabei sah sie ihn an, die Nervosität kehrte mit Macht zurück, zumal es für sie nur noch einen Weg zurückgab: Abbruch. Allerdings wollte sie diese Session erleben, egal, was danach passierte. Sie musste sich einfach selbst beweisen, dass sie kein Angsthase war, der vor allem zurückschreckte. In dem Punkt gab sie Tyler recht, sie hatte nur wenig zu verlieren. Unruhig knetete sie die Finger, während sie krampfhaft überlegte, was sie jetzt sagen oder tun sollte. Endlich fiel ihr etwas Wichtiges ein, was ihr vielleicht sogar einen Aufschub brachte. „Hattest du nicht geplant, nach Hause zu fahren, um Spielzeug zu holen?"

Mit einem Satz war er bei ihr, zog sie fest in seine Arme. „Bei unserer ersten Session werde ich kaum eine Peitsche brauchen, oder was denkst du?"

Sie zuckte unschlüssig mit den Schultern, zumal ihr in dem Augenblick klar wurde, dass ihre Idee in der Luft verpuffte.

„Sag mir ehrlich, ob du bereit bist. Möchtest du heute den ersten Schritt machen oder sollen wir lieber noch warten?" Mit dem Handrücken hob er ihr Kinn an, dabei sah er sie so liebevoll an, dass sie schlucken musste.

„Ich glaube nicht, dass es besser wird, wenn ich weglaufe."

Mit ihrem Blick sagte sie ihm deutlich, dass er bitte die Führung übernehmen sollte, aber diese eine Entscheidung durfte er ihr auf keinen Fall abnehmen. „Ich führe dich, sobald ich sicher sein kann, dass du das hier wirklich willst." Ihr Seufzer schnitt ihm ins Herz, weil er wusste, wie sehr sie gegen ihr Misstrauen ankämpfte.

„Ich möchte es ausprobieren, nur schaffe ich es einfach nicht, die leise Stimme in meinem Kopf auszuschalten", gab sie traurig zu.

„Pass auf, du gehst ins Bad, um dich fertigzumachen. Ich gebe dir eine halbe Stunde. Entscheidest du dich dafür, kommst du ins Schlafzimmer, wo ich auf dich warte. Falls du es bevorzugst, einen Aufschub zu bekommen, setzt du dich ins Wohnzimmer." Er küsste sie leidenschaftlich, ehe er sie mit einem Klaps losschickte.

Brianna atmete heimlich auf, da sie doch noch Bedenkzeit bekam, andererseits sehnte sie sich danach, die Verantwortung an ihn abzugeben. Eilig lief sie ins Bad, wo sie sich einen Augenblick auf den geschlossenen Toilettendeckel sinken ließ. Sämtliche Bedenken fielen über sie her, angefangen von der Vorstellung, dass er sich angewidert von ihr abwenden könnte, bis hin zu der Idee, dass er sie einfach auslachen würde. Sie war sich ihrer pummeligen Figur nur zu bewusst, trotzdem drängte etwas in ihr, diese Chance zu nutzen. Endlich hob sie den Kopf, streifte die Klamotten ab und duschte. Sie war nicht feige!

Während sie sich einseifte, sich rasierte und für die bevorstehende Session vorbereitete, betete sie sich immer wieder vor, dass sie sich nur tiefer in ihre Gefühle verstricken würde, sollte sie warten. War sie erst einmal bis über beide Ohren in ihn verliebt, tat eine Abfuhr noch mal so weh.

~~°~~

Tyler sah ihr hinterher, dabei hätte er ihr die Entscheidung so gerne abgenommen, nur waren ihm gerade die Hände gebunden. Auf keinen Fall wollte er sie zu einer Session überreden. Seufzend lief er zu seinem Auto, wo er im Kofferraum seine Seile aufbewahrte. Weshalb er sie nach ihrem ersten Treffen eingepackt hatte, konnte er kaum sagen, doch jetzt war er froh, nicht zu anderen Hilfsmitteln greifen zu müssen.

Lächelnd ging er in ihr Schlafzimmer, wobei er hoffte, dass sie zu ihm kam. Mit einem Lächeln überlegte er, dass für die geplante Lektion seine Handflächen und sein Gürtel reichten, dazu plante er, Bondage mit ihr auszuprobieren. Natürlich gab es noch so viel mehr, aber er würde sich Zeit nehmen. Kurz dachte er darüber nach, sie zu bestrafen, wenn sie länger als eine halbe Stunde benötigte, doch die Idee verwarf er wieder. Seine Kleine kämpfte gerade zu hart gegen ihr Misstrauen, daher brauchte sie den zusätzlichen Druck nicht.

Angespannt setzte er sich auf das Bett, anschließend horchte er auf die leisen Geräusche aus dem Bad. Sein Kopfkino lief auf Hochtouren, als er das Wasser der Dusche hörte. Wie gerne würde er zu ihr gehen, sie waschen, ihre Lust auf eine ganz besondere Art wecken. Schnell schob er die Gedanken zur Seite, er wollte ihr auf keinen Fall mit einem riesigen Ständer entgegenkommen. Leider blieb er alles andere als kalt, während er auf sie wartete, zu sehr sehnte er sich nach ihr. Diese Frau ging ihm unter die Haut, reizte ihn mit allen Sinnen.

Endlich schloss sich die Badezimmertür und seine Anspannung stieg auf ein unermessliches Level.

Erleichtert atmete er aus, als sich die Schlafzimmertür öffnete. Mit einem Satz war er bei ihr, zog sie zärtlich an sich und schlang seine Arme um sie, als ob er sie vor dem Rest der Welt abschirmen wollte. „Du glaubst nicht, wie sehr ich mich über deine Entscheidung freue", raunte er ihr zu.

Brianna kuschelte sich dicht an ihn, vergrub ihr Gesicht an seiner breiten Brust, gleichzeitig versuchte sie, ihren rasenden Puls zu beruhigen. Immer noch fragte sie sich, was genau sie da tat, trotzdem fühlte es sich richtig an.

Eine ganze Weile hielt Tyler sie einfach nur fest, gab ihr den Halt, den sie in der Situation benötigte, bis er spürte, dass sie sich ein wenig beruhigt hatte. Erst jetzt schob er sie ein Stückchen von sich. „Ich passe auf dich auf, Cupcake, versprochen." Sanft küsste er sie, anschließend betrachtete er sie ausgiebig. „Du hast definitiv zu viel an." Ein Lächeln huschte über sein Gesicht. „Heb die Arme."

Kurz kämpfte Bri mit sich, ehe sie seinem Befehl nachkam.

Langsam zog er ihr das T-Shirt über den Kopf, warf es achtlos auf den Boden, bevor er genüsslich mit den Fingerspitzen über ihren Körper strich. Er genoss es ihre weiche Haut zu fühlen, ihre erogenen Zonen zu entdecken, während sich eine Gänsehaut auf ihren Oberarmen ausbreitete. „Ist dir kalt?" Seine Stimme war nur ein Raunen.

Vorsichtig verneinte sie. „Nein, ganz im Gegenteil." Sie räusperte sich und schluckte vor Verlegenheit.

Erneut streichelte Tyler sie, anschließend zog er ihr den BH aus.

Brianna unterdrückte den Drang, sich mit den Händen zu bedecken, was ihr enorm schwerfiel. Sie hielt den Kopf hocherhoben, traute sich jedoch nicht ihm ins Gesicht zu sehen.

„Es ist alles in Ordnung, meine Kleine. Du bist wunderschön."

Bei dem Satz musterte sie ihn jetzt doch, weil sie glaubte, dass er sich einen Scherz erlauben würde, aber in seiner Mimik erkannte sie nur die Liebe, die er für sie hegte. Ihr Mund fühlte sich trocken an, gleichzeitig spürte sie den Kloß in ihrem Hals. Mit vielem hatte sie gerechnet, nur nicht damit, dass er sie tatsächlich schön fand.

Tyler beobachtete sie eindringlich, sog ihren Duft ein, um sicher zu sein, dass sie weder Angst noch Abneigung verspürte. Beinahe hätte er zufrieden aufgelacht, als er ihre Erregung witterte. Genau da wollte er sie haben. Langsam zog er ihr die Shorts von der Hüfte, nahm ihren Slip gleich mit, sodass sie nackt vor ihm stand. „Halt dich an mir fest", wies er sie an, während sie aus ihren Sachen trat.

Bri gehorchte zögernd, schloss für einen Moment die Lider, um ihren Mut zu sammeln, denn jetzt sah er ihre gesamte katastrophale Figur. Sie biss sich auf die Lippe, um das Zittern zu unterdrücken, da sie jederzeit mit seiner Ablehnung rechnete. Unsicher sah sie ihn an, als er sie nur stumm musterte. „Soll ich mich wieder anziehen?" Ihre Stimme klang ungewöhnlich kehlig, als ob sie kurz davor stünde, in Tränen auszubrechen.

Entgeistert erwiderte Ty ihren Blick. „Weshalb? Du bist perfekt, Cupcake. Ich liebe deine Rundungen, nein, ich liebe alles an dir." Er zog sie fest an sich, streichelte ihr über den

Rücken. „Es gibt tatsächlich Männer, die weniger auf dünne Frauen stehen“, murmelte er.

Das Zittern ließ nach und sie atmete tief aus. Wenigstens rannte er nicht schreiend davon, allerdings traute sie sich noch nicht, ihm zu glauben. Sie schmiegte sich in seine Umarmung, drückte sich an ihn, auch um ihm ihren Anblick zu ersparen.

Tyler knurrte innerlich, weil ihr Umfeld ihr jedes bisschen Selbstbewusstsein in dem Punkt genommen hatte. Wie gerne würde er die Verantwortlichen bestrafen, leider war das unmöglich. Schnell konzentrierte er sich wieder auf seine Kleine.

Vorsichtig schob er sie von sich. „Verschränk die Arme hinter dem Kopf, ich möchte dich ansehen.“ Sein Befehl kam ruhig und liebevoll, trotzdem zuckte sie zusammen.

Mit geschlossenen Lidern ließ sie seine Musterung über sich ergehen, dabei spürte sie deutlich, dass es zwischen ihren Schenkeln kribbelte. Ihre Erregung steigerte sich, als Tyler erneut mit seinen Fingerkuppen über ihre Haut streichelte. Gänsehaut der Lust bildete sich, gleichzeitig entkam ihr ein lustvolles Stöhnen. Jetzt sehnte sie sich danach, dass er einen Schritt weiter ging, ihre Brustwarzen zwirbelte oder ihre Klitoris massierte, doch er dachte gar nicht daran.

Genüsslich erkundete Ty ihren Körper, ließ jedoch die eindeutigen erogenen Zonen aus. Natürlich bemerkte er, dass ihre Nippel hart waren, außerdem rieb sie die Schenkel vorsichtig aneinander. Mit einem Lächeln strich er an der Außenseite ihrer Brüste entlang, betrachtete die Gänsehaut, die sich daraufhin bildete, ehe er über ihre Schlüsselbeine bis zum Hals fuhr. Sein innerer Puma fauchte, er wollte sein Weibchen markieren, sich in ihr versenken, aber noch hielt er ihn fest an der Kette.

„Nimm die Arme runter“, raunte er ihr zu, anschließend hob er sie hoch, was sie mit einem leisen Schrei quittierte. Bevor sie protestieren konnte, legte er sie auf der Matratze ab. „Vertrau mir.“

Zaghaft nickte sie, wobei sie ihn endlich ansah. In seinen Augen erkannte sie die gleiche Lust, die auch in ihr tobte, sodass sie sich ein wenig entspannte. Neugierig wartete sie ab, was er jetzt mit ihr vorhatte.

Tyler lächelte ihr beruhigend zu, ehe er ein Seil aus seiner Tasche zog, womit er ihre Hände am Kopfende des Bettes fesselte. Er holte sich ein zweites Hanfseil. „Spreiz die Beine, Cupcake.“

Sie gehorchte, da sie ihm völlig ausgeliefert war, ihr innerer Widerstand verschwand, allein durch die Fesselung.

Zart strich er durch ihre Spalte, schmunzelte, als er bemerkte, wie feucht sie bereits war. „So gierig? Das gefällt mir.“ Süffisant betrachtete er sie, während er seinen Daumen auf ihren Lustpunkt drückte.

Bri stöhnte leise, presste sich ihm entgegen, dabei zeigte sie mit ihrem Körper, wonach sie sich sehnte.

„Du wirst dich ein wenig gedulden müssen, ich habe noch mehr mit dir vor.“ Mit den Worten ließ er von ihr ab, um ihre Fußgelenke ebenfalls an das Bett zu fesseln. Als sie ihm völlig ausgeliefert war, setzte er sich neben sie, streichelte sie, ergötzte sich daran, wie sie sich in den Seilen wand. „Sieh mich an, Cupcake, sag mir, was du fühlst.“

Einen Augenblick betrachtete sie ihn, als ob sie ihn nicht verstanden hätte, bis sein Befehl in ihrem Gehirn ankam. Sie spürte ihren Gefühlen nach, horchte in sich hinein, bis ein Lächeln auf ihrem Gesicht erschien. „Freiheit, Geborgenheit.“ Ihre Wangen röteten sich. „Und Lust“, fügte sie leise hinzu.

Zufrieden nickte er. „So soll es sein, meine Kleine. Lass dich fallen, vertrau mir, ich werde dich immer auffangen." Er beugte sich über sie, nahm ihren Mund in Besitz, raubte ihr den Atem, gleichzeitig drückte er einen Finger tief in ihre Weiblichkeit.

Brianna wurde von einer Welle aus Zärtlichkeit, Gier und Glück überrollt, die sie schluchzen ließ. Eifrig kam sie ihm entgegen, forderte seine Zunge zum Duell auf, das sie mit Freude verlor. Sie saugte an seiner Unterlippe, biss sogar hinein, bis sie keinen Sauerstoff mehr übrig hatte. Nach Luft schnappend beendete sie den Kuss, nur um laut zu stöhnen, als er erneut in sie stieß.

„Jetzt bist du bereit für deine erste Strafe", stellte er zufrieden fest, was sie sofort unruhig machte.

Die Fesseln halfen ihr, sich zu ergeben, ihm zu vertrauen und gaben ihr auf eine seltsame Weise das Gefühl der Freiheit. Sie durfte schwach sein, die Verantwortung abgeben, es blieb ihr ja kaum eine Wahl. Mit einem tiefen Atemzug nickte sie ihm zu. „Weshalb glaubst du, dass ich eine Bestrafung verdiene?" Ihre Stimme war rau vor Erregung, trotzdem forderte sie ihn heraus.

Schmunzelnd betrachtete Ty sie, strich immer wieder über ihre Nippel, um sie auf Spannung zu halten. „Wo soll ich anfangen? Du hast die Behandlung im Krankenhaus abgelehnt und damit deine Gesundheit aufs Spiel gesetzt."

Sie wollte aufbegehren, aber er schüttelte nur leicht den Kopf.

„Du hast mir unterstellt, dass ich dich fallenlasse. Du hast meine Hilfe abgewiesen, bist gegen mich gegangen. Ich erinnere mich, dass du ziemlich unhöflich warst." Sein

Lächeln bekam etwas Raubtierhaftes. „Außerdem benötige ich keine Begründung."

Sie schluckte schwer, zumal sie sich tatsächlich schuldig fühlte, weil sie ihn immer wieder von sich gestoßen hatte. Darüber hinaus stimmte sie ihm zu, dass sie sich in den letzten Tagen öfter mal im Ton vergriffen hatte, obwohl er alles tat, um ihr zu helfen. Natürlich gab es einen guten Grund dafür, trotzdem hatte sie eine Strafe verdient. Zaghaft nickte sie.

Zufrieden zog Ty sich das Shirt über den Kopf, streifte die Schuhe und Socken ab, ehe er sich zu ihr auf das Bett setze. Zärtlich nahm er eine Brustwarze in den Mund, saugte daran, umspielte sie mit der Zungenspitze und leckte darüber.

Bri drückte sich ihm entgegen, wenn das ihre Bestrafung war, würde sie sich nicht beschweren. Leise stöhnend hob sie den Oberkörper an, soweit es möglich war. Plötzlich schoss ein heftiger Schmerz durch ihren Leib, der sie erschrocken aufschreien ließ. Tyler hatte sie in den Nippel gebissen! Erstaunt stellte sie fest, dass ihre Lust trotzdem weiter anstieg. Oder vielleicht gerade deshalb?

Sanft pustete Ty über die malträtierte Warze, leckte noch einmal darüber, ehe er sich der anderen Seite zuwandte. Hier begann er sein Spiel erneut, saugte an der empfindlichen Spitze, reizte sie, bis seine Kleine laut aufstöhnte, bevor er hineinbiss. Sein sadistisches Ich sog ihren Schmerzensschrei begierig auf, gierte nach mehr.

Aber auch Brianna wollte, dass er weiterging, nur traute sie sich nicht, ihm das mitzuteilen, stattdessen drückte sie sich ihm entgegen, so weit die Fesseln es zuließen, gleichzeitig sah sie ihn bittend an.

„Sag mir, was du willst", forderte er hart.

Sie schluckte, überlegte, ob sie seine Forderung umgehen konnte, stellte allerdings schnell fest, dass er sich jetzt keinen Millimeter rührte. „Zeig mir mehr“, brachte sie leise hervor. „Ich möchte wissen, was Lustschmerz ist.“

Den Gefallen tat er ihr zu gerne. Erneut beugte er sich über sie, nahm eine Brustwarze in den Mund, während er die andere mit den Fingern schmerzhaft zusammenpresste. Zuckerbrot und Peitsche. Er erregte sie nach allen Regeln der Kunst, gleichzeitig zog er ihren Nippel lang, bis sie vor Pein aufstöhnte.

Gerade als er eine Hand zwischen ihre Schenkel schob, klingelte ihr Handy, das er auf ihren Nachttisch gelegt hatte. Mit einem Lächeln drückte er auf die entsprechende Taste, ehe er ihr das Gerät ans Ohr hielt.

„Hey, Kleine, Callum hier. Ist alles in Ordnung?“

Brianna hätte am liebsten laut geflucht, sie stand kurz vor einem Orgasmus und der Anruf hatte die Wirkung von Eiswasser. Darüber hinaus erkannte er bestimmt sofort, in welcher Verfassung sie war. „Ja, es ist alles gut. Du brauchst nicht mehr anzurufen“, stieß sie hervor, musste jedoch ein Stöhnen unterdrücken, als Tyler sanft mit der freien Hand über ihren Kitzler strich.

„Ja, das hört sich auch genauso an. Viel Spaß noch.“

„Das ist gemein.“ Sie keuchte vor Lust, während Ty das Handy zur Seite legte. „Ich war kurz davor.“ Schnell schluckte sie den Rest des Satzes herunter. Auf keinen Fall würde sie ihm erzählen, dass sie sich nach einem Höhepunkt sehnte und sogar fast gekommen wäre.

Natürlich ließ er das Thema nicht auf sich beruhen. „Wovor, mein Herz?“ Gespielt unwissend musterte er sie, dabei verkniff er sich ein breites Schmunzeln.

Sie schüttelte leicht den Kopf, während sie ihn bittend ansah. „Können wir einfach weitermachen?“ Verlegen bewegte sie sich. „Es fühlt sich toll an.“

Tyler gab nach, weil er wusste, dass sie noch nicht so weit war, um über ihre Sehnsüchte zu sprechen. Mit einem diabolischen Lächeln kam er zu ihr, beugte sich so zu ihr, dass er sie gut mit seiner Zunge erreichte. Genüsslich leckte er über ihre weiche Haut, saugte an ihrem Ohrläppchen, bevor er eine heiße Spur bis zu ihrem Schamhügel zog.

Brianna hielt die Luft an, das war eine völlig neue Erfahrung für sie, außerdem fühlte es sich verboten gut an. Sie bemühte sich still zu liegen, damit er nicht auf die Idee kam, aufzuhören, was ihr nur bedingt gelang. Leise stöhnend bewegte sie sich unter seiner Zungenspitze, die sich jetzt zwischen ihre Labien schob.

Tyler saugte ihre Klitoris in seinen Mund, verwöhnte sie, trieb sie immer weiter auf einen Orgasmus zu, gleichzeitig packte er ihre Hüften mit beiden Händen. Sie schmeckte köstlich, sodass er kaum genug von ihr bekam.

Seine Zunge bohrte sich tiefer in ihr Inneres, während er sie zusätzlich mit dem Daumen stimulierte.

Aufmerksam achtete er auf ihre Reaktionen, nur um im letzten Moment aufzuhören. Mit einem Schmunzeln hörte er den enttäuschten Seufzer, den sie nicht zurückhalten konnte. „Auch das ist eine Form der Bestrafung“, erklärte er ihr mit einem zärtlichen Lächeln. „Dich immer wieder bis kurz vor einen Orgasmus zu bringen, wird dir deine Grenzen ziemlich deutlich zeigen.“

Entsetzt riss sie die Augen auf. Würde er sie tatsächlich unbefriedigt lassen? Noch bevor sie in der Lage war, ihn zu fragen, schüttelte er sanft den Kopf.

„Heute werde ich dir deine Belohnung nicht vorenthalten. Du solltest aber künftig daran denken, dass ich auch zu solchen Mitteln greife, sobald du dich danebenbenimmst." Überlegen lächelte er sie an, er liebte es, über ihre Lust zu bestimmen.

Sofort nickte sie hektisch, im Augenblick würde sie so ziemlich allem zustimmen, wenn sie nur die innere Anspannung loswurde.

„Gut, dann sind wir uns ja einig." Liebevoll streichelte er sie. „Was wünschst du dir?"

Bri sprang über ihren Schatten. „Mehr Lustschmerz", stieß sie hervor, ehe sie darüber nachdenken konnte.

„Stets zu Diensten." Er löste ihre Fesseln, was sie verwunderte.

Hatte sie einen Fehler gemacht oder gefiel sie ihm doch nicht? Die Zweifel standen ihr deutlich ins Gesicht geschrieben, sodass Ty sie sofort beruhigte.

„Keine Sorge, ich werde mich um dich kümmern, aber ich möchte mit deinem Hinterteil anfangen."

Mit den Worten hob er sie hoch, um sie mit dem Bauch nach unten auf seinen Oberschenkeln zu drapieren.

Sie atmete erleichtert auf, bis ein harter Schlag sie traf. Es schmerzte, allerdings auf eine gute Weise. Brianna fühlte in sich hinein und bemerkte, dass die Lust in ihr hochkochte.

Tyler gab ihr einen Moment, ehe er seine Handfläche erneut auf ihrem bezaubernden Hintern auftreffen ließ. Er liebte das Brennen auf seiner Haut, außerdem erlaubte es ihm, die Intensität genau zu dosieren. Vorsichtig schob er ihre Schenkel ein wenig auseinander, glitt mit einem Finger in sie, nur um vergnügt zu lachen. So feucht, wie sie war, gefiel es ihr, von ihm geschlagen zu werden.

Genüsslich versohlte er ihr das Hinterteil wie einem ungezogenen Kind, wobei er immer wieder kurz ihre Klitoris massierte. Ihm war nach dem Einstieg klar, dass sie die Stimulation brauchte, um den Schmerz verarbeiten zu können. Seine Kleine war kein Kaltstarter, was ihm gut in den Kram passte.

Bei jedem Treffer stöhnte sie leise auf, drehte sich ein wenig, außerdem presste sie sich gegen seine Hand, sobald er sie verwöhnte. „Geht es dir gut, Cupcake?“ Sanft rieb er über ihre geröteten Hinterbacken.

Sofort nickte sie verschämt. „Viel zu gut. Ist das nicht irgendwie gestört?“ Aktuell schaffte sie es nicht, ihre Neigung vollständig zu akzeptieren, zu lange hatte man ihr beigebracht, dass sich so ein Verhalten keinesfalls gehörte.

„Lass dich fallen, nimm es einfach an. Es ist in Ordnung. Du bist perfekt, so wie du bist“, raunte er ihr ins Ohr.

Brianna gab sich ganz ihren Gefühlen hin, nie hätte sie erwartet, dass sie den Lustschmerz dermaßen genießen könnte. Es tat weh und dennoch sehnte sie sich nach mehr. Ihre Zweifel, ob Tyler sie wirklich als Sub annahm, waren komplett verschwunden, jetzt zählte nur noch, was er ihr antat. Bei einem harten Schlag schrie sie auf, nur um im gleichen Augenblick aufzustöhnen. Verdammt, der Kerl wusste, wie er sie anfassen musste. In ihr tobte ein Feuer, das sie zu verbrennen drohte, trotzdem wollte sie nicht, dass es aufhörte. Keuchend lag sie auf seinen Oberschenkeln, drückte ihm ihren Hintern entgegen, während sie sich mit den Fingern in seinen Unterschenkel krallte.

Wieder stoppte er genau in dem Moment, als sie den Höhepunkt bereits spürte. Frustriert sah sie ihn an.

„Möchtest du wirklich jetzt schon kommen? Danach ist die Session beendet.“ Tyler musterte sie eindringlich. Ihm war klar, dass sie, sobald sie befriedigt war, keine Lust mehr aus den Schmerzen ziehen konnte.

Zaghaft schüttelte sie den Kopf. Das, was er da mit ihr anstellte, fühlte sich zu gut an, es hatte Suchtpotential.

Zärtlich half er ihr, aufzustehen, drehte sie herum, um sich ihren roten heißen Hintern anzusehen. „Das gefällt mir außerordentlich gut. So schön.“ Sanft strich er über die geschundene Fläche. „Knie dich vor das Bett und leg dich mit dem Oberkörper darauf.“ Seine Order hörte sich ein wenig heiser an, da ihm die Lust genauso zu schaffen machte.

Brianna gehorchte, legte den Kopf aber so auf die Matratze, dass sie ihn beobachten konnte. Auf keinen Fall wollte sie, dass er sie ohne Vorwarnung anal nahm. Obwohl das bestimmt auch ein besonderes Erlebnis war. Mit einer Mischung aus Respekt und Gier sah sie, dass er den Gürtel aus der Jeans zog. Ihr Mund wurde schlagartig trocken, gleichzeitig fühlte sie, dass sich die Feuchtigkeit noch mehr zwischen ihren Schenkeln sammelte.

„Bereit?“

Das Bild, das Tyler abgab, während er vor ihr stand, mit dem Ledergürtel in der Hand, ließ sie vor Begierde schlucken, sodass sie lediglich nickte. Ergeben legte sie die Wange auf die Matratze, nur um erstaunt festzustellen, dass er sie wieder streichelte.

Ty massierte sanft ihre Hinterbacken, sorgte dafür, dass sie sich entspannte, ehe er den ersten Schlag auf ihren süßen Pobacken auftreffen ließ. Auch jetzt sog er ihr leises Aufjaulen auf wie ein trockener Schwamm das Wasser. Ihn berührte es, dass sie sich ihm auf diese Weise hingab, besonders nach dem, was sie erlebt hatte. Erneut setzte er einen Treffer auf ihr Hinterteil, schaute zu, wie sie einen Moment litt, ehe er den Schmerz wegstreichelte. Langsam steigerte er die Intensität, trieb sie immer weiter, bis sie mehr vor Lust als vor Pein stöhnte.

Brianna kam sich vor, als ob sie schweben würde, die Begierde wischte alle anderen Gefühle zur Seite, jetzt war nur wichtig, den Höhepunkt zu erreichen. Leise wimmerte sie auf, als sie der nächste Schlag traf, wobei es kaum noch wehtat. Kurz wunderte sie sich darüber, aber Tyler massierte ihren Lustpunkt, bis sie keinen klaren Gedanken fassen konnte. In ihrem Hirn verpufften die Sorgen, übrig blieb nur das tiefe Vertrauen in ihren Herrn. Endlich durfte sie loslassen, erlaubte sich selbst die Kontrolle abzugeben und der kommende Treffer löste eine Tränenflut bei ihr aus. Sie wollte ihre Emotionen nicht länger zurückhalten, schaffte es auch gar nicht. Leise schluchzend klammerte sie sich an das Laken, während die Lust weiterhin in ihr tobte.

Sofort ließ Ty den Gürtel fallen, hob seine Kleine hoch, um sich mit ihr auf dem Schoß aufs Bett zu setzen. Ihm war klar, dass die Tränen weder dem Schmerz noch irgendeiner Traurigkeit geschuldet waren. Im Gegenteil, sie zeigten ihm, dass Brianna sich völlig hingab. Es war das Wertvollste, das sie ihm schenken konnte. Sanft zog er sie an sich, hielt sie fest, gleichzeitig vergrub sie ihr Gesicht an seiner Brust.

Ihr kompletter Körper wurde vom Weinen geschüttelt, trotzdem tat es ihr verdammt gut, Schwäche zu zeigen. Immer musste sie die Starke sein, die sich nie etwas anmerken ließ, jetzt durfte sie loslassen.

Nach einer ganzen Weile hob sie den Blick, um Ty mit verheulten Augen unsicher anzusehen. „Tut mir leid“, brachte sie leise hervor.

Sofort legte er ihr eine Hand auf den Mund. „Das will ich nie wieder hören, verstanden? Du hast mich zum glücklichsten Mann auf der gesamten Welt gemacht. Deine Tränen sind für mich wertvoller als jeder Diamant, da sie mir in der Situation zeigen, wie sehr du mir vertraust.“ Liebevoll küsste er ihr die nassen Spuren vom Gesicht, dabei spürte er, dass sie erleichtert ausatmete. In dem Punkt musste seine Kleine noch viel lernen, doch das brachte er ihr mit Vergnügen bei.

Kapitel 17 - Vertrauen

„Wie geht es dir jetzt?“ Forschend betrachtete Tyler sie.

Kurz überlegte Bri, ehe sie ihn anlächelte. „Erleichtert, befreit, aber immer noch unendlich heiß“, gab sie verschämt zu.

„Dann sollten wir gegen den letzten Punkt etwas tun, du hast dir eine Belohnung mehr als verdient.“ Er musterte sie erneut. „Ich wäre gerne in dir ...“, begann er. Hier musste er verdammt vorsichtig sein, angesichts ihrer Vergangenheit.

„Was hält dich ab?“ Sie schluckte, verdrängte die Bilder, die sich schon wieder vor ihr inneres Auge drängte. „Pass bitte nur auf.“

Zärtlich küsste er sie. „Das verspreche ich dir. Sag sofort Bescheid, sobald du dich unwohl fühlst.“ Als sie nickte, hob er sie hoch, legte sie auf das Bett zurück und streifte sich Jeans samt Boxershorts ab. Einen Moment gab er ihr, damit er sicher sein durfte, auch willkommen zu sein, doch sie sah ihn nur erwartungsvoll an.

Brianna vertraute ihm, mehr als sie sich erklären konnte, außerdem tobte die Lust in ihr, sodass sie das Gefühl hatte, innerlich zu verbrennen.

Langsam schob er sich über sie, stützte sich auf den Ellenbogen ab, um sie nicht sofort mit seinem gesamten Gewicht zu belasten, dabei sah er ihr die ganze Zeit in die Augen.

Er senkte seinen Unterkörper, glitt aber mit der Hand zwischen ihre Schenkel, um sie erneut zu streicheln, bis sie sich ihm entgegendrängte.

„Bitte, ich halte es nicht länger aus“, flüsterte sie, wobei sie ihn eindringlich ansah. Sie wollte diese Ängste loswerden und das ging nur, indem sie sich ihnen stellte. Darüber hinaus sehnte sie sich nach ihm, danach ihn in sich zu spüren.

Extrem vorsichtig schob er sich in sie, Stück für Stück, gab ihr Zeit, sich an ihn zu gewöhnen, stoppte bei jeder ihrer Reaktionen. Auf gar keinen Fall würde er ihr wehtun, egal, was es ihn kostete. Schweißperlen standen auf seiner Stirn, so sehr hielt er sich zurück. Sein innerer Puma fauchte, drängte ihn, sein Weibchen endlich zu markieren, aber er sorgte dafür, dass er an der Kette blieb. Erst als er bis zum Anschlag in ihr steckte und sie leise lachte, wagte er sich richtig zu bewegen.

Brianna hatte die Luft angehalten, erwartete die heftige Pein, die ihr damals so zu schaffen gemacht hatte, doch die blieb aus, stattdessen wuchs ihre Begierde. In ihren Adern pulsierte die Lust, in ihrem Kopf gab es nur noch einen Gedanken: Sie musste einen Höhepunkt haben. Ungeduldig drängte sie sich an Ty, der sie sofort an den Hüften festhielt.

„Langsam, meine Schöne, du hast genug Schmerzen beim Sex erlitten.“ Seine Stimme klang gepresst, außerdem kam sein Atem stoßweise.

„Hol dir, was du brauchst, mir geht es gut“, flüsterte sie ihm zu, gleichzeitig hob sie ihr Becken, um ihm einen Beweis zu geben.

Jetzt hielt er sich nicht länger zurück, stieß immer wieder tief in sie, angespornt von ihren leisen Seufzern, die sich zu erregten Schluchzern steigerten. Verdammt, sie fühlte sich so perfekt an, dass er fast den Verstand verlor, trotzdem behielt er die Kontrolle. Hart versenkte er sich in ihr, schob seine Hand zwischen ihre Leiber, um ihren Lustpunkt zusätzlich zu massieren, bis sie mit einem lauten Schrei kam.

Ihre innere Muskulatur krampfte sich um ihn zusammen, was ihm auch den Rest gab. Mit einem Fauchen verströmte er sich in ihr, erlaubte sich Erfüllung zu finden. Erschöpft ließ er sich auf sie sinken, genoss es einen Moment ihren weichen Körper auf diese Weise zu spüren, ehe er sich zur Seite rollte.

Brianna lag neben ihm, die Augen geschlossen, völlig außer Atem, während sie versuchte zu verstehen, was gerade passiert war. Sie schaffte es nicht, ihre Gefühle in Worte zu fassen, nur eins war ihr bewusst, es war das Schönste, was sie in ihrem Leben erlebt hatte. Erst als sie sich ein wenig beruhigte, kehrten die Zweifel zurück, was war mit Tyler? War es für ihn ebenso fantastisch gewesen? Oder würde er sie fallenlassen, weil sie wieder mal versagt hatte? Verunsichert drehte sie sich zu ihm, als er sie an sich zog.

„Was ist los, Cupcake? War ich zu hart?“ Besorgt strich er ihr eine Strähne hinters Ohr.

Sofort breitete sich ein zärtliches Lächeln auf ihrem Gesicht aus. „Nein, ganz im Gegenteil, ich frage mich nur, ob es für dich auch schön war.“

In ihrem Blick las er, dass sie sich vor seiner Antwort fürchtete, was ihm das Herz zerriss. „Hast du das nicht bemerkt? Es war der beste Moment in meinem Leben. Ich liebe dich.“ Er ließ ihr erst gar keine Möglichkeit, seine Worte infrage zu stellen, sondern küsste sie mit der gesamten Liebe, die in ihm war.

Tränen des Glücks stiegen ihr in die Augen und sie klammerte sich an ihn, als ob sie sonst ertrinken würde. Egal, was kam, diesen Augenblick konnte ihr keiner mehr nehmen.

Hoffnung, dass die Sache mit ihm doch funktionierte, keimte in ihr auf und sie hatte keineswegs genug Kraft, den Gedanken zu verscheuchen.

Atemlos ließ er von ihr ab, hielt ihr Gesicht in beiden Händen, um sie eindringlich anzusehen. „Ich lasse dich erst gehen, wenn du mir sagst, dass du mich nicht willst."

Zaghaft nickte sie. „Ich werde dich daran erinnern."

~~°~~

Am nächsten Morgen wachte Bri vor Tyler auf und fragte sich, ob er so liebevoll bleiben würde. Oder stieß er sie jetzt von sich, weil er alles bekommen hatte? Sie ärgerte sich über ihre Zweifel, trotzdem schaffte sie es nicht, sie zu verscheuchen. Zärtlich strich sie ihm über die Stirn, wo sich ein paar Sorgenfalten zeigten.

Ty packte ihre Hand, um die Handfläche zu küssen, ehe er sanft hineinbiss. „Du bist unersättlich, Cupcake", murmelte er mit geschlossenen Augen.

Brianna lachte leise auf. „Du bist eben eine Sahneschnitte, was soll ich machen." Sie überspielte ihre Unsicherheit mit dem Scherz, doch ihre Stimme verriet sie.

Sofort war er hellwach und musterte sie eindringlich. „Was ist los? Ist was mit den Pferden?" Den Gedanken verwarf er, da sie ihn in dem Fall geweckt hätte.

„Nein, es ist alles in Ordnung." Sie riss sich mit Gewalt zusammen, zwang sich sogar zu lächeln.

„Ich kann riechen, dass du mich gerade anschwindelst", erinnerte er sie ernst. Er setzte sich auf. „Du hast ein Problem und ich wüsste gerne, was es ist. War ich zu hart? Hat dir die letzte Nacht doch nicht gefallen?" Er überlegte, was seine Kleine darüber hinaus plagen könnte.

„Es war wundervoll, etwas Schöneres habe ich noch nie erlebt", antwortete sie ehrlich, trotzdem spürte er, dass es damit zu tun hatte.

„Was ist es dann?" In ihm keimte eine Idee auf, bei der er leicht den Kopf schüttelte. „Sag mir nicht, dass du dir einredest, dass ich dich jetzt von mir stoße oder Ähnliches." Als sie zusammenzuckte, wusste er, dass er ins Schwarze getroffen hatte. Sanft zog er sie an sich, hüllte sie in seine Umarmung ein. „Ich werde nie genug von dir bekommen, Cupcake. Wie kommst du nur auf so eine unsinnige Vorstellung?"

Aufseufzend kuschelte sie sich an ihn. „Es ist schwierig, seine Vergangenheit zu vergessen", gab sie leise zu. „Ich hatte Angst, dass du weiterziehst, nachdem ich dir alles gegeben habe."

Tyler lachte auf. „Du schätzt dich wirklich falsch ein. Da ist noch eine ganze Menge, was ich mit dir ausprobieren möchte. Abgesehen davon, dass ich mit dir alt werden will."

Bei den Worten schluckte sie, damit hatte sie überhaupt nicht gerechnet. „Ehrlich?" Jetzt flüsterte sie lediglich.

Sanft küsste er sie. „Ich schwöre es dir."

Mit geschlossenen Augen ließ sie das Gefühl der Erleichterung zu, das sich in ihr breitmachte. Zumindest würde er sie nicht schon heute verlassen.

„Wir sollten aufstehen, ich muss gleich los, außerdem wird Callum bestimmt auch bald aufschlagen." Tyler schlug die Decke zurück, obwohl er sich lieber den restlichen Tag um seine Kleine gekümmert hätte, leider rief die Pflicht.

Während er duschte, bereitete Bri das Frühstück vor, dabei pfiff sie vor sich hin. Sie hatte die Nase gestrichen voll davon, ständig zu zweifeln und sich das Leben damit schwerzumachen. Vielleicht war diese Nacht ja tatsächlich ein Anfang, wenngleich sie sich auf eine Spielbeziehung geeinigt hatten. Noch hielt sie sich an dem Anker fest, weil sie sich nicht traute, den letzten Schritt zu gehen.

„Das sieht wunderbar aus, Cupcake. Wenn du so weitermachst, werde ich bestimmt fett." Er deutete auf den reich gedeckten Tisch, griff aber ohne Zurückhaltung zu, nachdem er aus der Dusche gekommen war.

Bri lachte. „Ja, klar, wahrscheinlich hast du auch Gene, die das verhindern." Nachdenklich musterte sie ihn. „Sag mal, wie alt bist du eigentlich?" Sie hatte keine Ahnung, weshalb ihr das jetzt einfiel, trotzdem interessierte es sie.

„Im September werde ich dreihundertsechzig." Er sagte es, als ob es das Natürlichste der Welt wäre.

Ungläubig starrte sie ihn an, dabei hielt sie die Gabel mit dem Rührei in der Luft. „Was? Und du redest davon, mit mir alt zu werden?" Sie schüttelte sich, woraufhin das Ei auf den Tisch fiel.

„Klar, warum nicht? Es gibt mittlerweile Möglichkeiten Normale zu wandeln, ohne ihnen unmenschliche Schmerzen oder den Tod zuzumuten." Er zuckte mit den Schultern, anschließend biss er herzhaft in seinen Toast.

Für ihn stellte es kein Problem dar, bis er die erstarrte Miene seiner Kleinen bemerkte. „Oder willst du dein Leben nicht mit mir verbringen?" Jetzt hielt er die Luft an.

Verwirrt schüttelte sie den Kopf.

„Klappt das denn genauso mit mir? Immerhin habe ich Feenblut in mir." Irgendwie faszinierte sie die Vorstellung, gleichzeitig fürchtete sie sich davor.

„Da finden wir einen Weg, zur Not gibt es noch die Drachen. Sie sind mächtige Magier und haben auch Emily verwandelt, die Dämonenblut in sich hat." Er nahm ihre Hand. „Wir lassen uns Zeit, allerdings ist es allein deine Entscheidung. Egal, was kommt, ich bleibe bei dir." Er sah auf die Uhr und fluchte, er musste los. „Versuch dir keinen Unsinn einzureden, bitte." Eindringlich sah er sie an.

Zaghaft nickte sie. „Ich tue mein Bestes, wobei ich eine Menge habe, worüber ich nachdenken muss."

„Ruf mich an, wenn du damit nicht klarkommst, versprich mir das."

Brianna lächelte ihn an. „Das tue ich."

Er küsste sie zärtlich, ehe er sich mit Gewalt von ihr losriss, es wurde höchste Zeit für ihn. Zum Glück war das der letzte Tag, an dem er Frühschicht schieben musste, außerdem hatte er die nächsten zwei Tage frei. Als er zu seinem Auto ging, traf er auf Callum, woraufhin er aufatmete. „Gut, dass du kommst, sonst hätte ich mich krankmelden müssen." Er schlug dem Journalisten zur Begrüßung auf die Schulter.

„Dir auch einen schönen Morgen. Ist doch selbstverständlich. Ich hoffe nur, dass ihr den Abend genutzt habt, ohne die halbe Nacht zu diskutieren." Er wackelte mit den Augenbrauen.

„Das kann Bri dir erzählen." Tyler schmunzelte, setzte sich in seinen Wagen, um zu seinem Dienst zu fahren.

Auf dem Weg ins Krankenhaus rief er Jorgan an.

„Ist was passiert?" Der Drache kam ihm hellwach vor, sodass er sich die Frage, ob er ihn geweckt hatte, sparte.

„Nicht wirklich, ich habe Brianna erzählt, dass die Möglichkeit besteht, sie zu wandeln und sie ist völlig durch den Wind." Er klang verzweifelt. „Ich bin auf dem Weg zur Arbeit", fügte er überflüssigerweise hinzu, da Jorgan die Fahrgeräusche natürlich hörte.

„Kein Problem, ich werde sie gleich besuchen, wir sollten auch über unser Vorgehen sprechen, doch damit warten wir, bis du zurück bist." Er überlegte einen Augenblick. „Ist sie jetzt alleine auf dem Hof?"

„Nein, Callum ist gerade zurückgekommen. Aber sie ist wirklich total fertig." Wieder fluchte Tyler unterdrückt. „So ein Mist, dass ich noch keinen Urlaub bekomme."

Jorgan lachte leise. „Vielleicht ist es ganz gut, wenn ich ihr die Sache erkläre, du bist viel zu emotional. Mach dir keinen Kopf, ich bin gleich bei ihr."

Erleichtert legte Ty auf und versuchte sich auf das zu konzentrieren, was vor ihm lag, dennoch zog sich der Arbeitstag für ihn fürchterlich in die Länge.

Bri wollte sich gerade auf den Weg zur Weide machen, als Jorgan um das Haus geschlendert kam. Freudig begrüßte sie ihn, bis ihr die Angst den Rücken hochkroch. „Ist jemand auf dem Weg zu mir?" Sie blickte sich furchtsam um.

Abwehrend hob der Drache beide Hände. „Nein, Tyler hat mich hergeschickt, weil er sich Sorgen um dich macht." Er lächelte sie an. „So wie ich ihn kenne, hat er dir die Information, dass du gewandelt werden kannst, einfach so gegeben. Wahrscheinlich hat er keine Sekunde daran gedacht, was das in dir auslöst."

Zaghaft nickte Brianna, sie würde ihn auf keinen Fall in einem schlechten Licht dastehen lassen, aber lügen kam genauso wenig infrage. „Normalerweise ist er aufmerksam, rücksichtsvoll und achtet auf mich“, stellte sie klar.

Gutmütig brummte Jorgan. „Komm, wir gehen ein Stück.“ Er deutete auf die Weide, zu der sie gerade aufbrechen wollte. „Du hast recht, er ist alles, was du beschreibst, nur für ihn ist es keine große Sache, dass seine Gefährtin sich wandeln lässt. Wahrscheinlich hatte er lediglich im Hinterkopf, dir diese Sorge abzunehmen.“

„Stimmt, ich habe mir Gedanken gemacht, weil er ein viel längeres Leben hat.“ Sie seufzte. „Aber die Vorstellung mich in einen Gestaltwandler verwandeln zu lassen, ängstigt mich genauso.“

„Das verstehe ich, du musst es auch nicht. Wir Drachen verfügen über andere Möglichkeiten.“ Er stoppte, um sie anzusehen. „Dann hast du akzeptiert, dass er zu dir gehört? Du bist tatsächlich über deinen Schatten gesprungen?“

Ihre Wangen verfärbten sich, als sie leicht den Kopf schüttelte. „Wir haben uns auf eine Freundschaft plus geeinigt.“ Verdammt, die Lüge kam ihr enorm schwer über die Lippen, doch sie wollte Tyler keinesfalls vor seinem Freund outen.

Jorgan seufzte leise. „Du meinst, ihr seid eine Spielbeziehung eingegangen? Ich weiß Bescheid.“ Mit einem Schmunzeln betrachtete er sie. „Glaubst du wirklich, dass du ihn nochmal loswirst?“

Sofort hob sie beide Hände an. „Das will ich gar nicht, im Gegenteil, aber er soll sich gut überlegen, ob er mit mir klarkommt.“ Sie bemerkte selbst, wie falsch das klang, sodass sie betrübt zu Boden sah.

„Ich traue mich einfach nicht, mir einzugestehen, dass wir schon viel mehr als eine lockere Sexbeziehung haben."

Jorgan lächelte hintergründig, blieb stehen, um ihr Kinn leicht anzuheben. „Gerade hast du es getan." Er sah ihr tief in die Augen. „Lass die Zweifel los, schieb sie von dir weg, ich versichere dir, dass Tyler dir niemals auf diese Weise wehtun wird. Er ist deine Dualseele, der Teil, der zu dir gehört, um dich vollständig zu machen."

Einen Moment erwiderte Brianna nur seinen Blick, schöpfte Vertrauen und ließ es zu, dass er ihr Herz mit Zuversicht füllte. „Wow, war das Drachenmagie?"

Jorgan lachte laut auf. „Nein, das war gesunder Menschenverstand gepaart mit ein wenig Mitgefühl." Er legte freundschaftlich einen Arm um sie. „Wir sollten mal über dieses Wandlungsding reden."

Bri stimmte ihm sofort zu. „Genau, was hat es damit auf sich?"

„Früher war es so, dass derjenige, der gewandelt wurde, ein großes Risiko auf sich nahm. Unvorstellbare Schmerzen und unter Umständen der Tod waren die Folge." Sein Gesicht verdunkelte sich. „Ich habe es nie selbst miterlebt, aber die Erzählung von Logan, der seine Gefährtin wandeln musste, reicht mir."

Mitfühlend strich Bri ihm über den Arm. „Es hat sich im Laufe der letzten Jahre was verändert, oder?"

„Ja, mittlerweile können unsere Ärzte dafür sorgen, dass derjenige kaum etwas spürt und auch garantiert überlebt. Es ist keine angenehme Prozedur, allerdings bekommt man die Garantie, dass man genauso langsam altert wie ein Gestaltwandler." Er sah sie offen an. „Du hast Feenblut, daher muss zuerst geprüft werden, ob die Wandlung bei dir überhaupt klappt."

War ja klar, dass es einen Haken gab. Bri senkte den Kopf, überzeugt davon, dass sie weiterhin altern würde.

„Du gibst zu schnell auf, Kleine." Jorgan stieß sie mit der Schulter an, während sie weiterschlenderten. „Eine Gefährtin darf ich unter verschiedenen Voraussetzungen verzaubern." Jetzt besaß er ihre volle Aufmerksamkeit.

„Was meinst du?" Brianna hielt automatisch den Atem an.

„In besonderen Fällen kann ich unser Clanoberhaupt bitten, meine Magie anwenden zu dürfen. Der Zauber bewirkt, dass dein Alter sich an das deines Liebsten anpasst. Vor einiger Zeit setzten wir unsere Fähigkeiten bei Emily ein, als die Erzengel uns gebeten haben."

Überfordert hob Bri eine Hand. „Stopp, du willst mir erzählen, dass ihr Kontakt zu den himmlischen Heerscharen habt?" Ungläubig starrte sie ihn an.

„So ganz stimmt das nicht. Lea, die Gefährtin von Gerry, und ihre Freundin Helena vermitteln meistens. Vor ein paar Jahren kam es zu einem Kampf, auf den ich keineswegs näher eingehen möchte, da haben sich Azrael und seine Geschwister eingemischt." Er lächelte, als er an den Ausgang dachte, der ihm einen kleinen Hund mit Reptilienaugen eingebracht hatte.

„Wow", mehr brachte sie nicht heraus.

„Du siehst, es gibt einige Möglichkeiten, daher mach dir keine Sorgen. Du solltest einen Schritt nach dem anderen gehen. Zuerst müssen wir die Kerle, die dich bedrohen, aus dem Verkehr ziehen." Er drückte sie. „Wir besprechen den Plan, sobald Tyler von der Arbeit kommt."

Dankbar lächelte Bri ihn an. Es war ihr zwar immer noch mulmig bei dem Gedanken, gewandelt oder verzaubert zu werden, doch jetzt fühlte es sich irgendwie leichter an. „Magst du mit mir eine Runde reiten?"

Jorgan stimmte begeistert zu. „Sehr gerne."

Sie öffnete das Tor, an dem Maeve bereits wartete. „Darf Jorgan auf dir sitzen?" Zärtlich strich sie über die breite Stirn.

Die Stute musterte den Fremden. „Er ist ein Drache, die haben schon immer Respekt gezeigt, wie man so hört." Noch einmal schnupperte sie an ihm. „Ja, das ist in Ordnung."

Bri nickte ihm zu, damit er die Leitstute in Empfang nahm, anschließend rief sie nach Abraxas. Es war eine gute Übung für das Jungtier, zumal er sich auf jeden Fall benahm, solange Maeve in der Nähe war.

„Soll ich dir helfen?" Brianna formte mit ihren Händen eine Räuberleiter, woraufhin Jorgan leise lachte, ehe er sich auf den Pferderücken schwang.

„Ich kann fliegen, da sollte ein so kleiner Sprung kein Problem darstellen." Vergnügt zwinkert er ihr zu.

Beeindruckt stellte sie fest, dass er enorm sanft auf ihrer Stute gelandet war.

Sie ritten gemächlich im Schritt an der Weide entlang, die Pferde wussten, welchen Weg sie einschlagen mussten, sodass sie sich in Ruhe unterhalten konnten.

„Wenn du noch Fragen hast, immer her damit", munterte Jorgan sie auf, als er bemerkte, dass ihr etwas auf der Seele brannte.

Kurz zögerte sie. „Ihr habt davon gesprochen, dass Gefährten leiden müssen, sollten sie sich trennen. Das verstehe ich nicht so ganz."

„Solange beide wissen, dass sie zusammengehören, fühlte es sich wie bei allen anderen auch an. Man vermisst den geliebten Menschen, weiß aber, dass man sich wiedersieht. In eurem Fall, in dem der Beziehungsstatus ungeklärt ist, kannst du es dir vorstellen, als ob deine große Liebe mit dir Schluss macht. Je länger der Zustand andauert, desto schlimmer wird es." Es entstand eine Pause, als Jorgan nachdachte. „Natürlich variiert es von Person zu Person. Außerdem gibt es eine Ausnahme: Wenn der Partner stirbt. Kein Gestaltwandler kommt wirklich über den Tod seiner Dualseele hinweg, aber der Schmerz wird mit der Zeit weniger." Er dachte an Richie, der immer noch um seine Gefährtin trauerte.

„Das hört sich grausam an. Hast du je von einem Fall gehört, bei dem einer sich nicht in seinen Seelengefährten verliebt hat? Vielleicht sogar einem anderen den Vorzug gegeben hat? Gab es Trennungen?" Sie brauchte Gewissheit, ehe sie sich auch vom Verstand her auf Tyler einlassen konnte. Ihr Herz hatte sie längst verloren.

„Nein, da macht das Universum keine Fehler. Natürlich kommt es vor, dass ein Paar getrennt wird, nur entscheiden sie sich niemals freiwillig dazu."

Das hatte sie gehofft, es ausgesprochen zu hören, nahm ihr eine Last von den Schultern. Sie musterte Jorgan von der Seite. „Du hast mich aber jetzt nicht verzaubert, damit ich dir vertraue, oder?"

Er lachte. „Das ist völlig unnötig."

„Er ist ein Drache, Mädchen, die können gar nicht wirklich lügen, haben sie auch kaum nötig. Außerdem besitzt jedes Lebewesen genug Instinkt, um einem von ihnen sofort zu glauben." Maeve mischte sich in das Gespräch, wobei sie sich tatsächlich anhörte, als ob sie lachen würde.

„Was hat sie gesagt? Sie hat doch mit dir gesprochen, richtig?“ Jorgan deutete auf sein Pferd.

„Ja, sie hat mir bestätigt, dass du ehrlich bist.“ Brianna lächelte glücklich. Natürlich hatte sie bereits gespürt, dass sie ihm trauen durfte, aber es ausgesprochen zu hören, beruhigte sie.

In einem großen Bogen ritten sie zum Hof zurück, bedankten sich bei den beiden Tieren, anschließend ging Bri ihrer Arbeit nach, während Jorgan sich auf den Weg zu seinen Leuten machte. Er versprach am späten Nachmittag zurückzukommen, damit sie sich über das weitere Vorgehen besprechen konnten.

Kapitel 18 - Verbündete

„Wie geht es denn jetzt weiter? Ich habe es satt, ständig an die Bedrohung zu denken.“ Ungeduldig blickte Bri von einem zum anderen, gleichzeitig legte Tyler ihr beruhigend eine Hand auf den Arm.

Die Wächter hatten sich in ihrer Küche versammelt und ein Handy lag auf dem Tisch, sodass Stew sie hören konnte.

„Während wir hier sind, halten die Kerle die Füße still, davon dürfen wir ausgehen. Also tun wir so, als ob wir uns zurückziehen. Unsere Hacker verbreiten morgen das Gerücht, dass wir nach Frankreich geschickt werden, um einen gefährlichen Verbrecher zu jagen.“ Brian stoppte kurz, als Steward sich zu Wort meldete.

„Wir haben bereits mit unseren Verbündeten gesprochen. Sie sind einverstanden, eine Meldung besonders in den Social Media zu verteilen, dass ein Serienmörder entkommen ist.“ In seiner Stimme klang der Ernst der Situation mit.

„Ihr seid in der Lage, eine Falschmeldung herumzuerzählen und niemand hält euch auf?“ Entsetzt sah Bri in die Runde.

„Der Zweck heiligt die Mittel.“ Brian zuckte leicht mit den Schultern. „Es muss schon ein kräftiger Grund sein, damit wir eine Aufgabe unerledigt lassen. Offiziell werden alle drei Einheiten ausrücken. Da das Hauptquartier besonders gesichert ist, wird keiner nachprüfen können, ob es stimmt.“

Auch Callum riss die Augen auf. „Wow, das nenne ich mal effektiv. Kann ich irgendwie helfen?“

„Du hast bereits großartige Arbeit geleistet. Dein Artikel hat für viel Wirbel gesorgt, sodass Drewsoll jetzt alle Hände voll zu tun hat, um die Wogen zu glätten. Das macht es uns leichter, sie zu überrumpeln. Sobald wir nachweisen können, dass sie tatsächlich zu illegalen Mitteln greifen, sind wir in der Lage, die Bosse zu verhören.“ Stew klang sehr zuversichtlich.

„Und, die sagen die Wahrheit?“ Callum runzelte ungläubig die Stirn. „Irgendwas stimmt mit euch Jungs nicht“, bemerkte er misstrauisch.

„Vielleicht sollten wir ihn in die Gruppe der Verbündeten aufnehmen?“, schlug Cat jetzt vor. „Er kommt mir nicht gerade redselig vor.“

Neugierig blickte der Journalist in die Runde. „Was heißt das?“

„Du müsstest einige Zeit im Hauptquartier verbringen, nur haben wir dann keinen, der auf Brianna aufpasst.“ Jorgan schüttelte leicht den Kopf. „Wir fallen weg, da wir ja ab morgen offiziell in Frankreich sind. Tyler bekommt keinen Urlaub.“

„Weshalb sollte ich in Ballygannon bleiben?“ Callums Augen weiteten sich, als ihm eine Idee kam. „Die Gerüchte sind wahr“, flüsterte er.

Immer wieder machten Annahmen die Runde, dass die Söldner in Wahrheit magische Wesen waren.

Jorgan hob eine Hand. „Denk nicht mal dran, das zu verbreiten.“ Sein Blick bekam etwas Stechendes.

„Hör auf, ihn zu bedrohen. Er hilft, wo er kann!“, begehrte Brianna auf.

„Kein Wunder, dass er Rückschlüsse zieht, wenn ihr so dämliche Anmerkungen ausplaudert." Wütend starrte sie die Wächter an.

„Keinen Streit! Tyler, bist du bereit für ihn zu bürgen?" Stew mischte sich energisch ein.

Kurz betrachtete Ty den Journalisten, schloss die Augen, um seine Witterung zu prüfen. „Ja, das bin ich. Ich bin ihm den Vertrauensvorschuss schuldig."

Entsetzt schlug sich Brianna die Hand vor den Mund. „Du stirbst, sollte er sich verplappern."

Callum musterte die Gruppe immer noch misstrauisch. „Ich bin es gewohnt, Geheimnisse zu bewahren. Glaubt ihr tatsächlich, dass ich alles, was ich höre, in einem Artikel verarbeite. Oder sogar meine Informanten verrate?" Ärgerlich blitzte es in seinen Augen auf.

„Zu schade, dass Patty nicht hier ist. Sie könnte uns sofort sagen, ob man ihm trauen kann." Cat seufzte leise.

„Ich schicke sie zu euch." Stew legte auf, was bedeutete, dass sie die restliche Besprechung auf eine spätere Stunde verlegen mussten.

„Gut, dann sollten wir was essen." Brian blickte in die Runde. „Ich schlage vor, wir bestellen beim Chinesen", merkte er noch an, als jeder nickte.

Es gab schlimmere Möglichkeiten, um die Zeit zu überbrücken, wobei die gesamte Gruppe unter großer Anspannung stand, besonders Callum, der ahnte, dass etwas Ungeheuerliches auf ihn zukam.

Brianna hätte alle am liebsten mit ihren Blicken erwürgt, sie fand es unfair, ihren Kumpel so zu behandeln. Er hatte ihr selbstlos geholfen, war immer zur Stelle und sorgte dafür, dass es ihr gut ging. Außerdem verstand sie nicht, was Stews

Gefährtin tun konnte, um das Vertrauen der Wächter in ihn zu steigern. Ihr fiel es verdammt schwer, den Mund zu halten, nur wusste sie, dass sie die Situation verschärfte, sollte sie jetzt anfangen zu fragen, darüber hinaus würde sie wohl kaum eine Antwort bekommen.

„Reg dich ab, Kleine, wir tun, was wir tun müssen." Brian lächelte ihr versöhnlich zu, doch sie schnaubte nur leise.

Eilig biss sie sich auf die Zunge, damit ihr keine entsprechende Bemerkung herausrutschte. „Ich gehe nach den Pferden schauen." Sofort sprang Tyler auf, woraufhin sie abwehrend eine Hand hob. „Ich brauche einen Moment für mich."

Jorgan hielt sie am Ärmel fest. „Bleib in Sichtweite, aktuell wissen wir zwar, dass die Kerle sich zurückgezogen haben, aber auch wir sind nicht in der Lage, die gesamte Umgebung ständig im Auge zu behalten." Ernst sah er sie an.

Ihr Blick glitt von ihm zu Cat, ehe sie leicht nickte. „Ihr könnt mich vom Küchenfenster aus sehen." Mit den Worten verschwand sie.

Tyler sah ihr traurig hinterher. „Ich bin ihr gerade erst nähergekommen", murmelte er. „Jetzt ist ihr Misstrauen wieder da."

Ausgerechnet Callum legte ihm eine Hand auf den Arm. „Sie wird sich beruhigen, sobald diese Sache hier beendet ist, was auch immer das heißt." Er lächelte schief, für ihn bedeutete die Warterei ebenfalls eine Tortur.

„Soll ich zu ihr gehen? Frauen unter sich haben einen anderen Draht." Cat sah den Puma abwartend an.

„Ehrlich? Keine Ahnung, was gerade das Beste ist. Vielleicht braucht sie wirklich eine Auszeit von uns." Tyler zuckte zweifelnd mit den Schultern, bis ihm einfiel, dass er das schon einmal gedacht hatte und völlig falschlag. „Wahrscheinlich ist es besser, wenn du mit ihr redest.“

Augenblicklich machte Cat sich auf den Weg, dabei spielte ein Lächeln um ihre Mundwinkel. Sie war davon überzeugt, dass sich alles richten würde, zumal sie Patty gut kannte.

„Hey, darf ich dir Gesellschaft leisten?“ Sie stellte sich zu Brianna an den Zaun.

„Hab ich eine Wahl?“ Sofort drehte Bri sich zu ihr um. „Tut mir leid, ich bin verunsichert“, gab sie verlegen zu.

„Kein Ding, ich kann mir vorstellen, wie du dich fühlst.“ Sie lächelte. „Als ich Brian kennengelernt habe, wusste ich zwar vieles über die magische Welt, aber ich wollte ihn nicht. Ich war in einem Alter, in dem man gegen seine Umgebung rebelliert, außerdem war mein Dad gestorben.“ Sie seufzte leise, als sie an die Zeit dachte. „Ich kam mit mir selbst nur in sehr seltenen Augenblicken klar. Da fühlt man sich, als ob alle sich gegen einen verschworen hätten. Ich denke mal, dir geht es nur unwesentlich anders“.

Zaghaft nickte Bri. „Vor der ganzen Sache gab es nur Ira in meinem Leben. Ich war einsam, das gebe ich zu, allerdings musste ich mir auch kaum Gedanken um irgendwen machen.“ Sie strich sich müde über die Augen. „Seit diese Kerle von Drewsoll aufgetaucht sind, habe ich das Gefühl, gar nicht mehr zur Ruhe zu kommen. Und jetzt misstraut ihr jemandem, der mir selbstlos zur Seite gestanden hat.“

Cat lehnte sich an den Zaun, nur um sofort von Abraxas angestupst zu werden. Lächelnd drehte sie sich zu dem Pferd, um ihn sanft zu kraulen. „Wir misstrauen jedem Normalen, der den Eid nicht geleistet hat. Das ist quasi unser Job. Keiner von uns ist in der Lage zu sagen, was in seinem Kopf vorgeht.

Er könnte auch darauf aus sein, die ganz große Story zu schreiben." Versöhnlich lächelte sie. „Obwohl ich persönlich weniger davon ausgehe."

„Klar und die gesamte Bevölkerung geht nach seinem Artikel auf die Jagd, um euch zu töten." Spöttisch stieß Bri die Luft aus. „Trotz, dass ich Feenblut in mir habe, ist es mir verdammt schwergefallen, an andere Paranormale zu glauben. Deshalb hat meine Mutter es geschafft, mir weiszumachen, dass wir die einzigen sind. Vielleicht wisst ihr nicht, wie die Normalen aufwachsen, aber du darfst mir vertrauen, dass jeder, der von Feen, Hexen, Gestaltwandlern oder Ähnlichem redet, als verrückt abgestempelt wird."

„Ja, das durften wir oft genug erleben. Es existieren ein paar magische Wesen, die sich an Menschen gebunden haben. Trotzdem gibt es bei uns Gesetze und unser Job ist es, darauf zu achten, dass sie eingehalten werden." Sie gab Abraxas einen leichten Klaps, ehe sie sich erneut mit dem Rücken an den Zaun lehnte. „Willst du wirklich riskieren, dass Tyler in einem Versuchslabor endet?"

Sofort schüttelte Bri den Kopf. „Nein, auf keinen Fall, doch wieso denkt ihr, dass die Normalen euch tatsächlich einfangen können? Ihr habt mehr Macht, seid Zauberkundige und könnt Dinge, die fantastisch sind." Neugierig musterte sie den Falken.

„Weil wir einfach viel zu wenige sind. Außerdem sind wir sterblich." Cat seufzte leise. „Ich wünsche mir auch, dass alle in Frieden leben, aber schau dich auf der Welt um."

Verstehend nickte Brianna. „Was wird die Gefährtin von Stew mit Callum machen?"

„Patty ist eine ganz tolle Frau, nett, hilfsbereit, darüber hinaus kann sie Gedanken lesen. Dazu muss derjenige natürlich an das denken, was sie wissen will." Über Caitlins Gesicht glitt ein Schmunzeln, während sie an die Freundin dachte. „Sie hat geholfen die Dualseele eines Bären zu retten, die getötet werden sollte, weil sie angeblich den Eid gebrochen hat."

Misstrauisch runzelte Bri die Stirn. „Darfst du mir verraten, was genau sie ist? Ich gehe mal davon aus, dass sie keine Normale ist, richtig?"

„Nein, ist sie nicht, sie ist ein Dämon, doch bevor du jetzt falsche Schlüsse ziehst, sie ist keineswegs böse." Cat spannte sich an, um Patty zu verteidigen, falls nötig.

„Ich weiß, dass es sich um Naturgeister handelt, aber die Kirche hat etwas anderes daraus gemacht." Brianna lächelte. „Glaubst du tatsächlich, dass ich so ungebildet bin? Oder gar den Priestern vertraue?" Sie lachte spöttisch auf. „Um auf unser Thema zurückzukommen, sie wird Callum also bitten, an die Sache hier zu denken und sehen, was er vorhat?"

„Ganz genau, außerdem wird sie ihn wohl überprüfen, was seine Absichten auf dich bezogen sind. Keine Angst, er wird es nicht merken." Cat pflückte einen Grashalm, um darauf herumzukauen. „Es hat Vorteile einer unserer Vertrauten zu sein. Wir passen auf unsere Leute auf, helfen ihnen, sobald sie unsere Hilfe brauchen, genauso fordern wir Gefälligkeiten ein. Daher ist es eine Win-win-Situation, wenn Callum eingeweiht wird."

Bri sah sie nachdenklich an. „Bist du auch in der Lage zu erkennen, was ich denke?"

„Nein, in dem Fall bräuchten wir Patty ja nicht. Ich kann fliegen, bin ein Stratege und werden oft als Späher eingesetzt." Cat zuckte mit den Schultern. „Mir gefällt das Leben als Wächter, obwohl es oft genug gefährlich wird."

„Weshalb wusstest du dann, dass ich mir über den Status des Verbündeten Gedanken gemacht habe?" Ihr Misstrauen war noch nicht besänftigt.

Cat spuckte den Grashalm aus. „Es ist eine logische Schlussfolgerung. Du machst dir Sorgen um deinen Freund, da wirst du wissen wollen, was auf ihn zukommt. Hast du vielleicht Fragen?"

Eine Weile dachte Brianna nach, da vieles bereits von Tyler und Jorgan beantwortet worden war. „Wie ist es mit Nachwuchs? Ich meine, kommen die Kinder als Menschen zur Welt oder sind sie Tiere?"

Cat lachte bei der Idee. „Sie sind ganz normal, manchmal haben sie in den ersten Stunden ein paar besondere Attribute, aber die verschwinden. Sie verhalten sich auch wie alle anderen, nur altern sie langsamer. Die magischen Wesen dürfen sich erst mit einhundert Jahren volljährig nennen. Deshalb gibt es ein Netzwerk, das dir hilft, deine wahre Identität zu verschleiern, deine Besitztümer zu behalten und dir bei Problemen rund um die Geheimhaltung zur Seite steht."

Erleichtert atmete Bri auf, zumal sie sich gut vorstellen konnte, Kinder mit Tyler zu bekommen. Ups, wo kam denn der Gedanke auf einmal her? „Das heißt aber, dass ich meinen Hof aufgeben müsste."

Traurig stimmte Caitlin ihr zu. „Ja, die Paranormalen, die nicht zu uns Wächtern gehören, müssen in regelmäßigen Abständen umziehen, auch wenn sie keinen Nachwuchs haben. Wie willst du deinen Nachbarn oder den Leuten, bei denen du einkaufst, klarmachen, dass du über Jahre gleich aussiehst."

An den Punkt hatte Brianna noch gar nicht gedacht. Die Vorstellung ihre Reitschule zu verlassen, schnürte ihr den Hals zu. „Wie macht ihr das? Du hast gesagt, alle außer euch, werden gezwungen umzuziehen."

„Wir greifen auf die Hilfe eines begnadeten Elbenmagiers zurück, der uns immer wieder verzaubert. Nur sind seine Kräfte leider beschränkt. Früher, bevor er zu uns kam, haben die Alten sich für eine ganze Weile ins Hauptquartier zurückgezogen, ehe sie sich erneut in der Öffentlichkeit zeigten. Das war mühsam, doch unumgänglich." Sie hob sofort eine Hand, als sie Briannas hoffnungsvollen Blick bemerkte. „Das ist ein Privileg der Wächter. Daran wird niemand etwas ändern. Aber du behältst dein Eigentum auf jeden Fall, unsere Regierung verwaltet es für dich, bis du getarnt als dein eigener Erbe zurückkommst."

Bri ließ traurig den Kopf hängen. „Ich weiß nicht, ob ich es übers Herz bringe, meine Tiere im Stich zu lassen. Sie an fremde Besitzer zu geben, fühlt sich einfach falsch an."

„Du kannst sie besuchen, solange du aufpasst, dass dich keiner der Normalen sieht. Die Verwalter sind in der Regel Vertraute oder Paranormale. Du wirst ja nicht gezwungen, nach Timbuktu zu gehen." Cat stieß sie mit der Schulter an. „Glaub mir, es ist halb so schlimm. Ich hatte auch Angst davor, Athlone zu verlassen. Jetzt fahre ich hin, sobald mir danach ist, meine Mum zu sehen. Meistens treffen wir uns heimlich, daher ziehe ich es vor, nachts anzukommen."

Nachdenklich stimmte Bri ihr zu, das könnte eine Möglichkeit sein.

„Außerdem ist unsere Lebensspanne viel kürzer als die eines Menschen. Wenn du wegziehen musst, leben wir wahrscheinlich nicht mehr", mischte Maeve sich ein.

Davon wollte sie eigentlich nichts hören, nur war es eine Tatsache, der sie sich irgendwann stellen würde. Zaghaft nickte sie, drehte sich zu der Stute um, anschließend legte sie ihre Stirn an ihre. „Du weißt, dass ich alles tun werde, um bei euch zu bleiben."

Maeve schnaubte leise. „Ja, obwohl das unnötig ist. Du hast doch gehört, dass wir in gute Hände kommen, außerdem kannst du jederzeit nach uns sehen."

Brianna richtete sich auf. „Ich habe keine Ahnung, ob ich das wirklich übers Herz bringe. Wann muss Tyler gehen?"

Cat überlegte einen Moment. „Er ist erst vor einem halben Jahr hergekommen, das heißt, dass ihm bestimmt weitere zehn Jahre oder so bleiben. Aber du solltest dir darüber jetzt keine Sorgen machen. Wer weiß, was in der Zwischenzeit passiert? Unsere Wissenschaftler arbeiten schnell und erfinden ständig neue Dinge."

Brianna seufzte leise. Es war unwahrscheinlich, dass Maeve so lange lebte, da sie bereits fünfzehn war, anders sah es mit den Jungtieren aus.

„Lass es auf dich zukommen. Es gibt immer einen Weg, das kann ich dir aus Erfahrung sagen." Cat legte einen Arm um sie.

„Existieren in fremden Ländern eigentlich auch Wächter?" Sie wollte sich jetzt nicht intensiv mit dem Thema auseinandersetzen, Caitlin hatte recht, niemand wusste, was in der Zukunft passierte.

„Nein, wir sind die einzigen, aber wir haben Gehilfen, die uns die leichteren Fälle abnehmen. Deshalb fliegen wir ja um die halbe Welt.“ Sie lächelte. „Da ist zum Beispiel ein Tiger in Killarney, der mit seiner Gefährtin und seinen Geschwistern für Ordnung sorgt. Dabei geht es hauptsächlich um kleinere Regelverstöße gegen die Geheimhaltung, oft sind es Teenager, die ihre Kräfte kaum unter Kontrolle halten können.“

Jetzt horchte Brianna auf. „Dann gibt es nicht nur die Todesstrafe bei einem Verstoß?“

„Nein, es kommt immer auf die Umstände an. Jemand, der sich zum Beispiel wehrt, weil er angegriffen wird, und somit die Aufmerksamkeit der Normalen auf sich zieht, muss sich keine Sorgen machen. Seine Pflicht ist es, uns oder unsere Gehilfen zu informieren, damit wir die Sache vertuschen können. Etwas ganz anderes ist es, wenn du wissentlich ausplauderst, was wir sind.“ Ernst blickte Cat sie an. „In dem Fall gibt es kein Pardon, darauf steht der Tod.“

Das verstand Brianna, niemand wollte als Versuchskaninchen enden oder getötet werden, weil er war, was er war. „Das ist nachvollziehbar.“ Ehe sie eine weitere Frage stellen konnte, ertönte ein Ruf vom Haus her. Patty war angekommen. „Wow, kann sie fliegen?“

„Nein, aber wir besitzen technische Einrichtungen, die nicht nur unsere Autos schneller machen, sondern genauso Blitzgeräte ausschalten. Tarnung ist alles.“ Cat lachte, hakte sich bei Bri unter, so gingen sie zu dem Rest zurück.

Die Gefährtin von Stew wurde von den Wächtern und Tyler begrüßt, als ob es sich um eine geliebte Schwester handelte, was Brianna erstaunte.

„Wir sind eine große Familie, obwohl wir nicht blutsverwandt sind“, erklärte Jorgan mit einem Zwinkern, als er ihre gerunzelte Stirn bemerkte.

Patty umarmte sie. „Ich hoffe, dass du auch bald dazugehörst.“ Einen Augenblick sah es so aus, als ob sie auf irgendetwas horchen würde, dann sah sie die andere Frau ernst an. „Nein, ich bin auf keinen Fall hier, um jemandem zu schaden, ganz im Gegenteil“, flüsterte sie ihr ins Ohr.

Eilig verbarg Brianna ihr Erstaunen, weil die Dämonin auf ihre Gedanken geantwortet hatte. Mit einem leisen Seufzer lehnte sie sich an Tyler.

„Gut, können wir die leidige Sache endlich bereinigen?“ Callum musterte Patricia auffordernd. „Ich mag nicht länger der Unwissende sein.“

Sie setzten sich in die Küche, wobei Patty sich einen Stuhl nahm, den sie zu dem Journalisten umdreht. „Du willst das wirklich und versprichst, ehrlich zu antworten?“ Eindringlich sah sie ihn an.

„Ja, das verspreche ich, ich möchte Brianna genauso beschützen wie alle anderen, außerdem brenne ich darauf, Drewsoll das Handwerk zu legen. Wenn es das ist, was du meinst.“ Er überlegte kurz. „Ich schwöre auch, jedes Geheimnis zu bewahren, was euch angeht. Soll ich das mit meinem Blut besiegeln?“ Offen hielt er ihr sein Handgelenk hin, worauf die Wächter laut lachten.

„Das Ritual haben wir letzte Woche abgeschafft“, bemerkte Brian mit einem Blitzen in den Augen.

Patty nickte Callum zu, ehe sie anfing ihm verschiedene Fragen zu stellen, angefangen bei seinem Leben und seinen Werten, bis hin zu seiner Beziehung zu Brianna. Es dauerte keine halbe Stunde, ehe sie sich mit einem Lächeln zu dem

Rest drehte. „Er ist ein wirklich nützlicher Verbündeter. Du kannst beruhigt für ihn bürgen, bis wir die Gelegenheit bekommen, ihm den Eid abzunehmen."

Alle atmeten auf.

„Du bist die Beste, meine Kleine." Stews Stimme klang aus dem Smartphone, das wieder auf dem Tisch lag. „Gut, dann weiht ihn in kurzen Sätzen ein, für alles andere haben wir jetzt keine Zeit."

Brian erzählte das Wichtigste, wobei Callums Augen immer größer wurden.

„Und Tyler stirbt, wenn ich etwas ausplaudere?", erkundigte er sich mit einem mulmigen Gefühl.

„Es kommt darauf an, ob du es absichtlich tust oder nicht", antwortete Jorgan bedächtig. „Wie überall gibt es auch bei uns Ausnahmen."

Augenblicklich hob der Journalist beide Hände in abwehrender Geste. „Ich halte meinen Mund, ich bin nur ... na ja ... gerührt, dass er das für mich tut."

Tyler nickte ihm zu. „Du hast mir geholfen, da war ich dir etwas schuldig." Er schmunzelte.

„Also, wir werden morgen das Gerücht verbreiten, ihr verzieht euch gleich nach dem Frühstück, bleibt allerdings in der Nähe. Einer unserer Verbündeten wohnt in Augha, dort könnt ihr euch verstecken." Steward kam wieder auf den Plan zurück.

Cat stöhnte auf. „Du redest jetzt aber nicht von dem muffeligen Grogoch, der ein auffällig großes Haus in der winzigen Gemeinde hat, Onkel Stew, oder?"

Sofort blickten alle sie an, die Wächter mit Entsetzen, die anderen mit Neugier.

„Doch, genau der. Ernest lebt zurückgezogen, die Nachbarn haben das Interesse an dem schrulligen Alten, wie sie ihn nennen, verloren. Außerdem hat er genug Schutzzauber, um Neugierige davon abzuhalten, herumzuschnüffeln." Stews Stimme klang bestimmt, weil er wusste, dass diese Unterkunft seinen Leuten einiges abverlangte. Die Grogochs gehörten zu den Irischen Elfen und waren nicht gerade für ihre Reinlichkeit bekannt, natürlich gab es Ausnahmen. Seine Wächter mussten also in einem Haus ausharren, in dem so gut wie nie geputzt wurde.

„Stew, ist das wirklich dein Ernst? Ich meine, er ist ja echt lieb und hilfsbereit, nur der Gestank, der von ihm ausgeht, ist unmenschlich", begehrte Brian auf, dessen Nase die kleinsten Nuancen aufnahm.

„Das stimmt, da er ja auch kein Normaler ist." Sie hörten Stews Lächeln durch das Telefon. „Tut mir leid, Leute, aber es gibt keinen anderen, bei dem ihr so wenig auffallt."

Allgemeines Seufzen erklang, doch die Wächter ergaben sich ins Unvermeidliche.

„Darf ich ihn wenigstens auffordern, sich zu waschen? Oder vielleicht mal durchputzen?" Cat wollte sich keinesfalls in einem stinkenden Haus aufhalten, während sie auf die nächsten Schritte von Drewsoll warteten.

„Natürlich, geschätzte Nichte, tu, was immer du tun musst. Ich hätte nie erwartet, dass ich den Tag erlebe, an dem du darum bittest, putzen zu dürfen." Der Boss der Wächter brach in lautes Gelächter aus.

„Ich hab dich auch lieb", grummelte Cat, ehe sie das Gesicht verzog.

„Du passt auf, dass du niemals alleine bist, Brianna. Egal, wie sicher du dich fühlst, meine Leute sind zwar innerhalb weniger Minuten bei dir, wenn es sein muss, aber dann kann es zu spät sein." Stews Stimme hatte einen drängenden Unterton.

„Mach dir da keine Sorgen, ich passe auf sie auf", mischte Tyler sich ein, gleichzeitig holte Callum tief Luft.

„Sollte unser Arzt verhindert sein, bin ich auch noch da. Oder glaubt ihr tatsächlich, dass ich Bri ausgerechnet jetzt im Stich lasse?" Er schüttelte energisch den Kopf. „Außerdem brenne ich darauf, die Geschichte der Mistkerle an eine seriöse Zeitung zu schicken, sobald ihr sie überführt habt."

„Du bekommst die Exklusivrechte, das sind wir dir als Verbündeten schuldig", versprach Jorgan ruhig.

Sie beendeten das Meeting und der Drache bot Callum an, dass er ihm etwas mehr über die magische Welt sowie ihre Regeln erzählte. Begeistert stimmte dieser zu, sodass die beiden sich in das Zimmer des Journalisten zurückzogen.

„Du kannst auch gerne hier übernachten, Jorgan, ich lege dir Bettzeug auf die Couch", rief Brianna ihm hinterher, ehe sie darüber nachdenken konnte.

Tyler behielt seine Meinung vorerst für sich, schmunzelte allerdings die gesamte Zeit, während sie die anderen verabschiedeten.

„Wo soll ich denn schlafen? Ich hoffe, du hast nicht an den Stall gedacht. Die Boxen sind zwar geräumig, aber der Boden ist verdammt hart." Er zog sie mit einem Ruck an sich.

Erst jetzt wurde ihr bewusst, dass sie automatisch davon ausgegangen war, dass er bei ihr im Bett blieb. Verlegen lächelte sie ihn an. „Ich dachte, da ich dir ja irgendwie gehöre, bestimmst du, wo du bleibst."

Ernst nickte er. „Gerade dann hättest du mich vorher fragen müssen, richtig?"

Sie überlegte angestrengt, wie sie sich aus der Sache herauswinden könnte, musste aber am Ende nachgeben. „Ich war vorschnell und habe nicht nachgedacht", gab sie zu. Ihr Gesicht bekam einen traurigen Zug. „Schade, ich dachte, es ist für dich in Ordnung in meinem Bett zu übernachten. Hätte ich geahnt, dass es dich Überwindung kostet, wäre ich vorsichtiger gewesen." Sie schluckte, während sie mit der Enttäuschung kämpfte. Wieso wollte er unbedingt in einem anderen Zimmer bleiben? Hatte er jetzt schon die Nase voll von ihr? Die Zweifel kamen mit Macht zurück.

„Du redest dir Unsinn ein, Cupcake. Natürlich schlafe ich gerne mit dir im Arm ein. Es geht hier nur darum, dass du eine eigenmächtige Entscheidung getroffen hast. So wie es aussieht, habe ich dir deinen Platz noch nicht intensiv genug gezeigt." In seinen Augen blitzte es lüstern auf.

Erleichtert schmiegte Bri sich an ihn. „Mir war nicht bewusst, dass wir uns in einer Session befanden. Du sagtest etwas von Augenhöhe." Offen erwiderte sie seinen Blick. „Habe ich das falsch verstanden?" Obwohl sie ernst bleiben wollte, bekam ihre Stimme was Neckendes. Die Aussicht auf eine weitere Bestrafung gefiel ihr sehr gut.

„Du bist genusssüchtig, meine Kleine, das gefällt mir", raunte er ihr zu, küsste sie leidenschaftlich, ehe er sie auf seine Arme hob.

Sofort strampelte Bri mit den Beinen. „Lass mich runter, ich muss das Bett für Jorgan richten." Auffordernd sah sie ihn an, doch er schüttelte nur den Kopf und trug sie ins Schlafzimmer.

„Ich erledige das", erklärte er ihr mit einem Glitzern in den Augen.

Noch ehe sie widersprechen konnte, war er auch schon aus der Tür raus. Lächelnd machte sie sich für die Nacht fertig, dabei keimte in ihr das Gefühl auf, dass endlich alles gut werden würde.

Kapitel 19 - Dominante Lust

„Was glaubt ihr, wie lange die Kerle von Drewsoll brauchen, ehe sie mir erneut drohen?“, wollte Brianna am nächsten Morgen wissen, als sie mit den Männern am Tisch saß.

Alle drei zuckten unisono mit den Schultern.

„Das kann keiner genau sagen, zumal sie auch noch Ira überzeugen müssen“, antwortete Callum, ehe er einen Schluck Tee trank. „Wir sollten auf jeden Fall extrem aufmerksam sein.“

Dem stimmte Tyler zu, der sich freute, dass er die kommenden Tage freihatte. „Ich werde dir nicht von der Seite weichen, solange ich frei habe.“ Er drückte ihre Hand, dabei spürte er, wie angespannt sie war. Fragend musterte er sie.

„Ich hab es satt, darauf zu warten, dass etwas passiert“, gab sie leise zu, ehe sie sich über die Oberarme rieb. „Es fühlt sich an, als ob eine Katastrophe auf uns zurast, die keiner stoppen kann.“

Tyler zog sie an sich. „Niemand nimmt dir irgendwas weg, du bist gut beschützt.“

„Und was ist mit euch? Wer sagt, dass die Kerle euch in Ruhe lassen?“ Sie schluckte. „Letzte Nacht habe ich geträumt, dass sie euch entführen und grausam foltern.“ Tränen sammelten sich in ihren Augen.

„Du hast Angst, was völlig verständlich ist, Cupcake. Aber kein Normaler überwältigt uns so einfach. Vergiss nicht, dass ich ein magisches Wesen bin, das auf dich aufpasst." Er strich ihr sanft über die Wange. „Callum ist darüber hinaus auch kein Waisenknabe. Von Jorgan ganz zu schweigen."

Sie kuschelte sich an ihn, diese Sache machte ihr mehr zu schaffen, als sie zugeben wollte. „Ich wünschte, es wäre alles nur ein Albtraum. Warum haben sie es ausgerechnet auf mich abgesehen?" Sie seufzte, denn jede Frage konnte sie sich selbst beantworten.

„Lass uns in den Stall gehen, die Arbeit wartet, und lenkt dich bestimmt ab." Callum räumte bereits sein Geschirr zusammen, anschließend verabschiedeten sie sich von Jorgan.

Wie gerne hätte Ty ihr die Sorgen abgenommen, nur wusste er nicht wie.

Viel zu schnell waren die alltäglichen Dinge erledigt, die Jungpferde sollten an dem Tag bei den Reitstunden eingesetzt werden, sodass sie kaum etwas zu tun hatte. Dummerweise war sie sehr früh aufgestanden, weil sie nicht mehr schlafen konnte. Ehrlich gab sie sich selbst gegenüber zu, dass die Wächter ihr Sicherheit vermittelt hatten, die ihr jetzt fehlte.

„Unsere Freunde sind immer noch in der Nähe", erinnerte Ty sie mit einem Lächeln, als er ihren sorgenvollen Gesichtsausdruck sah, als sie im Stall auf die ersten Reitschüler warteten.

Seufzend lehnte sie sich an ihn. „Das weiß ich, nur kommt es mir so vor, als wären wir ganz alleine."

Tyler gab ihr Halt, legte beide Arme um sie, während er abwartete, dass sie weitersprach.

Sie schloss kurz die Augen, atmete seinen beruhigenden Duft nach Wildheit, Leder und Sandelholz ein. Hier in seiner Umarmung fühlte sie sich sicher! „Ich habe Angst vor der Zukunft“, murmelte sie, dabei hielt sie die Lider festgeschlossen. „Ich fürchte mich davor, was diese Mistkerle sich ausdenken. In meinem Kopf lauern die schlimmsten Vorstellungen, bei denen ich einen von euch verliere.“ Sie holte zittrig Luft. „Darüber hinaus bin ich in einer Zwickmühle, weil du irgendwann wegziehen musst.“ Jetzt war ihre größte Sorge ausgesprochen und sie wartete schweigend auf seine Antwort.

„Mir wird nichts anderes übrigbleiben, Cupcake.“ Auf gar keinen Fall würde er sie anlügen. „Ich bin überzeugt davon, dass wir einen Weg finden.“ Er überlegte einen Moment. „Es ist möglich, dass du die Pferde pro forma verkaufst.“

Sofort begehrte sie auf, aber er hielt ihr schlicht den Mund zu. „Hör mir zuerst zu. Natürlich nicht an irgendwen, sondern an Jorgan oder Cat.“

Jetzt öffnete sie doch die Augen, da sich hier ein Weg andeutete, wie sie ihre Lieblinge behalten könnte. „Du meinst, wir nehmen sie auf Umwegen mit?“

Lächelnd nickte er. „Ja, wahrscheinlich, allerdings muss ich das erst mit den Wächtern besprechen.“ Er küsste sie auf den Scheitel. „Es gibt immer einen Weg, wenn man daran glaubt“, murmelte er ihr ins Haar.

Aufseufzend kuschelte sie sich noch dichter an ihn. „Vielleicht sollten wir das Land einfach aufgeben und sofort mit den Pferden umziehen?“ Sie fühlte sich dem bevorstehenden Kampf nicht mehr gewachsen.

Tyler schob sie ein kleines Stückchen von sich.

„Du bist zum Teil eine Fee, Cupcake, ihr seid mit eurem Grundstück verbunden." Ungläubig betrachtete er sie. „Sicher, dass du ohne Widerstand auf deinen Hof verzichten willst?"

Sie lachte spöttisch auf. „Von Wollen kann keine Rede sein. Ich möchte nur verhindern, am Ende dafür verantwortlich zu sein, dass jemand verletzt oder gar getötet wird." Sie schluckte. „Es fällt mir unendlich schwer, mir überhaupt vorzustellen, dass hier Bodenschätze ausgegraben werden. Trotzdem bin ich unsicher, ob es das Risiko wirklich wert ist."

Lächelnd strich er ihr eine Strähne ihres roten Haars hinters Ohr. „Das ist es, glaub mir. Die Wächter lassen Drewsoll auf keinen Fall davonkommen. Da geht es um mehr als deinen Reitstall."

Noch einmal kuschelte sie sich an ihn, tankte in seiner Umarmung die Kraft, die ihr fehlte, ehe die Tür aufging und Rachel hereinkam.

„Oh, störe ich?", erkundigte sie sich mit einem verlegenen Lächeln.

Tyler winkte ihr zu, ohne Brianna loszulassen. „Gar nicht, gut, dass du kommst, gleich werden Horden von Reitschülern hier einfallen, da sollten wir die Pferde von der Weide holen."

Mit einem erleichterten Lachen kam Rachel zu ihnen. „Da helfe ich gerne."

Sie holten sich die Halfter, um die Tiere, die an dem Tag gebraucht wurden, reinzuholen und sie in den Boxen unterzubringen.

Die Arbeit lenkte sie ab, dabei wurde ihr wieder einmal bewusst, wie gut es ihr tat, dass Tyler an ihrer Seite war. Er gab ihr Halt, Sicherheit und die Geborgenheit, die ihr die ganze Zeit gefehlt hatte.

„Wir sollten uns mal über dein Benehmen mir gegenüber unterhalten", bemerkte Ty mit einem süffisanten Lächeln, als sie endlich alleine im Stall standen. Sofort besaß er die Aufmerksamkeit seiner Kleinen.

„Weshalb? Was hab ich jetzt wieder gemacht?" Aufmüpfig stemmte sie die Handflächen in die Seiten, bis ihr das Glitzern in seinen Augen auffiel. Er leitete offensichtlich eine Session ein! Bei der Erkenntnis kribbelte es in ihr, ihre erste Erfahrung in der Richtung war ihr noch gut im Gedächtnis.

„Muss ich dich tatsächlich daran erinnern, wie du mich angegangen bist?" Tyler zog sie eng an sich, schob eine Hand in ihre Reithose, um sanft ihre Pobacke zu kneten. „Ich zeige dir deinen Platz, Cupcake, oder hast du einen Einwand?"

Energisch unterdrückte sie ein Stöhnen, gleichzeitig schmiegte sie sich an ihn. „Ich dachte, mein Platz sei genau hier." Sie strich mit den Fingerspitzen leicht an seinen Brustwarzen entlang, die sich deutlich unter dem Shirt abzeichneten, ehe sie sie an der Stelle über seinem Herzen liegen ließ.

„Da hast du absolut recht, trotzdem hast du dir eine Strafe redlich verdient." Er zog seine Finger zurück, bevor er ihr Kinn anhob. „Oder willst du nicht?"

„Es hemmt mich, dass Callum im Haus ist", gab sie ehrlich zu. „Wir können ihn kaum wegschicken, gerade im Augenblick nicht."

Nachdenklich musterte er sie, bis ihm ein Ausweg einfiel. „Kannst du zwei deiner Pferde bitten, ob sie mit uns ausreiten?"

Verständnislos nickte sie, doch ehe sie fragen konnte, schüttelte er schon den Kopf. „Tu, was ich dir auftrage, ich bin gleich wieder da."

Tyler war im Laufe des Tages in seine Wohnung gefahren, um weitere Kleidung sowie einige Spielzeuge zu holen, was ihm jetzt zugutekam. Eilig lief er in ihr Schlafzimmer, holte einen Rucksack, in den er Seile, eine Tube Gleitgel, eine dünne Decke und einen Plug steckte, anschließend gab er Callum Bescheid, dass sie den Sonnenschein ausnutzen wollten.

„Was sagen deine Pferde?", erkundigte er sich, als sie sich an der Weide trafen.

„Sie sind einverstanden. Darwin und Maeve sind heute nicht in der Reitstunde gelaufen." Nervosität kroch in ihr hoch, die ihre Lust noch verstärkte. „Aber ich dachte ...", weiter kam sie nicht.

„Hör auf, die Kontrolle zu übernehmen. Ich bin in der Lage, dich zu führen und auch auf dich aufzupassen, Cupcake." Er küsste sie leidenschaftlich, zog sie eng an sich. „Lass dich einfach auf mich ein."

Zum Glück blieb ihr kaum etwas anderes übrig, daher stimmte sie zaghaft zu. Es fiel ihr verdammt schwer, die Verantwortung an ihn abzugeben, ohne zu wissen, worauf sie sich einließ.

Langsam drehte Ty sie um, zog den Rucksack von der Schulter, um das Gel sowie den Analplug herauszunehmen. „Zieh die Hose herunter", raunte er ihr ins Ohr, dabei genoss er es, dass sie zusammenzuckte.

Bri haderte mit sich, obwohl ihr bewusst war, dass nicht mal die Pferde sie richtig sehen konnten. Vor ihr war der Zaun, hinter ihr stand Tyler, sodass sie gut geschützt war. Trotzdem fühlte es sich verboten an. Kurz schloss sie die Lider, überlegte, ob sie dazu bereit war, als seine Stimme erneut eine Gänsehaut über ihren Körper jagte.

„Soll ich dir helfen?"

Seine Finger schoben sich unter ihr Shirt, strichen ihre Wirbelsäule hoch, ehe sie sanft über ihre Seiten glitten, um ihre Brüste zu umfassen. Zärtlich zwirbelte er ihre Nippel, sorgte dafür, dass sie leise stöhnte. „Komm, ich übernehme das für dich.“ Ty spürte instinktiv, dass sie gerade nicht in der Lage war, über ihren Schatten zu springen. Er fasste um ihre Taille, öffnete Knopf und Reißverschluss, anschließend zog er ihre Hose zusammen mit ihrem Slip so herunter, dass ihr Po vor ihm freilag. Am liebsten hätte er herzhaft in die prallen Hinterbacken gebissen, doch das sparte er sich für später auf.

Brianna wartete angespannt auf seinen nächsten Schritt, wobei sie sich fast dachte, was er vorhatte. In ihr tobten die verschiedensten Gefühle, angefangen von Zweifeln bis hin zu purer Gier. Sie wollte ihm gefallen, sehnte sich nach weiteren Erfahrungen, gleichzeitig warnte ihr Verstand sie, was sie seltsamerweise noch mehr erregte. Kurz war sie versucht, ihre Schenkel zusammenzupressen, um sich irgendwie Erleichterung zu verschaffen, als seine Hand ihre Schamlippen spreizte.

„So feucht, das liebe ich“, flüsterte er ihr zu, während er ihren Kitzler massierte. „Du bist eine so sinnliche Frau, Cupcake.“

Sie stöhnte leise, drückte sich gegen seine Fingerkuppen, ergab sich seinen Zärtlichkeiten, bis er viel zu schnell stoppte. Irritiert sah sie ihn über die Schulter an. „Hab ich was falsch gemacht?“ Die Unsicherheit stand ihr ins Gesicht geschrieben.

„Überhaupt nicht, meine Süße. Aber ich habe noch mehr mit dir vor.“ Sanft küsste er sie, ehe er etwas von dem Gleitgel an ihrem Anus verteilte. Sorgfältig rieb er den gesamten Bereich ein, schob einen Finger in ihren Hintereingang. „Entspann dich, es wird schön für dich werden“, versprach er, zumal er wusste, dass sie keine schlechte Erfahrung mit der Praktik gemacht hatte.

Trotz seiner Aufforderung spannte Brianna ihre Hinterbacken an, das fühlte sich zu ungewöhnlich an, außerdem konnte sie sich nicht entscheiden, was sie davon halten sollte. „Tut mir leid", murmelte sie, als sie sich wieder entspannte.

„Alles ist gut." Noch einmal stimulierte Ty ihren Lustpunkt, gleichzeitig schob er ihr einen Finger zwischen die Pobacken. Er tippte nur leicht auf ihren Anus, hörte ihr Stöhnen und wartete, bis sie locker ließ. Erst jetzt drang er in sie ein, nahm den Mittelfinger zu Hilfe, um ihren Schließmuskel zu dehnen. „Ich werde dir gleich einen Plug setzen, einen schmalen."

Bei der Ankündigung verspannte sie sich angstvoll, doch er hielt dagegen, zwang den Muskel weiter auseinander, bis sie erneut lustvoll stöhnte. Er genoss es, die Macht über sie zu haben und sie gleichzeitig so sehr zu erregen, bis sie um die Erlösung bettelte.

Immer wieder drückte er ihr zwei Finger in den Hintereingang, dehnte den Schließmuskel, während er sie auf einen Höhepunkt zutrieb.

Bri klammerte sich mittlerweile an das Tor vor ihr, weil sie einen Halt brauchte. Einerseits fürchtete sie sich vor der Erfahrung, zumal sie die unterschiedlichsten Berichte gelesen hatte, andererseits fühlte es sich verboten gut an. Gerade als sie dachte, dass sie kommen könnte, schob Tyler ihr den Plug rein. Eilig biss sie sich auf die Lippen, um einen Schrei zu unterdrücken.

„Alles in Ordnung, Kleines?" Ty lehnte sich an ihren Rücken, hielt sie fest.

Zaghaft nickte sie. „Es ist seltsam, erregend, aber genauso störend“, gab sie leise zu. Es tat nicht weh, so viel war klar, nur ob sie tatsächlich in der Lage war, das zu genießen, bezweifelte sie.

Zufrieden zog er ihr die Hosen hoch, sorgte dafür, dass ihre Kleidung an der richtigen Stelle saß, ehe er Knopf und Reißverschluss schloss. Erst danach drehte er sie um, damit er ihr in die Augen sehen konnte. „Ich würde jetzt gerne ein Stück reiten.“ Abwartend musterte er sie, um ihr die Möglichkeit zu gegen, ihn aufzuhalten.

„Darf ich zuerst ein Stückchen laufen? Ich weiß nicht, ob ich das ertrage.“

Ihre Wangen waren tiefrot gefärbt, gleichzeitig erkannte er die Gier in ihrem Blick. „Selbstverständlich.“ Er trat einen Schritt zurück, um ihr etwas Bewegungsfreiheit zu geben.

Steif lief Brianna am Zaun entlang, dabei spürte sie den Eindringling deutlich. Es war ungewohnt, ein wenig störend, aber es macht sie auf eine bizarre Art an. Kurz überlegte sie, ob sie ihn besser stoppte, dann beschloss sie, sich auf das Abenteuer einzulassen. Maeve würde gut auf sie aufpassen, sodass sie kaum befürchten musste, vom Pferderücken zu fallen. Langsam stakste sie zu Tyler zurück. „Wir können“, bemerkte sie mit belegter Stimme.

Zufrieden strich er ihr eine Strähne aus dem Gesicht, sog ihren Duft tief ein, nur um festzustellen, dass seine kleine Sub extrem heiß war, genauso wie es sein sollte.

Sie riefen die Pferde, die willig zu ihnen kamen, anschließend half Ty ihr aufzusitzen.

Bri brauchte einen Moment, ehe sie einen Sitz gefunden hatte, der den Plug erträglich machte. Jetzt stützte sie sich zwar viel zu sehr auf den Oberschenkeln ab, außerdem brachte sie auf diese Weise ihre intimste Zone dicht an den Widerrist, aber anders hatte sie das Gefühl, das Toy würde sie sofort zum Höhepunkt katapultieren.

„Was ist los mit dir? Du hockst auf mir wie ein Anfänger.“ Maeve schnaubte unwillig, bis ihr der Geruch nach purer Lust auffiel. „Ihr Menschen nutzt auch jede Gelegenheit aus.“ Sie wieherte leise, was sich nach einem Auflachen anhörte.

„Offensichtlich hat sie dich durchschaut, Cupcake.“ Tyler schmunzelte, besonders, als er bemerkte, dass die verbale Demütigung seine Kleine noch mehr erregte.

Bri biss sich auf die Lippe, um eine zickige Bemerkung zurückzuhalten, der Plug erinnerte sie daran, dass sie gerade in einer Session steckte.

Langsam setzten sie sich in Bewegung, doch jetzt merkte sie mit jedem Schritt, wie der verdammte Widerrist an ihrer Klit rieb. Eilig lehnte sie sich etwas zurück, woraufhin sie den Analplug extrem deutlich spürte. Ein leises Stöhnen entkam ihr und sie betete, dass Tyler nicht auf die Idee kam zu galoppieren.

„Ich nehme an, dass es hier irgendwo eine Lichtung gibt, oder?“ Ty wandte sich direkt an die Tiere, obwohl er ihre Antwort nicht verstehen konnte. Allerdings drehten sie sich gehorsam in die Richtung eines kleinen Waldstücks, das bereits in Sichtweite lag. „Gut, ich sehe, ihr habt verstanden. Das Tempo überlasse ich euch.“ Bei den Worten musste er ein Lachen unterdrücken, da Brianna ihm einen mörderischen Blick schickte.

„Bist du überhaupt in der Lage, schneller als Schritt zu reiten?“, wollte Maeve in dem Augenblick belustigt wissen.

Bri wäre am liebsten vor Scham im Boden versunken, trotzdem spürte sie die Erregung weiter ansteigen. Es war seltsam, zumal sie geschworen hätte, bei Demütigung keine Lust zu fühlen. „Mir ist es lieber, es gemütlich angehen zu lassen", stieß sie hervor. Ihre Stimme klang gepresst, außerdem entkam ihr ein Keuchen.

„Ja, den Eindruck habe ich auch." Damit ließ die Stute es gut sein.

Tyler beugte sich zu ihr rüber. „Du hast jederzeit die Möglichkeit, mich zu stoppen, das weißt du."

Sofort nickte sie, das war ihr bewusst, nur wollte sie ihn auf der einen Seite stolz machen, andererseits fühlte es sich so verdammt gut an. Immer wieder wurde sie gezwungen sich auf den Plug zu setzen, ehe sie zurück auf die Oberschenkel rutschte. Zum Glück war Maeve extrem gut ausgebildet und sie hatten auf einen Sattel verzichtet, daher fiel es ihr leichter, einen sicheren Sitz zu finden.

Endlich erreichten sie die versteckte Lichtung, die die Tiere ausgesucht hatten, sodass Bri heimlich aufatmete, als sie stehen blieben. Ihre Muskeln protestieren, ihr gesamter Körper vibrierte vor Begierde, außerdem sehnte sie sich nach der Erlösung oder wenigsten nach einer Atempause.

„Bitte, bleibt in der Nähe, aber gebt uns etwas Privatspähre", bat Ty freundlich, nachdem er Bri vom Pferderücken geholfen hatte. Jetzt stand sie zitternd vor Lust in seiner Umarmung. „Ich danke euch."

Sofort stupste Darwin seine Gefährtin an, die sich daraufhin zum Wald drehte.

Kaum waren die Tiere verschwunden, hob Tyler seine Kleine auf seine Arme, um sie in der Mitte der Lichtung auf den Boden zu setzen. Eilig zog er sich den Rucksack von den Schultern, breitete neben ihr eine Decke aus, auf die er deutete. „Leg dich auf den Bauch, Cupcake."

Brianna gehorchte, froh, endlich dem Druck in ihrem Hinterteil zu entkommen. Kurz atmete sie auf, bis sie seine Hände an ihrem Kitzler spürte.

Ty sorgte dafür, dass sie auf Spannung blieb, massierte sie, streichelte sie, dabei zog er ihr Hose und Unterhose herunter. „Das sieht einfach nur sexy aus", murmelte er, bevor er den Plug ein kleines Stückchen herauszog, nur um ihn wieder tief in ihr zu versenken.

Erregt stöhnte Bri auf, schloss die Augen und schob ihren Zeigefinger zwischen ihre Schamlippen, nur um einen harten Schlag auf den Po zu kassieren.

„Habe ich dir erlaubt, dich zu streicheln?" Tyler holte ein Seil aus dem Rucksack, zog ihre Arme über ihren Kopf, ehe er ihre Handgelenke zusammenfesselte. „Ab sofort gehört deine Lust komplett mir. Falls du dich befriedigen willst, fragst du um Erlaubnis. Egal, ob du zu einem Höhepunkt kommst oder nicht, verstanden?"

Leise wimmernd nickte sie, woraufhin sie der nächste Schlag traf, der sie nur noch geiler machte. „Ja, ich gehorche", flüsterte sie heiser.

„So ist es brav." Sanft streichelte er sie, spielte mit dem Plug, massierte ihre Klitoris, während sie sich unruhig bewegte. „Ich möchte dich von hinten nehmen, deinen Hintereingang benutzen", raunte er ihr ins Ohr, dabei beugte er sich über sie.

„Tu es, bitte." Sie war so heiß, dass sie glaubte zu platzen, außerdem wusste sie, dass sie ihm vertrauen durfte. Woher der Gedanke auf einmal kam, war ihr unklar, ihr blieb auch keine Zeit, um darüber nachzudenken, denn im nächsten Moment spürte sie, wie er ihr den Plug entfernte.

Es kam ihr vor, als ob der Schließmuskel offen stünde, was ihr unsagbar peinlich war, trotzdem flaute die Erregung keine Sekunde ab. Unruhig bewegte sie sich, was ihr einen weiteren Hieb einbrachte.

„Bleib ruhig liegen, Cupcake“, warnte Tyler sie. Genüsslich rieb er ihren Anus erneut mit reichlich Gleitgel ein, schob zwei Finger in sie, um ihre Muskeln zu dehnen, gleichzeitig presste er den Daumen der anderen Hand auf ihren Lustpunkt.

Stöhnend drückte Bri sich ihm entgegen, unfähig sich nicht zu rühren. Es fühlte sich an, als ob ihr Blut mittlerweile kochen würde und ihr Körper kurz vor einer Explosion stünde. Gedanken an Schicklichkeit, Moral oder Ähnliches verbrannten regelrecht in dem Feuersturm der Lust. Wimmernd bewegte sie sich, schrie leise auf, als er ihren Schließmuskel etwas weiter auseinanderdrückte. „Bitte, Tyler, lass mich kommen.“ Ihre Stimme klang schrill in ihren Ohren.

Ty liebte es, wenn sie bettelte, doch jetzt waren weder die Zeit noch der Ort, um das auszukosten. Selbstverständlich wusste er, dass die Pferde sie warnen würden, sollte sich ein Fremder dem Waldstück nähern, trotzdem ging er kein Risiko ein. Eilig zog er sich die Hose runter, nahm sein bestes Stück in die Hand, das bereits prall von seinem Körper abstand, und schob die Eichel vorsichtig in ihren Hintereingang. Er stoppte, als sie sich verspannte, massierte ihre Klit, anschließend tastete er sich weiter vor.

Zuerst wehrte Bri sich gegen den Eindringling, zu ungewohnt war das Gefühl, doch dann überflutete sie die Gier. Sie versuchte sich ihm entgegenzudrücken, weil sie ihn komplett spüren wollte. Augenblicklich packte Tyler sie an den Hüften, um sie festzuhalten.

„Ruhig, Cupcake, sonst tue ich dir weh", stieß er hervor. Es kostete ihn verdammt viel Beherrschung, so langsam vorzugehen. Lieber würde er sich sofort tief in ihr versenken. Stück für Stück schob er sich weiter, achtete auf jede ihrer Reaktionen, während er sie mit den Fingerspitzen auf einen Höhepunkt zutrieb. Endlich steckte er bis zum Anschlag in ihr, gab ihr einen Moment, um sich an das Gefühl zu gewöhnen, ehe er sich vorsichtig bewegte.

In Brianna explodierte ein Feuerwerk der Lust, sie stöhnte, presste sich gegen ihn, unfähig nur eine Sekunde länger ruhig liegen zu bleiben. Ihre Finger krampften sich in die Decke, gleichzeitig warf sie den Kopf von einer Seite auf die andere. Leise Worte stammelnd, näherte sie sich dem Höhepunkt, der sie aufzufressen schien. „Bitte", wimmerte sie.

„Was willst du, Cupcake, sag es mir." Auch Tylers Stimme hörte man die Erregung an. Er biss ihr leicht in den Nacken, worauf sie lustvoll aufschrie.

„Lass mich kommen." Ihr Atem kam stoßweise, ihr Herz raste und ihre Haut war von einem feinen Schweißfilm überzogen. Jede Faser ihres Seins schrie nach der Erlösung.

Sanft strich er über ihren Lustpunkt, dabei versenkte er sich tief in ihrem Hintereingang. „So?"

Unwillig brummte sie. „Fester." Ihr fiel es schwer, auszusprechen, wonach sie sich sehnte, aber alles war besser, als diese exquisite Folter nur eine Sekunde länger auszuhalten. „Bitte ... halt dich nicht ... zurück", brachte sie hektisch hervor, gleichzeitig drückte sie sich erneut an ihn.

Jetzt verlor auch Tyler die Beherrschung, er stieß hart in sie, stimulierte ihre Klit, womit er sie unnachgiebig auf einen Orgasmus zutrieb. „Komm für mich", keuchte er, ehe er noch einmal in ihren Nacken biss.

Der Puma verlangte nach seinem Recht und er wusste, dass er ihn kaum zurückhalten konnte. Immer wieder zog er sich bis zum Anschlag zurück, nur um kurz darauf den leichten Widerstand zu überwinden, der ihm so großen Genuss bot. Der Schließmuskel massierte sein Glied auf eine Weise, die ihn um den Verstand brachte.

Endlich stieß Brianna einen Schrei aus, gleichzeitig verkrampfte sich ihr wunderschöner Körper auf eine einzigartige Weise. Ihre Atmung setzte genauso aus, wie ihr Denken, die Gier explodierte ihn ihr, löschte alles andere aus. Für einen köstlichen Augenblick glaubte sie zu schweben, während sie das Gefühl hatte, komplett mit Tyler zu verschmelzen. Die Zeit blieb stehen und sie fühlte, dass sie den fehlenden Teil ihrer Seele gefunden hatte. Nur am Rande bekam sie mit, dass ihr Liebster seine Erfüllung fand, als er in ihr abspritzte.

Ty ließ den Puma von der Kette, der sich sofort in sein Weibchen verbiss, um sie für immer als die Seine zu markieren. Tief in ihr steckend erlaubte er sich zu kommen. Auch er spürte, dass sich ihre Herzen auf eine einzigartige Weise zu einem Bund für die Ewigkeit verbanden.

Zufrieden sank er auf sie, während er langsam aus ihr herausglitt. Einen Moment gönnte er sich, sie so intensiv zu fühlen, ehe er sich zur Seite rollte, um sie fest an sich zu ziehen.

Brianna presste ihr Gesicht an ihn, versuchte die Realität auszublenden, weil es ihr unwahrscheinlich peinlich war, sich so gehen gelassen zu haben. Bestimmt hatte man sie noch in etlichen Meilen gehört. Trotzdem wollte sie diese Erfahrung nicht missen.

„Sieh mich an, Cupcake." Tyler drückte sie mit Gewalt von sich, um ihr in die Augen sehen zu können. „Alles in Ordnung?" Besorgt musterte er sie, bis sie leise zustimmte.

„Ja, es war unglaublich. Du bist meine Dualseele, hast du das auch gespürt?" Unsicher begegnete sie seinem Blick, ob er sie jetzt für völlig verrückt hielt?

Lächelnd nickte er. „Ja, meine Kleine, das habe ich gefühlt. Mehr als je zuvor." Zärtlich küsste er sie, anschließend löste er die Fesseln, dabei runzelte er die Stirn.

„Ist was?" Bri rieb sich über die Spuren an den Handgelenken.

„Was stellst du nur mit mir an? Ich wollte dich in einen Hogtie legen, um dich zu verwöhnen und dir den Hintern zu versohlen, während du den Plug trägst. Nur bin ich dazu gar nicht gekommen. Du machst mich gierig, Brianna." Er lächelte verlegen. „Noch nie habe ich meiner Lust nachgegeben, bis zu diesem Moment."

Sie lachte leise, kuschelte sich dicht an ihn, mittlerweile hatten sie auch ihre Kleidung gerichtet, sodass ihr die Nähe ein wenig fehlte, trotzdem brauchte sie die Geborgenheit jetzt. „War es nicht fürchterlich leichtsinnig? Immerhin wissen wir nicht mal, wo die Leute von Drewsoll sind." Sie schluckte, als ihre Probleme mit Macht auf sie einprasselten.

Genau in dem Augenblick kamen Maeve und Darwin zurück.

„Glaubst du wirklich, dass ich dich ins offene Messer laufen lasse?" Die Stute betrachtete sie traurig.

Sofort war Brianna bei ihr, streichelte ihr zärtlich über die Stirn. „Nein, niemals. Du bist meine Vertraute." Sie lehnte sich glücklich an sie, dabei spürte sie dem Erlebten nach.

„Offensichtlich hattest du viel Spaß“, bemerkte Maeve süffisant, ehe sie ihr einen leichten Schubs gab. „Wir sollten trotzdem den Rückweg antreten, es wird langsam dunkel.“

Bri nickte, gleichzeitig drehte sie sich zu Tyler um. „Sie hat recht, wir müssen nach Hause.“ Sie deutete auf den Himmel, auf dem sich die Dämmerung abzeichnete.

Ty stimmte zu, sammelte die Sachen ein, wischte sich die Finger an der Decke ab, ehe er sie in dem Rucksack verstaute, anschließend half er Brianna beim Aufsitzen. „Du bist etwas ganz Besonderes“, flüsterte er ihr zu.

Gemächlich ritten sie zurück, ließen die Tiere auf die Weide zu ihren Artgenossen, ehe sie es sich im Wohnzimmer bei leiser Musik gemütlich machten.

Bri kuschelte sich an ihren Freund, dabei fühlte sie sich zum ersten Mal sicher, dass er sie tatsächlich wollte. Noch traute sie sich kaum von Liebe zu reden, aber tief in ihrem Herzen wusste sie, dass es genau das war.

Tyler legte einen Arm um ihre Schultern, hielt sie fest, während er den Klängen von Tschaikowski lauschte. Sie hatten sich für Klassik entschieden, die sie glücklicherweise beide liebten. Ihm fiel ein, dass sie sehr viele Gemeinsamkeiten besaßen, sei es beim Essen oder bei ihren Interessen.

Kapitel 20 - Zweisamkeit

„Du bist gestern schon so früh aufgestanden, obwohl es dein freier Tag war, du solltest liegen bleiben“, protestierte Brianna, als Tyler die Decke zurückschlug. „Ich will verhindern, dass du umfällst, weil du dich nicht ausruhst.“ Sie stand vor dem Bett und stemmte die Hände in die Seiten. Nach dem gestrigen Abend hatte sie hervorragend geschlafen, was sicher auch daran lag, dass sie sich rundum befriedigt fühlte. Jetzt sprühte sie vor Energie, allerdings hatte sie ein schlechtes Gewissen, da Ty seine freien Tage für sie opferte.

Lächelnd kam er zu ihr. „Glaub mir, ich bin in der Lage, meine Kraft einzuteilen.“ Mit der Antwort hob er sie auf seine Arme, woraufhin sie sich mit einem leisen Schrei an ihm festklammerte.

„Mistkerl“, entkam es ihr, doch sie milderte das Wort mit einem breiten Lächeln.

„Richtig, aber dein Mistkerl.“ Lachend trug er sie ins Bad, stellte sie auf ihre eigenen Füße, hielt sie allerdings weiterhin fest. Genüsslich streifte er ihr das T-Shirt, in dem sie geschlafen hatte, ab, zog ihr den Slip aus, anschließend bewunderte er sie.

„Ich weiß, ich sollte was für meine Figur tun“, murmelte sie verlegen, als er sie ein Stückchen von sich schob.

Sofort schüttelte er den Kopf. „Auf gar keinen Fall, du bist perfekt für mich.“ Er kam wieder näher, packte ihre Pobacken, um sie an sich zu pressen. „Ich brauche etwas zum Anfassen.

Außerdem liebe ich Kurven an einer Frau." Spielerisch biss er ihr in den Hals, ehe er sie in die Dusche trug.

Glücklich ließ Brianna es zu, es fühlte sich verdammt gut an, so genommen zu werden, wie man war. Ty stellte das Wasser an und sie kreischte entsetzt auf. „Das ist eisig, du Untier." Eilig wollte sie aus der Duschkabine klettern, doch er hielt sie eisern fest.

„Ist aber gut für den Kreislauf", bemerkte er lachend.

Bri schüttelte sich. „Ich hasse Kälte, das sollte ich unbedingt auf die Tabuliste setzen." Zum Glück wurde es schnell wärmer, sodass sie sich langsam beruhigte, dazu kam, dass der Puma sie jetzt gründlich einseifte.

Genüsslich ließ Ty seine Handflächen über ihren Körper gleiten, gab immer wieder Duschgel in seine Hände und schäumte sie ein. Mit einem Schmunzeln drückte er ihre Schenkel auseinander. Ihm war bewusst, dass es ihr peinlich war, von ihm gewaschen zu werden, gleichzeitig roch er, dass es sie erregte. Ihre Hormone erkannte er trotz des parfümierten Gels.

Für einen Augenblick zuckte Brianna zurück, es schickte sich einfach nicht, sich intim von einem Mann waschen zu lassen, den sie so kurz kannte. Bei dem Gedanken stutzte sie, war es wirklich erst ein paar Tage her, seit sie angefahren worden war? Ihr kam es vor, als ob es zu einem anderen Leben gehören würde. In der Tat fühlte es sich an, wie eine viel zu schnelle Karussellfahrt. Tylers Handfläche rieb über ihre Scham, was sie sofort in die Realität zurückbrachte. Eilig packte sie sein Handgelenk. „Nicht."

„Warum soll ich aufhören, mein Herz?" Seine Stimme klang trügerisch verständnisvoll, woran sie erkannte, dass er auf gar keinen Fall nachgeben würde.

„Es ist unmoralisch, außerdem muss ich zu meinen Pferden.“ Sie griff zur ersten Erklärung, die ihr in den Sinn kam. Tyler lachte leise auf, was ihr eine Gänsehaut der Lust über den Körper schickte.

„So, ist es das? Und was ist mit dem, was wir gestern getan haben? Oder mit den vielen Dingen, die ich mit dir vorhabe? Soll ich die gleich vergessen?“

Sie hörte deutlich, dass er sich amüsierte, wozu er jedes Recht besaß, da sie sich wie eine prüde Jungfrau benahm. „Ich kann dir nicht sagen, warum, trotzdem ist es mir peinlich“, gab sie endlich zu. „Aber es erregt mich auch.“ Den Nachsatz flüsterte sie nur noch.

„Weil es ungewohnt ist und du seit Kindheit selbst für deine Hygiene verantwortlich bist. Gerade deshalb wasche ich dich, außerdem sorge ich dafür, dass du anschließend tatsächlich sauber bist.“ Seine Stimme klang anzüglich, ein wenig arrogant, so als ob sie unfähig wäre, sich richtig zu duschen.

Kurz dachte sie daran, die Duschkabine einfach zu verlassen, doch dann gab sie sich vertrauensvoll in seine Hände. Auffordernd spreizte sie die Beine, lehnte sich an ihn, während sie mit geschlossenen Augen seinen Berührungen nachspürte. Leise stöhnte sie auf, als er einen Finger tief in sie rutschen ließ, nur um gleichzeitig ihre Klitoris zu stimulieren. Sie drehte sich genüsslich, sodass er auch gut an sie herankam, nur damit, dass er sie unbefriedigt lassen würde, hatte sie keineswegs gerechnet.

Tyler gab ihr einen leichten Klaps. „Wir müssen los, die Pferde warten.“ Er stellte das Wasser aus, anschließend öffnete er die Tür der Duschkabine.

Ungläubig starrte Brianna ihn an. „Hörst du auf?", stieß sie hervor. Natürlich hatte er sein Spiel so weit getrieben, dass sie sich so richtig heiß fühlte.

„Hast du etwa darum gebeten, einen Orgasmus zu bekommen?" Er tat so, als ob er nachdenken würde. „Seltsam, ich kann mich nicht erinnern." Jetzt schaffte er es nicht länger, sein süffisantes Lächeln zu unterdrücken.

„Schuft, du weißt, dass es mir enorm schwerfällt." Sie schlug ihm leicht auf den Oberarm, holte sofort wieder aus, doch er packte ihren Arm und wickelte sie in ein Badetuch ein.

„Genau deshalb mache ich es ja. Du sollst lernen, dass du um das, was du haben willst, bittest." Er zog sie eng an sich. „Es ist völlig in Ordnung, seine Sehnsüchte auszusprechen, vertraue mir." Zärtlich küsste er sie, anschließend schob er sie ein kleines Stückchen von sich. „Wir müssen wirklich los." Auch er schlang sich ein Handtuch um die Hüften, ehe er das Badezimmer verließ.

Wut und Erregung mischten sich in Bri, bis sie leise seufzend zustimmte. Er hatte das Sagen, daran sollte sie sich gewöhnen. Eilig machte sie sich für den Tag fertig, ehe sie in die Küche ging, wo Callum sie bereits erwartete.

„Ich würde Brianna heute Abend gerne mit in meine Wohnung nehmen, bist du so gut und hältst die Stellung?" Tyler trank einen Schluck Tee, während er auf die Antwort des Journalisten wartete.

„Ja, klar, das passt perfekt." Etwas blitzte in seinen Augen auf, als er sich zu Bri drehte. „Ist es in Ordnung, wenn mein Freund herkommt?"

Sofort nickte sie. „Natürlich, ich wusste gar nicht, dass du dich gebunden hast." Ihre Neugier sah man ihr an der Nasenspitze an, allerdings verkniff sie sich eine direkte Frage.

„Ist auch erst frisch. Ich habe ihn kennengelernt, als ihr den Abend genutzt habt.“ Er wackelte anzüglich mit den Augenbrauen. „Wir müssen sehen, ob es was wirklich Festes wird.“

Zustimmend lächelte Brianna, außerdem glitt ihr Blick zu Tyler, der warnend die Hände hob.

„Wir sind über den Punkt hinaus, bei uns ist die Entscheidung längst gefallen“, bemerkte er leise.

Verliebt stimmte sie ihm zu, obwohl ihr natürlich sofort einfiel, dass sie praktisch ja nur eine Spielbeziehung führten. Schnell schob sie die Überlegungen von sich.

Beim Frühstück flogen Scherzworte durch den Raum, die Stimmung war gelockert und die Gefahr zumindest für den Moment vergessen. Genauso verging der restliche Tag. Sie teilten sich die Arbeit, ritten mit den Kindern aus und Tyler zog seine Kleine immer mal wieder an sich, um ihr einen heißen Kuss zu stehlen. Dass er dabei über ihren Hintern strich, was ihr ein Stöhnen entlockte, bemerkte niemand.

„Was hast du heute mit mir vor?“ Bri lehnte sich an ihn, als sie den Stall aufgeräumt hatten, schnell schüttelte sie den Kopf. „Wir können auf keinen Fall jetzt schon aufbrechen. Ich werde Callum doch nicht hungern lassen.“

Ty lächelte sie an. „Deine Tiefkühltruhe beinhaltet genügend Pizzen und Fertiggerichte.“

Unwillig ging sie einen Schritt auf den Ausgang zu, wurde aber sofort wieder an seine breite Brust gezogen, wogegen sie halbherzig ankämpfte. Ihr war klar, dass sie sich ziemlich ungesund ernährte, was man eben auch an ihrer Figur bemerkte. Nur wollte sie das Thema keineswegs mit ihm besprechen.

„Hör auf rumzuzicken." Tyler presste sie mit einer Hand fest an sich, während er ihr mit der anderen eine Strähne aus dem Gesicht strich. „Es ist eine Feststellung, mehr nicht. Ich verurteile dich nicht, Cupcake. Ganz im Gegenteil, ich verstehe dich. Niemand hat Lust, nach einem harten Arbeitstag noch in der Küche zu stehen."

Seufzend lehnte sie sich jetzt doch wieder an ihn. „Viele Menschen verzichten auf das Fastfood, außerdem weiß ich, dass es ungesund ist." Sie seufzte leise. „Ich kann leider nur eine Hand voll Gerichte kochen. Die bekomme ich gut hin, nur zu kulinarischen Köstlichkeiten reicht es nicht aus." Sie zuckte unglücklich mit den Schultern.

„Ich bringe es dir bei, allerdings ist das unnötig, da ich den Bereich der Hausarbeit sehr gerne übernehme." Er legte sein Kinn auf ihren Scheitel. „Mach dir keine Sorgen, wir werden uns die Aufgaben teilen."

Kurz überlegte sie, ob sie ihn auf den Punkt hinweisen sollte, dass sie eine Spielbeziehung eingegangen waren, aber das kam ihr irgendwie kindisch vor. Irgendwann in der nächsten Zeit mussten sie über ihren Beziehungsstatus sprechen, einfach klarstellen, dass es eben doch mehr war. Da würde sie jetzt kaum drauf herumreiten. Seufzend nickte sie.

„Gut, lass uns losfahren. Ich brenne darauf, ein paar Dinge mit dir auszuprobieren."

Hand in Hand gingen sie in Haus, holten für Bri Sachen zum Wechseln, anschließend verabschiedeten sie sich bei Callum.

„Ich hätte deinen Liebsten zu gerne kennengelernt", bemerkte Brianna zögernd, als sie vor ihm stand. „Sicher, dass wir nicht warten sollen, bis er hier ist?" Hoffnungsvoll sah sie ihn an.

„Nein, auf gar keinen Fall! Noch sind wir nicht an dem Punkt, an dem ich ihn meinen Freunden vorstelle." Der Journalist nickte auffordernd zur Tür. „Haut schon ab, ich bitte euch."

Sofort packte Tyler ihr Handgelenk, um sie zu seinem Auto zu ziehen.

„Ich hab ein ungutes Gefühl", nörgelte Bri, als sie sich anschnallte. „Wir sollten wenigstens sichergehen, dass die beiden alles haben."

Ty lachte leise. „Du bist neugierig, Cupcake. Callum kennt sich in deinem Haus aus, darüber hinaus wird er die Stunden genießen, genau wie wir." Er startete den Wagen. „Gönn ihm die Auszeit einfach."

Heftig begehrte sie auf. „Das tue ich oder glaubst du wirklich, dass ich einem meiner besten Freunde etwas Glück neide? Ausgerechnet ich?" Empört sah sie ihn an.

„Nein, ich weiß, dass du dich mit ihm freust, aber mir ist klar, dass du ihn am liebsten beschützen würdest." Er schaltete. „Deshalb willst du den anderen Mann überprüfen, richtig?"

Zustimmend nickte sie. „Was ist daran falsch? Callum ist ja auch immer für mich da."

„Sie müssen sich doch selbst erst einmal sicher sein." Tyler legte seine Hand auf ihren Oberschenkel. „Außerdem wirst du ihn kaum überzeugt bekommen, falls sein Freund ihm nicht guttut. In der Liebe sind Menschen nur sehr selten rational." Er schmunzelte, als er an ihr Kennenlernen dachte.

Nachdenklich stimmte sie zu. „Du hast recht, ich bin das beste Beispiel dafür. Anstatt mich von dir fernzuhalten, fahre ich jetzt sogar mit in deine Wohnung." Sie seufzte leise. „Ich habe einfach keine Kraft, um dich länger auf Abstand zu halten." Ihr war klar, dass sie keine Spielbeziehung führten, doch noch wollte sie es nicht aussprechen.

„Hör auf dir solche Gedanken zu machen, Cupcake. Genieß den Moment. Gönn dir die Auszeit." Auch Tyler war bewusst, dass sie weiterhin infrage stellte, was da zwischen ihnen passierte, zumal es sich extrem schnell entwickelte. Kein Wunder, er wusste, dass sie zu ihm gehörte und während er viel Erfahrung gesammelt hatte, war sie ausgehungert. Seine Kleine sehnte sich nach Nähe und Geborgenheit.

Er parkte vor einem schicken Cottage mit einem gepflegten, winzigen Vorgarten, lief zur Beifahrertür, um ihr aus dem Auto zu helfen.

Lächelnd akzeptierte sie seine Hand, es fühlte sich gut an, dass er sie so höflich behandelte.

Tyler legte ihr einen Arm um die Schultern, so brachte er sie ins Haus. „Sieh dich in Ruhe um, ich hole schnell deine Tasche."

Neugierig schlenderte sie durch die Wohnung, ging zuerst ins Wohnzimmer, wo sie ein großes Bücherregal fand, in dem neben etlichen Fachbüchern ganz normale Romane standen. Hier würde sie sich auf jeden Fall beschäftigen können, lesen gehörte zu ihren Hobbys, wenn sie denn mal Zeit dafür hatte. Die Balken lagen teilweise frei, wo sie unter anderem Lautsprecher entdeckte, außerdem gab es gerahmte Fotos, offensichtlich von seiner Familie und seinen Freunden. Auf einigen war auch er mit verschiedenen Personen abgebildet. Eins zog ihre Aufmerksamkeit auf sich, weil es eine wirklich schöne Frau zeigte. Als sie es betrachtete, fühlte sie einen Stich in der Brust. Wer war die Schönheit? Trauerte er etwa um eine verflossene Liebe? Oder noch schlimmer, war er doch liiert?

Sofort schob sie diesen Gedanken von sich, in dem Fall hätte er sie niemals hergebracht, so dumm war er nicht.

Tyler trat hinter sie, legte beide Arme um sie. „Das ist meine Schwester, sie lebt aktuell in Kanada, weshalb wir uns leider nur selten sehen.“ Er seufzte leise, da er Isabell vermisste.

Skeptisch drehte Brianna den Kopf zu ihm, sodass sie ihn ansehen konnte. „Du erlaubst dir einen Scherz, richtig? Ja, du siehst gut aus, aber an sie kommst du nicht heran. Sie ist perfekt und sieht dir kein bisschen ähnlich.“ Sie betrachtete das Gesicht der Frau noch einmal, bis ihr auffiel, dass sie tatsächlich einigen Gemeinsamkeiten hatten. Eifersucht machte blind!

„Dreh das Foto einfach mal um“, schlug Tyler vor.

Auf der Rückseite entdeckte sie eine Inschrift. Für den besten Bruder der Welt, Isabell. „Tut mir leid“, murmelte sie, während sie das Bild zurück auf den Balken stellte.

„Es ist alles in Ordnung, mir ist bewusst, dass du immer noch erwartest, herb enttäuscht zu werden, deshalb habe ich dich hergebracht. So siehst du, dass ich keine Geheimnisse vor dir habe. In meinen Schränken wirst du keine Hinweise auf eine Ehefrau oder Geliebte finden.“ Er drückte sie an sich, küsste sie auf die Stelle zwischen ihrer Schulter und ihrem Hals.

„Ich würde so gerne richtig vertrauen.“ Sie seufzte. Tyler hatte es einfach nicht verdient, dass sie ihm so etwas Abscheuliches unterstellte.

„Lass dir Zeit, Cupcake. Wie du weißt, besitzen wir mehr als genug davon.“ Er lachte leise, anschließend ging er in die Küche, um einen Blick in den Kühlschrank zu werfen. Augenblicklich entschied er, dass sie was bestellen sollten, auf keinen Fall wollte er den Abend mit dem Zubereiten des

Essens verschwenden. Gemeinsames Kochen durfte warten, dazu bot sich bestimmt eine andere Gelegenheit.

Bri betrat den Raum, nur um sofort stehen zu bleiben, eine moderne Küche, die auch noch glänzte, hatte sie in dem alten Cottage nicht erwartet. Schwarze Keramik beherrschte das Design, was ihr gut gefiel. Zusammen mit dem Silber der Spüle sah es edel aus. „Hier bereitest du irgendetwas zu? Wirklich? Es sieht aus, als ob es aus einem Musterhaus stammt." Zweifelnd musterte sie ihn.

„Ja, in diesem Zimmer koche ich." Er lachte. „Ich habe eine Haushälterin, die ihren Job sehr ernst nimmt." Er lehnte mit dem Rücken am Kühlschrank. „Heute bestellen wir etwas oder hast du Lust auszugehen?"

Ablehnend schüttelte sie den Kopf. „Nein, ich möchte lieber hierbleiben." Ihre Wangen färbten sich leicht rot. „Du hast versprochen mir noch mehr zu zeigen." Ihre Stimme wurde unsicher, während sie ihn ansah.

Sofort kam er zu ihr, zog sie an sich. „Das werde ich, Cupcake, aber zuerst essen wir was. Du hast einen harten Arbeitstag hinter dir." Er ließ sie los, holte einen Stapel Speisekarten aus einer Schublade. „Such dir was aus."

Lachend nahm sie die Menükarten entgegen. „Du kochst also oft? Deshalb hast du auch von jedem verfügbaren Restaurant eine Übersicht zu Hause, richtig?" Sie sah sich die Auswahl an, um abwehrend das Gesicht zu verziehen. „Die liefern alle nicht", bemerkte sie enttäuscht. „Du hast ja doch geplant, dass wir ausgehen?"

„Nein, ich werde unsere Bestellung abholen, ist keine große Sache." Er deutete mit dem Kinn auf die Karten. „Los jetzt, was möchtest du haben?"

Erneut blätterte sie unentschieden durch die Prospekte, bis sie die Speisekarte vom Kytelers Inn entdeckte. „Ich wusste gar nicht, dass sie auch Essen zum Mitnehmen anbieten." Verwundert betrachtete sie die Bilder der Speisen.

„Doch, sie gehen mit der Zeit, wobei man natürlich etwas verpasst, wenn man das Gericht einfach nur abholt." Er lächelte, als er an den vergnüglichen Abend mit den Wächtern dachte.

„Lass uns einen Burger nehmen. Ich mag die Leute dort und das, was Myra für uns gekocht hat, war extrem lecker." Sie klappte die Karte zu, ehe sie sie Ty reichte, der sie sofort wieder in die Schublade räumte, ehe er im Pub anrief.

„Sie schickt einen ihrer Kellner her, sodass wir nicht noch mal losmüssen", teilte er ihr mit, nachdem er aufgelegt hatte.

„Was hast du getan, dass du so eine Sonderbehandlung bekommst?" Erstaunt musterte sie ihn. „Hast du ihr das Leben gerettet?"

Tyler lachte, gleichzeitig schüttelte er den Kopf. „Nein, ich bin nur mit ihrem Sohn befreundet, das reicht für Myra. Sie hat mich irgendwie adoptiert."

Sie verließen die Küche, damit Bri sich noch weiter umsehen konnte. Sie warf einen flüchtigen Blick ins Bad, wobei ihr die riesige Dusche auffiel. Sofort musste sie daran denken, wie Tyler sie am Morgen gewaschen hatte. Eilig wandte sie sich ab, weil es wieder zwischen ihren Schenkeln zog. Verdammt, früher hatte sie sich besser unter Kontrolle.

Sie betrat sein Schlafzimmer, was in einem fröhlichen Gelb gehalten war, und in dem ein Bett stand, an dem es viele Möglichkeiten gab, jemanden festzubinden. Weshalb fiel ihr das genau in dem Augenblick auf? Bevor sie Ty kennengelernt hatte, wäre ihr die Idee niemals in den Sinn gekommen.

Selbstverständlich verstärkten diese Gedanken ihre Erregung, mit der sie bereits den ganzen Tag kämpfte. Misstrauisch betrachtete sie ihren Herrn. „Du hältst mich jetzt aber nicht die nächste Woche auf Spannung, oder?"

Tyler setzte eine betont unschuldige Miene auf. „Wie kommst du darauf, mein Herz? Ich hab dich doch lediglich in meine Wohnung gebracht." Er verkniff sich mit aller Macht ein Schmunzeln. Natürlich wusste er, wie heiß seine Kleine war, da er ihre Hormone riechen konnte.

„Ist klar, deshalb hast du ja auch mehrfach gesagt, dass du eine Menge mit mir ausprobieren willst." Sie lächelte. „Außerdem hast du mich unter der Dusche ganz schön angeheizt und deine Küsse lassen mich keinesfalls kalt, wie du weißt." Sie stemmte die Hände in die Seiten.

„Ist das deine Art um eine Session zu betteln?" Tyler betrachtete sie amüsiert. „Oder möchtest du die Keuschhaltung tatsächlich ausprobieren?"

Entsetzt schüttelte sie den Kopf, gleichzeitig gab sie die zickige Haltung auf. „Tu mir das bitte nicht an. Ich habe doch so vieles nachzuholen, findest du nicht?" Ihre Stimme bekam etwas Schmeichelndes.

Lachend nahm Ty sie in die Arme. „Keine Angst, Cupcake, bisher hast du mich keineswegs genug geärgert, um diese Strafe zu rechtfertigen." Er musste an die Geschichte denken, die David ihm erzählt hatte. Vor einigen Jahren fand Emily es toll, sein geliebtes Motorrad mit Hello-Kitty-Aufklebern zu dekorieren. Das war eine Tat, die eine ziemlich lange Keuschhaltung nach sich zog.

„Erzählst du mir, was dich so amüsiert oder überlegst du dir gerade was Fieses für mich?" Brianna holte ihn aus seinen Erinnerungen.

„Es ist nur etwas, das David mit seiner Kleinen erlebt hat." In kurzen Sätzen gab er wieder, woran er gedacht hatte.

Bri riss die Augen auf. „Das hat sie sich getraut? Nach allem, was ihr von dem Boss der Ersten Einheit erzählt habt, würde ich eher sterben, als ihn so respektlos zu behandeln." Sie fühlte größten Respekt vor der Gefährtin des Wolfs, die auf ihre Weise ihren Standpunkt klargemacht hatte.

„Sie musste schnell einsehen, dass sie weit über das Ziel hinausgeschossen war." Tyler lachte. „Aber sie ist auch eine sehr eigenwillige Person. Du wirst sie noch kennenlernen und ich befürchte, dass ihr euch fantastisch versteht." Ein wenig besorgt sah er seine Kleine an, während er sich vorstellte, zu welchem Schabernack sie von den Frauen aus Ballygannon angestiftet werden könnte.

„Ich freue mich darauf. Wenn alle so sind wie Cat und Patricia, ist es eine große Bereicherung, die Gefährtinnen der Wächter zu kennen." Sie lächelte versonnen, da sie den Falken bereits in ihr Herz geschlossen hatte.

In ihr Geplänkel klingelte es und ihr Abendessen wurde gebracht. Sie deckten den Tisch in der Küche, wo sie sich für den Abend stärkten, was Brianna gerade recht kam, um ihre Gefühle ein wenig abzukühlen. Die kleine Auszeit ging viel zu schnell vorbei, daher fühlte sie sich immer noch ziemlich angeheizt.

„Komm, ich zeige dir mein spezielles Zimmer." Ty packte sie am Handgelenk, um sie zu einer weiteren Tür zu führen. Hier ließ er ihr den Vortritt, sodass sie in der Lage war, sich einen Überblick zu verschaffen.

Staunend drehte Bri sich um die eigene Achse, sie stand in einem Spielzimmer, das sie mehr als beeindruckte.

Sie kannte solche Einrichtungen von etlichen Bildern, die aus SM-Klubs stammten, nie hätte sie damit gerechnet, dass Tyler seine private „Folterkammer“ besaß.

Der gesamte Raum war in Schwarz und Rot gehalten, machte einen sehr edlen Eindruck, was von den Leder bezogenen Möbeln unterstrichen wurde. Ein dunkles Himmelbett dominierte das Zimmer, dabei erkannte man sofort die verschiedenen Möglichkeiten, jemanden zu fixieren.

An der Wand gab es ein Andreaskreuz, das sogar verstellbar war, sodass auch eine kleinere Person es benutzen konnte. Ein Strafbock, ein Käfig, ein Bodenpranger und ein spanisches Pferd vervollständigten die Einrichtung, außerdem gab es noch einen Deckenhaken.

Langsam ging sie durch den Raum, ließ ihre Finger über die Oberfläche des Spanischen Pferdes streichen, was sie irgendwie an einen Tapezierbock mit Steigbügeln erinnerte. Es war mit Leder überzogen, allerdings täuschte sie die dünne Polsterung nicht, sie nahm an, dass es mit der Zeit ziemlich schmerzhaft wurde, auf der schmalen Fläche zu sitzen.

„Möchtest du es ausprobieren?“ Tyler stellte sich hinter sie, als sie an dem Gerät verweilte.

Zaghaft schüttelte sie den Kopf, nur um gleich darauf mit den Schultern zu zucken. „Ich hätte nie gedacht, dass du so außergewöhnliche Möbel besitzt.“ Zu sagen, dass sie überwältigt war, wäre eine riesige Untertreibung. „Ich fühle mich überfordert“, gab sie ehrlich zu, dabei machte sie eine vage Handbewegung in den Raum hinein.

„Kein Problem, ich übernehme die Führung gerne. Du sagst mir nur, wenn du etwas nicht willst oder es zu viel wird.“ Ernst sah er ihr in die Augen.

„Darauf kannst du dich verlassen." Sie blickte sich noch einmal um, entdeckte jetzt erst den Schrank, in dessen Vitrine einige Plugs zusammen mit etlichen Dildos zu sehen waren. In den Schubladen vermutete sie die Schlaginstrumente neben anderen Utensilien, wie zum Beispiel Seile. Neugierig sah sie nach, nur um mit offenem Mund auf die zahlreichen Peitschen, Flogger und Paddles zu starren.

Es klingelte, woraufhin Tyler sie zurück in die Küche brachte, ehe er die Tür öffnete, um ihre Bestellung entgegenzunehmen. Lächelnd bemerkte er, dass Myra auch eine Flasche Wein sowie einen Sticky Toffee Pudding eingepackt hatte. „Sag deiner Chefin bitte einen lieben Gruß, wir kommen die Tage mal bei ihr vorbei." Damit verabschiedete er den Mann, nachdem er bezahlt hatte.

„Lass uns zuerst was essen, dann kannst du deine Eindrücke ein wenig sortieren." Er stellte die Leckereien auf den Tisch, holte Teller und Besteck, anschließend setzte er sich zu seiner Kleinen.

Sie ließen es sich schmecken, dabei überlegte Brianna, was sie erwartete. In ihr herrschte eine Mischung aus angespannter Erwartung, Erregung und einer großen Portion Respekt. Das Abendessen lenkte sie tatsächlich ab, allerdings bei Weitem nicht genug, um das Kribbeln zwischen ihren Beinen zu stoppen. Ehrlich gab sie sich selbst gegenüber zu, dass sie sich auf die Session freute.

„Kommen wir mal zu deiner Liste." Tyler zog den Zettel aus der Hosentasche, nachdem sie den Tisch abgeräumt hatten. „Du bist bei deinen Vorlieben ziemlich vage geblieben."

Brianna schluckte hart, damit, dass er sie auf ihre Fantasien ansprechen würde, hatte sie keineswegs gerechnet. Im Gegenteil, als er nach ihren Tabus nicht darauf eingegangen war, dachte sie tatsächlich, dass er es einfach so hinnahm. Jetzt erkannte sie, wie sehr sie sich geirrt hatte. „Ich habe keine Erfahrung“, erinnerte sie ihn mit einem scheuen Lächeln.

„Das ist mir bewusst, trotzdem hast du ein Kopfkino, sonst wärst du wohl kaum in einschlägigen Foren unterwegs.“ Er lächelte sie süffisant an.

Weshalb hatte sie ihm davon erzählt? Manchmal musste sie wirklich den Mund halten, andererseits wollte sie, dass er wusste, wonach sie sich sehnte. Langsam nickte sie. „Ja, ich möchte die Kontrolle abgeben und jetzt, wo ich weiß, dass ich zumindest ein wenig masochistisch veranlagt bin, wünsche ich mir, meine Grenzen auszuloten.“ Sie traute sich nicht, ihm länger ins Gesicht zu sehen, deshalb musterte sie die Maserung des Holztisches, an dem sie saßen.

Sanft hob Tyler ihr Kinn an, zwang sie, seinem Blick standzuhalten. „Es ist wichtig, dass du aussprichst, wonach du dich sehnst.“ Er küsste sie leidenschaftlich, ließ seine Zunge tief in ihren Mund rutschen, um ihren köstlichen Geschmack aufzunehmen. Leise stöhnend vergrub er eine Hand in ihren Haaren, hielt sie auf eine Weise fest, die ihr sagte, dass sie ihm gehörte.

Brianna gab sich ihm völlig hin, kam ihm entgegen, biss ihn sogar kurz, ehe sie erregt aufstöhnte, weil sich sein Griff festigte. Er zeigte ihr, dass er sie beherrschte, woraufhin ihre Lust sich weiter steigerte.

Atemlos beendeten sie den Kuss, anschließend schmiegte sie sich an seine Seite. „Ich möchte, dass du dir nimmst, was du haben willst. Du entscheidest.“

Verständnisvoll stimmte er zu, zumal er ja gesehen hatte, wie viel Verantwortung sie jeden Tag übernehmen musste. „Lass uns rüber gehen.“ Er stand auf, zog sie von ihrem Platz und verschränkte seine Finger mit ihren, als er sie zu seinem Spielzimmer brachte.

Kapitel 21 - Auszeit

Tyler sorgte dafür, dass sie in der Mitte des Raumes unter dem Deckenhaken stehen blieb, ehe er sich auf das Bett setzte. Von hier aus hatte er eine perfekte Sicht auf sein Eigentum. „Zieh dich aus, ich möchte sehen, was mir gehört."

Brianna biss sich auf die Lippen, weil sie am liebsten widersprochen hätte, aber es gab keinen Grund. Sie hatte sich ihm unterworfen, zugegeben, dass sie sich danach sehnte, die Führung an ihn abzugeben und auf ihrer blöden Liste stand auch, dass sie eine bestimmte Art von Demütigung erleben wollte. Trotzdem fiel es ihr enorm schwer, sich nackt zu präsentieren, sie hatte einfach zu viel Gewicht auf den Rippen.

„Hör auf zu denken, Cupcake, ich habe dir schon einmal gesagt, dass ich deinen Körper liebe. Ich finde rundliche Frauen tatsächlich schön." Er machte eine auffordernde Handbewegung.

Seufzend zog sie ihr Shirt über den Kopf, löste die Haken des BHs, dessen Träger sie von den Schultern schob, ehe sie die Schuhe von den Füßen streifte. Eisern hielt sie den Blick gesenkt, konzentrierte sich vollkommen auf die Aufgabe, die er ihr gestellt hatte. Kurz war sie sogar versucht, ihre langen Haare nach vorne zu streichen, um sich wenigstens ein wenig zu schützen.

Mit jedem Kleidungsstück, das sie ablegte, fühlte sie sich verletzlicher. Jetzt erkannte sie, dass es um so viel mehr ging, als ihren Körper zu zeigen.

Sie legte ihre Schutzmauern gleich mit ab, bot sich ihrem Herrn auf Gedeih und Verderb an. Sie vertraute ihm stärker, als sich mit dem Verstand erklären ließ, trotzdem klopfte ihr Herz, als ob sie gerannt wäre. Ihr Atem kam stoßweise, außerdem spürte sie deutlich, dass sie bereits feucht war.

Die Mischung zwischen Furcht und Erwartung wirkte wie ein Aphrodisiakum.

Tyler stand auf, räumte ihre Kleidung zur Seite, die sie achtlos hatte fallen lassen. „Ordnung muss ich dir wohl erst beibringen", murmelte er, woraufhin sich ihre Wangen bezaubernd rot färbten. Langsam umrundete er sie, strich mit seinen Fingerspitzen über ihre Haut, während er vor sich hinmurmelte. Ganz kurz streifte er ihren Venushügel, dabei runzelte er die Stirn. „Du hast dich nicht gründlich rasiert", bemerkte er sachlich.

Augenblicklich begehrte sie auf. „Du hast mir heute Morgen gar keine Möglichkeit gelassen." Am liebsten hätte sie sich jetzt wieder angezogen, denn offensichtlich gefiel sie ihm nicht. Beschämt wandte sie sich ab, nur um sofort an den Schultern gepackt zu werden.

„Ich erziehe dich in meinem Sinne, Cupcake. Du hättest mich um die Zeit bitten können, spätestens als wir hier ankamen." Er verhielt sich wie ein Lehrer, der seinem sturen Schüler Benehmen beibringen wollte.

Getroffen zuckte sie zusammen, während sie verzweifelt nach einem Gegenargument suchte. Sie fühlte sich gedemütigt, bemerkte aber verwundert, dass die Situation sie erregte. Nackt vor ihm zu stehen und zuzugeben, dass sie sich nicht gut genug vorbereitet hatte, sorgte dafür, dass sie regelrecht auslief. „Ja, Tyler, du hast recht. Ich wusste nur nicht, dass wir heute zu dir fahren. Ich dachte, dass mir ausreichend Zeit bleiben würde“, gab sie leise zu.

„Du wirst es lernen.“ Er beugte sich dicht an ihr Ohr, sodass sein Atem über ihre Wange fächerte. „Jetzt bleibt mir allerdings nichts anderes übrig, als diese Aufgabe zu übernehmen. Wer weiß, vielleicht muss ich dich waschen, wie ein kleines Kind.“

Sie unterdrückte ein Stöhnen, zumal die Bilder des Morgens wieder in ihrem Kopf waren.

„Leg dich aufs Bett, ich überprüfe, ob du es geschafft hast, dich zu säubern.“ Er deutete mit dem Kinn auf das Himmelbett, woraufhin sie sofort gehorchte.

Nie hätte sie geglaubt, dass Demütigung sie dermaßen erregte, besonders wenn es um ihren Körper ging, doch jetzt pochte ihre Klitoris.

Als sie lag, kam Ty zu ihr, spreizte ihre Beine, sodass ihre Schamlippen auseinandergezogen wurden. Er setzte sich ans Fußende, strich durch ihre Scham, nur um die Finger aneinanderzureiben. „Sauber ist was anderes. Schau mal, ich klebe ja regelrecht fest.“ Er presste die Fingerspitzen aneinander und es gab in der Tat ein schmatzendes Geräusch, als er sie erneut auseinanderzog.

Brianna schämte sich, nur konnte sie gegen die Lust kaum etwas tun. Er hatte sie den gesamten Tag auf Spannung gehalten, sodass sie immer wieder daran gedacht hatte, sich irgendwie heimlich Befriedigung zu verschaffen. Am Ende entschied sie sich dagegen. „Ich bin heiß“, gab sie leise zu.

„Das merke ich, trotzdem denke ich, dass ich dich säubern muss. Dreh dich um.“ Ty verkniff sich ein zufriedenes Lächeln.

Seine Beobachtungen zeigten ihm, dass sie gerade auf diese Art Demütigung ansprang, was er deutlich roch. Niemals würde er sie mit ihrem Gewicht aufziehen oder es in ein Spiel einbeziehen. Doch mit seinem Tadel fand er einen guten Einstieg in die Session, zumal er es langsam angehen lassen wollte.

Kurz verspürte Brianna Erleichterung, als sie das Gesicht in das Kissen presste, nachdem sie sich umgedreht hatte. Jetzt konnte sie seinem prüfenden Blick ausweichen. Natürlich wusste sie, dass sie gründlich geduscht hatte, trotzdem war es demütigend, auf diese Weise von ihm inspiziert zu werden. Sie fühlte sich so erregt, dass sie überlegte, die Schenkel aneinanderzureiben, um die Spannung etwas zu lindern, doch in dem Augenblick zog er ihre Pobacken auseinander. Siedend heiß fiel ihr ein, dass sie sich auch dort nicht rasiert hatte.

Tyler lächelte vor sich hin, als er zart über ihren Anus strich, nur um seine Fingerspitze kurz hineinzupressen. Ihr Stöhnen belohnte ihn sofort, sodass er der Versuchung nicht widerstehen konnte und den Schließmuskel ein wenig dehnte. Offensichtlich hatte es ihr gestern gut gefallen.

Erst jetzt erinnerte er sich wieder an seine Rolle. „Wie ich befürchtet habe, ich muss dir wohl beibringen, wie man sich für seinen Herrn herrichtet. Sauber ist jedenfalls etwas anderes." Er gab ihr einen herzhaften Schlag auf die Hinterbacke.

Mit heißem Gesicht sah sie ihn an. „Ich habe geduscht, das weißt du", begehrte sie auf.

„Stimmt, nur werde ich in Zukunft besser überwachen, ob du dich auch richtig wäschst." Er spielte den strengen Lehrer perfekt. „Bleib liegen, ich komme gleich wieder."

Brianna sah ihm verunsichert hinterher. Sie war erregt, sehnte sich nach seinen Zärtlichkeiten und seltsamerweise machte sie sein Verhalten unendlich an. Gleichzeitig schämte sie sich, sodass sie am liebsten nach Hause gefahren wäre. Zweifel keimten auf, die sie energisch zur Seite schob, falls er tatsächlich von ihr abgestoßen wäre, würde er sie wegschicken. Noch ehe sie sich in ihre Horrorvorstellungen hineinsteigern konnte, kam er mit einer Schüssel, Seife, einem Einwegrasierer, einem Waschlappen und einem Handtuch zurück.

Er stellte die Sachen auf dem Nachttisch ab, anschließend betrachtete er sie wieder. Strich mit einem Finger über ihren Anus, ehe er ihre Klit stimulierte. „So gierig", murmelte er. „Zuerst werde ich dich waschen und rasieren, danach bekommst du eine Strafe, weil du nachlässig warst." Ty gab ihr Zeit, um zu widersprechen, dabei lotete er aus, ob er zu weit gegangen war, doch als er ihre Erregung roch, musste er ein breites Schmunzeln unterdrücken. „Bleib ruhig liegen, ich möchte dich nicht verletzen."

Brianna gehorchte, obwohl sie ihn am liebsten angefleht hätte, sie jetzt schon zu nehmen. In ihr vermischten sich die Gefühle zu einem lustvollen Cocktail, der ihr Blut in Wallung brachte. Sie schloss die Augen, teils vor Scham, teils um es besser zu genießen, was er mit ihr machte.

Deutlich spürte sie, wie er ihre Pobacken auseinanderzog, ehe er ihren Anus einseifte, wobei er immer wieder mit einem Finger in sie eindrang.

Leise stöhnend klammerte sie sich an das Gestänge am Kopfende. Es fiel ihr enorm schwer ruhig liegen zu bleiben, bis er ihr einen harten Schlag auf den Hintern gab.

„Hör auf zu zappeln, ich will eine saubere Sub." Seine Stimme klang jetzt streng, sodass sie die Zähne aufeinanderbiss.

Vorsichtig rasierte er sie, entfernte jedes Härchen, bis er zufrieden war, dabei sorgte er dafür, dass sie immer heißer wurde. Gekonnt rieb er ihre Klitoris, nur um kurz darauf mit der Fingerspitze in ihren Hintereingang einzudringen. Mit Genugtuung hörte er ihr unterdrücktes Stöhnen. „Ich denke, ein Plug erinnert dich daran, diese Partie beim nächsten Mal unter der Dusche nicht zu vergessen." Er stand geschmeidig auf, lief zum Schrank, wo er einen Edelstahlplug aus einer Schublade holte. Das Toy war mit einem blauen Stein geschmückt. „Das wird auch noch schön aussehen."

Er nahm gleich eine Tube Gleitgel mit, ehe er sich wieder zu ihr setzte. Fast hätte sie ihm den Po entgegengestreckt, hielt sich aber im letzten Moment zurück. Aktuell sollte sie seinen Befehlen besser gehorchen, da sie sich nach einem Höhepunkt sehnte. Sie zuckte zusammen, als das kühle Gel ihren Anus traf. „Das ist eisig", beschwerte sie sich gepresst.

„Das ist richtig, wenn du darauf bestehst, lasse ich das Zeug weg." Bei dem Vorschlag musste er ein Lachen unterdrücken, zumal er so etwas niemals tun würde.

„Nein, bitte nicht, ich halte ein wenig Kälte schon aus." Allein die Vorstellung, dass er den Plug ohne Hilfsmittel in sie schob, löste Angst in ihr aus.

„Dachte ich mir, dass du brav sein willst." Er gab noch eine große Portion auf das Toy, anschließend drückte er ihn vorsichtig in ihren Hintereingang.

Bri stöhnte laut auf, spannte im ersten Moment die Muskeln an, ehe sie sich darauf konzentrierte, locker zu lassen. Es fühlte sich fantastisch an, steigerte ihre Begierde um ein Vielfaches, sodass sie unruhig ihre Hüften bewegte, was ihr sofort einen weiteren Schlag einbrachte.

„Bleib ruhig liegen, kleiner Dreckspatz."

Bei der Betitelung zuckte sie erneut zusammen, ihr war klar, dass es zur Session gehörte, trotzdem war es ihr unangenehm.

„Dreh dich um, ich werde dich gründlich waschen.“ Tyler klopfte ihr sanft auf den Hintern. Genau, wie er angenommen hatte, machten ihre Wangen einer reifen Tomate Konkurrenz. Süffisant lächelte er sie an. „Gefällt es dir, dass ich dich wie ein Kleinkind behandele?“

Energisch schüttelte sie den Kopf. „Ich habe mich gewaschen“, begehrte sie auf.

„Sicher, deshalb bist du auch so klebrig.“ Er tauchte mit zwei Fingern tief in ihre Weiblichkeit, bevor sie eine Antwort geben konnte. Erneut hielt er ihr seine Hand hin, damit sie selbst sah, wie erregt sie bereits war. „Spreiz die Beine.“

Sie gehorchte, nur um sofort wieder zu stöhnen, weil er es sich nicht nehmen ließ, hart über ihren Kitzler zu reiben, dazu kam der Plug, der sie auf Touren brachte. Leise wimmernd drückte sie ihren Oberkörper seinen Zärtlichkeiten entgegen.

Sanft spreizte er ihre Schamlippen, ehe er mit dem Waschlappen über ihre intimste Zone fuhr. Natürlich rieb er heftig über ihre Klitoris, dabei runzelte er die Stirn, als ob er etwas Unerfreuliches gesehen hätte. „Hier müssen wir in Zukunft besonders darauf achten, dass du dich gründlich wäschst.“ Seine Berührungen standen im krassen Gegensatz zu seinen Worten, da er alles dafür tat, dass sie immer weiter auf einen Höhepunkt zutrieb.

Wütend biss Brianna die Zähne aufeinander, doch ihr Ärger wurde viel zu schnell von der Gier vertrieben. Die Demütigung, obwohl sie ungerechtfertigt war, machte sie an. Leise wimmernd hob sie ihr Becken leicht an.

„Dir gefällt es wohl von mir gewaschen zu werden, wie ein kleines Mädchen?" Tyler nahm ihre Klit zwischen Daumen und Zeigefinger, presste sie hart zusammen, anschließend massierte er sie erneut.

Laut stöhnend krallte Bri sich an das Gestänge des Kopfteils, dabei bemühte sie sich redlich, ruhig zu bleiben. Diese Mischung aus Scham und Lust sorgte dafür, dass ihr Blut kochte. Sie fühlte sich, als ob sie kurz vor einer Explosion stünde.

Sorgfältig rasierte er sie weiter, verkniff sich nach wie vor ein Schmunzeln, weil seine Kleine dermaßen in dem Spiel aufging. „So sieht es gut aus. Merk es dir." Er nahm einen Spiegel aus einer Schublade und drehte ihn so, dass sie sich selbst sehen konnte.

Fast hätte sie den Blick abgewandt, da sie sich nicht für besonders schön hielt, was noch mehr auf ihre Genitalien zutraf, aber Ty zog bereits ihre Schamlippen auseinander.

„Sieh hin, du bist wunderschön", raunte er ihr zu.

Gehorsam sah sie in den Handspiegel, beobachtete fasziniert, wie er immer wieder einen Finger über ihre Klit gleiten ließ, die prall hervortrat. Erregt stöhnte sie, bewegte ihr Becken leicht, in der Hoffnung, dass er sie befriedigte, doch er zog sich komplett zurück.

„In Zukunft erwarte ich, dass du genau so aussiehst, verstanden?" Streng sah er auf sie herunter, während sie beschämt nickte. „Gut, Strafe muss sein, damit du das nächste Mal auch daran denkst." Er legte den Spiegel in die Schublade, nahm einige Seile, ehe er ihr eine Hand reichte. „Steh auf, Cupcake."

Erleichtert, dass er sie bei ihrem Kosenamen nannte, ließ sie sich hochhelfen. Sie hatte tatsächlich gedacht, dass er unzufrieden mit ihr wäre.

Ty spürte ihre Unsicherheit, woraufhin er sie fest an sich zog. „Ich liebe dich." Er hielt sie an sich gedrückt, gab ihr Geborgenheit und Halt.

Heimlich atmete sie auf, obwohl die ganze Aktion sie enorm erregt hatte, schlichen sich immer heftigere Zweifel ein. Kurz schloss sie die Lider, lehnte sich an ihn, um seine Nähe zu genießen.

„Alles gut?" Ty musterte sie eindringlich, gleichzeitig schnupperte er an ihr. Mit einem feinen Lächeln wartete er auf ihre Antwort.

Langsam nickte Brianna. „Ja", mehr brachte sie nicht heraus, zu viele Emotionen tobten in ihr.

Einen Moment gab er ihr noch, bevor er sie zum Andreaskreuz führte, wo er sie fesselte. „Zuerst kümmere ich mich um deine Vorderseite", erklärte er, dabei zwirbelte er ihre Brustwarzen. Sanft leckte er über die Nippel, die sich ihm jetzt schon sehnsuchtsvoll entgegenstreckten.

Bri stöhnte auf, drückte sich ihm entgegen, soweit es ihre Fesseln zuließen. Jedes Mal, wenn er mit der Zunge an ihrer Brustspitze spielte, fühlte es sich an, als ob ein leichter Stromschlag quer durch ihren Körper schießen würde, bis direkt zwischen ihre Beine. Ihre Klitoris pochte verlangend, gleichzeitig sehnte sie sich danach, seine Zungenspitze genau dort zu spüren. „Bitte", stieß sie hervor, nur um sofort den Kopf zu schütteln. Diesen Wunsch brachte sie einfach nicht heraus!

„Was möchtest du, Cupcake?" Tylers Stimme war trügerisch sanft.

Schwer schluckend sah sie ihn an. „Ich bin so heiß." Sie leckte sich über die Lippen, die sich auf einmal enorm trocken anfühlten.

„Das merke ich." Träge rieb er über ihre Brustwarzen, presste sie zusammen, zog sie in die Länge, gleichzeitig ließ er sie kaum aus den Augen. „Das ist, was ich will." Sein Lächeln bekam etwas Raubtierhaftes.

Wie gerne würde sie ihre Schenkel aneinanderreiben, um das kribbelnde Gefühl zu lindern. „Berühr mich, ich flehe dich an." Sie biss sich erneut auf die Unterlippe.

„Aber das tue ich doch, mein Herz. Spürst du das nicht?" Um seine Worte zu verdeutlichen, zog er schmerzhaft an ihrem Nippel, rollte ihn zwischen den Fingern, bis sie wimmerte, anschließend saugte er verlangend daran.

„Bitte, reib meinen Lustpunkt." Hitze schoss in ihre Wangen, als sie ihren Wunsch aussprach, gleichzeitig blickte sie angestrengt an ihm vorbei.

Zufrieden lächelte Tyler, packte ihr Kinn und zwang sie ihn anzusehen. „Glaubst du, dass du das verdient hast?" Immer noch klang seine Stimme zu sanft.

Langsam nickte sie. „Ja, ich habe alles getan, was du wolltest." Sie war sich keiner Schuld bewusst.

„Du hast dich also tatsächlich gründlich rasiert?" Er hob eine Augenbraue.

Seufzend verneinte sie, in der Tat war sie eher nachlässig mit dem Rasierapparat umgegangen, einfach um Zeit zu sparen. „Es kann gut sein, dass ich das eine oder andere Härchen übersehen habe", gab sie beschämt zu.

„Ganz genau, deshalb musste ich dich waschen und rasieren." Tyler genoss es, dass sie sich vor Scham wand, wobei ihre Erregung sich weiter steigerte.

„Du hast eine Strafe verdient, Cupcake." Er wartete ab, ob sie einen Einwand hatte, doch sie blieb stumm.

Mit einem Lächeln ging er zu einer Schublade, um Klammern, eine Gerte, einen Rohrstock und seine geliebte kurze Bullwhip herauszuholen. Die Sachen legte er gut sichtbar neben dem Kreuz ab. Einen Augenblick überlegte er, ehe er auch einen kabellosen Vibrator nahm. „Bereit?"

Wieder leckte Bri sich über die Lippen, wenn sie ehrlich war, freute sie sich darauf, von ihm bestraft zu werden, gleichzeitig breitete sich eine erregende Furcht in ihr aus. Vorsichtig nickte sie. „Ja, das bin ich. Ich nehme meine Strafe an."

Mit einem großen Schritt war Tyler bei ihr, küsste sie leidenschaftlich, raubte ihr den Atem, was ihr die Sinne vernebelte. Seine Hand lag in ihren Nacken, gab ihr das Gefühl, dass er sie beherrschte. Atemlos ließ er von ihr ab, lächelte ihr zu, anschließend rieb er fest über ihre Nippel, die sich bereits hart zusammengezogen hatten. Jetzt setzte er auf jede Brustwarze eine Klammer, beobachtete ihre Reaktion genau, um sofort stoppen zu können, doch seine Kleine schloss genüsslich die Lider.

Der leichte Schmerz lenkte sie eine Sekunde von ihrer brennenden Lust ab, ehe er sich in wilde Gier verwandelte. Ihr gesamter Körper bebte, eine Gänsehaut kroch ihr über den Leib, gleichzeitig spürte sie, dass die Feuchtigkeit ihre Oberschenkel benetzte.

Tyler entlockte ihr ein lautes Wimmern, halb Pein, halb Begierde, als er an den Klammern zog, sie einen Augenblick leiden ließ, ehe er sie erneut küsste.

Nach einer Weile beschloss er von ihren Brüsten abzulassen, um sich ihrer Scham zuzuwenden. Viel zu zart streichelte er mit einem Finger über ihre Klitoris, woraufhin sie sich sofort an ihn drückte, dabei sah sie ihn auffordernd an. Jetzt verfluchte sie die Fesseln, die ihr vorher Halt gegeben hatten. Unruhig bewegte sie ihr Becken, versuchte ihn zu animieren, sie endlich richtig anzufassen, doch er lachte nur.

„So weit sind wir noch nicht." Tyler hatte sich vorgenommen, die Zeit mit ihr auszukosten. Er entschied sich, ihr einen Moment des Genusses zu gönnen, daher nahm er den Vibrator. Mit einem leisen Summen erwachte das Gerät zum Leben und er bemerkte, den gierigen Blick seiner Kleinen. Zuerst führte er den Vib lediglich über ihren Schamhügel, woraufhin sie sich heftiger bewegte.

Brianna schob ihr Becken vor, soweit es ging, immer in der Hoffnung, dass die Vibration endlich ihre Klitoris erreichte, aber es reichte nicht. Enttäuscht schluchzte sie auf. „Bitte, ich tue alles, was du willst", stieß sie hervor.

Skeptisch musterte er sie. „Alles?"

Mit einem hektischen Nicken bestätigte sie ihre Aussage. „Ich gehe mit dir aus, laufe nackt herum." Sie überlegte, was sie ihm noch anzubieten hatte, doch ihr Hirn war leer.

„Bemüh dich nicht, Cupcake, ich liebe es, dich betteln zu hören." Er schob ihr den Vib zwischen die Schamlippen, bewegte ihn leicht, dabei genoss er es, ihr zuzusehen.

Bri atmete durch den offenen Mund, blieb so still wie möglich stehen, damit sie das Gefühl ein wenig länger genießen konnte. Der Orgasmus kündigte sich an, woraufhin sie aufstöhnte, aber in der gleichen Sekunde zog Tyler den Vibrator weg. „Das ist gemein", jammerte sie.

„Ja, das weiß ich. Kurz vorher aufzuhören ist wirklich böse." Er lachte, strich ihr mit dem Handrücken über die Wange, anschließend nahm er weitere Metallklemmen in die Hand.

Jetzt stockte ihr der Atem, da sie ahnte, wo er die Klammern anbringen würde. Angestrengt überlegte sie, ob sie ihn aufhalten sollte, nur da spürte sie bereits ein heftiges, beißendes Gefühl an ihrer Schamlippe.

Ty ließ ihr keine Zeit, um zu überlegen, sondern setzte die nächste Klemme. Hart rieb er über ihre Klitoris, tauchte mit zwei Fingern in ihre Weiblichkeit ein, nur um sich wieder um ihren Lustpunkt zu kümmern. Erst als sie erneut kurz vor einem Höhepunkt stand, schnappte auch eine Klammer auf ihrer Klit zu.

Der Schmerz sorgte dafür, dass sie aufschrie, nur um sofort zu stöhnen, da Tyler seinen Zeigefinger in sie stieß. In ihr verschmolzen die Gefühle, Pein löste Begierde ab und umgekehrt, sodass sich die Grenzen vermischten. Es fühlte sich gut und schrecklich zugleich an. Als er zusätzlich den Vibrator an die Klemme auf ihrer Klitoris drückte, verstärkten sich ihre Empfindungen um ein Vielfaches. Brianna klammerte sich an die Seile, die sie hielten, bewegte sich unruhig, während sie die Lider fest geschlossen hatte. Gedanken zerplatzten in ihrem Kopf, Zweifel verschwanden einfach.

Zufrieden betrachtete Tyler seine Gefährtin, die sich in diesem Moment fallen ließ. Genau so sollte es sein. Er liebte es Macht über sie zu haben, sie dazu zu bringen, ihm die Kontrolle zu überlassen, in allen Bereichen. Er schaltete den Vibrator aus, überlegte kurz, ehe er die Springgerte nahm. Noch einmal sog er ihren Duft tief ein, lotete aus, wie es ihr ging, und lächelte versonnen, seiner Kleine heizte sein Vorgehen so richtig ein.

Als die Stimulation endete, sah Bri ihn enttäuscht an, bis sie die Reitgerte in seiner Hand entdeckte. Fast hätte sie erleichtert aufgeatmet, weil die Session offensichtlich nicht vorbei war, doch das verkniff sie sich schnell. Die Gerte bedeutete eine härtere Gangart, als seine Handfläche oder der Gürtel, das war ihr klar, trotzdem sehnte sie sich nach der Erfahrung. Langsam nickte sie ihrem Herrn zu. Der erste Schlag traf sie auf der linken Brust und sie schrie erschrocken auf, damit, dass es so verdammt wehtat, hatte sie nicht gerechnet. Tränen sammelten sich in ihren Augen, obwohl er wirklich nur leicht zugeschlagen hatte. Es brannte auf eine fiese Art, die ihre Lust eindämmte.

Tyler erkannte sofort, dass die Gerte zu hart für seine Kleine war. Sanft streichelte er über die Strieme, die sich deutlich auf ihrer zarten Haut abzeichnete. „Möchtest du mehr?"

Augenblicklich schüttelte sie den Kopf. „Nein, bitte hör auf. Das tut einfach nur scheußlich weh." Sie schluckte die Tränen herunter, doch ihre Augen glitzerten verräterisch.

Achtlos warf Ty die Reitgerte in Richtung des Schrankes, anschließend küsste er Brianna zärtlich, legte beide Hände an ihre Wangen und zeigte ihr auf diese Weise, dass ihre Antwort völlig okay war.

Trotzdem musterte sie ihn misstrauisch, als er von ihr abließ. Allein an ihrer Mimik erkannte er, dass sie befürchtete, ihn enttäuscht zu haben. Seufzend strich er ihr eine Strähne aus dem Gesicht. „Es ist in Ordnung, wenn du mir sagst, dass es zu viel ist. Ich bin jetzt schon so stolz auf dich, weil du die Klammern für mich aushältst. Du erträgst Schmerzen, um mich zufriedenzustellen."

Darüber dachte sie kurz nach, bisher hatte sie es nicht so gesehen, doch es stimmte. Sie wollte ihm gefallen, allerdings machte er es ihr extrem leicht. „Es turnt mich aber genauso an", gab sie verlegen zu.

„Das ist gut so. Anders würde ich es niemals zulassen." Noch einmal küsste er sie, bevor er an der Klemme zwischen ihren Beinen spielte. Gekonnt umkreiste er ihren Kitzler, schob seine Finger in sie, entlockte ihr auf diese Weise ein lustvolles Stöhnen. Erst jetzt nahm er den Rohrstock, wartete auf ihr Nicken, ehe er einen Schlag setzte.

Brianna zischte leise, trotzdem spürte sie, dass der dumpfere Schmerz sie erregte, es fühlte sich auf eine seltsame Art gut an. Erneut horchte sie tief in sich hinein, dabei breitete sich ein Lächeln auf ihren Lippen aus. Der Stock gefiel ihr.

„Geht es dir gut, Cupcake? Möchtest du mehr?" Tylers Stimme hörte sich lockend an, da er natürlich sofort mitbekam, dass sie ganz anders auf den Rohrstock reagierte.

Eilig nickte sie, drückte sogar ihre Brüste etwas heraus, um ihm zu signalisieren, dass sie es kaum erwarten konnte.

Immer wieder zeichnete er sie, setzte eine Strieme neben die andere, nur um seine Finger kurz darauf in ihr zu versenken. Ab und zu spielte er auch an dem Plug, wobei er um sie herum greifen musste.

Lust und Schmerz wechselten, sodass sie auf einer heißen Welle trieb, die sie noch näher an den ersehnten Höhepunkt heranbrachte. Die Klammern verstärkten das Gefühl, sobald sie sich bewegte oder der Stock sie streifte.

Brianna stöhnte hemmungslos, ließ sich fallen, in dem Bewusstsein, dass Tyler sie auffing. Es tat so verdammt gut, die Verantwortung einfach abzugeben, ihm zu vertrauen. Als ein besonders heftiger Schlag sie traf, wimmerte sie auf, wieder traten ihr die Tränen in die Augen, doch dieses Mal war es anders. Erleichterung durchflutete sie, die gesamte Anspannung der letzten Tage verpuffte, stattdessen durchströmte ein Glücksgefühl sie. Niemals hätte sie damit gerechnet, dass sie tatsächlich einen liebevollen Partner finden würde, er sie so nahm, wie sie war.

Der folgende Treffer durchbrach ihre Beherrschung, sie schrie leise auf, gleichzeitig liefen ihr die Tränen über die Wangen, während ein gigantischer Orgasmus sie überrollte.

Sofort ließ Tyler den Stock fallen, zog in wenigen Sekunden die Klammern ab, ehe er die Fesseln löste. Mit Brianna auf den Armen setzte er sich auf das Bett, wiegte sie, gab ihr Halt und die Zeit, die sie jetzt brauchte.

Nach einer Weile sah sie ihn aus verheulten Augen an, doch ihr gesamtes Gesicht strahlte. „Das war unglaublich", flüsterte sie, dabei kuschelte sie sich eng an ihn.

„Oh, ja, da stimme ich dir zu." Ty küsste ihr die Tränen von den Wangen, anschließend sah er sie bewundernd an. „Du bist etwas ganz Besonderes, Cupcake. Noch nie hat eine Sub sich dermaßen auf mich eingelassen. Danke für dein Vertrauen."

Jetzt war sie so weit, dass sie das Kompliment annehmen konnte, ohne dagegen zu protestieren. Vielleicht war sie auch einfach zu überwältigt. „Ich danke dir." Sie vergrub ihr Gesicht an seiner Brust, atmete den beruhigenden Duft ein, der von ihm ausging, dabei fühlte sie sich zum ersten Mal in ihrem Leben vollständig.

„Du bist gar nicht zum Zug gekommen", stellte sie verschämt fest, als sie sich völlig beruhigt hatte. „Ich bin echt egoistisch."

Bei den Worten lachte er laut auf. „Ich habe diese Session von der ersten Sekunde an genossen, meine Kleine. Ich muss nicht immer abspritzen, das wird eh überbewertet."

Erleichtert lehnte sie sich wieder an ihn, bis sie an den Plug erinnert wurde. Jetzt fühlte er sich ziemlich störend an, was sie dazu brachte, unruhig auf seinem Schoß herumzurutschen.

„Was ist los? Tut dir was weh?“ Besorgt musterte er sie.

„Der Analplug“, stieß sie hervor. „Ich bin kein bisschen mehr heiß.“

Sofort verstand er, was sie plagte. „Dann sollten wir ihn entfernen.“ Er hob sie hoch, stand auf und legte sie auf dem Bett ab. Bedauernd strich er ihr über den Hintern. „Wie gerne hätte ich dich hier auch noch gezeichnet.“ Natürlich war ihm bewusst, dass seine Kleine für einen Abend genug hatte. „Das nächste Mal.“ Er entfernte das Toy, woraufhin Brianna erleichtert aufatmete.

„Ich mag ihn, aber ohne Erregung ist es unangenehm“, bemerkte sie verschämt.

Langsam wurde ihr kalt, sodass Ty sie ins Bad schickte, um sich frischzumachen, während er das Spielzimmer aufräumte.

Den restlichen Abend verbrachten sie im Wohnzimmer bei guter Musik. Worte waren unnötig, im Gegenteil, sie hätten nur gestört.

Kapitel 22 - Unvorhergesehene Ereignisse

„Musst du nicht ins Krankenhaus?“ Müde rieb Brianna sich über die Augen. Wie immer war sie von alleine in der Frühe aufgewacht, nur um festzustellen, dass ihr Gefährte neben ihr lag.

„Nein, mir bleibt noch genügend Zeit. Ich habe Spätdienst, da fängt die Schicht erst um zwei Uhr an.“ Er streckte sich, ehe er die Bettdecke zurückschlug, um die Striemen auf ihren Brüsten anzusehen. Lächelnd strich er mit den Fingerspitzen über die leichten Erhebungen. „Wie war es gestern für dich? Und untersteh dich, mich anzulügen, sonst wirst du den restlichen Monat keuschgehalten, verstanden?“ Er packte ihr Kinn, um sie zu zwingen, ihm ins Gesicht zu blicken.

„Toll, ein besseres Wort fällt mir nicht ein.“ Sie überlegte kurz. „Dass du sofort reagiert hast, als ich die Gerte so unerträglich fand, hat mir Sicherheit gegeben.“ Sie kuschelte sich genüsslich an ihn. „Ich hatte Angst, dass ich dich damit enttäusche.“

Zärtlich streichelte er sie. „Du kannst mich niemals enttäuschen, Cupcake, jedenfalls nicht, indem du sagst, was du fühlst. Es ist wichtig, dass ich weiß, wo deine Grenzen sind.“

Verstehend nickte sie, nach der Session wusste sie es auch, zumal es etwas anderes war, ob man theoretisch darüber las oder es ausprobierte. „Wir sollten trotzdem aufstehen, Callum hat schon gestern Abend auf meinen Hof aufgepasst. Es ist unfair, ihm die Arbeit zu überlassen." Sie seufzte leise, zu gerne wäre sie einfach liegen geblieben.

„Er wird sich ausgiebig vergnügt haben, vertrau mir. Außerdem besteht kein Grund zur Eile, die Pferde sind auf der Weide, die ersten Reitschüler kommen heute Nachmittag." Er küsste sie auf die Nasenspitze, als er ihren erstaunten Blick bemerkte. „Glaubst du tatsächlich, dass mir dein Leben egal ist? Natürlich weiß ich, wie dein Zeitplan aussieht."

Damit hatte sie überhaupt nicht gerechnet, glücklich lachte sie auf. „Da habe ich mir ja genau den Richtigen geangelt." Fröhlich sprang sie aus dem Bett, nur um vor dem Spiegel zu stoppen. Ihre Brüste wiesen etliche Spuren der vergangenen Nacht auf, was sie so niemals erwartet hätte.

Tyler stellte sich hinter sie, hob die Halbkugeln ein wenig an. „Es gefällt mir", flüsterte er ihr ins Ohr.

Sofort färbten sich ihre Wangen, nackt vor dem Schlafzimmerspiegel zu stehen, verlangte ihr einiges ab, umso mehr, weil er sie eindringlich betrachtete. Verschämt wollte sie sich von ihm befreien, aber er stoppte sie liebevoll.

„Nein, sieh hin. Schau dich an, du bist wundervoll." Er ließ ihre Brüste los, strich mit beiden Händen über ihren Bauch, streichelte ihr Hüften und schob ihre Schenkel etwas auseinander. „Genau, wie ich es mag."

Am liebsten hätte sie die Augen geschlossen, nur wusste sie, dass sie ihn damit verärgern würde. Sie fand sich einfach nur zu dick, ein wenig unförmig und alles andere als hübsch. „Geschmäcker sind unterschiedlich", flüsterte sie.

„Du solltest dich mal aus meiner Perspektive betrachten." Er rieb mit den Handflächen über ihre Nippel. „Sie passen perfekt in meine Hände, darüber hinaus hast du bezaubernd große Brustwarzen, gerade richtig, um Klammern anzubringen."

Langsam massiert er sie, anschließend legte er seine Finger auf ihren Bauch. „Ich mag es, wenn ich eine Frau auch anpacken kann, ohne Angst zu haben, dass sie durchbricht. Außerdem zeigt es mir, dass du gutes Essen liebst." Sanft streichelte er sie, fuhr mit den Fingerspitzen bis zu ihrem Po. „Hier brauche ich gar nichts zu sagen, dein Hintern ist fest und eine Einladung zum Spanken." Spielerisch schlug er auf ihre Pobacke, um seinen Worten mehr Gewicht zu verleihen. Sein Blick glitt wieder nach oben, wo er ihren im Spiegel festhielt. „Aber das Beste sind deine Augen, sie zeigen mir, was für ein rücksichtsvoller, mitfühlender Mensch du bist."

Verlegen lehnte sie an ihm, in der Tat hatte sie sich noch nie auf diese Weise betrachtet. Vielleicht hatte er sogar recht, es gab keinen Grund, ihm zu misstrauen.

Seufzend ließ er von ihr ab. „Wir sollten trotzdem langsam unter die Dusche, sonst kommen wir doch zu spät."

Kurz darauf waren sie auf dem Weg zur Reitschule, wo Callum sie mit einem breiten Schmunzeln erwartete.

„Ich hoffe, ihr habt einen genauso wundervollen Abend verbracht wie ich." Er rieb sich über das Kinn.

„Das kann man wohl sagen." Ty zog Bri eng an sich. „Es schreit nach einer Wiederholung."

„Können wir vielleicht zuerst die Arbeit erledigten, ehe wir uns von unseren Abenteuern vorschwärmen?" Brianna war das Gespräch irgendwie peinlich. „Oder willst du mir mitteilen, dass du schon sämtliche Aufgaben erledigt hast?"

Callum zuckte leicht mit den Schultern. „Sean hat sich nicht abhalten lassen zu helfen, daher ist für die Reitschüler alles vorbereitet und wir haben die Weide auch abgeritten." Er blickte verlegen auf das Paar vor ihm. „Ich hoffe, das war in Ordnung."

„Natürlich, oder ist jemand abgeworfen worden?“ Skeptisch betrachtete sie den Freund. Sie wusste, dass ihre Tiere sich wehren würden, falls es nötig war.

„Nein, im Gegenteil, Maeve und Darwin kamen sofort an den Zaun, so als ob sie uns sogar anbieten wollten, auf ihnen zu reiten.“ Callum war über diese Szene immer noch verwundert. „Leider musste Sean zur Arbeit, ansonsten hätte er euch gerne kennengelernt.“

„Ihr seid also jetzt ein Paar?“ Die Frage konnte sie sich nicht verkneifen.

Mit einem breiten Schmunzeln nickte der Journalist. „Ja, es passt einfach perfekt.“

„Ich freue mich für dich.“ Bri deutete auf die Tür. „Lasst uns frühstücken oder habt ihr schon?“

Callum schüttelte den Kopf, sodass sie gemeinsam den Tisch deckten, ehe die Arbeit sie in den Stall rief. Zusammen erledigen sie, was so anfiel, bis die Reitschüler eintrafen. Callum verzog sich ins Haus, wo er sich um einen Artikel kümmerte, während Ty sich für seinen Dienst umzog.

„Ich muss los, bis später.“ Tyler küsste Brianna, obwohl sie auf dem Reitplatz stand, wo sie eine Anfängerstunde gab. Die Leute hier sollten sich ruhig daran gewöhnen, dass sie in festen Händen war.

Lächelnd nickte sie ihm zu. „Ich warte mit dem Essen auf dich“, versprach sie, lenkte ihre Aufmerksamkeit aber so schnell auf ihre Schüler, dass er nicht widersprechen konnte.

Schmunzelnd gab er nach, wobei er sich auch freute, dass sie ihn offensichtlich in ihr Leben gelassen hatte. Von einer Spielbeziehung sprach keiner mehr.

Mit einem Lied auf den Lippen fuhr er nach Hause, wo er sich für den Dienst umzog. Jetzt mussten sie nur noch Drewsoll das Handwerk legen, dann stand einer wundervollen Zukunft nichts im Weg.

~~°~~

Die Tage vergingen, ohne nennenswerte Geschehnisse. Mehrmals bemerkten sie Caitlin, die über den Hof flog, um Ausschau nach den Verbrechern zu halten, doch alles blieb ruhig.

„Glaubt ihr, dass sie aufgegeben haben?" Hoffnungsvoll sah Brianna von Callum zu Tyler.

Langsam schüttelte ihr Gefährte den Kopf. „Nein, leider müssen wir annehmen, dass das nur die Ruhe vor dem Sturm ist." Er drückte ihr beruhigend die Hand. „Ich weiß, dass dir das Warten zu schaffen macht, aber ich bitte dich, werd nicht leichtsinnig."

Sofort blitzte es in ihren Augen auf. „Natürlich passe ich auf, oder glaubst du, dass ich den Unfall schon vergessen habe? So senil bin ich noch nicht."

Gelassen ließ Ty ihren Ausbruch über sich ergehen, dabei überlegte er, ob er es zum Anlass für eine weitere Session nehmen sollte, entschied sich allerdings dagegen. Im Moment stand seine Kleine extrem unter Strom, weil sie jeden Tag einen Angriff erwartete. Sanft nahm er ihre Hand in seine. „Ich weiß, dass es gerade recht schwer für dich ist, da sich einfach nichts tut, trotzdem ist es unfair, deinen Stress an mir auszulassen."

„Tut mir leid“, murmelte sie. „Ich habe es satt, dass mich ständig jemand begleiten muss, sobald ich den Hof verlasse. Ich fühle mich, als ob ich auf einem Pulverfass sitze, das jederzeit explodieren kann.“ Sie seufzte, ehe sie in ihr Brot biss. Nachdem sie sich um die Tiere gekümmert hatten, genossen sie ein gemeinsames zweites Frühstück, zumal an dem Tag nur zwei Reitstunden anstanden.

„Es ist verständlich, dass deine Nerven blank liegen, aber ich vermute mal, dass sie bald zu einem Rückschlag ansetzen. Mein Artikel hat ziemlich viel Staub aufgewirbelt, daher müssen sie zeitnah reagieren, bevor noch mehr Leute Wind von ihren Machenschaften bekommen.“ Callum grinste. „Der nächste Bericht wartet nämlich schon, außerdem hat sich auch eine Tageszeitung bei mir gemeldet, die an der Story interessiert ist.“

Brianna lachte leise. „Du bist super, mein Bester. Ich bin gespannt, ob sie jetzt aus ihren Löchern kriechen und was sie tun werden.“ Ihr Handy klingelte und auf dem Display erschien Iras Name. „Hey, Liebes, was kann ich für dich ...“ Weiter kam sie nicht.

„Hilf mir, bitte, Bri, sie walzen meinen Hof platt“, schrie Ira ins Telefon.

Sofort sprang Callum auf, während Tyler sein Smartphone aus der Tasche zog, um Jorgan anzurufen.

„Wir sind schon auf dem Weg, Verstärkung ist angefordert. Caitlin hat sie gesehen.“ Der Drache hielt sich weder mit einer Begrüßung auf, noch damit auf eine Antwort zu warten.

„Die Wächter sind unterwegs“, teilte er Brianna mit, die versuchte, ihre weinende Freundin zu beruhigen.

„Hilfe ist gleich da, Ira. Halt dich von den Kerlen fern. Ich komme zu dir.“ Sie legte auf, sprintete zur Tür, nur um von Tyler am Arm festgehalten zu werden.

„Was denkst du, wohin du gehst?“ Er sah sie ernst an. „Auf gar keinen Fall bringst du dich dermaßen in Gefahr.“

„Ich muss zu ihr! Sie braucht mich, verstehst du das nicht?“ Sie versuchte sich zu befreien, aber er hob sie einfach hoch.

„Wie kannst du ihr helfen, wenn du in die Gewalt dieser Verbrecher gerätst? Jorgan ist gleich bei ihr, genau wie der Rest der Ersten Einheit. Glaub mir, sie werden alles daransetzen, um so schnell wie möglich hier zu sein.“ Eindringlich sah er sie an. „Callum ist auch auf dem Weg. Er wird die ganze Sache dokumentieren und gemeinsam verhindern sie das Schlimmste.“

Hilflos sackte sie in seinen Armen zusammen. „Ich komme mir vor, als ob ich sie im Stich lasse“, murmelte sie.

„Das tust du nicht. Hilfe ist unterwegs.“ Sanft drückte er sie an sich, wartete, bis sie sich beruhigt hatte, ehe er sie ein kleines Stückchen von sich schob. „Aktuell haben wir keine Ahnung, was genau los ist. Sobald Jorgan meldet, dass die Gefahr vorüber ist, fahren wir zu Ira, versprochen.“

Zustimmend nickte sie, es war wirklich Wahnsinn sich jetzt einzumischen. „Ich bin im Stall.“ Brianna musste sich ablenken, zumal sie sich überhaupt nicht erklären konnte, weshalb diese Mistkerle Ira so offen angriffen. Wahrscheinlich fühlten sie sich durch Callums Artikel in die Enge gedrängt. Sofort keimte das schlechte Gewissen in ihr hoch, ohne ihre Aktionen wäre Ira in Sicherheit.

Ty seufzte leise, er sah ihr an, dass sie mit sich kämpfte, sich sogar einen Teil der Schuld auflud. Langsam folgte er ihr, half ihr dabei, die Boxen herzurichten, die sie später brauchten.

Anschließend holten sie die Jungpferde, die im Paddock warteten, bis Bri mit ihnen trainierte.

„Willst du tatsächlich jetzt mit Shadow arbeiten?“ Tyler stoppte sie vorsichtig, als sie dem jungen Wallach ein Halfter überzog. „Du bist total aufgewühlt.“

Seufzend streifte sie ihm das Halfter wieder ab. „Du hast recht, ich bin durch den Wind, deshalb hab ich gerade keinen Plan, was ich tun kann.“ Zitternd schmiegte sie sich an ihn.

Eine ganze Weile hielt er sie fest, gab ihr Halt und Geborgenheit, bis sein Handy klingelte. Lächelnd nahm er den Anruf von Jorgan an, doch seine Miene gefror in der nächsten Sekunde. „Bin gleich da.“

Angstvoll blickte Brianna zu ihm auf. „Ist was mit Ira?“

„Das weiß ich noch nicht, aber es hat Verletzte gegeben. Geh rein, verbarrikadier dich und warte, bis sich einer von uns meldet.“ Er küsste sie hart, anschließend rannte er in den Flur, um seinen Autoschlüssel zu holen. Ihm war klar, dass der Drache ihn niemals geholt hätte, wenn es einen anderen Weg geben würde.

Bri gehorchte, sie ging zurück ins Haus, verriegelte die Tür, ehe sie sich ihr Handy schnappte, um Ira anzurufen. Sie musste wissen, was passiert war, sonst wurde sie irre. Nervös trommelte sie mit den Fingerspitzen auf dem Küchentisch, während sie darauf wartete, dass die Freundin abnahm. „Scheiße“, murmelte sie vor sich hin.

Nach dem fünften Versuch legte sie das Smartphone weg, stattdessen lief sie Rillen in den Boden. Sie war einfach unfähig, ruhig auf Nachrichten zu warten. Weshalb konnte sie nicht fliegen oder sich unsichtbar machen? Plötzlich kam ihr eine Idee, wie sie an neue Informationen kam.

Wieso hatte sie nicht vorher daran gedacht? Eilig rannte sie zum Stall, wo einige Schwalben ihre Nester gebaut hatten.

„Guten Morgen, ihr Lieben, würdet ihr mir einen Gefallen tun?“

Einer der Vögel streckte den Kopf aus dem Geflecht. „Dir auch einen schönen Tag, natürlich, du bist die Einzige, die uns ein Zuhause gibt. Was brauchst du?“

Schnell erzählte sie, was passiert war, anschließend bat sie darum, dass sie ihr Nachrichten brachten. „Ich drehe durch, wenn ich weiterhin abwarten muss. Ich will wissen, was mit meiner Freundin ist.“

„Das verstehe ich, daher wirst du jetzt sofort den Vertrag unterschreiben.“ Eine männliche Stimme erklang hinter ihr, die ihr eine Gänsehaut über den Leib jagte.

Langsam drehte sie sich um, nur um dem Kerl ins Gesicht zu sehen, der sie schon einmal zum Verkauf zwingen wollte. „Ich denke nicht daran und sollte Ira etwas passiert sein, gnade euch Gott.“ Sie verschränkte die Arme vor der Brust, auch um das Zittern zu unterdrücken. Aus den Augenwinkeln bemerkte sie, dass die Schwalbe losflog, nur wie konnte ihr das winzige Tier jetzt helfen? Schnell konzentrierte sie sich wieder auf den Mann, der sie aus zusammengekniffenen Augen musterte.

„Du überlegst dir besser, ob das Land dein Leben oder das deiner Freundin wert ist.“ Er lachte hämisch. „Ich kann die Bulldozer sofort stoppen, die ihren Stall schon zum Einsturz gebracht haben. Die Zeit drängt, da sie sich als Nächstes das Wohnhaus vornehmen.“

Mit einem Klemmbrett, auf dem der vorbereitete Vertrag steckte, fuchtelte er vor ihrer Nase herum.

Vorsichtig wich sie zurück, die Wächter waren auf dem Weg zu Ira, sie würden das Schlimmste verhindern, davon war sie überzeugt. Wut kochte in ihr hoch, weil er sie auf so plumpe Weise übervorteilen wollte. „Auf gar keinen Fall! Ihr wisst nicht, mit wem ihr euch anlegt.“ Bevor der Mann nach ihr greifen konnte, rannte sie los. Den kleinen Vorteil, den sie durch die Überraschung erreicht hatte, holte er viel zu schnell wieder auf, sodass sie den Gedanken verwarf, zu ihrer Herde zu rennen. Stattdessen riss sie das Gatter zum Paddock auf, wo die Jungpferde ihr angespannt entgegensahen. „Lauft!“

Laika kam sofort auf sie zu, somit war sie in der Lage, sich auf ihren Rücken zu schwingen, gleichzeitig hielt der Rest direkt auf den Mistkerl zu. „Lasst ihn, bringt euch in Sicherheit“, schrie sie, während sie in gestrecktem Galopp in Richtung Weide raste. Sie musste Maeve warnen, da sie befürchtete, dass der Kerl ihre Tiere ebenfalls als Druckmittel einsetzte.

Horrorszenarien von einem brennenden Stallgebäude liefen durch ihren Kopf, als sie den Zaun erreichte. „Hört mir zu! Der Mann, der uns das Land wegnehmen will, ist hinter mir her. Sie reißen Iras Hof ab, im Stall ist es nicht länger sicher. Geht zu Gregory.“ Laika tänzelte leicht.

„Nein! Ich lasse dich hier keinesfalls schutzlos zurück.“ Maeve stand vor ihr. „Die Göre soll sich mit der restlichen Herde zu dem Bauern aufmachen. Ich beschütze dich.“

Gerade als sie auf den Rat der Stute hören wollte, wieherte Berry angstvoll auf. Sofort drehte sie sich herum, nur um zu sehen, dass der Kerl mit gezogener Waffe auf sie zurannte. „Lauft!“ Sie sprang vom Pferd und gab Laika einen herzhaften Schlag auf die Kruppe. „Hinter den anderen her“, befahl sie hart. Auf keinen Fall ließ sie zu, dass einem ihrer Lieblinge etwas passierte. Solange diese Verbrecher ihre Unterschrift nicht besaßen, würden sie sie wohl kaum umbringen.

„Wirst du jetzt vernünftig?“ Der Mann war zu ihr aufgeschlossen, in seinen Augen erkannte sie eine Kälte, die dafür sorgte, dass sie innerlich zitterte. „Unterschreib endlich, dann geben wir dir sogar noch zwei Wochen, damit du deinen Krempel packen kannst.“

Eigensinnig schüttelte sie den Kopf. „Vergiss es! Erschieß mich und die Söldner von Ballygannon jagen dich bis ans Ende der Welt, allen voran mein Gefährte.“ Sie hob das Kinn an, gleichzeitig hielt sie seinem Blick stand. „Außerdem kommst du in dem Fall nie an dein Ziel. Meine Erben verkaufen niemals, egal, was kommt.“ Sie hatte zum Glück bereits vor Jahren ein Schreiben aufgesetzt, worin das Land und der Hof an eine gemeinnützige Organisation gingen, die therapeutisches Reiten anbot. Natürlich hatte sie zur Auflage gemacht, dass nur im absoluten Notfall verkauft werden durfte.

Erschrocken zuckte sie zusammen, als der Kerl laut auflachte. „Denkst du wirklich, dass uns das aufhält? Deine Freundin hat sich bis zum Schluss geweigert einzuwilligen, trotzdem wird ihr der unterschriebene Vertrag zum Verhängnis. Da sie den Tag kaum überleben wird, gibt es auch keine Zeugen.“

Entsetzt schüttelte Bri den Kopf, das musste eine Lüge sein. Sie weigerte sich, sich überhaupt vorzustellen, dass die Wächter tatsächlich zu spät gekommen waren. Tränen traten ihr in die Augen, die sie energisch zurückdrängte, sie durfte keine Schwäche zeigen. „Niemand wird dir glauben. Die Söldner haben noch jeden zur Strecke gebracht.“

Wieder lachte er laut auf. „Du scheinst hinter dem Mond zu leben. Die Männer, die du mir so schön unter die Nase reibst, befinden sich auf der Jagd nach einem Serienmörder, der sie wahrscheinlich lange genug auf Trab hält, wie man so hört.“ Er runzelte gespielt nachdenklich die Stirn. „Vielleicht sind sie auch nur halb so gut wie ihr Ruf.“

Brianna war klar, dass er sie provozieren wollte, damit sie etwas tat, was ihm zuspielte, doch sie riss sich gewaltsam zusammen. „Du kannst es gerne darauf ankommen lassen. Los, erschieß mich.“ Sie hob beide Hände.

„Du hast es nicht anders gewollt“, knurrte er, gleichzeitig hob er die Pistole an.

Mit der Reaktion hatte sie nicht gerechnet, ganz im Gegenteil, irgendwie war sie davon ausgegangen, dass er sie lebend brauchte. Angst lähmte sie, sodass sie ihn nur anstarren konnte. War das wirklich ihr Ende? Gerade jetzt, wo sie die Liebe ihres Lebens gefunden hatte?

~~°~~

Ty stürmte auf den Drachen zu, der neben einer Person am Boden saß. „Was ist passiert?“ Seine Stimme klang sachlich, obwohl er Ira erkannte.

„Sie ist angeschossen worden und ich weiß nicht, ob Mia rechtzeitig herkommen kann.“ Jorgans Blick sagte dem Arzt alles.

Die Chancen, dass die Frau überlebte, lagen bei null, ihnen half nur ein Wunder.

„Wie lange braucht deine Ehefrau?“ Sanft drängte Tyler den Freund zur Seite, um Ira zu untersuchen.

Er sah auf die Uhr. „Sie sollten in fünfzehn Minuten da sein. Wir haben sie sofort angerufen, als Caitlin die Bulldozer bemerkt hat." Seufzend betrachtete er seine Patientin, die mühsam die Augen öffnete. „Ich hoffe, du hältst durch, bis Hilfe eintrifft."

Ira verzog das Gesicht zu einem schmerzverzerrten Lächeln. „Ich weiß, dass ich sterbe." Sie holte zitternd Luft. „Es gibt keinen Vertrag, bitte ... ich habe ... nie unterschrieben." Wieder atmete sie ein, wobei man ihr ansah, dass es sie enorm Kraft kostete.

„Ruhig, wir müssen dafür sorgen, dass du am Leben bleibst, bis Mia da ist." Tyler strich ihr sanft eine blutige Strähne aus den Augen. „Ich gebe dir etwas gegen die Schmerzen."

Es bestand kein Grund, dass sie leiden musste, sollte die Heilerin keinen Weg finden, gab es keine Hoffnung mehr.

Eilig zog er eine Spritze auf, dabei dankte er allen Göttern, dass er seine Arzttasche stets im Auto hatte, obwohl das ungewöhnlich war. Seit seiner Zeit bei den Söldnern sorgte er dafür, vorbereitet zu sein.

Ira schloss die Augen und die Männer beteten, dass die Verstärkung rechtzeitig eintraf.

„Ich versuche, die Blutungen zu stoppen, sie verliert zu viel Blut, verdammt." Tyler tat, was in seiner Macht lag, um das Leben dieser Frau zu retten, trotzdem spürte er deutlich, dass er hier an seine Grenzen stieß. Immer wieder überprüfte er die Vitalzeichen, mehr gab es für ihn leider nicht zu tun.

Endlich kamen zwei Wagen an, die vor ihnen parkten, anschließend sprang Mia aus einem der beiden Autos. Jorgan rannte auf sie zu, erzählte in kurzen Sätzen, was passiert war, damit sie sich sofort an die Arbeit machen konnte. Hinter ihr erschien Gerry, sodass Ty aufatmete.

Mia war toll, aber sie überschätzte sich gerne, daher würde sie auch ihre Gesundheit aufs Spiel setzen, um der Frau zu helfen. Gerry hielt sie in der Regel von solchen Aktionen ab, außerdem besaß der Arzt der Wächter ein enormes Wissen.

„Ich bin hier, falls ihr Unterstützung braucht." Mit den Worten trat Tyler zurück, um den beiden Platz zu machen.

Erst jetzt sah er sich um, nur um erschrocken zusammenzuzucken, als er die Verwüstung erkannte. Der Stall war komplett zusammengebrochen, der Gemüsegarten glich einem Acker und die Weide am Haus wies tiefe Furchen auf. Die Bulldozer standen vor dem Wohnhaus, nur von den Fahrern oder dem Schützen gab es keine Spur.

Langsam ging er zu Brian, der sich mit Callum unterhielt. „Wo sind die Mistkerle?" Wut brodelte in ihm.

„Das würden wir auch gerne wissen", mischte sich Logan, der Kämpfer der Wächter, ein. Er war gemeinsam mit der restlichen Ersten Einheit zu ihnen getreten.

Brian hob leicht die Schultern, um sie sofort wieder fallen zu lassen. „Caitlin verfolgt sie, aber bisher hab ich noch keine Nachricht von ihr bekommen." Unruhig trat er von einem Bein aufs andere. „Als wir ankamen, sind die Schweinehunde abgehauen. Leider sind wir zu wenige, um sie direkt zu verfolgen. Mit so einem Schlag hat niemand gerechnet."

Tyler grummelte. „Stimmt, bis heute sind sie ja auch viel subtiler vorgegangen." Er drehte sich zu Stew, der mitgekommen war. „Hast du vielleicht einen Hinweis? Irgendwas, weshalb sie plötzlich dermaßen aggressiv vorgehen?"

Steward nickte leicht. „Erstens gibt es hier wesentlich größere Zinkvorkommen, als an den restlichen Standorten, außerdem haben die früheren Besitzer mitbekommen, dass

Brianna und Ira sich wehren. Sie haben Klage eingereicht, von überall kommen Gerichtsverfahren auf Drewsoll zu. Jetzt wollen sie ein Exempel statuieren. Diese Aktion soll auch die anderen bestohlenen Bauern in ihre Schranken weisen." Er seufzte. „Wir hätten es vorhersehen müssen. Allein der Artikel von Callum hat so viel Wirbel verursacht. Ich hoffe nur, dass Ira durchkommt."

In dem Moment flog eine Schwalbe direkt vor Tylers Gesicht hin und her, dabei zwitscherte sie aufgeregt. Verdutzt betrachtete er den Vogel, während ein ganz dummes Gefühl in ihm aufkeimte. „Irgendwas stimmt nicht. Brianna ist in Gefahr." Woher er die Erkenntnis nahm, lag auf der Hand: Der Piepmatz versuchte, ihn zu holen.

Ohne eine Sekunde zu verschwenden, riss er sich die Kleider vom Leib, ging auf die Knie, anschließend verwandelte er sich. Am Rande bekam er mit, dass Jorgan sein inneres Tier ebenso freiließ. Als er losrannte, erhob sich der Drache in die Lüfte.

~~°~~

„Du darfst dir aussuchen, ob ich dir in den Kopf oder ins Herz schieße." Der Mann lachte gehässig. „Wir können es auch noch etwas aufschieben, wenn du zärtlich zu mir bist." Er legte das Klemmbrett auf den Boden, um sich in einer vulgären Geste in den Schritt zu fassen. „Ich stehe zwar nicht auf Dicke, aber ..." Entsetzt brach er ab, gleichzeitig weiteten sich seine Augen.

Brianna spürte den Luftzug, ehe sie erleichtert die Lider schloss. Jorgan war ihr zu Hilfe geeilt, der Schwalbe sei Dank. Sie hätte niemals damit gerechnet, dass der Vogel sich Gehör verschaffen würde.

Noch bevor sie sich umdrehen konnte, drängte sich ein Puma an ihre Beine, der sie fast umwarf. „Langsam, Liebster, mir geht es gut."

Tyler musterte sie. „Hat er dir wehgetan?"

Als sie seine Frage hörte, schüttelte sie leicht den Kopf. „Nein, so weit ist es, zum Glück, nicht gekommen, aber er hat mir ziemlich Angst eingejagt, außerdem plante er, mich umzubringen." Sie sah voll Abscheu zu dem zitternden Kerl rüber. „Ach ja, nicht zu vergessen, dass er Sex von mir verlangt hat."

Der Puma fauchte, gleichzeitig spürte sie, dass der Drache die Flügel ausbreitete und ein Grollen ausstieß. Die Neugier überwältigte sie, sodass sie sich jetzt doch umdrehte. Fasziniert betrachtete sie den schwarzen Riesen, der sich majestätisch hinter ihr aufbaute. „Danke, mein Lieber, dass du mich gerettet hast."

„Gern geschehen, aber Tyler war es, der den Vogel verstanden hat." Mit einem Lächeln reckte Jorgan sein Kinn in Richtung des Freundes.

„Es spricht", erklang es ungläubig von dem Mann, der sich auf dem Boden zusammengekauert hatte.

„Das hätte ich beinahe auch gesagt, du Wurm." Jorgan schmunzelte, wurde jedoch sofort wieder ernst. „Du solltest beten, dass Ira überlebt. Andernfalls endest du als ..."

Brianna hob entsetzt die Hand. „Du willst ihn wirklich fressen?" Egal, was der Kerl vorhatte, die Vorstellung war zu viel für sie.

„Nein, ich verderbe mir doch an so was nicht den Magen." Das Lachen des Drachen klang wie Donnergrollen. „Als Zombie, unsere Ärzte können die Gedanken auch so entfernen, dass aus ihm ein Pflegefall wird."

Langsam nickte sie. „Was ist mit Ira?“ Sie sah den Puma eindringlich an. „Lüg mich bitte nicht an.“

„Wir haben uns versprochen, immer ehrlich zu sein.“ Tyler stieß sie mit der Nase an. „Mia ist bei ihr, aber ihr Zustand ist kritisch.“

Brianna drehte sich jetzt zu ihrem Widersacher. „Sollte meine beste Freundin sterben, werdet ihr bereuen, dass ihr euch jemals mit uns angelegt habt. Glaub mir, dein Tod wird qualvoll.“

„Ich flehe dich an, verschon mich, ich war gezwungen, meinen Auftrag auszuführen. Ich hatte doch keine Wahl.“ Kurz hob der Kerl den Kopf, ehe er sich wieder auf den Boden kauerte.

„Man hat immer eine Wahl!“ Jorgan beugte sich zu ihm herunter. „Du hast dich dafür entschieden, dass Geld mehr Wert hat als ein Menschenleben und deshalb bezahlst du einen hohen Preis für dein Verhalten.“ Er schnupperte an dem Menschlein, das sich vor ihm im Dreck wand.

Der Mann schrie entsetzt auf. „Friss mich nicht, ich flehe dich an. Ich sage alles, was ich weiß.“

„Noch mal, mein Magen ist nicht so robust, dass ich dich verdauen könnte. Außerdem wirst du auf jeden Fall reden, meine Freunde sind Meister im Überzeugen.“ Er hob den Kopf, als ein Van auf sie zukam, gleichzeitig lächelte er.

„Jorgan, wir übernehmen“, rief Brian, der aus dem Van sprang, um den Kerl zu packen. „Cat hat die restlichen Verbrecher ausfindig gemacht. Wir haben sie bereits eingefangen, nur der hier fehlt.“ Grob zerrte er den Mann mit sich zum Auto, wo er ihn fesselte.

Brianna spürte, dass ihr die Beine zitterten, jetzt, wo sie in Sicherheit war, ließen ihre Nerven sie im Stich. Ihr Gesichtsfeld verengte sich und Schwärze umfing sie.

Jorgan fing sie mit seinen Schwingen auf. „Das war dann doch zu viel für sie“, murmelte er mitleidig.

Tyler leitete sofort die Verwandlung ein, nahm ihm seine Gefährtin ab, um sie ins Haus zu tragen, wo er sich auch etwas überzog.

~~°~~

„Was ist passiert? Wo ist der Kerl?“ Erschrocken setzte Bri sich auf, anschließend sah sie sich um. Sie war in ihrem Schlafzimmer, nur wie war sie hier hingekommen? Mia lächelte ihr entgegen, außerdem hielt Tyler ihre Hand.

„Du bist umgekippt, doch es war lediglich die Aufregung“, bestätigte Mia ihr ruhig. „Kein Grund zur Sorge.“

Beim Anblick der Heilerin erinnerte sie sich sofort an ihre Freundin. „Ist Ira ...?“ Sie brachte es nicht übers Herz, ihre Frage auszusprechen.

„Sie ist über den Berg. Noch braucht sie viel Ruhe, weil ich an meine Grenzen gestoßen bin, aber sie wird wieder ganz die Alte.“ Mia tätschelte ihr die Hand.

Die Tür ging auf und Jorgan kam herein. „Du hast mir einen schönen Schrecken eingejagt. Zuerst dachte ich, dass du doch verletzt wärst.“ Er atmete auf. „Gut, dass dir nichts passiert ist.“

„Danke für alles.“ Ihre Stimme klang belegt.

„Das ist selbstverständlich, immerhin bist du die Gefährtin meines besten Freundes.“ Er winkte lässig ab.

Brianna wollte sich gerade beruhigt in die Kissen sinken lassen, als sie wie von der Tarantel gestochen hochfuhr. „Ich muss nach meinen Pferden sehen. Ich hab sie zu Gregory geschickt." Sie versuchte, aus dem Bett zu springen, aber Tyler packte sie sofort an den Schultern.

„Mach dir keine Gedanken, sie sind wohlbehalten angekommen und Gregory ist wie die Kavallerie hierher gekommen. Die halbe Stadt hat ihn begleitet, während die andere Hälfte zu Iras Hof geeilt ist." Ty lächelte, in dem Punkt hielten die Bewohner von Kilkenny immer zusammen. Keiner ließ einen Nachbarn im Stich. „Die Genehmigungen an Drewsoll sind zurückgezogen worden, außerdem ist die Zweite Einheit schon auf dem Weg zu den Geschäftsführern."

Mit einem Lächeln sank sie jetzt in die Kissen. „Dann wird es Gerechtigkeit geben?"

„Darauf kannst du dich verlassen. Wir halten uns zwar aus den Geschäften der Menschen raus, doch das, was diese Mistkerle vorhatten, schädigt die Umwelt nachhaltig, was uns alle angeht." Jorgan stand hinter Mia, die sich leicht an ihn lehnte. „Patty ist bereits abgereist, aber ich soll dich herzlich von ihr grüßen."

Verstehend nickte Brianna, die Dämonin wurde bei den Verhören gebraucht. Obwohl jeder davon überzeugt war, dass die Leute, die sie eingefangen hatten, sich kaum trauten, etwas zu verschweigen oder gar zu lügen. „Schade, ich hätte sie gerne getroffen."

„Ihr könnt jederzeit nach Ballygannon kommen. In unserem Haus ist genug Platz", bot Mia an, gleichzeitig unterdrückte sie ein Gähnen.

„Du legst dich jetzt sofort hin, Miss Unvernunft. Glaubst du eigentlich, dass du unendliche Kraft hast?“, schimpfte Jorgan, hob seine Gefährtin hoch, um sie aus dem Zimmer zu tragen.

Lächelnd sah Bri ihnen hinterher. „Ich möchte zu Ira.“ Sie schlug die Decke zurück, stand mit Tylers Hilfe auf, der zuerst sichergehen wollte, dass ihr Kreislauf stabil war.

„Sie ist hier im Gästezimmer. Callum hat zugestimmt in seine Wohnung zurückzukehren, die Wächter bleiben zum Teil bei dem Grogoch und der Rest ist in meinem Haus“, klärte Ty sie auf, während er sie zum Flur brachte.

„Danke.“ Brianna schlang ihre Arme um seinen Hals. „Danke, dass du so hartnäckig warst, dass du mich gerettet hast, dass du mich liebst.“ Ihr war in den letzten Stunden bewusst geworden, was für ein Glück sie hatte.

Zärtlich drückte er sie an sich. „Immer wieder, Cupcake.“

Sie küssten sich, klammerten sich einen Moment aneinander, wobei sie sich daran erinnerten, dass sie Dualseelen waren. Einer konnte ohne den anderen nur existieren, jedoch nicht wirklich leben.

Kapitel 23 - Gerechtigkeit

„Wie geht es dir?“ Brianna setzte sich vorsichtig zu Ira, die fürchterlich blass aussah.

„Ich habe mich schon mal besser gefühlt“, gab sie leise zu. „Aber die Drogen, die du mir gegeben hast, waren echt klasse. Ich habe geglaubt, dass du dich in einen Puma und Jorgan sich in einen Drachen verwandelt hat.“ Sie kicherte verlegen, während sie erst Tyler, dann Bri ansah. Sofort stoppte sie, gleichzeitig legte sich ein misstrauischer Zug auf ihr Gesicht. „Was ist los?“

Schnell winkte Bri ab. „Nichts, ich war nur sprachlos, weil du so eine blühende Fantasie hast.“ Innerlich fluchte sie, da sie eine dermaßen schlechte Lügnerin war, zumal sich ihre Wangen bereits rot färbten. Sie drehte den Kopf weg, tat so, als ob sie sich in dem Zimmer umsehen wollte. „Ich hoffe, du hast alles, was du brauchst.“

Ira hob eine Hand, packte ihr Kinn, um sie zu zwingen, ihr in die Augen zu sehen. „Was ist hier los, Brianna? Du verschweigst mir schon länger etwas.“

Noch bevor sie antworten konnte, kamen Logan, David, Stew sowie Jorgan herein und allein an ihren Mienen erkannte Bri, dass sie Iras Frage gehört hatten. Sofort stellte sie sich schützend vor das Bett. „Ihr lasst sie in Ruhe, hört ihr? Auf keinen Fall nehmt ihr sie mit nach Ballygannon, um irgendwelche gefährlichen Operationen durchzuführen.“

In ihrer Aufregung übersah sie das Schmunzeln in Jorgans Gesicht.

„Aber es ist unsere Pflicht, die Gemeinschaft zu schützen." Der Drache verkniff sich ein Lachen.

Verzweifelt drehte Bri sich zu Tyler. „Kannst du nicht für sie bürgen? Oder darf ich das vielleicht?" Sie wand sich an Stew, der offen schmunzelte.

„Keine Ahnung, weshalb die Leute ständig das Schlimmste von uns annehmen. Es macht doch keinen Sinn, dass Mia sie rettet, um sie dann der Gefahr auszusetzen, ein Zombie zu werden." Er schüttelte den Kopf, während Bri sich auf das Bett sinken ließ.

„Ihr seid solche Mistkerle", grummelte sie, ehe sie auch leise lachte. Vertrauen war immer noch nicht ihre Stärke.

„Kann mir bitte mal jemand sagen, was hier los ist?" Ira richtete sich ein wenig auf. „Zuerst überlebe ich eine Verletzung, die meiner Meinung nach tödlich war, dann sehe ich, wie sich Menschen in Tiere verwandeln, und zu guter Letzt redest du etwas von Zombies. So langsam glaube ich, dass ich den Verstand verloren habe."

Augenblicklich besaß sie die Aufmerksamkeit der gesamten Gruppe. Stew nickte Bri leicht zu, die ihr daraufhin die Wahrheit erzählte.

„Wow, das ist unglaublich, wenn ich es nicht gesehen hätte, würde ich dich sofort zum Psychiater schicken." Ira schloss kurz die Augen, um zu verarbeiten, was sie gehört hatte. „Aber ich hab ja immer gesagt, dass du etwas Besonderes bist." Sie sah die Freundin ernst an.

„Ich verbürge mich selbstverständlich für sie", bemerkte Brianna an Stew gewandt. „Oder ist das zu wenig, weil ich kein vollständig magisches Wesen bin?" Aufmüpfig verschränkte sie die Arme vor der Brust. Lachend nickte Steward. „Doch das reicht, nur ist es unnötig. Sie ist die Gefährtin eines Magiers, der gerne für sie einsteht."

Bei der Aussage rissen beide Frauen erstaunt die Augen auf, während Bri sich an die Stirn tippte. „Das kann ja gar nicht sein. Danny ist der Cousin von Callum und der ist ein Normaler."

Ruhig hielt der Boss der Wächter ihr stand. „Das ist korrekt, allerdings hat Danny seine Fähigkeiten von der väterlichen Seite."

Verlegen stieß Bri die Luft aus, so langsam sollte sie den Verstand einschalten, zumal ihr der Fehler ja schon einmal passiert war. „Da fällt mir ein, was ist eigentlich mit den Leuten von deinem Hof geschehen? Sie müssten zumindest die Verwandlung von Jorgan mitbekommen haben." Sie richtete ihr Aufmerksamkeit wieder auf Ira.

„Nachdem die Verbrecher geflohen waren, sind sie losgelaufen, um Verstärkung zu holen." Ira lächelte gerührt. „Sie haben halb Kilkenny mobilisiert, um mir zu helfen. Danny ist erst losgegangen, als Tyler ankam."

Als ob ihre Worte ihn herbeigerufen hätten, betrat jetzt auch ihr Partner den Raum. „Hab ich was verpasst? Hier sieht es aus wie bei einer Versammlung." Er sah von einem zum anderen, während er sich den Weg zu Ira bahnte.

„Wir kamen nicht drum herum, ihr von deinen speziellen Fähigkeiten zu erzählen", bemerkte Jorgan mit einem feinen Lächeln. „Du hast ja bereits zugestimmt, für sie zu bürgen."

„Oh", mehr brachte er nicht heraus, gleichzeitig betrachtete er Ira mit einem fast furchtsamen Blick. „Wir müssen da wohl etwas besprechen."

Sie nickte ernst. „Ja, aber glaub bloß nicht, dass du dich jetzt verdrücken kannst. Dafür, dass du mir das verschwiegen hast, büßt du ein Leben lang." Zärtlich musterte sie ihn, während der Rest leise das Zimmer verließ.

„Lass uns bitte zu Gregory fahren, ich möchte meine Pferde sehen." Brianna kämpfte mit ihren Gefühlen, zumal es ihr schwerfiel, zu verstehen, dass sie tatsächlich gewonnen hatten.

„Alles, was du willst, Cupcake." Tyler legte einen Arm um sie, blieb dann jedoch verlegen stehen. „Wir müssen dein Auto nehmen, da mein Wagen bei Ira steht."

„Kein Problem." Gemeinsam gingen sie in den Flur, holten die Autoschlüssel, anschließend machte Bri einen Abstecher zu dem Schwalbennest. „Ich danke euch, ihr habt mir das Leben gerettet."

Der Vogel blickte sie nachdenklich an. „Das war selbstverständlich. Wir verlieren unsere Nester, falls diese Firma gewinnt. Außerdem fütterst du uns im Winter."

„Das werde ich auch weiterhin tun. Sagt mir, wenn ihr noch etwas benötigt. Ich bin für euch da." Sie lächelte versonnen, während sie sich an ihren Gefährten lehnte. „Es tut gut zu wissen, dass niemand ihnen schaden kann."

Tyler stimmte ihr von ganzem Herzen zu, zumal er sich genauso erleichtert fühlte, dass die Gefahr vorüber war. Die gesamte Gegend wurde durch das aggressive Vorgehen in Alarmbereitschaft versetzt, außerdem waren viele ehemalige Grundbesitzer gegen Drewsoll vorgegangen, nachdem sie mitgekommen hatten, was in Kilkenny vor sich ging. Natürlich spielte es auch eine Rolle, dass die Wächter sich eingeschaltet hatten.

„Sag mal, wie geht es eigentlich jetzt mit den Verantwortlichen weiter? Ich meine, bei den Leuten, die eingefangen wurden, handelt es sich ja lediglich Handlanger.“ Bri schaltete, ehe sie Tyler kurz ansah. „Vielleicht schaffen sie es, sich herauszureden.“

Ty lachte auf. „Du vergisst Patty, außerdem haben wir innerhalb der magischen Gemeinschaft viele besondere Talente. Sobald sie die komplette Wahrheit kennen, sind sie auch in der Lage, die Beweise zu finden, die sie den Normalen vorlegen können.“ Er drückte sanft ihre Hand, die den Schaltknüppel immer noch umklammert hielt. „Mach dir keine Sorgen, es ist tatsächlich vorbei. Sollten alle Stricke reißen, gibt es einen schrecklichen Unfall, bei dem sie ihr Gedächtnis verlieren. Kopfverletzungen sind oft fürchterlich kompliziert.“

Bei seinen Worten zuckte sie kurz zusammen, allerdings hatten solche Leute keine Gnade verdient. Sie dachten nur an ihren eigenen Profit, gingen über Leichen und waren skrupellos. Vorsichtig nickte sie, ehe sie in den Schotterweg einbog, der zu Gregorys Hof führte.

Der alte Bauer kam sofort aus seinem Haus gelaufen, um sie fest an sich zu drücken. „Gott sei Dank, Mädel, dir geht es gut.“ Erleichtert betrachtete er sie, ehe sein Blick zu Tyler glitt. „Auch wenn ich dir meinen Sohn nicht unterjubeln kann, bin ich verdammt froh, dass du dem Drecksack entkommen bist. Die Gerüchteküche läuft heiß und die Nachrichten wurden von Mal zu Mal schrecklicher. Als dann deine Herde in meinem Hof stand, konnte ich meinen Augen kaum trauen.“ Jetzt musterte er sie mit einer Mischung aus Bewunderung und Respekt.

„Danke, dass du dich um sie gekümmert hast. Sie müssen instinktiv gespürt haben, dass sie bei dir in Sicherheit sind." Brianna lehnte sich an Tyler, drückte vorsichtig seine Hand, um ihm zu signalisieren, dass er das Gespräch übernehmen sollte, ehe sie sich verriet.

„Es ist tatsächlich erstaunlich, was für einen siebten Sinn die Pferde besitzen. Vielleicht konnten sie aber auch das frische Heu wittern." Ty deutete auf den Hänger, der darauf wartete, abgeladen zu werden.

„Ja, wir sind mitten in der Ernte, doch du bist uns wichtiger." Gregory rieb sich verlegen über den Nacken. „Sind die Mistkerle denn jetzt hinter Gittern? Sonst hole ich mein Jagdgewehr." Seine Miene bekam etwas Kämpferisches.

„Das ist toll von dir, allerdings völlig unnötig. Die Söldner aus Ballygannon haben sie vorerst in Gewahrsam genommen, ehe sie die Männer an die Polizei überstellen." Tyler lächelte den Bauern warm an.

„Gut, gut", murmelte Gregory. „Die Jungs sind klasse, an denen kommt keiner vorbei. Was die in die Hand nehmen, funktioniert." Er brummte verlegen, als er bemerkte, dass er laut gesprochen hatte. „Wollt ihr auf einen Tee reinkommen?"

Brianna schüttelte den Kopf. „Das ist lieb von dir, aber ich möchte jetzt erst meine Tiere sehen. Außerdem sollte ich einen Weg suchen, um sie nach Hause zu bringen." Sie tat so, als ob sie überlegen würde. „Am besten ich fahre noch mal heim, um zwei Trensen zu holen, dann können wir sie rüber treiben."

„Das eilt nicht. Ich hab sie zu meinen Kühen auf die Weide gestellt, da sind sie gut aufgehoben." Gregory winkte lächelnd ab. „Wir müssen zusammenhalten, denn bei uns Landwirten handelt es sich um eine aussterbende Rasse."

Bri verzichtete darauf, ihn zu korrigieren, da sie eine Reitschule betrieb und keinen Bauernhof, aber sie wusste ja, was er meinte. Schnell umarmte sie den alten Freund, drückte ihm ein Küsschen auf die Wange, ehe sie sich zeigen ließ, wo genau die Wiese war. Ohne auf einen der Männer zu warten, lief sie zu ihrer Herde, kletterte durch den Zaun, ehe sie ihre Arme zärtlich um Maeves Hals schlang. „Du bist klasse, meine Kleine“, flüsterte sie.

Erleichtert schnaubte die Stute, sog den Duft ihrer Besitzerin tief ein, anschließend strich sie ihr leicht mit dem Maul über die Haare. „Gott sei Dank, du lebst. Ich habe gehört, dass der Mistkerl tatsächlich auf dich schießen wollte.“

„Woher weißt du das?“ Erstaunt blickte Bri ihr ins Gesicht. „Ihr solltet zu dem Zeitpunkt außer Hörweite gewesen sein.“

„Waren wir auch, aber der Bauer hat es seinem Sohn erzählt, der wusste es von seinem Nachbarn. Wäre der Wolfswandler nicht hier aufgetaucht, hättest du jetzt sehr viel Besuch auf dem Hof.“ Sie schnaubte leise, was sich fast wie ein Lachen anhörte.

Kurz musste Brianna nachdenken, wen sie meinte. „Du redest von Brian, richtig?“

„Ja, genau der, der riecht wie ein Wolf, sich allerdings verhält wie ein Freund.“ Maeve stupste sie an, damit sie ihren Hals losließ, weil auch die anderen sich an ihre Besitzerin drängten. Jeder wollte sichergehen, dass sie unverletzt war.

Eine ganze Zeit lang kuschelte sie mit ihren Tieren, nahm sich eine Auszeit, um die letzten Stunden zu verarbeiten.

„Wir sollten zumindest die Zaumzeuge holen, wenn du sie heute noch nach Hause bringen willst.“ Tyler berührte sie leicht am Arm. Er störte sie nur ungern, zumal er es liebte, sie so im Reinen mit sich selbst zu sehen.

„Du hast recht. Ich möchte, Gregory keine Umstände machen." Sie drehte sich zu ihren Pferden. „Wir kommen gleich wieder, um so zu tun, als ob wir euch zurücktreiben würden. Ihr kennt ja den Weg, aber das kleine Schauspiel müssen wir den Menschen bieten."

„Wir stehen euch zur Verfügung." Maeve und Darwin traten vor den Rest.

Dankbar streichelte Brianna sie, anschließend holten sie das Zaumzeug.

Gregory half ihnen, die Herde von der Weide zu treiben, wobei er sich wunderte, dass die Tiere so gesittet durch den Zaun liefen. Irgendwie erwartete er, dass sie sofort losstürmten, sobald sie die Freiheit witterten. „Da brate mir doch einen Storch, es sieht fast so aus, als ob sie nur darauf gewartet hätten, dass du sie abholst." Er kratzte sich den Nacken, gleichzeitig sah er ihnen nach, denn auch jetzt rannte kein Pferd los oder brach aus.

Brianna kicherte leise. „Ihr habt dem armen Mann ganz schön was zum Nachdenken gegeben." Sie saß auf Darwin, mit ihm sicherte sie die Gruppe ab, während Tyler die Spitze übernommen hatte. „Wahrscheinlich werde ich ihm erzählen müssen, dass ich euch irgendwie dressiert habe, wie Zirkuspferde."

Darwin schnaubte unzufrieden. „Dein Ernst? Wir können aber gerne noch ein wenig Chaos stiften." Trotz seiner brummigen Antwort hörte sie, dass er belustigt war.

„Komm nicht auf dumme Gedanken." Sie streichelte über sein seidiges Fell. Als ihr Hof in Sicht kam, wurde ihr bewusst, was sie beinahe verloren hätte, gleichzeitig spürte sie, wie sehr sie mit ihrem Land und ihren Tieren verbunden war. Tiefe

Dankbarkeit überströmte sie, sodass sie kurz anhielt. Sofort rief Darwin auch den Rest zurück.

Tyler kam zu ihr, um sie besorgt zu mustern. „Ist etwas? Geht es dir nicht gut?“

Mit Tränen des Glücks in den Augen schüttelte sie den Kopf. „Nein, ich bin nur unendlich dankbar, dass ich überlebt habe, dass ich so unglaublich viel Hilfe hatte und dass es euch in meinem Leben gibt.“ Sie machte eine Handbewegung, die alle einbezog, ehe sie sich schnell zu ihrem Gefährten beugte, um ihm einen Kuss zu geben.

„Och ne, hört auf zu knutschen, da bekommt man ja Augenkrebs“, meckerte Laika sofort los, woraufhin Brianna befreit auflachte. Vor ihnen lag eine aufregende Zeit, die sie in vollen Zügen genießen würde. Natürlich kam an erster Stelle, Iras Stallungen wieder aufzubauen. Solange sie noch angeschlagen war, würde die Freundin zusammen mit Danny bei ihr wohnen. Das stand für sie fest.

„Los jetzt, der Rest macht sich sonst noch Gedanken, wo wir bleiben.“ Tyler gab ihr einen zärtlichen Schubs.

„Was meinst du damit? Ich dachte, außer Ira und Danny sind alle beschäftigt.“ Aufmerksam musterte sie ihn.

Ty lächelte geheimnisvoll. „Das siehst du gleich.“

Sie versorgten die Pferde, räumten die beiden Trensen weg, doch als sie aus dem Stall kamen, hörte Brianna bereits Stimmengewirr. Ein wenig skeptisch, aber genauso neugierig betrat sie den Vorplatz, wo normalerweise die Autos parkten, nur um wie angewurzelt stehen zu bleiben. In den zwei Stunden, die sie jetzt unterwegs gewesen waren, hatten die Wächter zusammen mit einigen Nachbarn, den Platz in einen Festplatz verwandelt. Überall standen Bänke und Tische, die jemand mit Kerzen geschmückt hatte, außerdem gab es einen

Pavillon, wo Callum sich um einen Grill kümmerte. Getränke sowie Musik fehlten ebenso wenig wie ein paar Lampions.

„Wow, das nenne ich mal eine Überraschung." Bri zwinkerte, weil ihr schon wieder die Tränen in die Augen stiegen. Sie erkannte zwischen den ganzen Erwachsenen auch einen Großteil ihrer Reitschüler, allen voran Rachel, Dana und Christine.

Gregory kam ihr entgegen. „Es war ziemlich schwierig, dich wenigstens für kurze Zeit auf meinem Hof zu halten." Verlegen kratzte er sich im Nacken. Natürlich hatte er ausreichend Gelegenheit gehabt, vor ihnen anzukommen, da die Strecke mit dem Auto viel schneller zurückgelegt werden konnte.

„Ich danke dir." Brianna umarmte ihn gerührt, anschließend begrüßte sie auch die restlichen Leute, wobei sie erfreut feststellte, dass Patty anwesend war. „Ich dachte, du würdest gebraucht. Schön, dass du da bist." Sie drückte die Dämonin an sich, die auflachte.

„Das war ein Kinderspiel, daher habe ich mir sofort einen Flug gebucht." Sie deutete auf Jorgan, der zusammen mit Mia zu ihnen geschlendert kam.

Vorsichtig sah Bri sich um, ob kein Normaler sie hören konnte. „Ich war der Meinung, dass du nicht gesehen werden darfst. Wie ist es dann möglich, dass sie mit dir herfliegt?"

Mia kicherte leise. „Er kann sich tarnen, sodass außer dem Wind niemand etwas bemerkt. Also das nächste Mal, wenn du einen kräftigen Windstoß spürst und keine Erklärung findest, ist es wahrscheinlich, dass ein Drache vorbeigeflogen ist."

Skeptisch musterte Bri die beiden Frauen, unsicher, ob sie gerade auf den Arm genommen wurde.

„Sie sagen die Wahrheit. Solltest du mal einen Rundflug machen wollen, gib mir Bescheid.“ Jorgan zwinkerte ihr zu.

„Das ist ein sehr seltenes Angebot, das er nicht vielen Leuten macht“, flüsterte Tyler ihr ins Ohr, der sich hinter sie stellte. „Offensichtlich mag er dich.“

Zufrieden lehnte sie sich an ihn. „Ja, ich hatte schon immer ein besonderes Händchen für Tiere.“ Lachend deutete sie auf den Gestaltwandler, der einstimmte.

Noch einmal sah sie sich um, bemerkte Ira, die ganz in der Nähe des Pavillons in einem Sessel saß, was ihr erneut vor Augen führte, was für eine starke Gemeinschaft sie bildeten. Als Tyler seine Arme um sie schlang, wusste sie, dass sie die fehlenden Teile ihres Lebens zusammengetragen hatte. Sie wurde von einem Mann geliebt, der sie immer beschützte, besaß eine Reitschule, die ihrem Namen alle Ehre machte, und gehörte zu einer Gruppe Lebewesen, die füreinander einstanden, ohne Rücksicht auf Verluste. In der Tat hatte sie ihren Platz gefunden, an der Seite ihres Gefährten und unterstützt von ihren Freunden.

Epilog

„Zum Glück seid ihr endlich da. Herzlich willkommen. Kommt bitte einen Augenblick rein, sonst dreht Ladislaus noch durch.“ Mia deutete mit einer einladenden Handbewegung an, dass sie reinkommen sollten, woraufhin Tyler und Brianna ihr folgten.

Es war nicht das erste Mal, dass sie die Freunde in Ballygannon besuchten, doch heute gab es einen besonderen Anlass: eine Taufe.

Bri umarmte die Heilerin, die in den vergangenen Wochen zu einer lieben Freundin geworden war. „Wir sind so schnell gekommen, wie wir konnten, nur fehlt uns leider die Technik.“

„Ja, ich weiß, nur Jorgan ist fürchterlich nervös.“ Weiter kam Mia nicht.

„Glaubt der alte Drachen etwa, dass ich mich drücke? Oder will er seine Bitte zurückziehen?“ Tyler drückte sie auch freundschaftlich an sich.

„Weder noch, aber ich kenne dich zu gut. Du bist in der Lage und kommst zur Taufe deines Patenkindes zu spät.“ Jorgan kam lachend zu ihnen, begleitet von Ladislaus, einem riesigen Hund, der etwas von einem Irischen Wolfshund hatte.

Bellend sprang er um die Gruppe herum, bis Brianna ihn kraulte, dabei bemerkte sie die Reptilienaugen. „Du sollst dich doch tarnen, mein Kleiner“, murmelte sie leise.

„Ja, nur habe ich jetzt keine Lust dazu. Wie du weißt, war ich früher ein Gestaltwandler.“ Der Rüde brummte zufrieden, als sie durch sein Fell fuhr. „Mein Bruder hat gerade viel zu wenig Zeit. Allerdings ist mein Neffe auch zu süß.“

„Was sagt er?“ Jorgan war begierig zu erfahren, was sein Bruder erzählte, da er ihn leider nicht verstehen konnte. Brianna war für ihn eine riesige Bereicherung in dem Punkt.

„Er meinte, dass du zu beschäftigt bist, aber euer Sohn es rechtfertigt.“ Sie lächelte. Mittlerweile kam sie gut damit zurecht, dass sie innerhalb der Wächter immer wieder über unglaubliche Geschichten stolperte. So wie die mit Ladislaus, der als Teil des Drachenvolks große Schuld auf sich geladen hatte, jetzt jedoch eine zweite Chance bekam.

Jorgan sah man das schlechte Gewissen an. „Tut mir leid, Ladislaus.“ Er strich dem Tier über den Kopf. „Du hast völlig recht, du kommst seit einigen Wochen zu kurz.“ Er seufzte.

„Sag ihm bitte, dass ich zufrieden bin und sein Sohn wichtiger ist. Er ist ein kleines Wunder, vor allem wenn man bedenkt, dass unser Volk fast ausgestorben wäre.“ Der Hund drängte sich eng an Brianna, die ihn mit Hingabe kraulte.

Schnell beruhigte sie den Drachen, der dankbar nickte.

„Wir müssen los, sonst kommen wir tatsächlich zu spät“, mahnte Mia, ehe sie ins Schlafzimmer ging, um ihr Baby zu holen.

Die Taufe sollte in Glendalough, im Tal der zwei Seen, stattfinden, wobei es sich nicht um einen kirchlichen Ritus handelte. Keines der paranormalen Wesen hielt viel von der Institution.

Sie verteilten sich auf die verschiedenen Autos, um in einer Kolonne zur Monastic City zu fahren.

Der gesamte Bereich war magisch abgeriegelt, sodass nur die geladenen Gäste das ehemalige Klosterdorf am Rande des Lower Lake betreten konnten.

Brianna sah sich neugierig um, obwohl sie oft in Irland gewesen war, jetzt sogar hier lebte, war sie nie dazu gekommen, Sightseeing zu betreiben. Fasziniert betrachtete sie die Ruinen des Dorfes, das man dem Heiligen St. Kevin zuschrieb.

Tyler legte einen Arm um ihre Schultern. „Wir haben ein anderes Mal mehr Zeit, uns genauer umzusehen." Mit einem Schmunzeln brachte er sie zu der Kathedrale, die die Frauen mit allerlei Kräutern und Blumen geschmückt hatten.

Rian, der Elbenmagier, wartete mit einem freundlichen Lächeln, er würde die Zeremonie auf keltische, magische Weise vornehmen. Im Vorfeld hatte er sich viel mit dem Kind beschäftigt, damit er in der Lage war, eine Schriftrolle anzulegen, die die besonderen Kräfte sowie seinen Schicksalsspruch enthielt. Der Spruch war ein verdeckter Hinweis auf die Lebensaufgabe. Die Rolle bekam Jorgans Sohn, sobald er lesen konnte.

Tyler und Brianna blieben hinter den meisten Gästen stehen, doch Rian winkte ihnen auffordernd zu.

„Die Paten sollten bei den Eltern sein." Er zwinkerte ihnen zu.

Bri gab Ty einen leichten Schubs, aber der Drache kam, um auch sie nach vorne zu holen.

„Ich weiß, dass es wirklich kurzfristig ist, trotzdem fragen wir dich, ob du Patin werden möchtest?" Mia sah sie halb bittend, halb lächelnd an.

Bri schluckte, damit hatte sie überhaupt nicht gerechnet. Ein Kloß schnürte ihr den Hals zu, sodass sie sich räuspern musste. „Es ist mir eine Ehre."

„Gut, dann fangen wir an." Rian klatschte in die Hände, woraufhin eine elbische Weise erklang, die jeden verzauberte.

Irgendwie erwartete sie jetzt langweilige Reden oder gar Gebete, wurde allerdings angenehm überrascht. Es gab viel Musik und Geschichten über die Vorfahren des Kleinen, ehe der Elbenmagier auf den Namen zu sprechen kam, den die Eltern ausgewählt hatten.

„Du sollst Laszlo heißen, in Gedenken an einen besonderen Krieger, der es geschafft hat, für seine Fehler zu büßen, um sich am Ende für das Richtige zu entscheiden." Er strich dem Säugling zart über die Stirn, wo er eine Rune nachzeichnete. „Außerdem wirst du den zweiten Vornamen Tyler tragen, nach deinem Paten. Ein Mann, der für seine Freunde durch das Feuer geht, wie ich selbst schon feststellen durfte."

Jetzt war es an Ty, die Rührung zu verbergen. Er lächelte verkrampft, während er mehrfach schluckte. „Es ist mir eine Ehre."

Wieder zeichnete er ein Zeichen auf die Haut des Kleinen, woraufhin leises Gemurmel laut wurde.

Rian hob die Hand, da er noch etwas zu sagen hatte. „Aller guten Dinge sind drei, wie wir wissen, deshalb ist dein dritter Name Brian. Nach deiner Patentante, die ein Herz hat, das zu groß ist, um es zu beschreiben." Die letzte Rune folgte. „Ich bitte die Paten zu beschwören, dass sie für Laszlo Tyler Brian sorgen werden wie für ihr eigenes Kind, sollte es vonnöten sein." Auffordernd nickte der Elbe den beiden zu.

Feierlich gelobten sie, auf ihr Patenkind aufzupassen, ihm zur Seite zu stehen und es zu unterstützen, wo es nötig war.

Heimlich wischte Brianna sich eine Träne aus den Augen, für sie bedeutete es enorm viel, dass ausgerechnet sie Patin geworden war.

Jorgan gab ihr seinen Sohn, der friedlich eingeschlafen war. „Willkommen in der Familie."

Jetzt kämpfte sie erst recht mit der Rührung, während sie den zufriedenen Säugling betrachtete. Mit diesen Worten nahm er sie ohne Vorbehalte auf, das war mehr, als sie jemals erwartet hätte. Ihr Schicksal hatte sich zu guter Letzt in ein Märchen verwandelt, von dem sie hoffte, dass es noch lange andauerte.

Sie gab Tyler seinen Patensohn, musterte ihn nachdenklich und plötzlich keimte eine Gewissheit auf: Mit ihm an ihrer Seite würde sie jeden Sturm überstehen.

Ende

Leseprobe „Vom Kätzchen gezähmt“

Kapitel 1 - Neuanfang

Jeremy wuchtete die letzte Umzugskiste aus dem LKW, ehe er die hintere Ladeklappe zuschlug. Einen Moment atmete er durch, bevor er die Kiste in das hübsche kleine Cottage trug, das von jetzt an sein Zuhause sein würde.

Im Wohnzimmer saß sein bester Kumpel Alex, der ihn stirnrunzelnd ansah. „Ich hätte nie gedacht, dass du es tatsächlich durchziehst. Du läufst vor einer Frau davon!“ Missmutig sah er ihn an.

Jeremy zuckte nur mit den Schultern, sie hatten diese Diskussion bereits etliche Male geführt. „Es ist nicht nur wegen Ellen, das habe ich dir schon so oft erklärt. Ich brauche einfach neue Herausforderungen und in Athlone gab es für mich keine Aufstiegsmöglichkeiten.“ Er seufzte leicht, da er genau wusste, dass es sich um eine billige Ausrede handelte. In Wirklichkeit war er nach Portumna gezogen, weil er seiner Ex-Freundin nicht ständig über den Weg laufen wollte. Sicher war das kindisch, feige und auch kurzsichtig, trotzdem ertrug er es nur schlecht, jeden Tag an ihren Verrat erinnert zu werden. Er hatte sie im Bett mit ihrem Chef erwischt, was für ein Klischee.

„Du kannst es dir gerne einreden, aber ich glaube dir kein Wort.“ Alex deutete auf die Kisten. „Soll ich dir beim Auspacken helfen?“

„Nein, danke, damit komme ich schon klar. Sind ja nur meine persönlichen Sachen.“ Er klopfte seinem Kumpel auf die Schulter. „Ich bin ja nicht aus der Welt.“

„Gut, dann mache ich mich auf den Rückweg. Solltest du Hilfe brauchen, ruf mich an.“

Die Freunde umarmten sich, anschließend verließ Alex das Häuschen, um mit dem LKW zurückzufahren.

Jeremy sah sich in dem Chaos um, ehe er tief Luft holte, um zumindest die wichtigsten Kartons auszupacken. Er hatte das Cottage möbliert gemietet, sodass er seine Zelte jederzeit abbrechen konnte. Allerdings hatten sich im Laufe der Zeit eine ganze Menge Dinge angesammelt, die er nicht wegwerfen wollte. Angefangen von seinen Büchern über die persönlichen Sachen, kleine Andenken und natürlich seine Bogen. Er liebte Bogenschießen, daher besaß er eine ansehnliche Sammlung. Dazu kamen die verschiedenen Pfeile, Zielscheiben, Pfeilfangvorhang sowie weiteres Zubehör. Hinter seinem Cottage gab es genug Platz, wo er seinem Hobby frönen konnte.

Kurz überlegte er, dann trug er zuerst die Kartons mit der Aufschrift Küche in das entsprechende Zimmer. Jeremy kochte gerne, besonders experimentierte er mit neuen Gerichten oder Zutaten. Seine Küchenutensilien füllten tatsächlich fünf Kisten.

Nacheinander packte er die Sachen in die Schränke, dabei erinnerte er sich daran, wie er für seine ehemalige Freundin gekocht hatte. Bitterkeit erfüllte seine Gedanken. Wie konnte er sich nur so sehr in ihr täuschen? Er hätte sie beinahe geheiratet. Jetzt schüttelte er über sich selbst den Kopf, denn die Anzeichen, dass ihre Gefühle lediglich oberflächlich gewesen waren, ignorierte er damals einfach. Eilig schob er die Grübeleien von sich, aktuell ging es um einen Neuanfang, zumal er zum Chief Superintendent ernannt worden war. Auf die Beförderung wartete er schon seit einigen Jahren, sodass er nicht lange überlegen musste.

Nachdem er die Küche eingerichtet hatte, nahm er sich das Schlafzimmer vor. Hier war er relativ schnell fertig, obwohl er sogar das Bett frisch bezog. Bei seiner Kleidung beschränkte er sich auf die notwendigen Sachen, ihm lag kaum etwas an der neuesten Mode. Hand- und Badetücher packte er direkt in einen Schrank im Badezimmer, anschließend kamen die Bücherkisten dran.

Jetzt stand er vor einem ziemlichen Problem, da er niemals alle seine Schätze in das winzige Regal im Wohnzimmer untergebracht bekam. Seufzend überlegte er, was er machen sollte. Auf gar keinen Fall würde er die Romane entsorgen oder verschenken. Natürlich war das irgendwie kindisch, trotzdem brachte er es einfach nicht übers Herz.

Als er keinen Platz mehr in dem bereits vorhandenen Bücherregal fand, angelte er den Autoschlüssel von der Ablage neben der Haustür, schnappte sich seinen Geldbeutel und machte sich auf den Weg ins nächste Möbelgeschäft. Im Schlafzimmer gab es noch eine Ecke für ein weiteres Regal, außerdem hatte er eine gute Stelle im Flur gefunden.

Als er in seinem Wagen saß, holte er sein Smartphone hervor, um nach einem geeigneten Geschäft zu suchen, dabei nahm er aus den Augenwinkeln eine Bewegung wahr. Sofort sah er sich um, konnte aber nichts Ungewöhnliches erkennen. Gezielt atmete er aus, so langsam sollte er zur Ruhe kommen.

Seit er das erste Mal in Portumna gewesen war, um sich das Cottage anzusehen, befürchtete er den Verstand zu verlieren. Vor vier Wochen bildete er sich ein, tatsächlich einen Mann mit einem Huf statt eines Fußes gesehen zu haben. Darüber hatte er mit niemandem geredet, nicht einmal Alex wusste davon.

Erneut holte er tief Luft, anschließend startete er den Motor des Geländewagens, um sich auf den Weg zum Möbelhaus zu machen. Es blieb ihm nicht so viel Zeit, da er am nächsten Tag seine neue Stelle antreten musste.

~~°~~

„Irgendetwas hereingekommen?“, wollte Kim wissen, als sie das kleine Büro betrat und ihre Sachen verstaut hatte.

Kate schüttelte den Kopf. „Nein, es ist sehr ruhig, aber eine Pause tut uns ganz gut.“

Die zwei Frauen betrieben eine Detektei, wobei sie mal gegen Bezahlung und mal ohne arbeiteten. Seit Kims Eltern vor mehr als fünfzig Jahren ermordet worden waren, während die Täter nie gefasst wurden, hatten sie sich der Aufgabe verschrieben, für Ordnung zu sorgen. Zum Glück besaßen beide ein kleines Vermögen, sodass sie nicht auf die Einnahmen des Geschäfts angewiesen waren.

„Es gibt einen neuen Chief Superintendenten, schon gehört?“ Kim sah nachdenklich auf ihre Kollegin, die auch gleichzeitig ihre Chefin war. „Vielleicht ist das endlich mal jemand, mit dem wir zusammenarbeiten können.“ Sie seufzte leise. Der vorige Chief lehnte jede Einmischung ab, wie er es nannte, obwohl sie ihm mehrfach beweisen konnten, dass sie ihren Job verstanden.

„Glaubst du das wirklich? Ich bezweifele, dass ein Beamter sich auf irgendeine Art helfen lässt." Kate lachte spöttisch auf. „Die haben doch alle Angst, dass wir ihnen die Butter vom Brot nehmen. Zum Glück weiß hier niemand, was genau wir sind."

Dem stimmte Kim bedauernd zu. Wie gerne hätte sie einen Vertrauten gehabt, mit dem sie offen reden durfte, wenn es um einen Fall ging. Natürlich gab es die Möglichkeit, jederzeit die Wächter um Rat zu fragen, nur waren die Söldner, wie man sie auch nannte, enorm beschäftigt, sodass sie sie lieber in Ruhe ließen. Bei der Gruppe handelte es sich um eine Art Polizei für die paranormale Welt, sobald ein magisches Wesen aus der Reihe tanzte oder angegriffen wurde, sorgten sie für Gerechtigkeit. Leider hielten sich die Gerüchte, dass sie brutal, bösartig und gefährlich waren.

Kate wusste es besser, weil sie die Cousine von Logan O'Grady, einem der Wächter, war. Er konnte sich in einen Jaguar verwandeln, wobei es bei ihr hingegen nur zu einer schwarzen Katze mit einer weißen Brust reichte. Manchmal vererbten sich eben die falschen Gene.

„Wir sollten ihm eine faire Chance geben. Immerhin ist er nicht bereits scheintot, wie der letzte Chief." Kim legte den Kopf schief, was Kate daran erinnerte, dass es sich bei ihr im Grunde um einen Raben handelte. Ein Umstand, der ihnen bei ihren Ermittlungen genauso zugutekam, wie ihre eigenen tierischen Fähigkeiten.

„Hast du ihn schon gesehen?", erkundigte sich Kate leise seufzend. Seit ihre Freundin regelmäßig mit einem Dachdecker aus der Stadt ausging, versuchte sie, sie zu verkuppeln. Meistens ging ihr das gehörig auf die Nerven.

„Es könnte sein, dass ich eben an seinem Haus vorbeigefahren bin“, gab Kim schmunzelnd zu. „Er ist wirklich ein Leckerbissen. Groß, dunkle Haare, durchtrainiert.“ Sie zwinkerte ihrer Chefin auf eine eindeutige Weise zu.

„Lass es doch einfach gut sein, bitte. Ich möchte verhindern, mit dem falschen Mann auszugehen. Glaub mir, ich habe auch so genug zu tun.“ Sie musste sich beherrschen, um den richtigen Ton zu treffen.

„Ich weiß, dass Teddy nicht mein Seelengefährte ist. Trotzdem wird man ja wohl noch leben dürfen“, zischte Kim beleidigt. Ihr lag es im Magen, dass es sich bei ihrem aktuellen Partner keineswegs um ihre Dualseele handelte. Sie liebte ihn, dennoch spürte sie deutlich, dass die Gefühle eher an der Oberfläche blieben.

„So meinte ich das nicht und das weißt du.“ Kates Tonfall wurde jetzt schärfer, da sie keinesfalls der Prellbock für das schlechte Gewissen ihrer Freundin spielen wollte. „Ich habe einige Beziehungen gehabt, ohne daran zu denken, dass irgendwo mein Seelenpartner wartet. Einsamkeit kann sehr quälend sein“, fügte sie versöhnlich hinzu.

Als Gestaltwandler wusste man sofort, ob sein Gegenüber wirklich der richtige Partner war. Dummerweise dauerte es in der Regel auch eine kleine Ewigkeit, bis sie ihre Dualseele gefunden hatten. Natürlich nur, wenn sie sich nicht schon von Kindesbeinen an kannten, was durchaus öfter vorkam. Darüber hinaus lebten sie viel länger als normale Menschen, so war Kate in ihrer Menschengestalt zwar erst achtundzwanzig, als Katzenwandler feierte sie in diesem Jahr allerdings ihren dreihundertzwanzigsten Geburtstag.

„Tut mir leid, aber ich denke immer, mich verteidigen zu müssen." Zerknirscht sah Kim die Freundin an. „Es fällt mir von Tag zu Tag schwerer, Teddy anzulügen. Verdammte Geheimhaltung!"

Die paranormalen Wesen lebten weitgehend unerkannt unter den Menschen, dabei besaßen sie eine eigene Regierung, andere Gesetze und eben die Wächter, die aufpassten, dass alle sich an die Verordnungen hielten. Mittlerweile gab es sogar Helfer in verschiedenen Orten, die besonders auf die oberste Regel, die Geheimhaltung, achteten.

„Möchtest du wirklich, dass die Normalen von uns wissen?" Ungläubig riss Kate die Augen auf. „Ich will mir nicht mal vorstellen, was sie mit uns anstellen würden."

Kim winkte ungeduldig ab. „Ich erkenne an, dass es nötig ist, uns zu schützen, trotzdem macht es mir das Leben nicht gerade leichter. Ich liebe Teddy, obwohl ich weiß, dass da noch mehr sein könnte." Seufzend legte sie den Kopf in die Hände.

„Das verstehe ich sehr gut, wie gesagt, ich war auch schon in der gleichen Situation." Kate lächelte ihr zu, anschließend nahm sie sich ein Blatt Papier, auf dem Notizen standen. „Ich schreibe mal die Rechnung für unseren letzten Auftrag." Damit war für sie die Unterhaltung beendet.

Bei dem vergangenen Einsatz hatten sie einen Ausreißer zurückgebracht. Die junge Fee hatte sich von einem Sukkubus verführen lassen. Die Eltern trennten beide, woraufhin sie sich in der angrenzenden Abtei versteckt hielt. Zum Glück war sie noch sehr unerfahren, sodass sie sich mit etwas Honig anlocken ließ. Kate lächelte bei der Erinnerung daran, dass die Sache glatt über die Bühne gegangen war. Oft genug gab es Schwierigkeiten, die sie wertvolle Zeit kostete.

In dem Fall hatte der Sukkubus sich zurückgezogen, sobald er bemerkte, dass sich weitere Paranormale einmischten. Mutig konnte man diese Art bestimmt nicht nennen.

„Was machst du heute Abend?"

Mit der Frage riss Kim ihre Chefin aus ihren Gedanken.

Unschlüssig zuckte Kate mit den Schultern. „Keine Ahnung, wahrscheinlich gehe ich früh ins Bett oder sehe mir eine Sendung im Fernsehen an. Weshalb willst du das wissen?" Neugierig musterte sie ihr Gegenüber.

„Vielleicht hast du ja Lust auf eine Trainingseinheit im Fitnessstudio? Ich möchte mal wieder was für mich tun, nur alleine bekomme ich den Hintern kaum hoch." Kim setzte ihren besten Bettelblick auf, woraufhin Kate lachen musste.

„Du hast recht, schaden kann es nicht. Also lass uns später ein wenig trainieren. Aber du unterlässt jeden Kuppelversuch, verstanden?" Ernst sah sie ihr Gegenüber an. Auf gar keinen Fall wollte sie erneut eine so peinliche Situation erleben, wie letztens im Pub. Zugegeben, Kim hatte zu viel getrunken, trotzdem fühlte sie heute noch die Wärme in ihre Wangen steigen, als sie an den Abend dachte.

Sie hatten ihrem Lieblingspub einen Besuch abgestattet, wo sie mit den anderen Gästen ausgiebig feierten. Plötzlich stieß Kim Percy, einem Bekannten der beiden, den Ellenbogen in die Seite. „Gefällt dir meine Freundin eigentlich?" Das war die Frage gewesen, die seine Aufmerksamkeit auf Kate lenkte, doch als er nickte, gab Kim erst recht Gas. Sie pries ihre Chefin an wie saures Bier oder einen Ladenhüter, den man unbedingt loswerden musste. Verzweifelt hatte Kate versucht sie zu stoppen, nur ohne jeden Erfolg. Es ging so weit, dass sie den armen Mann nach draußen zog, wo sie ihm erklärte, dass sie keine Beziehung mit ihm eingehen wollte. Sie erinnerte sich, dass Percy ziemlich erleichtert reagiert hatte, zumal er sich um eine andere Frau bemühte.

„Du trägst mir den einen Ausrutscher immer noch nach?" Ungläubig starrte Kim sie an.

„Nein, aber ich will verhindern, dass ich erneut jemandem erklären muss, dass ich lieber Single bleibe." Sie lachte leise. Im Nachhinein war es lustig gewesen, das musste sie zugeben.

„Also kommst du mit?" Hoffnung schwang in Kims Stimme mit.

„Das habe ich dir doch gesagt. Außerdem ist es ein gutes Mittel gegen die Nervosität, die mich neuerdings plagt." Kate stoppte sich selbst, als sie bemerkte, dass sie schon wieder mit den Fingerkuppen auf der Tischplatte trommelte. „Es wird irgendwie von Tag zu Tag stärker." Das Gerücht ging um, dass diese Spannung den wahren Seelenpartner ankündigte, trotzdem nervte es sie, dass sie kaum noch zur Ruhe kam.

„Ich würde so gerne mit dir tauschen, leider spüre ich gar nichts." Kim seufzte.

„Es ist nur eine Vermutung, niemand hat je bestätigt, dass die Dualseele wirklich auftaucht", wies Kate sie leise zurecht. Allerdings hielt sie die Schärfe aus der Stimme, denn mittlerweile gab es einige Gestaltwandler, die diese besondere Unruhe verspürt hatten, kurz bevor sie ihre Partner trafen.

Jeremy streckte sich, er hatte die Regale aufgebaut, fast alle Kisten ausgepackt und fühlte sich trotzdem unausgeglichen. Rastlos lief er durch sein neues Reich, überlegte kurz, ob er seinen Lieblingsbogen spannen sollte, doch den Gedanken verwarf er wieder. Irgendwie war ihm danach, sich weiter auszupowern. Es wunderte ihn selbst, normalerweise hatte er mehr als genug Bewegung gehabt. Nach ein paar Minuten, die er durch seine Wohnung getigert war, nahm er erneut das Handy zur Hand, um nach einem Fitnessstudio zu suchen. Auf keinen Fall wollte er die halbe Nacht wach im Bett liegen. Da war es besser, sich sportlich zu betätigen, zumal er von vornherein vorhatte, sich in einem Fitnesscenter anzumelden.

Die Telefongesellschaft würde den Anschluss erst in den kommenden Tagen legen, somit musste er auf seinen PC vorerst verzichten, zum Glück gab es Smartphones.

Ein paar Sekunden benötigte er, bevor sein Handy eine Möglichkeit ausspuckte, die ihm zusagte, sodass er seine Sportklamotten einpackte und hinfuhr. Der Parkplatz war ziemlich groß, was ihm positiv auffiel. Als er das Gebäude betrat, sah er sich gründlich um, denn auf keinen Fall wollte er in einem Drecksloch trainieren, aber auch hier wurde er überrascht, alles sah blitzsauber aus. Außerdem begrüßte die Angestellte am Tresen ihn freundlich. Die Anmeldung brachte er schnell hinter sich, woraufhin er sich umzog, um kurz darauf auf ein Laufband zuzusteuern. Einen Trainingsplan lehnte er ab, dazu kannte er sich zu gut aus.

Gerade als er das Tempo einstellte, kamen zwei Frauen in den Raum, die ihm sofort auffielen, weil sie mehr als ansehnlich waren. Die eine hatte rabenschwarze Haare, die andere hellblonde. Weshalb er ausgerechnet auf die beiden aufmerksam wurde, konnte er nicht mal sagen. Vielleicht lag es am hellen Lachen der Blonden oder auch an der Art, wie sie sich gegenseitig neckten. Es erinnerte ihn ein wenig an seinen Kumpel Alex und sich selbst. Fasziniert beobachtete er, wie sie auf die Stepper zusteuerten, dabei vergaß er sein eigenes Training völlig, sodass er fast vom Band gefallen wäre.

Peinlich berührt konzentrierte er sich darauf, das Tempo zu halten, wobei ihm bewusst wurde, dass die Frauen seinen Patzer durchaus bemerkt hatten. Wie dumm konnte er sich benehmen? Innerlich wies er sich zurecht, zumal er ja gerade vor seiner Ex geflohen war. Obwohl er sich fest vornahm, besonders der Blonden keinen weiteren Blick zu schenken, sah er doch immer wieder zu ihr hin. Sie faszinierte ihn! Als er sogar mit dem Gedanken spielte, sie anzusprechen, zweifelte er an seinem Verstand. War er noch nicht genug auf die Nase gefallen? Andererseits hatte er kaum vor, den Rest seines Lebens alleine zu verbringen. Es musste ja nicht unbedingt die große Liebe sein, Freunde konnte er brauchen, daher war ihm auch eine lockere Bekanntschaft willkommen. Aber zuerst wollte er sein Training hinter sich bringen, ohne sich vollkommen zum Affen zu machen. Die Leute hier dachten am Ende, dass er völlig untervögelt war.

~~°~~

Kate betrat gut gelaunt die Umkleidekabine im Fitnessstudio, wo Kim bereits auf sie wartete. Sie waren vom Büro aus zuerst nach Hause gefahren, um ihre Sachen zu holen.

„Ich dachte schon, dass du dich drückst“, bemerkte Kim lachend, dabei stieß sie ihre Freundin mit der Schulter an.

Kate verdrehte die Augen. „Seit wann bin ich diejenige, die keine Lust auf Sport hat? Du bist doch die, die immer wieder absagt.“ Eilig zog sie sich um, denn plötzlich wurde die Nervosität noch schlimmer und sie wusste nicht, wie sie darauf reagieren sollte. Es kam ihr vor, als ob sie kurz vor einem Gewitter stünde, bei dem man die elektrische Spannung bereits fühlte.

„Alles in Ordnung?“ Kim betrachtete sie besorgt.

Fahrig nickte sie. „Ja, lass uns anfangen, ich habe offensichtlich zu viel überschüssige Energie.“ Sie deutete mit dem Kinn auf die Tür.

Gemeinsam liefen sie zu dem Raum mit den Kardiogeräten, wo sie sich aufwärmen wollten, dabei erzählte Kim eine Anekdote von ihrem Bruder, wie er bei einem Sprung ins Wasser die Badehose verloren hatte. Sie beschrieb es so lebhaft, dass Kate laut auflachte.

Natürlich kannte sie Greg, sodass sie sich die Szene bildhaft vorstellen konnte. Außerdem wusste sie, dass er manchmal ganz schön den Macho heraushängen ließ, daher brachte ihn eine solche Panne schnell auf den Boden zurück. Als sie zu einer Antwort ansetzte, bemerkte sie einen Mann, der fast vom Laufband stürzte, gleichzeitig fiel die Nervosität von ihr ab. Wow, damit hatte sie so gar nicht gerechnet.

„Schau mal, der Tollpatsch da drüben, das ist der neue Superintendent. Ich hätte ihn nicht für so ungeschickt gehalten“, flüsterte Kim ihr in dem Augenblick zu.

Das hatte Kate gerade noch gefehlt: Der Chief war ihr Seelengefährte. Ausgerechnet jemand von der örtlichen Garda, der irischen Polizei, mit dem sie auf jeden Fall aneinandergeraten würde, zumindest solange sie ihm ihre wahre Natur verheimlichte. Aber wie gestand man seinem menschlichen Partner, dass man selbst ein Gestaltwandler war? Konnte er ihr überhaupt glauben?

„Träumst du?“ Kim stieß sie mit der Schulter an, gleichzeitig deutete sie auf einen Stepper. „Wir sollten uns aufwärmen.“

Kate folgte ihr wie in Trance, dabei unterdrückte sie den Drang, den Mann intensiver zu betrachten. Er wäre fast vom Laufband gekippt, als sie hereinkamen, handelte es sich bei ihm am Ende um einen Schürzenjäger? Normalerweise passten die Gefährten perfekt zusammen, jedenfalls, wenn sie ihre Eltern oder ihre Geschwister so sah. Aber die hatten sich auch schon im Kindergarten kennengelernt.

Wer ist wer?

Liebe Leserinnen, liebe Leser,

ich freue mich, dass ihr mich wieder nach Irland begleitet habt und vielleicht seid ihr neugierig auf die Geschichten der Wächter geworden. Deshalb habe ich hier eine kleine Auflistung, welcher Wächter in welchem Buch vorkommt und wer er überhaupt ist.

Bitte seht es mir nach, dass ich in diesem Buch nicht wirklich in die Tiefe gegangen bin, wenn es um die Jungs von Ballygannon und ihre Frauen ging.

Die Protagonisten rund um Brianna und Tyler aus „Mystic Ireland - Vom Puma geküsst“:

Brianna - besitzt Feenblut - arbeitet als Reitlehrerin
Tyler - Gestaltwandler Puma - arbeitet als Arzt
Callum - Freund von Brianna - arbeitet als Journalist
Ira - Mensch - beste Freundin von Brianna
Danny - Mensch - Partner von Ira

Die Protagonisten rund um Kate und Jeremy aus „Mystic Ireland - Vom Kätzchen verführt“:
Kate - Gestaltwandlerin Katze - arbeitet als Detektivin
Jeremy - Mensch - Polizist
Kim - Gestaltwandlerin Rabe - beste Freundin von Kate
Steven - Mensch - Kollege von Jeremy
Tom - Mensch - Kollege von Jeremy
Darren - Mensch - Kollege von Jeremy

Die Protagonisten rund um Trish und Lorcan aus „Mystic Ireland - Vom Leoparden gerettet“:

Trish - Gestaltwandler Hermelin - sucht die Mörder ihrer Eltern

Lorcan - Gestaltwandler Leopard - Wanderführer

Jacob - Onkel von Trish - Gestaltwandler

Magdalena - Hexe - Verbündete von Trish

Eddy - Ladeninhaber - hilft Trish

Die Protagonisten rund um Kane und Aine aus „Mystic Ireland - Vom Tiger geliebt“:

Aine - Feuerdämon - wird von Kane gerettet

Kane - Wertiger - unterstützt die Wächter in minderschweren Fällen

Keela - Wertiger - Schwester von Kane

Kiran - Wertiger - Bruder von Kane

Kijartan - Wertiger - Bruder von Kane

Ronwe - Erzdämon - Oberster Richter der Magischen Welt

Die Protagonisten rund um Pearl und Rowan aus „Mystic Ireland - Vom Werwolf entführt“:

Pearl - Mensch – wird von Rowan entführt

Rowan – Werwolf – Anführer der Skibbereen–Wölfe

Malcom – Werwolf – Onkel von Pearl

Magnus – Werwolf – Cousin von Pearl

Eirene – Werwölfin – Cousine von Pearl

Naomi – Werwölfin – Cousine von Pearl

Die Wächter:

Logan – Jaguar – Kämpfer der Wächter – Gefährte von Joleen (Wild Thing – Dem Jaguar verfallen).

Joleen – ehemalige Barkeeperin – Hackerin bei den Wächtern – Gefährtin von Logan (Wild Thing – Dem Jaguar verfallen).

David – Wolf – Anführer der Ersten Einheit – Gefährte von Emily (Wild Thing – Wolfsliebe)

Emily – ehemalige Einbrecherin – Gefährtin von David (Wild Thing – Wolfsliebe)

Gerry – Luchs – Arzt der Wächter – Gefährte von Lea (Wild Thing – Das Herz des Luchses)

Lea – Engel – Krankenschwester – Gefährtin von Gerry (Wild Thing – Das Herz des Luchses)

Brian – Wolf – Einbruchsspezialist der Wächter – Gefährte von Caitlin (Wild Thing – Eigentum des Wolfs)

Caitlin – Falke – Spionin der Wächter – Gefährtin von Brian und Nichte von Steward (Wild Thing – Eigentum des Wolfs)

Steward – Gepard – Boss der Wächter – Gefährte von Patricia und Onkel von Caitlin (Wild Thing – Dämonische Gefährtin)

Patricia – Dämonin – Agentin der Magischen Welt – Gefährtin von Steward (Wild Thing – Dämonische Gefährtin)

Patrick – Panther – Hacker der Wächter – Gefährte von Victoria (Wild Thing – Gefangene des Panthers)

Victoria – Sylphe (Luftgeist) – Gefährtin von Patrick (Wild Thing – Gefangene des Panthers)

Jorgan – Drache – Kundschafter der Wächter – Gefährte von Mia (Wild Thing – Die Liebe des Drachen)

Mia – Heilerin – ehemalige Küchenhilfe in Ballygannon – Gefährtin von Jorgan (Wild Thing – Die Liebe des Drachen)

Hier geht es zum Buch: Die Liebe des Drachen.

Weitere Gestaltwandlerbücher, die unabhängig voneinander zu lesen sind:

Brendon – Bär – Schafzüchter – Cousin von Gerry – Gefährte von Paula

Paula – Bibliothekarin – Gefährtin von Brendon (Ein Bär zum Verlieben)

Flann – Tiger – Kämpfer/Inhaber eines Fitnessstudios – Freund von David – Gefährte von Darla

Darla – Informatikerin – Gefährtin von Flann (Ein Tiger mit Gefühl)

Finbar – Werwolf – Brennmeister – Gefährte von Clara

Clara – Verkäuferin – Gefährtin von Finbar (Ein Werwolf mit Herz)

Liam – Löwe – Bankdirektor – Freund von Steward – Gefährte von Aislinn

Aislinn – Hexe – Mensch – Patenkind von Alfar – Gefährtin von Liam (Kein Löwe zum Küssen)

Cormack - Richter - Mensch und Gefährte von Belana

Belana - Katze - lebt auf den Straßen von Athlone - Gefährtin von Cormack (Ein Kätzchen zum Zähmen)

Danksagung

Wie immer an dieser Stelle, sage ich allen denen Danke, die mich bei diesem Buch unterstützt haben.

An erster Stelle stehen meine wundervollen Testleser Vero, Ute, Tanja, Nicole, Nadine, Christine und Anja. Ohne euch würde ich so viele logische Fehler, Tippfehler, Plotlöcher und vieles mehr übersehen. Ihr seid super.

Ganz besonders danke ich auch meinem Cover-Designer Paul Dahl von D-Design Cover Art. Du findest einfach immer das passende Cover für mich, danke.

Ein großes Danke geht auch an meinen Lektor Dietmar, dem ich bestimmt einige graue Haare beschert habe. Du bist toll, mein Lieber.

Natürlich danke ich auch allen Lesern, die mich immer wieder motivieren, nachfragen, wann das nächste Buch kommt, mich inspirieren und natürlich meine Bücher lesen. Tausend Dank.

Über die Autorin

Lisa Skydla ist 1971 geboren, gelernte Datenverarbeitungskauffrau und lebt heute mit ihrer Familie im wunderschönen Rhein-Lahn-Gebiet.

Im Alter von etwa zehn Jahren bekam die heutige Autorin ein Buch in die Hand, von dem sie so enttäuscht war, dass sie beschloss, selbst etwas zu schreiben. Aus den Mini-Liebesromanen für Klassenkameradinnen wurden dann nach und nach richtige Bücher.

Als sie in die fantastische Welt des BDSM fand, wurde das Pseudonym „Lisa Skydla“ geboren. Eigentlich sind das die beiden Namen ihrer Pferde, die jetzt als Autorenname für die SM-Liebesromane herhalten. Wobei es ihr extrem wichtig ist, einen Einblick in die Welt des BDSM zu geben. Den Menschen zu zeigen, dass diese Art Liebe großes Vertrauen erfordert und nichts Perverses oder Abartiges ist. Vieles hat sie selbst erlebt und genossen, einiges ist nur ihrer Fantasie entsprungen. Was davon was ist, überlässt sie der Vorstellungskraft ihrer Leser.

Allerdings sind die SM-Szenen nur die Sahnehäubchen innerhalb der Geschichten. Lisa Skydla schreibt Bücher über Beziehungen, Liebe und Gefühle für ganz normale Menschen.

Ihre Geschichten haben den Hintergrund, die Leser zu bestärken sich nicht verbiegen zu lassen, zu sich selbst zu stehen und zu erkennen, dass jeder Mensch wertvoll ist.

Außerdem ist sie unter dem Pseudonym „Aimée Moreau“ unterwegs. Dort schreibt sie Liebesromane mit Tiefgang.

Website: www.lisa-skydla.com
Facebook: https://www.facebook.com/Skydla
Instagram: https://www.instagram.com/lisaskydla
Blog: https://skydla.wordpress.com

Weitere Bücher von Lisa Skydla:

Mystic Ireland:
Vom Werwolf entführt
Vom Tiger geliebt
Vom Leoparden gerettet
Vom Kätzchen verführt
Vom Puma geküsst

Highland-Reihe:
Highlander sind auch nur Männer
Weihnachtswunder in den Highlands
Sommernachtstraum in den Highlands

Wild Thing - Reihe:
Wild Thing - Dem Jaguar verfallen
Wild Thing - Wolfsliebe
Wild Thing - Das Herz des Luchses
Wild Thing - Eigentum des Wolfs
Wild Thing - Dämonische Gefährtin
Wild Thing - Gefangene des Panthers
Wild Thing - Die Liebe des Drachen

Elementals - Reihe:
Elementals - Gefangenes Wasser
Elementals - Gezähmtes Feuer
Elementals - Gesprengte Erde
Elementals - Gefesselte Luft

Dämon - Reihe:
Jill - Sklavin des Dämons
Emma - Eigentum des Dämons
Bella - Geliebte des Dämons

Russian Fighter - Reihe:
Russian Fighter - Eigensinnige Herzen
Russian Fighter - Widerwillige Gefühle
Russian Fighter - Rebellische Liebe
Russian Fighter - Vergessenes Vertrauen
Russian Fighter - Wiedergewonnenes Glück
Russian Fighter - Verdrängte Leidenschaft

Wiesbaden-Lovestory:
Finstere Leidenschaft
Finstere Zärtlichkeit
Finstere Hingabe

Einzelromane:
Ein Kätzchen zum Zähmen
(K)ein Löwe zum Küssen
Ein Bär zum Verlieben
Ein Tiger mit Gefühl
Ein Werwolf mit Herz
Die Sklavin des Drachenreiters
Lustsklavin des Königs
Fesseln der Zärtlichkeit
Die Sklavin des Zauberers
Reitstunden der Lust
Tabu - Eigentum des Lehrers
Sklavin der Finsternis
Die Geschichte der Sabrina P.
Cassandra - Sklavin des Wassermanns
Im Bann des keltischen Tigers
Der Rigger und das Model

Endstation Sklavin?!
Tanja - Gefährtin des Höllenfürsten
Therese - Eigentum des Grafen

Liebesromane:
Liebe, Stolz und andere Schwierigkeiten
Im Rennpass ins Glück
Ast - Liebe auf Isländisch

Außerdem gibt es noch die Romane von Aimée Moreau, ohne BDSM, aber mit genauso viel Gefühl:

L'Amour éternel
Klang der Tränen
Liebe! Gegenwehr sinnlos
L'Amour du voleur: Die Liebe des Diebes